여러분의 합격을 응원하는
해커스경찰의 특별 혜택!

FREE 범죄학
특강

해커스경찰(police.Hackers.com) 접속 후 로그인 ▶
상단의 [무료강좌 → 경찰 무료강의] 클릭하여 이용

FREE 공무원 형사정책
특강

해커스공무원(gosi.Hackers.com) 접속 후 로그인 ▶
상단의 [무료강좌] 클릭 후 이용

 해커스경찰 온라인 단과강의
20% 할인쿠폰

B6ECFEFE2D32RSXA

해커스경찰(police.Hackers.com) 접속 후 로그인 ▶
상단의 [내강의실] 클릭 ▶
[쿠폰/포인트] 클릭 ▶ 쿠폰번호 입력 후 이용

* 등록 후 7일간 사용 가능(ID당 1회에 한해 등록 가능)

해커스공무원 온라인 단과강의
20% 할인쿠폰

3AD47DCA244839JE

해커스공무원(gosi.Hackers.com) 접속 후 로그인 ▶
상단의 [나의 강의실] 클릭 ▶
좌측의 [쿠폰등록] 클릭 ▶ 위 쿠폰번호 입력 후 이용

* 등록 후 7일간 사용 가능(ID당 1회에 한해 등록 가능)

경위공채 합격예측 **온라인 모의고사**
응시권 + 해설강의 수강권

77C24F9976EDB4GE

해커스경찰(police.Hackers.com) 접속 후 로그인 ▶
상단의 [내강의실] 클릭 ▶
[쿠폰/포인트] 클릭 ▶ 쿠폰번호 입력 후 이용

* ID당 1회에 한해 등록 가능

합격예측 **온라인 모의고사**
응시권 + 해설강의 수강권

33293A246FC45666

해커스공무원(gosi.Hackers.com) 접속 후 로그인 ▶
상단의 [나의 강의실] 클릭 ▶
좌측의 [쿠폰등록] 클릭 ▶ 위 쿠폰번호 입력 후 이용

* ID당 1회에 한해 등록 가능

쿠폰 이용 관련 문의 **1588-4055**

단기 합격을 위한
해커스경찰 커리큘럼

입문
탄탄한 기본기와 핵심 개념 완성!
누구나 이해하기 쉬운 개념 설명과 풍부한 예시로 부담없이 쌩기초 다지기
TIP 베이스가 있다면 **기본 단계**부터!

▼

기본+심화
필수 개념 학습으로 이론 완성!
반드시 알아야 할 기본 개념과 문제풀이 전략을 학습하고
심화 개념 학습으로 고득점을 위한 응용력 다지기

▼

기출+예상 문제풀이
문제풀이로 집중 학습하고 실력 업그레이드!
기출문제의 유형과 출제 의도를 이해하고 최신 출제 경향을 반영한
예상문제를 풀어보며 본인의 취약영역을 파악 및 보완하기

▼

동형모의고사
동형모의고사로 실전력 강화!
실제 시험과 같은 형태의 실전모의고사를 풀어보며 실전감각 극대화

▼

마무리
시험 직전 실전 시뮬레이션!
각 과목별 시험에 출제되는 내용들을 최종 점검하며 실전 완성

▼

PASS

* 커리큘럼 및 세부 일정은 상이할 수 있으며,
자세한 사항은 해커스경찰 사이트에서 확인하세요.

단계별 교재 확인 및
수강신청은 여기서!

police.Hackers.com

해커스

이언담
범죄학·형사정책

핵심 기출 OX

해커스

범죄학·형사정책 핵심 기출 OX 활용법

본 교재는 경찰직 범죄학, 보호직 형사정책, 교정직 교정학의 공통영역인 범죄학(형사정책) 이론 기출문제를 한데 모은 OX훈련집, 즉 핵심지문 총정리입니다.

누구나 기출문제의 중요성을 강조하면서도 실제로 기출문제를 완벽하게 공부하고 시험장에 들어가는 일은 쉬운 일이 아닙니다.

본 교재는 기존 단원별 기출문제집 풀이 방법의 한계를 극복하기 위한 최단기 고득점 확보전략의 일환으로 제작되었습니다.

<본 교재의 구성과 대상자별 활용방법>

교재구성	범죄학(형사정책)이론 36회분, 형사정책법령 7회분
경위공채 및 경행경채 범죄학 수험생	범죄학(형사정책)이론 부분을 90%의 에너지로 학습
보호직 형사정책, 교정직 교정학 수험생	범죄학(형사정책)이론과 법령 모두 균형있는 학습 필요

<정답 및 해설 확인>

1. 해설은 『이언담 범죄학·형사정책 핵심요약집』 기출OX 부록편(아담아카데미)에 수록되어 있습니다.

2. 시험지의 우측번호는 위 핵심요약집의 번호와 일치합니다. 번호를 찾아 정답과 자세한 해설을 확인할 수 있습니다.

3. 아담아카데미 [수강생 기출OX훈련장]에서 구글폼에 정답제출 후 점수확인을 할 수 있습니다.

4. 해설강의는 해커스 경찰(인강) 또는 해커스 공무원 학원(인강)에서 들을 수 있습니다.

> **기출반영**
> - 25년 경위공채, 경찰2차
> - 25년 보호직 7급, 교정직 7급, 보호직 9급, 교정직 9급

네이버 카페

범죄학, 형사정책, 교정학의 메카 아담아카데미

CONTENTS

01 범죄학·형사정책이론 OX기출훈련

제1회 범죄학·형사정책이론 OX기출훈련　12

제2회 범죄학·형사정책이론 OX기출훈련　16

제3회 범죄학·형사정책이론 OX기출훈련　20

제4회 범죄학·형사정책이론 OX기출훈련　24

제5회 범죄학·형사정책이론 OX기출훈련　28

제6회 범죄학·형사정책이론 OX기출훈련　33

제7회 범죄학·형사정책이론 OX기출훈련　37

제8회 범죄학·형사정책이론 OX기출훈련　42

제9회 범죄학·형사정책이론 OX기출훈련　46

제10회 범죄학·형사정책이론 OX기출훈련　50

제11회 범죄학·형사정책이론 OX기출훈련　54

제12회 범죄학·형사정책이론 OX기출훈련　58

제13회 범죄학·형사정책이론 OX기출훈련　62

제14회 범죄학·형사정책이론 OX기출훈련　66

제15회 범죄학·형사정책이론 OX기출훈련　70

제16회 범죄학·형사정책이론 OX기출훈련　74

제17회 범죄학·형사정책이론 OX기출훈련　78

제18회 범죄학·형사정책이론 OX기출훈련　83

제19회 범죄학·형사정책이론 OX기출훈련　87

제20회 범죄학·형사정책이론 OX기출훈련　91

제21회 범죄학·형사정책이론 OX기출훈련　95

제22회 범죄학·형사정책이론 OX기출훈련　100

제23회 범죄학·형사정책이론 OX기출훈련　105

제24회 범죄학·형사정책이론 OX기출훈련　110

제25회 범죄학·형사정책이론 OX기출훈련　114

제26회 범죄학·형사정책이론 OX기출훈련　118

제27회 범죄학·형사정책이론 OX기출훈련　122

제28회 범죄학·형사정책이론 OX기출훈련　126

제29회 범죄학·형사정책이론 OX기출훈련　131

제30회 범죄학·형사정책이론 OX기출훈련　136

제31회 범죄학·형사정책이론 OX기출훈련　140

제32회 범죄학·형사정책이론 OX기출훈련　144

제33회 범죄학·형사정책이론 OX기출훈련　148

제34회 범죄학·형사정책이론 OX기출훈련　152

제35회 범죄학·형사정책이론 OX기출훈련　156

제36회 범죄학·형사정책이론 OX기출훈련　161

02 범죄학·형사정책법령 OX기출훈련

제1회 범죄학·형사정책법령 OX기출훈련   166

제2회 범죄학·형사정책법령 OX기출훈련   170

제3회 범죄학·형사정책법령 OX기출훈련   174

제4회 범죄학·형사정책법령 OX기출훈련   178

제5회 범죄학·형사정책법령 OX기출훈련   183

제6회 범죄학·형사정책법령 OX기출훈련   188

제7회 범죄학·형사정책법령 OX기출훈련   193

03 부록 _ 범죄학·형사정책 OX기출훈련 정답

부록 1 범죄학·형사정책이론 OX훈련 정답   196

부록 2 범죄학·형사정책법령 OX훈련 정답   204

부록 3 범죄학·형사정책 인명부 암기장   206

OX 훈련일지(   )

월/일	복습			새 문제 풀이		월/일	복습			새 문제 풀이	
	이론 틀린문제 확인			횟수	점수		이론 틀린문제 확인			횟수	점수
/	-			1회		/	-			1회	
/	1회			2회		/	1회			2회	
/	1회	2회		3회		/	1회	2회		3회	
/	1회	2회	3회	4회		/	1회	2회	3회	4회	
/	2회	3회	4회	5회		/	2회	3회	4회	5회	
/	3회	4회	5회	6회		/	3회	4회	5회	6회	
/	4회	5회	6회	7회		/	4회	5회	6회	7회	
/	5회	6회	7회	8회		/	5회	6회	7회	8회	
/	6회	7회	8회	9회		/	6회	7회	8회	9회	
/	7회	8회	9회	10회		/	7회	8회	9회	10회	
/	8회	9회	10회	11회		/	8회	9회	10회	11회	
/	9회	10회	11회	12회		/	9회	10회	11회	12회	
/	10회	11회	12회	13회		/	10회	11회	12회	13회	
/	11회	12회	13회	14회		/	11회	12회	13회	14회	
/	12회	13회	14회	15회		/	12회	13회	14회	15회	
/	13회	14회	15회	16회		/	13회	14회	15회	16회	
/	14회	15회	16회	17회		/	14회	15회	16회	17회	
/	15회	16회	17회	18회		/	15회	16회	17회	18회	
/	16회	17회	18회	19회		/	16회	17회	18회	19회	
/	17회	18회	19회	20회		/	17회	18회	19회	20회	
/	18회	19회	20회	21회		/	18회	19회	20회	21회	
/	19회	20회	21회	22회		/	19회	20회	21회	22회	
/	20회	21회	22회	23회		/	20회	21회	22회	23회	
/	21회	22회	23회	24회		/	21회	22회	23회	24회	
/	22회	23회	24회	25회		/	22회	23회	24회	25회	
/	23회	24회	25회	26회		/	23회	24회	25회	26회	
/	24회	25회	26회	27회		/	24회	25회	26회	27회	
/	25회	26회	27회	28회		/	25회	26회	27회	28회	
/	26회	27회	28회	29회		/	26회	27회	28회	29회	
/	27회	28회	29회	30회		/	27회	28회	29회	30회	
/	28회	29회	30회	31회		/	28회	29회	30회	31회	
/	29회	30회	31회	32회		/	29회	30회	31회	32회	
/	30회	31회	32회	33회		/	30회	31회	32회	33회	
/	31회	32회	33회	34회		/	31회	32회	33회	34회	
/	32회	33회	34회	35회		/	32회	33회	34회	35회	
/	33회	34회	35회	36회		/	33회	34회	35회	36회	
/	34회	35회	36회			/	34회	35회	36회		
/	35회	36회				/	35회	36회			
	법령 틀린문제 확인						법령 틀린문제 확인				
/	-			1회		/	-			1회	
/	1회			2회		/	1회			2회	
/	1회	2회		3회		/	1회	2회		3회	
/	1회	2회	3회	4회		/	1회	2회	3회	4회	
/	2회	3회	4회	5회		/	2회	3회	4회	5회	
/	3회	4회	5회	6회		/	3회	4회	5회	6회	
/	4회	5회	6회	7회		/	4회	5회	6회	7회	
/	5회	6회				/	5회	6회			

월/일	복습			새 문제 풀이		월/일	복습			새 문제 풀이	
	이론 틀린문제 확인			횟수	점수		이론 틀린문제 확인			횟수	점수
/	-			1회		/	-			1회	
/	1회			2회		/	1회			2회	
/	1회	2회		3회		/	1회	2회		3회	
/	1회	2회	3회	4회		/	1회	2회	3회	4회	
/	2회	3회	4회	5회		/	2회	3회	4회	5회	
/	3회	4회	5회	6회		/	3회	4회	5회	6회	
/	4회	5회	6회	7회		/	4회	5회	6회	7회	
/	5회	6회	7회	8회		/	5회	6회	7회	8회	
/	6회	7회	8회	9회		/	6회	7회	8회	9회	
/	7회	8회	9회	10회		/	7회	8회	9회	10회	
/	8회	9회	10회	11회		/	8회	9회	10회	11회	
/	9회	10회	11회	12회		/	9회	10회	11회	12회	
/	10회	11회	12회	13회		/	10회	11회	12회	13회	
/	11회	12회	13회	14회		/	11회	12회	13회	14회	
/	12회	13회	14회	15회		/	12회	13회	14회	15회	
/	13회	14회	15회	16회		/	13회	14회	15회	16회	
/	14회	15회	16회	17회		/	14회	15회	16회	17회	
/	15회	16회	17회	18회		/	15회	16회	17회	18회	
/	16회	17회	18회	19회		/	16회	17회	18회	19회	
/	17회	18회	19회	20회		/	17회	18회	19회	20회	
/	18회	19회	20회	21회		/	18회	19회	20회	21회	
/	19회	20회	21회	22회		/	19회	20회	21회	22회	
/	20회	21회	22회	23회		/	20회	21회	22회	23회	
/	21회	22회	23회	24회		/	21회	22회	23회	24회	
/	22회	23회	24회	25회		/	22회	23회	24회	25회	
/	23회	24회	25회	26회		/	23회	24회	25회	26회	
/	24회	25회	26회	27회		/	24회	25회	26회	27회	
/	25회	26회	27회	28회		/	25회	26회	27회	28회	
/	26회	27회	28회	29회		/	26회	27회	28회	29회	
/	27회	28회	29회	30회		/	27회	28회	29회	30회	
/	28회	29회	30회	31회		/	28회	29회	30회	31회	
/	29회	30회	31회	32회		/	29회	30회	31회	32회	
/	30회	31회	32회	33회		/	30회	31회	32회	33회	
/	31회	32회	33회	34회		/	31회	32회	33회	34회	
/	32회	33회	34회	35회		/	32회	33회	34회	35회	
/	33회	34회	35회	36회		/	33회	34회	35회	36회	
/	34회	35회	36회			/	34회	35회	36회		
/	35회	36회				/	35회	36회			
	법령 틀린문제 확인						법령 틀린문제 확인				
/	-			1회		/	-			1회	
/	1회			2회		/	1회			2회	
/	1회	2회		3회		/	1회	2회		3회	
/	1회	2회	3회	4회		/	1회	2회	3회	4회	
/	2회	3회	4회	5회		/	2회	3회	4회	5회	
/	3회	4회	5회	6회		/	3회	4회	5회	6회	
/	4회	5회	6회	7회		/	4회	5회	6회	7회	
/	5회	6회				/	5회	6회			

이언담 범죄학·형사정책 도판

범죄	원인			현상 / 유형론	분석

범죄

(1)범죄

범죄학
범죄 원인과 현상
규명(사실학,경험)
과학+대책(규범)

범죄의의

형식	실질
절대	상대
자연	법정
도구	표출
개별	집합

비범죄적

서덜	사회-범죄
셀린	비교문화
월린	통계
베커	낙인
슈퍼	인권
테일	무정부

(3)범죄인식

일원	다원
소질	환경
자유	결정
합의	갈등
과정	구조
일반	유형

원인

(4)고전주의

베카	법정,균형,예방,사사폐,공리
벤담	파놉
포이	심리강제
하워	감옥개량

신고전주의

윌슨	억제이론(확,엄,신)
깁스	살인(확실,엄격)
티틀	살인의외(확실)
로스	음주(억제)
포스트	확실성
파셀	엄격성, 확실성 검증
베커	범죄경제학(이익-손실)
클락&코니	합리적 선택이론

(5)피해자학

코헨&펠슨	일상활동(범,대,보)
하인&가프	생활양식
미테&메이	구조-선택
브랜팅햄	범죄패턴(시간-공간)

피해자분류

멘델존	책임도(무,유)
헨티히	심리(일반→심리)
엘렌베	심리(잠재→일반)
칼멘	규범
레클리	순수, 도발(피가피)
쉐이퍼	기능책·행정자생사무접촉

(6)피해자보호법제

범피보호법	구조금, 형사조정
소송촉진법	배상명령

고전/실증

고전	실증
자유의지	결정론
도의적 책임	사회적 책임
행위처벌	치료와 처우
정기(업킥)	부정기
일반예방	특별예방

(7)초기실증주의

이탈리아(범죄인류학파)

롬	생물; 신체특징
가	생물+심리: 자연;법정
페	생물+사회: 포(인물사),대응

프랑스(사회학)

게	지리
게	통계, 예도게
라	곡물, 베미라
따	모방(거리,방향,삽입)
뒤	분(기-유, 재아이이숙), 아, 범(정,기)

독일(범학)

리	(심리+사회)범죄학+형법학=전형범학
아	법적위원(우격기예누관직)

(8)생물학

신체	롬브	생래
	고링	롬(부)-유전
	후튼	롬(공)
체형	크레	운,세,비
	셀던	내,중,외
	글룩	체형과 성격
	코르	기질
쌍생	랑게	긍정
	크리	중
	달&크	부정
가계	고다	칼리
	덕데	쥬크
유전	서델	에드
양자	슐싱	긍정
	크로	긍정
	허메천	친
	XYY	
	제이	긍정
	위트	부정
뇌구조	뇌간	생존
	변연	편도체
	피질	전두엽
신경전달물질	뉴&시	뉴런,시냅스
	도파	엑서레이
	세로	브레이
	노르	투쟁=도주
	가바	억제
분해효소	MAOA	도,세,노 분호
	MAOB	도파
	COMT	도,노,분해
중추	메드	뇌파
	루이	제럴
자율	아이	외,시,정
생화학(호르몬)	슈&스	긍정
	비만	긍정
	몰리&룰리	부정
	달톤	월경
	테스터스	폭력
	폴링	영양
	트윙키	과자
유전자	행동유전	유표
	분자유전	DNA

(9)심리·성격학

정신분석	프로	S↑
	에이크	S↓
	힐&브	부모
	볼비	애착
	레&와	비행자아
	옹	분석
	아들	개인
	에릭	심리사회
행동주의	파블	고전
	스키	조작
	반두	사회학습
인지발달	피아	감전구형
	콜버그	3~6
본능	로렌쯔	공격(생존)
	달라드	좌절-공
	버코	좌-분-공
	찔만	흥분
	짐바	루시퍼
정신병질	슈나	무우=공폭
	해어	싸이코
	로르	투사
성격도구	MMPI	환자
	CPI	정상
	아이	성격
	위르	대인성숙

(10)사회과정론

학습	써덜	차접
	그래	차동
	버&미	차강
	에이	사회
	라이	자시
	나이	가정
	렉클	3P
통제	사&마	사·자
	허쉬	연대
	갓&허	자통
	탄넌	악구
	레머	2차
낙인	베커	주지위
	슈어	관념
	패&이	발전
비전	사실	수사,재판
	법률	입법 위헌
	경찰	훈경통제
	검찰	기우.불기
	법원	선호,집유
	교정	가석,보석

(11)비범죄화와 전환

(12)회복적사법

최초	아글리쉬
대면	만남
유연	회복 보상
	변환 사회정책
배경	귀/페 평화
	브레 자취
	체스 피미, 성벌차별

(13)사회구조론

사회해체	토마스	상황
	위스	도시
	파크	생태
	버제스	동심
	쇼&멕	해체
	버&힙	무능
	로빈스	비판
	카&재	체과
	콘하우	해~문
	콜만	사·자
	윌&쥘	깨짐
	샘슨	집합
아노미	머튼	아노
	매&로	제도
	에그누	일반
	밀러	TTESFA
하위문화	울프강	폭력
	코헨	비하
	클&오	차기

(14)갈등이론

보수	셀린	문화
	볼드	집단
	터크	권력
급진	막스	경제
	봉거	계급
	퀴니	적-저
	스핏쩌	잉여

(15)여성범죄와 페미니즘

여성범죄

롬브	남성성 가설
폴락	기사도
아들	신여성범죄론

페미니즘

자유	성역할 기회불평등
막스	경제적 불평등
사회	믹스+가부장제
급진	가부장, 폭력

(16)잠재특질, 발달, 통합이론

잠재특질

갓&허	자기통제
콜빈	차별강압
티틀	통제균형

발달범죄이론

초기	글룩(종단연구), 울프강(필라코호트)
샘&라	생애과정
손베리	상호작용
패링턴	행동발달
패터슨	조기개시, 만기개시
모핏	인생지속, 청소년한
인지	지오다노
마루나	

통합이론

엘리엇	간추통+학
	1,2경로
헤이건	바&통
	막-통

현상 / 유형론

(17)범죄현상론

환경, 빈곤, 매스컴, 전쟁, 계층, 교육, 직업

연령과 범죄

호체&호프른	범죄생활곡선
그린버그	연령-범죄곡선
허쉬&갓	연령불변성
서덜&크레시	사춘기-범죄정점

(18)범죄인 유형분류

롬브로소	생리정기상잠
가로팔로	자연-법정
페리	인류=물리-사회
리스트	가능, 불능, 기회
아샤핀	기우격기예누관직

새유형분류

법(형법), 가해(롬,가,페), 피해(멘,헨)

사회적 유형화

메이휴	전문·우연
린드&덴햄	개인, 사회
레클	일반, 전문
퀴니	뇌(쩍응,저항),재(기,정)통)

다차원적 유형화(서덜 기초)

클리나드	공조직개정기+비전통(9)
트레비노	공조직개정기(7)

(19)전통범죄 유형

살인	폭스&레빈	량·복사(랑)이테
	홈즈&드버	연:사망권래
성폭	그룹스	홍보독재
폭력	모이어, WHO	
사기	연성,경성,악성	

(20)특수범죄 유형

화이	조직	사기,시장통제,뇌물,기본권
	직업	기업,정부,전문가
조직	아발은스키	8가지 특징
	하스&아불	계층,무력,계획,
증오	맥데빗&레빈	복사방,스릴
스토	조나.미	단순,애정,연애,허망
	멀렌	치밀,갑부,무능,분노,약탈

사이버범죄

통·침	해킹,D-도스
통·이	사이금,피,피,스,메,폭)
불·건	성도박

마약범죄

정의	마약,향정, 데마
생산	아편 황금삼각(미테라)
	황금초승(이아파)
	코카 콜럼,페,볼,브라질
방식	천연,합성, 데마
작용	진정,각성,환각
야쿠	슬,판,조,폭,전

분석

(2)연구방법론

자료수집

질적(면접)	참여
양적(설문)	사례
문헌연구	표본
메타분석	추행(코)
자료발굴	실험 통계 (음·범죄,검거)

암수범죄
자, 피,정

이론(사범)
논,깁,타,정

범죄대책론

(23)형벌론

이념: 응,목,교,신용보
미결단계
양형론
전환

(24)형벌의 종류

사형
징역,금고,구류
자상, 자격
벌금,(구류) 과료,몰수

(25)소년사법론

보호이념

인격	개성과 환경
교육	처벌지양
예방	우범소년
개별	심리,진행 분리
비밀	조회율담금지
과학	전문가 진단
협력	통고, 직권

처우모델(비&밀리)
의료,적응,통제 최소제한

소년법제

소년법	보호, 형사
보호소년법	소년원

(26)보안처분론

이론:일원,이원,대체
보호관찰,수강,사회봉사

(27)보안 주요 5법

보호관찰법
치료감호법
전자부착법
성폭력아동치료법
스토킹처벌법
아·청법
*신상공개관련법
아동학대처벌법

(28)교정론

교정이념, 교도소연구
모델:구,의,적,재정,
귀휴,팬-오연,자치
과밀수용(브림)

(21)예측

워니	가석,재범 점수법
버제	가석,실점버여경험표
글룩	가중실점 조기예측
엑스	바-필요성 강조
쉬트	출소:교정가,불 의문
전제	단순,타당,경제,객관
단계	조기,수사,재판,교정
방법	전체 직업경험, 직관, 주관적
	임상 전문적, 주관적, 자료분석 오류
	통계 객관적

(22)예방모델

모델	환경(CPTED)	상황
램	범.두 사전	제프 CPTED 클락&코니쉬 5*5=25
브랜&파	1차 2차 3차	뉴만 방어공간 *위로,변,보,자
제프리	사,억,환	1세대 물리 클락&와이즈 아의
톤리&패	사,상,발,법	2세대 응집
뉴&라	방어,상황	3세대 통합 레베토 전이
		*시간,장소,목표,수단,기능

아 담
아카데미
[네이버카페, 유튜브]

이언담 형사정책 관계법령 도판

[형 벌] 형법 등 소년형사 처분 -책 임-	징역, 금고, 구류 구치소 교도소	[교도소] 무기 20 형기 1/3 이상	가석방심사위원회(**차관**) (5~9, 2년, 1차 연임 가능)

[교도소]
무기 20
형기 1/3 이상

[소년교도소]
[보관위 통보의무]
무-5, 15-3,
부단 3분의 1 경과 시
*소년원 수용 6개월
(형집행법)

가석방심사위원회(차관)
(5~9, 2년, 1차 연임 가능)
가석방 적격심사 및 가석방 취소(경찰감호)

보호관찰심사위원회(검사장)
(5~9, 상3, 2년, 연임 가능)
1. (소년) **가석방**과 그 취소에 관한 사항
  - 취소 : 보호관찰중 성인, 소년 가석방자
2. **임시퇴원**, 임시퇴원 취소, 보호소년 퇴원
3. 보호관찰 임시해제와 그 취소
4. 보호관찰의 정지와 그 취소
5. 가석방 중인 사람의 부정기형의 종료

보호관찰 제외자
(가석방자관리규정)

가석방 임시퇴원

보호관찰소
(보호관찰법)

선·집, 판결 (전환)
전 조사요구
(통보 의무)

선고유예	보관 가능, 1년(고1-자정-벌금-2유)	확정 3일 이내 판결문, 준수사항 관할 보관소장 통지
집행유예	보관, 수·사 가능, 관찰기간 내, 수 200·사 500	
가석방기간	보관 : 무기 10년, 유기 남은 형기(10년 초과 ×), 소년은 집행 받은 기간(장기도래 시)	
임시퇴원기간	보관 : 6개월 이상 2년 이하 범위 정한 기간	

⬆

[보호관찰소관장사무]
1. 보호관찰사·수집행
2. 갱생보호
3. 기소유예자 선도
4. 범죄예방봉사위원 교육, 지도
5. 범죄예방활동

10~	14~19

보호처분 (소년법)	소년원 (보호소년법)	10호 : 장기(12세 이상)	2년 초과 ×	수용 6개월 경과 시 통보
		9호 : 단기	6개월 초과 ×	
		8호 : 1개월 이내	1개월 이내	
↳		7호 : 병원, 요양소, 의료재활소년원 등 위탁	6개월 + 6개월	[병합 가능]
		6호 : 아동복지시설, 소년보호 시설 감호 위탁	6개월 + 6개월	1, 2, 3, 4
		5호 : 장기 보호관찰	2년 + 1년 이내	1, 2, 3, 5
		4호 : 단기 보호관찰	1년(연장 ×)	4, 6
		3호 : 사회봉사명령(14세 이상)	200시간 초과 ×	5, 6
		2호 : 수강 명령(12세 이상)	100시간 초과 ×	5, 8
		1호 : 보호자 등 감호위탁	6개월 + 6개월	※ 7, 9, 10 불가

[보안처분]
형법
소년보호처분
보안주요 5법
-위험성-

결정전 조사요구
(통보의무)

치료감호 (치료감호법)	치료감호소 (심장고, 알마고, 정성성고)	치료감호심의위원회(차관) (판검변고6, 정신3, 3년)	[보관3년] 가종료 치료위탁 가출소
↳		1. 치료감호시설 간 이송 2. 치료위탁, 가종료, 그 취소, 감호종료 3. 준수사항 부과, 전부 일부 추가·변경, 삭제 4. 만료 시 보호관찰 개시	

[법원·검사 등 조사요구·의뢰 및 답변의무]
1. 법원·검사 판결전 ·결정전조사(요구) - 보관소장(서면답변의무)
2. 수용기관·병원·요양소·의료재활 소년원장 환경조사(의뢰) - 보관소장(답변의무) - 환경개선활동 보관위(보고)

치료명령(심미, 알마고)	선·집 시 : 선1, 집유 내 보관기간 초과 ×, 자비

전자부착 (성미살강스) (전자부착법)	1. 법원 판결·결정	2. 위원회 결정
	- 형종후 부착명령 : 15년 내 - 형종후 보호관찰 : 2~5 - 집행유예 : 보호관찰 내 - 보석조건, 스토킹 잠정	- 미선고 특정범 수형자 가석방(필요적, 예외 가능) - 보관위 : 특정범 이외자 가석방(임) - 치감위 : 미선고 특정범 가종료, 치료위탁, 가출소 시(임)

약물치료명령 (성충동약물 치료법)	1. 법원 판결	2. 법원 결정(수동)	3. 치감위 결정
	19세 이상, 15년 내, 치료기간 보호관찰	징역수형자 동의, 15년 초과 ×, 치료기간 보호관찰, 본인 부담	가종료, 치료위탁, 가출소 시 보호관찰 기간 내

[보호시설]
- 보호관찰소 (준법지원센터)
- 위치추적관제센터
- 소년원(○○ 학교)
- 소년분류심사원
- 청소년비행예방센터 (청소년꿈키움센터)
- 치료감호소 (국립법무병원)

중간처벌적
보안처분

스토킹관련 조치 (스토킹처벌법)	- 사경관리 현장 응급조치 - 사경관 긴급응급조치 (직권 또는 피해자 등 요청) - 검사의 잠정조치 청구	법원의 잠정조치 1. 서면 경고 2. 100m 이내 접근금지 3. 전기통신이용 접근금지 4. 전자장치 부착 5. 경찰서 또는 구치소 유치

성매매알선법 성폭력처벌법 아청법	보호관찰 6개월 초과 ×(합산 1년 초과 ×), 사·수 100시간 초과 ×(합산 200시간 초과 ×)
	19세 미만 성범죄자 선고유예 시 반드시 보호관찰, 성범죄자(선고유예 제외) : 500시간 범위 수강명령 or 치료프로그램 이수명령
가정폭력법	보호관찰 6개월 초과 ×(합산 1년 초과 ×), 사·수 200시간 초과 ×(합산 400시간 초과 ×)
벌금미납법	벌금 500만원 사회봉사 신청(1일 9시간 초과 ×, 6개월 이내 종료, 1회 연장 가능)

피해자보호	피해자보호법 소송촉진법	구조심의회, 구조금(장해·중상해·유족), 검사, 형사조정(피의자·피해자)
		법원, 배상명령 : 직권 or 신청(물적피해, 치료비 및 위자료)
신상공개	특정중대범죄 피의자 등	국민의 알권리, 검·경(피의자),검-법(피고인), 미성년×, 위원회(10인 이내)
	성범죄자	아·청법, 성폭처벌법 : 법무장관(등록), 여성장관(집행)

2026 해커스 이언담 범죄학·형사정책 핵심 기출 OX

01

범죄학·형사정책이론_OX기출훈련
(제1회~제36회)

# 제1회 범죄학·형사정책이론 OX기출훈련

◉ 답안확인방법: 답안번호를 찾아 정오를 확인하세요.

연번	문제	O×	답안번호
1	서덜랜드(Sutherland)와 크레시(Cressey)에 따르면 범죄학은 범죄에 대한 모든 지식체계로서 범죄의 원인과 법 위반에 대해 대응하는 과정에 관한 연구를 포함한다.		1
2	범죄학은 법학, 심리학, 사회학 등 다양한 학문과 연계되는 학제적인 학문이다.		2
3	형사처벌의 범위를 축소시키는 것은 비범죄화에 해당하지 않는다.		52
4	수사상 비범죄화는 수사기관이 형벌법규가 존재함에도 사실상 수사하지 아니하는 것을 의미한다.		53
5	추행조사: 일정 시점과 일정 시간이 경과한 다음 조사대상자의 변화를 관찰하는 것으로 수직적 비교방법에 속하는 것이다.		103
6	개별적 사례조사: 1937년 서덜랜드(Sutherland)가 실시한 직업절도범 연구가 대표적인 예라고 할 수 있다.		104
7	피해자의 개인적 사정이나 신고에 따른 불편·불이익뿐만 아니라 수사기관의 자유재량도 암수범죄의 원인이 된다.		154
8	암수조사의 방법 중 '자기 보고식 조사'는 중범죄보다는 경미한 범죄의 현상을 파악하는 데에 유용하다.		155
9	범죄율과 범죄시계는 인구변화율을 반영하여 범죄의 심각성을 인식할 수 있게 한다.		205
10	케틀레(Quetelet)의 정비례 법칙에 의하면, 공식적 범죄통계상의 범죄현상이 실제 범죄현상을 징표한다고 보기는 어렵다.		206
11	고전학파는 사회계약설에 입각한 성문형법전의 제정이 필요하다고 주장하였다.		256
12	억제이론(Deterrence theory)에서 억제(deterrence)는 고전주의 범죄학파의 주요 개념 중 하나이다.		257
13	실증주의 학파는 범죄행위를 연구하는데 있어서 경험적이고 과학적인 접근을 강조한다.		307
14	실증주의 학파는 범죄행위는 인간이 통제할 수 없는 영향력에 의해서 결정된다고 주장한다.		308
15	페리(Ferri)는 사회진화론을 적용하여 범죄자는 도덕(양심)과 연민(공감 능력)이 낮은 수준이라고 주장하였다.		358
16	페리(Ferri)는 사회는 자연적인 몸체이며, 범죄행위는 자연에 대항하는 것이라고 인식하였다.		359
17	타르드는 사회란 곧 모방이라고 할 정도로 모든 사회적 현상을 모방의 결과로 보았고, 범죄행위 역시 모방된다고 보았다.		409
18	타르드의 거리의 법칙에 따르면 한 개인이 접촉하는 사람들과의 빈도와 강도에 따라 타인을 모방한다는 것이다.		410
19	리스트(Liszt) − 죄는 범죄인을 제외한 모든 사람에게 있다.		460
20	케틀레(Quetelet) − 사회 환경은 범죄의 배양기이며, 범죄자는 미생물에 해당할 뿐이므로 벌해야할 것은 범죄자가 아니라 사회이다.		461

21	미국 FBI의 정의에 따르면, 증오범죄란 피해자에 대한 개인적 원한 또는 복수심이 원인이 되어 발생하는 범죄를 말한다.	511
22	일상생활에 도움이 필요한 아동과 노인을 적절히 돌보지 않는 행위도 가정폭력의 범주에 포함될 수 있다.	512
23	데일리(Daly)와 체스니-린드(Chesney-Lind)는 여성이 남성보다 일관되게 가벼운 처벌을 받는 것은 아니며, 전통적인 여성성을 위반했다고 인정되는 경우에는 오히려 더 엄중한 처벌을 받는다고 하였다.	562
24	헤이건(Hagen)은 권력-통제이론에서 계급, 성별 불평등과 청소년의 성별 범죄율 차이를 분석하였다.	563
25	심리학적 범죄이론에는 범죄자의 정신을 중심으로 범죄의 원인을 규명하려는 '정신분석이론', 범죄자의 행위가 과거의 학습 경험을 통해 발달한다고 파악하는 '행동이론', 범죄자의 개인적 추론 과정이 행동에 미치는 영향을 바탕으로 범죄원인을 밝히고자 하는 '인지이론', 각 개인의 성격적 결함에서 비행성을 찾으려는 '인성(성격)이론' 등이 있다.	613
26	아이젠크(Eysenck)는 신경계적 특징과 범죄행동 및 성격특성 간의 관련성을 정신병적 경향성(Psychoticism), 외향성(Extroversion), 신경증(Neuroticism) 등 성격의 3가지 차원에서 설명하였다.	614
27	짐바르도(Zimbardo)는 인간의 본성은 생물학적 유전 등에 의해 결정되는 것이 아니라, 경험과 실천을 통해서 형성된다.	664
28	짐바르도에 의하면 인간은 상황에 따라 모두 범죄자가 될 수 있다.	665
29	샘슨(Sampson)은 집합효율감(collective efficacy)의 강화가 범죄율 감소에 긍정적인 영향을 미친다는 점을 발견하였다.	715
30	사회해체이론에 의하면 지역사회의 생태학적 변화가 범죄의 발생에 중요한 역할을 한다고 보는 것이다.	716
31	머튼(Merton)의 아노미이론은 하류계층뿐만 아니라 상류계층의 범죄를 설명하는 데 유용하다.	766
32	머튼의 아노미이론에 따르면 부(富)의 성취는 미국사회에 널리 퍼진 문화적 목표이다.	767
33	밀러(Miller)는 범죄와 비행은 중류계층에 대한 저항으로서 하류계층 문화 자체에서 발생한다.	817
34	밀러(Miller)가 하층계급 사람들의 중심적인 관심사항(Focal Concerns)으로 제시한 항목으로, 악의성(Maliciousness), 부정성(Negativism), 영악함(Smartness) 등이 있다.	818
35	울프강(Wolfgang)과 페라쿠티(Ferracuti)는 폭력사용이 사회적으로 용인되는 폭력하위문화가 존재한다고 설명하였다.	868
36	울프강(Wolfgang)과 페라쿠티(Ferracuti)는 폭력적 하위문화에서 폭력은 불법적인 행동으로 간주되지 않는다.	869
37	갓프레드슨과 허쉬는 성인기 사회유대의 정도가 한 개인의 자기통제능력을 변화시킬 수 있다고 주장하였다.	919
38	갓프레드슨과 허쉬는 자기통제능력의 상대적 수준이 부모의 양육방법으로부터 큰 영향을 받는다고 주장하였다.	920
39	"사람이 악하게 태어나는 것이 아니라 주변 환경의 영향 때문에 악해지는 것입니다. 따라서 아동이 범죄자로 성장하지 않도록 하기 위해서는 범죄행동을 부추기는 사람들과의 접촉을 차단하는 것이 더 중요합니다." - 서덜랜드 차별적 접촉이론	970
40	글래저(Glaser)의 차별적 동일시이론에 따르면 범죄자와의 직접적인 접촉이 없이도 범죄행위의 학습이 가능하다.	971
41	서덜랜드(Sutherland)의 차별접촉이론(Differential Association Theory)은 미시적 관점이다.	1021

42	애그뉴(Agnew)의 일반긴장이론(General Strain Theory)은 미시적 관점이다.		1022
43	갓프레드슨(Gottfredson)과 허쉬(Hirschi)의 낮은 자기통제(low self-control)에 의하면 자기통제가 결여된 자도 범죄기회가 주어지지 않는 한 범죄를 저지르지 않는다.		1072
44	갓프레드슨(Gottfredson)과 허쉬(Hirschi)의 자기통제이론에 의하면 성인기 사회유대의 정도가 한 개인의 자기통제능력을 변화시킬 수 있다고 주장한다.		1073
45	낙인이론에 의하면 범죄행동은 보상에 의해 강화되고 부정적 반응이나 처벌에 의해 중단된다고 설명한다.		1123
46	낙인이론은 범죄의 원인을 범죄자의 개인적 특징에서 찾는다.		1124
47	사회해체이론(social disorganization theory) - 도심지역의 주민이동과 주민이질성이 범죄발생을 유도한다.		1174
48	범죄는 하나의 단일문화가 독특한 행위규범을 갖는 여러 개의 상이한 하위문화로 분화될 때, 사람들이 자신이 속한 문화의 행위규범을 따르다 보면 발생할 수 있다. - 문화갈등이론		1175
49	소년범은 우리가 그를 나쁘다고 규정하고, 그를 선하다고 믿지 않기 때문에 오히려 나쁘게 된다. - 낙인이론		1225
50	입법이나 사법활동은 사회구성원 대부분의 가치를 반영하는 것이 아니라 강력한 권력과 높은 지위를 차지한 집단의 이익을 도모하는 방향으로 운용된다. - 갈등론적 범죄론		1226
51	레머트(E. Lemert)의 낙인이론은 일차적 일탈자가 이차적 일탈자로 발전하는 데에 일상생활에서 행해지는 비공식적 반응이 공식적 반응보다 더욱 심각한 낙인효과를 끼친다고 주장한다.		1276
52	밀러(W. Miller)의 하층계급문화이론에서 자율성(autonomy)이란 자신의 미래가 노력보다는 스스로 통제할 수 없는 운명에 달려있다는 믿음이다.		1277
53	터크(Turk)는 자본가들의 지배에 대항하는 범죄형태를 저항범죄(crime of resistance)라고 정의하였다.		1327
54	볼드(Vold)는 범죄를 개인적 법률위반이 아니라 집단 간 투쟁의 결과로 보았다.		1328
55	티틀(Tittle)은 통제균형이론(Control-Balance Theory)에서 통제 결손(control deficit)이 발생할 경우 약탈적이거나 반항적 행동을 저지를 가능성이 더 높다고 주장하였다.		1378
56	티틀(Tittle)은 통제균형이론(Control-Balance Theory)에서 극단적인 억압은 굴종형(submission)과 가장 관련성이 높다고 주장하였다.		1379
57	물가와 범죄의 관계에 대한 경험적 연구는 주로 곡물류 가격과 범죄의 관계를 대상으로 하였다.		1429
58	계절과 범죄의 관계에 대한 연구에 의하면 성범죄와 폭력범죄는 추울 때보다 더울 때에 더 많이 발생한다고 알려져 있다.		1430
59	코헨(Cohen)과 펠슨(Felson)의 일상활동이론(Routine Activity Theory)은 동기가 부여된 범죄자, 적합한 표적(범행대상), 보호(감시)의 부재라는 세 가지 요소가 합치할 때 범죄피해가 발생한다고 본다.		1480
60	펠슨(Felson)은 경찰과 같은 공식적 감시자의 역할보다 가족, 이웃, 지역사회 등 비공식적 통제수단에 의한 범죄예방과 억제를 강조하였다.		1481
61	응보적 사법은 응보, 억제, 무력화를 위한 유죄확정과 처벌을 목표로 한다.		1531
62	구금에 의한 무능력화(incapacitation) 전략은 범죄자가 교도소를 출소한 이후의 어떤 행동을 할 것인지에 대해서도 예측이 가능하다는 장점이 있다.		1532
63	전환처우는 성인형사사법에서보다는 소년형사사법에서 더욱 유용한 제도로 평가된다.		1582
64	비범죄화는 형법의 보충성 요청을 강화시켜주는 수단이 되기도 한다.		1583

65	브랜팅햄(Brantingham)과 파우스트(Faust)가 제시한 범죄예방 구조모델에 따르면, 사회환경 가운데 범죄의 원인이 될 수 있는 것을 정화하는 것은 3차 예방에 해당한다.	1633
66	브랜팅햄(Brantingham)과 파우스트(Faust)의 범죄예방모형에 따를 때 이웃감시, 상황적 범죄예방, 민간경비, 환경설계 범죄예방은 모두 1차적 범죄예방에 속한다.	1634
67	에크(Eck)가 제시한 범죄의 삼각형 모형인데 ⓒ은 관리자(Managers)로 상점점원, 학교 교사, 시설의 경비원이나 안내원 등이 포함된다.	1684
68	환경설계를 통한 범죄예방(CPTED)-접근통제(access control): 일정한 지역에 접근하는 사람들을 정해진 공간으로 유도하거나 외부인의 출입을 통제하도록 설계함으로써 접근에 대한 심리적 부담을 증대시켜 범죄를 예방하는 원리	1685
69	범죄자가 경찰순찰 때문에 다른 시간에 범죄를 범하는 경우는 레페토(Reppetto)의 범죄 전이(crime displacement)유형 중 시간적 전이에 속한다.	1735
70	레페토(Reppetto)는 범죄는 탄력적이며, 범죄자들은 합리적 선택을 한다고 가정하였다.	1736
71	전체적 평가법은 대상자의 소질과 인격 전체에 대한 구체적 상황을 종합분석하여 그 사람의 범죄성향을 임상적 경험에 의하여 예측하는 방법이다.	1786
72	통계적 예측법은 여러 자료를 통하여 범죄예측 요인을 수량화함으로써 점수의 비중에 따라 범죄 또는 비행을 예측하는 것이다.	1787
73	소극적 일반예방은 준엄한 형집행을 통해 일반인을 위하함으로써 범죄예방의 목적을 달성한다.	1837
74	소극적 일반예방은 형벌의 고통을 체험하게 함으로써 범죄자가 스스로 재범을 억제하도록 한다.	1838
75	귀휴제도는 단기자유형의 대체방안이다.	1888
76	주말구금제도, 사회봉사명령제도, 벌금형제도는 단기자유형 대체방안이다.	1889
77	바톨라스(C. Bartolas)의 소년교정모형 중 적응모형 - 범죄소년은 치료의 대상이지만 합리적이고 책임 있는 결정을 할 수 있다고 하면서, 현실요법·집단지도 상호작용·교류분석 등의 처우를 통한 범죄소년의 사회 재통합을 강조한다.	1939
78	바톨라스(C. Bartolas)의 소년교정모형 중 최소제한모형 - 비행소년에 대해서 소년사법이 개입하게 되면 낙인의 부정적 영향 등으로 인해 지속적으로 법을 어길 가능성이 증대되므로, 청소년을 범죄소년으로 만들지 않는 길은 시설에 수용하지 않는 것이다.	1940
79	범죄자의 문제는 범죄가 발생한 사회 내에서 해결되어야 한다는 전제를 기초로 한 교정처우모델로 지역사회에 기반한 교정프로그램을 강조한다.: 교정처우모델 중 재통합모델(reintegration model)에 대한 설명이다.	1990
80	정의모델(공정모델)은 범죄인처우모델(교정처우모델) 중 교화개선을 위한 모델에 속한다.	1991

제2회 범죄학·형사정책이론 OX기출훈련

● 답안확인방법: 답안번호를 찾아 정오를 확인하세요.

연번	문제	O×	답안번호
1	형식적 의미의 범죄는 시간과 공간에 따라 변하지 않는 특성이 있다.		34
2	형식적 의미의 범죄는 입법의 지연에 따라 법적 허점을 야기할 수 있다.		35
3	실험연구는 연구결과의 외적 타당성을 확보하기에 유용한 연구방법이다.		85
4	실험연구는 인과관계 검증과정을 통제하여 가설을 검증하는 데 유용한 방법이다.		86
5	경찰, 검찰, 법원 등 형사사법 기관에 따라 공식범죄통계에 차이가 발생할 수 있다.		136
6	절대적 암수범죄는 실제로 발생하였으나 수사기관이 인지하지 못하여 범죄통계에 반영되지 못한 범죄를 말한다.		137
7	참여관찰은 연구자의 주관이 개입될 가능성이 낮다.		187
8	정보제공자 조사는 법집행기관에 알려지지 않은 범죄나 비행을 인지하고 있는 제3자로 하여금 이를 보고하게 하는 방법이다.		188
9	실증주의 범죄학파는 개인의 생물학적·심리학적 소질과 사회적 환경이 복합적으로 작용하여 인간이 범죄행위를 범한다고 보는 입장이다.		238
10	페리(Ferri)는 결정론적 입장에서 범죄포화의 법칙을 주장하였다.		239
11	일상활동이론(Routine Activity Theory)은 범죄발생의 3요소 중 가해자의 범행 동기를 가장 중요한 요소로 제시한다.		289
12	합리적선택이론(Rational Choice Theory)에 따르면, 범죄자는 범행 여부에 대한 의사결정을 함에 있어 처벌의 가능성과 강도뿐 아니라 다양한 개인적, 상황적 요인을 포괄적으로 고려한다.		290
13	고전주의는 처벌의 신속성, 확실성, 엄격성의 효과를 강조한다.		340
14	일상활동이론(routine activities theory)에서는 범죄발생 요소로 동기화된 범죄자(motivated offenders), 적절한 대상(suitable targets), 보호의 부재(absence of capable guardians)를 들고 있다.		341
15	롬브로조(Lombroso)와 비교할 때 페리(Ferri)는 롬브로조와 마찬가지로 범죄에 관한 인간관으로서 결정론적 입장을 취하였다.		391
16	롬브로조(Lombroso)와 비교할 때 페리(Ferri)는 롬브로조와는 달리 범죄 원인을 인류학적 요인, 물리적 요인, 사회적 요인으로 확장하였다.		392
17	머튼(Merton) - 아노미 상황에서 개인의 적응 방식을 동조형(conformity), 혁신형(innovation), 의례형(ritualism), 도피형(retreatism), 반역형(rebellion)으로 구분하였다.		442
18	리스트(Liszt)는 개선이 불가능한 범죄자를 사회로부터 격리수용하는 무해화 조치도 필요하다고 주장하였다.		443
19	대마는 세계에서 가장 널리 남용되고 있는 마약류로 세계 전역에서 생산되어 마리화나, 해시시, 대마유 등의 형태로 가공되어 유통되고 있다.		493
20	마약의 주생산지 중 황금의 삼각지대와 황금의 초생달지역에서 세계 아편과 코카인의 대부분을 생산하고 있다.		494

21	경찰청 사이버범죄 분류(2021년 기준)에 따르면 몸캠피싱은 불법 컨텐츠 범죄 중 사이버 성폭력에 속한다.		544
22	경찰청 사이버범죄 분류(2021년 기준)에 따르면 메모리해킹은 정보통신망 이용범죄 중 사이버 금융범죄에 속한다.		545
23	글룩(Glueck)부부는 체형이 행위에 영향을 주어 간접적으로 비행을 유발하는 다양한 요인 중 하나라고 하였다.		595
24	크리스찬센(Christiansen)은 랑에의 연구가 가진 한계를 극복하기 위해 광범위한 표본을 대상으로 연구하였고, 그 연구결과에 의하면 일란성 쌍둥이 모두가 범죄를 저지른 비율보다 이란성 쌍둥이 모두가 범죄를 저지른 비율이 오히려 높다는 결과를 얻었다.		596
25	프로이트(Freud)의 인성구조 중 이드(Id)는 모든 행동의 기초를 이루는 생물학적·심리학적 욕구와 충동 자극 등을 대표하는 것으로서 즉각적인 만족을 요구하는 쾌락원리(pleasure principle)를 따른다.		646
26	스키너(Skinner)는 실험상자(Skinner box) 지렛대 실험에서 쥐의 행동이 보상과 처벌에 따라 변화하는 것을 확인하였고, 이를 통해 인간의 행위 역시 조절할 수 있다고 보았다.		647
27	글레이저(Glaser)는 단순히 범죄적 집단이나 가치에 접촉함으로써 범죄를 저지르는 것이 아니라, 그것을 자기와 동일시하는 단계에 이르러야 범죄를 저지른다고 보았다.		697
28	보울비(Bowlby)는 아동이 한 행동에 대하여 칭찬이나 보상을 하면 그 행동이 강화되지만 처벌이나 제재를 하면 그러한 행동이 억제된다고 하였다.		698
29	시카고학파인 쇼(Shaw)와 맥케이(McKay)가 수행한 연구의 결과에 의하면 시카고 시(市)의 전이지대(transition zone)에서 범죄율이 가장 높게 나타났다.		748
30	시카고학파인 쇼(Shaw)와 맥케이(McKay)가 수행한 연구의 결과에 의하면 새로운 이민자가 지속적으로 유입되면서 지역사회의 사회해체 상태가 초래되었다.		749
31	애그뉴(R. Agnew)의 일반긴장이론(general strain theory)은 목표달성의 실패, 긍정적 자극의 소멸, 부정적 자극의 발생을 통해 범죄가 유발된다.		799
32	수년 동안 부모의 학대와 방임을 경험한 사람은 일반긴장이론(General Strain Theory)에서 애그뉴(Agnew)가 주장하는 세 가지 긴장 원인 유형에 속한다.		800
33	코헨(Cohen)이 주장한 비행하위문화의 특징인 부정성(negativism): 기존의 지배문화, 인습적 가치에 반대되는 행동을 추구하며, 기존 어른들의 문화를 부정하는 성향을 갖는다.		850
34	코헨(Cohen)이 주장한 비행하위문화의 특징인 비합리성(non-utilitarianism): 합리성의 추구라는 중산층 가치에 반대되는 것으로 합리적 계산에 의한 이익에 따라서 행동하는 것이 아니라 스릴과 흥미 등에 따른 행동을 추구한다.		851
35	사회과정이론(Social Process Theory)에 의하면 낮은 사회적 지위 때문에 목표 달성에 실패할수록 범죄를 저지를 가능성이 커진다.		901
36	사회과정이론(Social Process Theory)에 의하면 법 위반에 대한 우호적 정의를 학습할수록 범죄를 저지를 가능성이 커진다.		902
37	코헨(Cohen)의 비행하위문화이론에 따르면 비행하위문화의 특성으로 '악의성(maliciousness)', '단기적 쾌락주의(short-term hedonism)' 등이 있다.		952
38	나이(Nye)는 가정을 사회통제의 가장 중요한 근본이라고 주장하였다.		953
39	친구의 물건을 훔치면서 잠시 빌린 것이라고 주장하는 경우-가해(손상)의 부정		1003
40	술에 취해서 자기도 모르는 사이에 저지른 범행이라고 주장하는 경우-책임의 부정		1004
41	허쉬(Hirschi)의 사회유대이론은 모든 사람이 범죄성을 지니고 있는 것은 아니지만 사회적 유대가 약해질 때 범죄를 저지르게 된다.		1054

42	허쉬(Hirschi)의 사회유대이론은 「비행원인론」(Causes of Delinquency)이라는 저서를 통하여 발표되었다.		1055
43	레머트(E.M. Lemert)가 주장한 낙인효과 중 부정적 정체성의 긍정적 측면(positive side of negative identity): 일차적 일탈자는 자신에 대한 부정적 평가를 거부하는 과정을 통해 긍정적 정체성을 형성한다.		1105
44	레머트(E.M. Lemert)가 주장한 낙인효과 중 일탈하위문화에 의한 사회화(socialization of deviant subculture): 공식적인 처벌을 집행하는 시설 특유의 일탈하위문화에 의하여 범죄를 옹호하는 가치나 새로운 범죄기술을 습득하게 된다.		1106
45	낙인이론(labeling theory)은 사회 내 처우의 문제점을 지적하면서 시설 내 처우의 필요성을 강조하였다.		1156
46	베커(H. Becker)는 금지된 행동에 대한 사회적 반응이 2차적 일탈을 부추길 뿐 아니라 사회집단이 만든 규율을 특정인이 위반한 경우 '이방인(outsider)'으로 낙인찍음으로써 일탈을 창조한다고 하였다.		1157
47	서덜랜드(Sutherland) - 범죄행위는 의사소통 과정에서 다른 사람과 상호작용하는 가운데 학습된다.		1207
48	글레이저(Glaser) - 사람들은 물리적 접촉을 통해서 뿐만 아니라, 주관적 애착을 통해서도 영향을 받는다.		1208
49	서덜랜드(Sutherland)의 '차별적 접촉이론'은 범죄자와 비범죄자의 차이는 접촉유형의 차이에서 생긴다고 보았다.		1258
50	샘슨(R.J. Sampson)과 라웁(J.H. Laub) - 어려서 문제행동을 보인 아동은 부모와의 유대가 약화되고, 학교에 적응하지 못하며, 성인이 되어서도 범죄를 저지르게 되므로, 후에 사회와의 유대가 회복되더라도 비행을 중단하지 않고 생애 지속적인 범죄자로 남게 된다.		1259
51	비판범죄학은 어떤 행위가 범죄로 규정되는 과정보다 범죄행위의 개별적 원인을 규명하는데 주된 관심이 있다.		1309
52	비판범죄학은 자본주의 사회의 모순이 범죄원인이라는 관점에서 범죄에 대한 다양하고 구체적인 대책들을 제시하지만 급진적이라는 비판이 제기된다.		1310
53	범죄의 시작, 유지, 중단의 연령에 따른 변화는 생애과정에서의 비공식적 통제와 사회유대를 반영하고, 인생의 중요한 전환기에 발생하는 사건들과 그 결과에 영향을 받는다고 보았다. - 샘슨과 라웁		1360
54	샘슨(Sampson)과 라웁(Laub)의 생애과정이론(연령 - 단계이론)에 의하면 타고난 기질과 어린 시절의 경험이 범죄행위의 지속과 중단에 가장 큰 영향을 미친다.		1361
55	화이트칼라범죄의 폐해가 심각한 것은 청소년비행과 기타 하류계층 범인성의 표본이나 본보기가 된다는 사실이다.		1411
56	화이트칼라범죄는 피해규모가 큰 반면 법률의 허점을 교묘히 이용하거나 권력과 결탁하여 조직적으로 은밀히 이뤄지기 때문에 암수범죄가 많다.		1412
57	폴락(Pollak)은 여성범죄가 감추어져 있는 것이지 실제로는 남성의 범죄와 비슷한 양을 가지고 있을 것이라고 추정하였다.		1462
58	폴락(Pollak)은 여성은 그들의 범죄를 잘 감추는 능력을 타고났다고 보았으며, 범죄를 교사하여 자신은 체포되지 않거나, 들키지 않는 방법으로 범죄를 행하는 특성이 있다고 하였다.		1463
59	쉐이퍼(Schafer)는 범죄를 단지 개인적 행동으로만 평가해서는 안 되고, 사회적 현상의 일종으로 평가되어야 한다고 주장하였다.		1513

60	쉐이퍼(Schafer)는 피해자의 유형으로는 범죄와 무관한(unrelated), 피해를 유발한(provocative), 피해를 촉진시키는(precipitative), 생물학적으로 취약한(biologically weak), 사회적으로 취약한(socially weak), 자신에게 피해를 야기한(self-victimizing), 윤리적(ethical) 피해자 등 7가지로 분류하였다.		1514
61	다이버전은 공식적인 절차에 비해서 형사사법비용을 절감할 수 있다.		1564
62	다이버전(diversion)은 범죄학 이론 중 낙인이론의 정책적 함의와 관련이 있다.		1565
63	검사가 소년피의자에 대하여 선도를 받게 하면서 공소를 제기하지 아니하는 조건부 기소유예는 다이버전의 예이다.		1615
64	비범죄화의 유형 중에서 사실상 비범죄화는 범죄였던 행위를 법률의 폐지 또는 변경으로 더 이상 범죄로 보지 않는 경우를 말한다.		1616
65	브랜팅햄(Brantingham)과 파우스트(Faust)에 의하면 2차적 범죄예방은 특별예방과 관련이 있다.		1666
66	범죄예방에 대한 설명으로 일상활동이론에 의하면, 동기 부여된 범죄자와 매력적인 목표물, 보호능력의 부재나 약화라는 범죄의 발생조건의 충족을 제지함으로써 범죄를 예방할 수 있다.		1667
67	환경설계를 통한 범죄예방(CPTED)은 감시(surveillance), 접근통제(access control), 영역성(territoriality) 등을 기본요소로 한다.		1717
68	범죄예방모델중 범죄억제모델은 고전주의의 형벌위하적 효과를 중요시하며 이를 위하여 처벌의 신속성, 확실성, 엄격성을 요구한다.		1718
69	상황적 범죄예방모델은 한 지역의 범죄가 예방되면 다른 지역에도 긍정적 영향이 전해진다는 소위 범죄의 전이효과(displacement effect)를 주장한다.		1768
70	깨진 유리창 이론(Broken Window Theory)에 의하면 이웃사회의 무질서는 비공식적 사회통제 참여활동을 감소시켜 이로 인해 지역사회가 점점 더 무질서해지는 악순환에 빠져 지역사회의 붕괴로 이어지게 된다.		1769
71	수사단계에서의 범죄예측은 수사를 종결하면서 범죄자에 대한 처분을 내리는 데에 중요한 역할을 할 수 있다.		1819
72	범죄예측의 방법 중 '임상적 예측법(경험적 예측법)'은 대상자의 범죄성향을 임상전문가가 종합분석하여 대상자의 범죄가능성을 판단하는 것이므로 대상자의 특성을 집중관찰할 수 있는 장점이 있다.		1820
73	보호관찰제도의 장점으로 구금 비용의 절감으로 국가의 재정부담을 줄일 수 있다.		1870
74	보호관찰제도의 장점으로 사회를 보호하는 동시에 범죄자의 자유를 보장할 수 있다.		1871
75	일원주의는 행위자의 반사회적 위험성을 척도로 하여 일정한 제재를 부과하는 것이 행위책임 원칙에 적합하다고 한다.		1921
76	형벌은 행위자가 저지른 과거의 불법에 대한 책임을 전제로 부과되는 제재이다.		1922
77	소년의 인권보장과 재범방지를 위한 필수적인 이념으로, 소년의 비행과 신상을 노출시키지 않아야 한다는 것으로 「소년법」 제68조 제1항 및 제70조 제1항은 이를 반영한 것이다. - 비밀주의		1972
78	비행소년의 처우를 법관에게만 맡길 것이 아니라 여러 분야 전문가들의 조사결과와 분석을 검토하여 결정해야 한다는 원칙으로 「소년법」 제12조는 이를 반영한 것이다. - 과학주의		1973
79	「아동학대범죄의 처벌 등에 관한 특례법」상 방임과 무관심도 아동학대의 유형에 해당한다.		2023
80	아동학대는 암수범죄가 많고, 장기간 은폐되는 특징이 있다.		2024

◉ 답안확인방법: 답안번호를 찾아 정오를 확인하세요.

연번	문제	O×	답안번호
1	좁은 의미의 형사정책학은 범죄와 범죄자, 사회적 일탈행위 및 이에 대한 통제방법을 연구하는 경험과학 또는 규범학이 아닌 사실학의 총체를 말한다.		38
2	형사정책학은 기존 형벌체계가 과연 범죄대책으로서 유효한가에 대한 검증을 함으로써 형법 규정의 개정방향을 선도한다는 점에서 형법학과 형사정책학은 상호의존성을 가진다.		39
3	일반적으로 범죄율이라 함은 범죄통계와 관련하여 인구 100,000명당 범죄발생건수의 비율을 말한다.		89
4	인구대비 범죄발생건수를 의미하는 범죄율(crime rate)은 각 범죄의 가치를 서로 다르게 평가한다.		90
5	암수범죄의 조사방법으로 활용되는 피해자조사는 실제 범죄의 피해자가 범죄의 피해 경험을 보고하게 하는 것을 말한다.		140
6	암수범죄란 실제로 발생하였지만 범죄통계에 포착되지 않은 범죄를 말한다.		141
7	피해 조사(victimization survey)는 개인적 보고에 기반하는 점에서 조사의 객관성과 정확성을 확보할 수 있다.		191
8	패널 조사설계는 범죄자의 장기적인 범죄경력 연구에 가장 적합하다.		192
9	범죄원인의 결정론적 시각은 범죄자의 처벌보다는 치료를 강조한다.		242
10	범죄원인의 결정론적 시각은 인간의 자유의지를 중요시 한다.		243
11	실증주의는 법·제도적 문제 대신에 범죄인의 개선 자체에 중점을 둔 교정이 있어야 범죄예방이 가능하다.		293
12	실증주의는 형이상학적인 설명보다는 체계화된 인과관계 검증 과정과 과거 경험이 더 중요하다.		294
13	코헨(L. Cohen)과 펠손(M. Felson)의 일상생활이론(routine activity theory)은 시간의 흐름에 따른 범죄율의 변화를 설명하기 위해 등장한 이론이다.		344
14	코헨(L. Cohen)과 펠손(M. Felson)의 일상생활이론(routine activity theory)에 의하면 경제적 불평등, 실업률 등 범죄를 자극하거나 동기를 부여하는 구조적 조건이 저하됨에도 불구하고 범죄율이 지속적으로 증가하고 있는 이유에 대한 설명을 가능하게 한다.		345
15	이탈리아 학파는 자연과학적 방법을 도입하여 범죄원인을 실증적으로 분석하였다.		395
16	페리(E. Ferri)는 마르크스(Marx)의 유물사관, 스펜서(Spencer)의 발전사관, 다윈(Darwin)의 진화론 등의 영향을 받았다.		396
17	베커(H.S. Becker)의 낙인이론에 따르면 일탈자라는 낙인은 그 사람의 지위를 대변하는 주지위(master status)가 되기 때문에 다른 사람들과의 원활한 상호작용에 부정적인 영향을 미치는 장애요인이 된다.		446
18	머튼(R. Merton)의 아노미이론에 따르면 아노미 상태에 있는 개인의 적응방식 중 혁신형(innovation)은 범죄자들의 전형적인 적응방식으로, 문화적 목표는 수용하지만 제도화된 수단은 거부하는 형태이다.		447
19	YABA는 주로 종이에 묻혔다가 뜯어서 혓바닥을 통해 입에 넣는 방법으로 남용된다.		497

20	황금의 초승달 지대란 이란·아프가니스탄·파키스탄의 접경지역에 위치하는 아편 생산지대이다.		498
21	증오범죄는 특정 대상에 대한 편견을 바탕으로 범행을 실행하므로 표적범죄(target crime)의 한 유형으로 볼 수 있다.		548
22	증오범죄의 유형 중 스릴추구형은 특정 대상에게 고통을 주는 행위를 통한 가학성 스릴을 즐기는 경향이 있다.		549
23	달가드(Dalgard)와 크링그렌(Kringlen)은 쌍생아 연구에서 환경적 요인이 고려될 때도 유전적 요인의 중요성은 변함없다고 하였다.		599
24	크레취머(Kretschmer)는 사람의 체형 중 비만형이 범죄확률이 높은데 특히 절도범이 많다고 하였다.		600
25	콜버그(Kohlberg)의 도덕발달이론에 의하면, 인간의 도덕발달과정은 전관습적(pre-conventional), 관습적(conventional), 후관습적(post-conventional)이라는 3개의 수준으로 구분되고, 각 수준은 2개의 단계로 나뉜다.		650
26	슈나이더(Schneider)의 정신병질에 대한 10가지 분류 중 무정성 정신병질자는 동정심이나 수치심 등 인간의 고등감정이 결여되어 있는 유형으로, 토막살인범 등에서 많이 나타난다.		651
27	버제스와 에이커스(Burgess & Akers)의 차별강화이론에 의하면 범죄행위에 대한 보상이 제공됨으로써 범죄행위가 지속·강화된다면 이것은 긍정적 강화이다.		701
28	버제스와 에이커스(Burgess & Akers)의 차별강화이론에 의하면 차별접촉이론과 심리학적 학습이론을 접목하였다.		702
29	사회해체이론(social disorganization theory)은 화이트칼라 범죄 등 기업범죄를 설명하는 데에 유용하다.		752
30	사회해체(Social Disorganization)란 지역사회가 공동체의 문제해결을 위한 능력이 상실된 상태를 의미한다.		753
31	반사회적이고 공격적인 성향을 가진 사람은 일반긴장이론(General Strain Theory)에서 애그뉴(Agnew)가 주장하는 세 가지 긴장 원인 유형에 속한다.		803
32	애그뉴(R. Agnew)의 일반긴장이론(general strain theory)은 자신에게 중요한 이성 친구와의 결별이나 실연, 친한 친구나 가족의 사망 등은 긍정적 자극이 소멸한 예라 할 수 있다.		804
33	코헨(A. Cohen)이 주장한 비행하위문화(delinquent subculture)에서 악의성(maliciousness)은 다른 사람이 고통을 당하는 모습에서 쾌감을 느끼는 속성을 의미한다.		854
34	코헨(A. Cohen)이 주장한 비행하위문화(delinquent subculture)에서 비공리성(non-utilitarianism)은 범죄행위로부터 얻는 물질적 이익보다 동료들로부터 얻는 신망과 영웅적 지위 때문에 범죄를 저지른다는 것이다.		855
35	서덜랜드(Sutherland)의 차별적 접촉이론에 의하면 차별접촉은 빈도, 기간, 우선순위, 그리고 강도(强度) 등에 의하여 차이가 발생한다고 주장한다.		905
36	서덜랜드(Sutherland)의 차별적 접촉이론에 의하면 범죄학습이 신문·영화 등 비대면적인 접촉수단으로부터도 큰 영향을 받는다는 점을 간과하고 있다.		906
37	코헨(Cohen)의 비행하위문화이론은 중산계층이나 상류계층 출신이 저지르는 비행이나 범죄를 설명하지 못하는 한계가 있다.		956
38	클로워드(Cloward)와 오린(Ohlin)의 범죄적 하위문화는 합법적인 기회구조와 비합법적인 기회구조 모두가 차단된 상황에서 폭력을 수용한 경우에 나타나는 하위문화이다.		957
39	피해(자)의 부정(denial of victim)-점원 丁은 점주의 물건을 훔치면서 점주가 평소 직원들을 부당하게 대우하여 노동을 착취해왔기 때문에 그의 물건을 가져가는 것은 당연하다고 합리화한다.		1007

40	비난자에 대한 비난(condemnation of the condemners) – 甲은 경찰, 검사, 판사는 부패한 공무원들이기 때문에 자신의 비행을 비난할 자격이 없다고 합리화한다.		1008
41	허쉬(T. Hirschi)의 사회유대이론의 요소: 관습적인 규범의 내면화를 통하여 개인이 사회와 맺고 있는 유대의 형태로 관습적인 도덕적 가치에 대한 믿음을 의미한다. – 신념		1058
42	라이스(A. Reiss) – 소년비행의 원인을 낮은 자기통제력에서 찾았다.		1059
43	낙인이론에 의하면 공식적 형사처벌의 긍정적 효과보다는 부정적 효과에 주목하였다.		1109
44	낙인이론의 슈어(Schur)는 이차적 일탈로의 발전이 정형적인 것은 아니며, 사회적 반응에 대한 개인의 적응노력에 따라 달라질 수 있다고 주장하였다.		1110
45	낙인이론은 국가의 범죄통제가 오히려 범죄를 증가시키는 경향이 있으므로 과감하게 이를 줄여야 한다고 주장한다.		1160
46	슈어(E. Schur)는 사람에게 범죄적 낙인이 일단 적용되면, 그 낙인이 다른 사회적 지위나 신분을 압도하게 되므로 일탈자로서의 신분이 그 사람의 '주지위(master status)'로 인식된다고 하였다.		1161
47	레머트(Lemert)는 범죄를 포함한 일탈행위를 일차적 일탈과 이차적 일탈로 구분하고, 이차적 일탈은 일차적 일탈에 대한 사회적 반응으로 야기된 문제들에 대한 행위자의 반응에 의해 발생하는 것이라고 주장하였다.		1211
48	케틀레(Quetelet)는 기후, 연령분포, 계절 등 사회환경적 요인들이 범죄 발생과 함수관계에 있다는 것을 밝힘으로써 범죄가 사회환경적 요인에 의해 유발된다고 주장하였다.		1212
49	샘슨(Sampson)과 라웁(Laub)의 생애과정이론(연령–단계이론)에 의하면 생애과정을 통해 사회유대와 범죄행위가 서로 영향을 미친다.		1262
50	샘슨(Sampson)과 라웁(Laub)의 생애과정이론(연령–단계이론)에 의하면 결혼, 취업, 군 입대는 범죄궤적을 올바른 방향으로 바꾸는 인생의 변곡점이다.		1263
51	퀴니(Quinney)는 마르크스의 경제계급론을 부정하면서 사회주의 사회에서의 범죄 및 범죄통제를 분석하였다.		1313
52	볼드(Vold)는 집단갈등이 입법정책 영역에서 가장 첨예하게 나타난다고 보았다.		1314
53	샘슨(Sampson)과 라웁(Laub)의 생애과정이론(연령 – 단계이론)에 의하면 결혼, 취업, 군 입대는 범죄궤적을 올바른 방향으로 바꾸는 인생의 변곡점이다.		1364
54	손베리(T. Thornberry)는 후기개시형(late starters) 비행청소년 일탈의 원인을 비행친구와의 접촉으로 보았다.		1365
55	화이트칼라 범죄는 업무활동에 섞여 일어나기 때문에 적발이 용이하지 않고 증거수집이 어려운 특성이 있다.		1415
56	경제발전과 소득증대로 화이트칼라 범죄를 범하는 계층은 점차 확대되어가는 경향이 있다.		1416
57	엑스너(F. Exner)는 불경기와 범죄는 상관관계가 없다고 주장한다.		1466
58	롬브로조(Lombroso)는 범죄여성은 신체적으로는 다른 여성과 구별되는 특징이 없지만, 감정적으로는 다른 여성과 구별되는 특징이 있다고 설명하였다.		1467
59	회복적 사법(Restorative Justice)의 양형서클은 피해자와 가해자를 공동체 내로 재통합하려는 시도로써 회복적 사법에 해당한다.		1517
60	회복적 사법(Restorative Justice)의 이론적 근거로는 브레이스웨이트(Braithwaite)의 재통합적 수치이론(Reintegrative Shaming Theory)을 들 수 있다.		1518
61	다이버전(diversion)은 형사사법기관의 업무량을 줄여 상대적으로 더 중요한 범죄사건에 집중일 수 있게 해 준다.		1568

62	보석과 구속적부심사제도는 다이버전의 한 종류이다.		1569
63	전환제도의 장점으로 형사사법대상자 확대 및 형벌 이외의 비공식적 사회통제망 확대를 든다.		1619
64	다이버전은 종래에 형사처벌의 대상이 되었던 문제가 다이버전의 대상이 됨으로써 형사사법의 통제망이 축소되고 나아가 형사사법의 평등을 가져온다.		1620
65	환경설계를 통한 범죄예방(CPTED)은 물리적 환경설계를 통한 범죄예방전략을 의미한다.		1670
66	목표물 견고화(target hardening)란 잠재적 범행대상이 쉽게 피해를 보지 않도록 하는 일련의 조치를 말한다.		1671
67	CPTED는 주거 및 도시지역의 물리적 환경설계 또는 재설계를 통해 범죄기회를 감소시키고자 하는 기법이다.		1721
68	CPTED의 기본원리 중 자연적 감시는 사적 공간에 대한 경계를 제거하여 주민들의 책임의식과 소유의식을 감소시킴으로써 사적공간에 대한 관리권을 약화시키는 원리이다.		1722
69	1990년대 미국 시카고시에서 깨진 유리창 이론을 적용하여 사소한 범죄라도 강력히 처벌하는 무관용주의(Zero Tolerrance)를 도입하였다.		1772
70	지역사회경찰활동(community policing)은 발생한 범죄와 범죄자에 대한 대응활동에 중점을 둔 경찰활동을 말한다.		1773
71	임상적 예측방법은 판단자의 주관적 평가를 배제하고 객관성을 확보할 수 있는 장점이 있다.		1823
72	재판단계에서 행해지는 예측은 주로 가석방결정에 필요한 예측이다.		1824
73	근대학파(신파)는 범죄와 형벌은 균형을 이루어야 하므로 부정기형은 금지된다고 하였다.		1874
74	유일점 형벌이론은 형이상학적 목적형사상을 기초로 한 절대적 형벌이론이다.		1875
75	이원주의에 따르면 형벌은 책임을, 보안처분은 재범의 위험성을 전제로 부과되는 것으로 양자는 그 기능이 다르다고 본다.		1925
76	비범죄화(decriminalization)는 경미한 일탈에 대해서는 비범죄화하여 공식적으로 개입하지 않음으로써 낙인을 최소화하자는 것이다.		1926
77	「소년법」 제24조 제2항에서 규정한 심리의 비공개는 인격주의와 관련이 있다.		1976
78	소년분류심사원의 분류심사는 과학주의와 관련이 있다.		1977
79	「소년법」상 보호처분이 계속 중일 때 징역, 금고 또는 구류를 선고받은 소년에 대하여는 먼저 그 형을 집행한다.		2027
80	「소년법」상 죄를 범할 당시 18세 미만인 소년에 대하여 사형 또는 무기형으로 처할 경우에는 15년의 유기징역으로 한다.		2028

제4회 범죄학·형사정책이론 OX기출훈련

◉ 답안확인방법: 답안번호를 찾아 정오를 확인하세요.

연번	문제	O×	답안번호
1	'피해자의 존재가 오히려 범죄자를 만들어 낸다'는 헨티히(Hentig)의 주장은 범죄피해자는 단순한 수동적 객체에 불과한 것이 아니라 범죄화과정에 있어서 적극적인 주체라는 점을 부각시킨 설명이다.		44
2	'암수범죄에 대한 연구는 축소적으로 실현된 正義에 대한 기본적 비판'이라는 카이사르(Kaiser)의 말은 숨은 범죄의 존재로 인해 범죄에 대한 대책을 수립하는 데 범죄통계가 충분한 출발점이 될 수 없음을 나타낸 표현이다.		45
3	사례연구는 과거중심적 연구방법으로 특정 범죄자의 성격, 성장과정, 범죄경력 등을 종합적으로 분석함으로써, 연구결과의 일반화가 가능하다는 장점이 있다.		95
4	문헌연구는 연구자가 설문 및 사례 등을 계량적으로 분석하는 방법으로, 연구 결과의 신뢰성을 높일 수 있다는 장점이 있다.		96
5	암수범죄의 유형 중 절대적 암수범죄는 수사기관이 인지하였으나 해결되지 않은 범죄를 의미하는 것이다.		146
6	자기보고식 조사(self-report survey)는 응답자에게 자신의 범죄나 비행을 스스로 보고하도록 하는 조사방법이다.		147
7	비참여적 관찰연구는 연구자가 직접 연구대상에 들어가 함께 생활하면서 집단 구성원의 생활을 자연스럽게 관찰하는 연구방법으로 연구자의 주관적 편견이 개입할 소지가 많아 사실이 왜곡될 수 있다.		197
8	서덜랜드(Sutherland)의 전문절도범(professional thief) 연구는 대표적인 사례연구(case study)이다.		198
9	고전주의 범죄학파는 범죄자의 자유의지와 합리성에 기반하여 범죄원인을 설명하였다.		248
10	실증주의 범죄학파는 범죄원인의 규명과 해결을 위해서 과학적 연구방법의 중요성을 강조하였다.		249
11	실증주의는 인간을 자유로운 의사에 따라 합리적으로 결정하여 행동할 수 있는 이성적 존재로 인식한다.		299
12	실증주의는 합의의 결과물인 실정법에 반하는 행위를 범죄로 규정하고, 범죄에 상응하는 제재(처벌)를 부과하여야 한다고 본다.		300
13	억제이론(Deterrence Theory)에서 형벌의 특수적 억제효과란 범죄를 저지른 사람에 대한 처벌이 일반시민들로 하여금 처벌에 대한 두려움을 불러 일으켜서 결과적으로 범죄가 억제되는 효과를 말한다.		350
14	일상활동이론(routine activities theory)의 범죄발생 요소에는 비범죄적 대안의 부재(absence of non-criminal alternatives)를 포함한다.		351
15	페리(Ferri)는 범죄행위는 생물학적·심리학적으로 비정상적인 사람이 저지르는 것이 아니라, 정상적으로 태어난 사람이 이후에 다른 사람의 범죄를 모방한 결과라고 하였다.		401
16	가로팔로(R. Garofalo)는 범죄원인으로서 심리학적 측면을 중시하였다.		402

17	타르드(Tarde)의 방향의 법칙에 의하면 원래 하류계층이 저지르던 범죄를 다른 계층들이 모방함으로써 모든 사회계층으로 전파된다.		452
18	뒤르켐(E. Durkheim)은 모든 사회와 시대에 공통적으로 적용될 수 있는 객관적 범죄가 존재한다고 주장하였다.		453
19	화이트칼라범죄(white-collar crimes)란 사회적 지위가 높은 사람이 주로 직업 및 업무 수행의 과정에서 범하는 범죄를 의미한다.		503
20	증오범죄(hate crimes)란 인종, 종교, 장애, 성별 등에 대한 범죄자의 편견이 범행의 전체 또는 일부 동기가 되어 발생하는 범죄를 의미한다.		504
21	폴락(Pollak)은 여성이 남성 못지않게 범죄행위를 저지르지만, 은폐 또는 편견적 선처에 의해 통계상 적게 나타나는 것일 뿐이라고 지적하였다.		554
22	여성범죄는 우발적이거나 상황적인 경우가 많고 경미한 범행을 반복해서 자주 저지르는 경향이 있다.		555
23	세로토닌 수치가 너무 높을 경우 충동, 욕구, 분노 등이 제대로 통제되지 않을 수 있다.		605
24	도파민 시스템은 보상 및 쾌락과 관련되어 있다.		606
25	범죄는 내적 장애의 표출이다. 범죄자에게는 충동성, 공격성, 도덕성 부족, 낮은 자존감 등과 같은 특성을 발견할 수 있다. - 심리학적 성격이론, 자기통제이론 등이 이에 해당한다.		656
26	프로이트(Freud) 이론에 의하면, 성 심리의 단계적 발전 중에 필요한 욕구가 충족되지 못함으로써 야기된 긴장이 사회적으로 수용되지 못할 때 범죄행위를 유발하는 것으로 설명할 수 있다.		657
27	에이커스(Akers)의 사회학습이론에 의하면 차별적 접촉이란 개인이 법 준수나 법 위반에 대한 우호적 또는 비우호적 정의에 노출되어 있는 과정을 의미하는데, 직접 접촉은 물론 영상 등을 통한 간접 접촉도 포함된다.		707
28	에이커스(Akers)의 사회학습이론에 의하면 정의란 개인이 특정 행위에 부여하는 의미 또는 태도를 말하며, 여기에는 범죄에 대한 긍정적 정의와 부정적 정의는 포함되나 중화적 정의는 포함되지 않는다.		708
29	머튼(Merton)의 아노미이론에서 순응(conformity)은 문화적 목표와 제도화된 수단을 모두 승인하는 적응방식으로 반사회적인 행위유형이 아니다.		758
30	머튼(Merton)의 아노미이론에서 혁신(innovation)은 문화적 목표는 승인하지만 제도화된 수단을 부정하는 적응방식으로 마약밀매, 강도, 절도 등이 이에 해당한다.		759
31	애그뉴(R. Agnew)의 일반긴장이론은 긴장을 경험하는 모든 사람이 범죄를 저지른다거나 범죄에 의존하게 되는 것은 아니다.		809
32	애그뉴(Agnew)의 일반긴장이론은 거시적 수준에서 하류층뿐만 아니라 다양한 계층의 긴장원인을 설명하고자 하였다.		810
33	코헨(Cohen)의 비행하위문화이론은 상당수의 청소년비행은 비행하위문화에 속한 청소년들에 의해 집단적으로 발생하기 보다는 청소년 각자의 개인적 이유 때문에 발생한다는 점을 설명하지 못한다.		860
34	코헨(Cohen)의 비행하위문화이론은 하류층의 청소년 중에서 비행을 저지르지 않는 청소년들이 많다는 사실을 간과하였다.		861
35	서덜랜드(Sutherland)의 차별접촉이론(Differential Association Theory)에 의하면 범죄행위의 학습은 타인과의 의사소통과정에서 이루어지는 상호작용의 산물이다.		911
36	서덜랜드의 차별적 접촉이론은 갓프레드슨(Gottfredson)과 허쉬(Hirschi)의 자기통제이론과 달리 하류계층의 반사회적 행동을 설명하는데 국한된다.		912

37	서덜랜드(Sutherland)의 차별접촉이론을 보완하는 주장: 하층이나 소수민, 청소년, 여성처럼 사회적 약자에게 법은 불리하게 적용될 수 있다.	962
38	서덜랜드(Sutherland)의 차별접촉이론을 보완하는 주장: 비행은 주위 사람들로부터 학습되지만 학습원리, 즉 강화의 원리에 의해 학습된다.	963
39	급격한 사회변동과 위기는 머튼(Merton)이 주장한 아노미의 발생원인이다.	1013
40	공평한 성공기회에 대한 평등주의적 이념은 머튼(Merton)이 주장한 아노미의 발생원인이다.	1014
41	나이(Nye)와 라이스(Reiss)는 통제이론가에 속한다.	1064
42	레클리스(Reckless)는 긍정적 자아관념이 청소년을 범죄환경의 압력과 유인으로부터 보호한다고 주장하였다.	1065
43	비범죄화란 지금까지 형법에 범죄로 규정되어 있던 것을 폐지하여 범죄목록에서 삭제하거나 형사처벌의 범위를 축소하는 것이다.	1115
44	신범죄화(신규 범죄화)란 지금까지 존재하지 않던 새로운 형벌구성요건을 창설하는 것이다.	1116
45	갓프레드슨과 허쉬(Gottfredson & Hirschi) – 모든 범죄의 원인은 '낮은 자기통제력' 때문이며, 이러한 '자기통제력'은 아동기에 형성된다.	1166
46	샘슨(Sampson) – 지역사회의 구성원들이 범죄문제를 공공의 적으로 인식하고 이를 해결하기 위하여 적극적으로 참여하는 것이 범죄문제 해결의 열쇠가 된다.	1167
47	범죄로 이끄는 힘이 범죄를 차단하는 힘보다 강하면 범죄나 비행을 저지르게 된다. – 레크리스(Reckless)의 봉쇄이론	1217
48	성공목표를 달성하기 위한 수단이 주로 사회경제적 계층에 따라 차등적으로 분배되어 목표와 수단의 괴리가 커지게 될 때 범죄가 발생한다. – 머튼(Merton)의 아노미이론	1218
49	브레이스웨이트는 상호의존적이고 공동체 지향적인 사회일수록 재통합적 수치의 효과가 더 크다고 주장하였다.	1268
50	브레이스웨이트(Braithwaite)의 재통합적 수치이론(Reintegrative Shaming Theory)은 형사처벌의 효과에 대하여 엇갈리는 연구결과들을 통합하려는 시도의 일환이라고 할 수 있다.	1269
51	터크(Turk)는 사회를 통제할 수 있는 권력 또는 권위의 개념을 범죄원인과 대책 분야에 적용시키고자 하였다.	1319
52	퀴니(Quinney)는 노동자계급의 범죄를 자본주의 체제에 대한 적응범죄와 대항범죄로 구분하였다.	1320
53	티틀(Tittle)의 통제균형이론은 타인으로부터 받는 통제와 자신이 행사하는 통제의 양이 균형을 이룰 때 순응이 발생하고 통제의 불균형이 비행과 범죄행위를 발생시킨다고 설명한다.	1370
54	티틀에 의하면 한 사람이 다른 사람에게 행사하는 통제의 양과 다른 사람으로부터 받게 되는 피통제 양의 비율(통제비)로써 범죄와 피해를 설명한다.	1371
55	오늘날 화이트칼라범죄의 존재와 현실을 부정하는 사람은 없으나, 대체로 초기 서덜랜드(Sutherland)의 정의보다는 그 의미를 좁게 해석하여 개념과 적용범위를 엄격하게 적용하려는 경향이 있다.	1421
56	화이트칼라 범죄는 폭력성이 전혀 없다는 점에서 전통적인 범죄유형과 구별된다.	1422
57	범죄피해이론 중 일상활동이론은 범죄자와 피해자의 일상활동이 특정 시간과 공간에 걸쳐 중첩되는 양식을 고려하여 범죄피해를 설명한다.	1472
58	범죄피해이론 중 생활양식·노출이론은 직장과 학교 등 직업적 활동과 여가활동을 포함한 매일의 일상적 활동이 범죄피해에 미치는 영향에 주목하였다.	1473
59	회복적 사법은 가해자는 배상과 교화의 대상으로서 책임을 수용하기보다는 비난을 수용하여야 한다.	1523

60	회복적 사법은 지역사회 내에서 범죄자와 그 피해자의 재통합을 추구한다.		1524
61	집행유예의 선고를 받은 자가 유예기간 중 고의로 범한 죄로 금고 이상의 실형을 선고받아 그 판결이 확정된 때에는 집행유예의 선고는 효력을 잃는다.		1574
62	형의 선고유예를 받은 날로부터 2년을 경과한 때에는 면소된 것으로 간주한다.		1575
63	뉴먼은 주택건축과정에서 공동체의 익명성을 줄이고 순찰·감시가 용이하도록 구성하여 범죄예방을 도모해야 한다는 방어공간의 개념을 사용하였다.		1625
64	뉴만(Newman)의 방어공간이론은 많은 도시시설 가운데 특히, 주거시설에 초점을 두고 정립되었다.		1626
65	코헨(Cohen)과 펠슨(Felson)의 일상활동이론(Routine Activity Theory)에 의하면 범죄를 저지르고자 하는 동기화된 범죄자(motivated offender), 적절한 범행대상(suitable target), 보호(감시)의 부재(absence of capable guardian)라는 세 가지 조건이 충족될 때 범죄가 발생한다고 가정한다.		1676
66	코헨(Cohen)과 펠슨(Felson)의 일상활동이론(Routine Activity Theory)에 의하면 도시화, 여가활동 증대 등 가정 밖에서 일어나는 활동을 증가시킴으로써 피해자와 범죄자가 시·공간적으로 수렴할 가능성을 증대시킨다고 본다.		1677
67	레페토(Reppetto)가 분류한 전이(Displacement)의 유형 중 전술적(Tactical) 전이 – 열린 문을 통해 침입하다가 문에 자물쇠가 설치되자 창문을 깨고 침입하는 것		1727
68	레페토(Reppetto)가 분류한 전이(Displacement)의 유형 중 기능적(Functional 전이 – 경비강화로 절도가 어려워지자 대신 강도를 저지르는 것		1728
69	민간경비는 국민의 요구에 부합하는 양질의 치안서비스를 제공하고 사회 형평성을 증대하는 효과가 있다.		1778
70	CCTV 설치로 인한 범죄통제이익의 확산효과가 문제점으로 지적된다.		1779
71	범죄예측은 형사사법 절차 중 예방 및 재판 단계에서는 유용하나, 수사 및 교정 단계에서는 유용하지 않다.		1829
72	형벌의 목적으로 응보형주의는 개인의 범죄에 대하여 보복적인 의미로 형벌을 과하는 것이다.		1830
73	사면법상 형의 집행유예를 선고받은 자에 대하여는 형 선고의 효력을 상실하게 하는 특별사면을 할 수 없다.		1880
74	베카리아(C. Beccaria), 리프만(M. Liepmann), 루소(J. Rousseau), 캘버트(E. Calvert)는 사형폐지론을 주장했다.		1881
75	바톨라스(C. Bartollas)의 적응(개선)모델에 따르면 비행소년 스스로 책임 있는 선택과 합법적 결정을 할 수 있다고 하며, 이 모형에 따른 처우로서는 현실요법, 환경요법, 집단지도 상호작용, 교류분석 등의 방법이 이용되고 있다.		1931
76	소년법원은 반사회성이 있는 소년의 형사처벌을 지양하며 건전한 성장을 도모하기 위한 교화개선과 재활철학을 이념으로 한다.		1932
77	협력주의는 효율적 소년보호를 위해 국가는 물론이고 소년의 보호자를 비롯한 민간단체 등이 서로 협력해야 한다는 것을 말한다.		1982
78	소년보호의 원칙에 대한 설명으로 효율적 소년보호를 위해 국가는 물론이고 소년의 보호자를 비롯한 민간단체 등이 서로 협력해야 한다는 협력주의에 바탕을 둔 조치들이 필요하다.		1983
79	국가는 모든 국민의 보호자이며 부모가 없는 경우나, 있더라도 자녀를 보호해 줄 수 없는 경우, 국가가 나서서 대신 보호해 주어야 한다는 소년보호제도의 기본이념은 국친 사상이다.		2033
80	우리나라의 양형기준은 효력이 발생 된 이후에 법원에 공소제기 된 범죄에 대하여 내·외국인 모두에게 적용되며, 모든 범죄에서 미수에 대해서는 적용되지 않고 기수에 대해서만 적용된다.		2034

● 답안확인방법: 답안번호를 찾아 정오를 확인하세요.

연번	문제	O×	답안번호
1	사회적 일탈행위는 범죄행위뿐만 아니라 그 자체가 범죄로 되지 아니하는 알코올 중독, 자살 기도, 가출 등과 같은 행위도 연구의 대상이 된다.		48
2	실질적 범죄개념은 사회유해성 내지 법익을 침해하는 반사회적 행위를 의미하며, 범죄화와 비범죄화의 기준이 된다.		49
3	표본조사방법은 특정한 범죄자 모집단의 일부를 표본으로 선정하여 그들에 대한 조사결과를 그 표본이 추출된 모집단에 유추 적용하는 방법이다.		99
4	추행조사방법은 일정한 범죄자 또는 비범죄자들에 대해 시간적 간격을 두고 추적·조사하여 그들의 특성과 사회적 조건의 변화를 관찰함으로써 범죄와의 상호 연결 관계를 파악할 수 있다.		100
5	공식범죄통계에서 범죄율은 일정 기간(보통 1년) 동안 인구 10만 명당 몇 건의 범죄가 발생했는지를 나타내며, 검거율은 경찰이 한 해 동안 범인을 검거한 사건에서 한 해 동안 인지한 사건 수를 나누어 백분율로 계산한다.		150
6	범죄피해조사는 공식 형사사법기관에 보고되지 않은 암수범죄를 밝히는데 유용하지만 살인, 강도, 강간, 절도 등 전통적인 범죄가 조사대상이 된다는 한계가 있다.		151
7	공식범죄통계는 범죄현상을 분석하는 데 기본적인 수단으로 활용되고 있으며, 다양한 숨은 범죄를 포함한 객관적인 범죄 상황을 정확히 나타내는 장점이 있다.		201
8	청소년들의 약물남용실태를 조사하기 위하여 매 2년마다 청소년 유해환경조사를 실시하고 있다. 이 조사는 매 조사 연도에 3,000명의 청소년들을 새롭게 표본으로 선정하여 설문지를 통해 지난 1년 동안 어떤 약물을, 얼마나 복용하였는지를 질문하고 있다. - 자기보고식 조사에 해당한다.		202
9	실증주의 범죄학은 인간의 자유의지를 강조한 고전학파를 비판하며, 범죄자는 여러 요인에 의해 형성된다는 비결정론적 시각으로 인간을 바라보았다.		252
10	신고전주의 범죄학의 등장은 실증주의 범죄학 및 관련 정책의 효과에 대한 비판적 시각과 관련이 있다.		253
11	고전주의 학파에 의하면 형벌은 계몽주의, 공리주의에 사상적 기초를 두고 이루어져야 한다.		303
12	고전주의 학파에 의하면 범죄는 주로 생물학적·심리학적·환경적 원인에 의해 일어난다.		304
13	롬브로소(Lombroso)는 범죄인은 일반인에 비해 얼굴이나 두개골 등 신체 전반에 걸쳐 생물학적 열등성이 존재한다는 생래적 범죄인(born criminals)을 주장하였다.		354
14	가로팔로(Garofalo)는 통계학자인 피어슨(Pearson)과 협업하여 생래적 범죄인설을 비판하였다.		355
15	생래적 범죄인에 대한 대책으로 롬브로조(Lombroso)는 사형을 찬성하였지만 페리(Ferri)는 사형을 반대하였다.		405
16	타르드(Tarde)는 롬브로조(Lombroso)의 생래적 범죄인설을 부정하고, 범죄행위도 타인의 행위를 모방함으로써 발생한다고 한다.		406

17	리스트(Liszt)는 형벌의 목적으로 특별예방사상을 처음으로 주장함으로써 형벌 예고를 통해 일반인의 범죄충동을 억제하는 것이 형벌의 가장 중요한 기능이라고 보았다.		456
18	리스트(Liszt)는 '처벌되어야 할 것은 행위자가 아니고 행위'라는 명제를 제시하였다.		457
19	사이버범죄의 유형으로 e-후킹(Hooking), 스푸핑(Spoofing), 스미싱(Smishing), 비싱(Vishing)은 같은 유형에 속한다.		507
20	"이거 요즘 신종수법인데, SNS에서 얻은 네 정보가 포함된 이메일을 발송해서 마치 합법적인 것처럼 가장하는거야. 악성코드가 이름, 비밀번호, 은행 계좌 정보, 신용카드 번호 및 기타 개인 정보와 같은 세부 정보를 수집하기 위해 이메일 첨부파일을 열도록 요청하는 사기의 유형이야". - 사이버범죄유형 중 스피어피싱(spearphishing)에 해당		508
21	체스니-린드(Chesney-Lind)는 형사사법체계에서 소년범들의 성별에 따른 차별적 대우가 존재한다고 보았다.		558
22	헤이건(Hagan)과 그의 동료들은 테스토스테론(testosterone)이 남성을 여성보다 폭력적으로 만든다고 주장하였다.		559
23	신경생리학적 조건과 범죄에 대한 설명으로 모노아민 산화효소 A(monoamine oxidase A) 유전자가 과활성화 형태를 가지게 되면 폭력행위를 보일 가능성이 높아지게 된다.		609
24	신경생리학적 조건과 범죄에 대한 설명으로 낮은 수준의 세로토닌은 특히 기질, 공격성, 충동 등에 영향을 미친다.		610
25	콜버그(Kohlberg)의 도덕발달이론은 도덕적 판단과 도덕적 행위간의 불일치가 문제점으로 지적되고 있다.		660
26	아이젠크(Eysenck)의 성격이론은 극단적인 범행동기를 파악하는 데 유용하지만, 그렇지 않은 범죄자의 범행원인 파악은 어려운 것으로 평가된다.		661
27	버식(Bursik)과 웹(Webb)은 지역사회가 주민들에게 공통된 가치체계를 실현하지 못하고 지역주민들이 공통적으로 겪는 문제를 해결할 수 없는 상태를 사회해체라고 정의하고, 그 원인을 주민의 비이동성과 동질성으로 보았다.		711
28	파크(Park)와 버제스(Burgess)의 동심원이론에 따라 시카고지역을 5단계로 분리하였을 때, 빈민가가 형성되어 있으며 범죄발생률이 가장 높은 지역은 중심상업지역이다.		712
29	머튼(Merton)의 아노미이론에 대한 설명으로 '순응형(Conformity)'은 문화적 목표와 제도화된 수단을 모두 승인하는 적응방식으로 반사회적인 행위유형이 아니다.		762
30	머튼(Merton)의 아노미이론에 대한 설명으로 '퇴행형(Retreatism)'은 문화적 목표와 제도화된 수단을 모두 부정하고 사회활동을 거부하는 적응방식으로 만성적 알코올 중독자, 약물 중독자, 부랑자 등이 이에 해당한다.		763
31	애그뉴(Agnew)의 일반긴장이론에 의하면 인간은 직장 내 갑질, 가정폭력, 선생님의 꾸중 등 부정적인 자극을 받았을 때, 긴장하게 된다.		813
32	애그뉴(Agnew)의 일반긴장이론에 의하면 특히 청소년들은 긴장상태가 지속되면 부정적인 감정에 의해 비행에 빠지기 쉽다.		814
33	클라워드(Cloward)와 올린(Ohlin)의 차별기회이론(differential opportunity theory)의 도피 하위문화는 마약 소비 행태가 두드러지게 나타나는 갱에서 주로 발견된다.		864
34	코헨(Cohen)은 하류계층의 비행이 중류계층의 가치와 규범에 대한 저항이라고 설명하였다.		865
35	갓프레드슨(Gottfredson)과 허쉬(Hirschi)의 자기통제이론(Self-Control)은 자기통제의 주요개념으로 통제비율(Control ratio)을 제시하였으며, 이는 통제가 결핍되면 약탈적 비행을 저지르는 경향이 높아진다는 입장이다.		915

36	갓프레드슨(Gottfredson)과 허쉬(Hirschi)의 자기통제이론(Self-Control)은 거시적인 사회 구조의 측면을 고려하지 못했다는 지적이 있다.		916
37	서덜랜드(Sutherland)에 따르면 범죄자와 비범죄자의 차이는 접촉유형의 차이가 아니라 학습 과정의 차이에서 발생한다.		966
38	글레이저(Glaser)에 따르면 범죄를 학습하는 과정에 있어서는 누구와 자신을 동일시하는지 또는 자기의 행동을 평가하는 준거집단의 성격이 어떠한지보다는 직접적인 대면접촉이 더욱 중요하게 작용한다.		967
39	코헨(Cohen)의 비행하위문화이론은 중간계급의 문화에 잘 적응하지 못하는 하층 청소년들이 하위문화 형성을 통해 문제를 해결하고자 하는 과정을 문화적 혁신이라고 하였다.		1017
40	코헨(Cohen)의 비행하위문화이론은 경제적 목표와 수단 사이의 괴리가 긴장을 유발하는 것이 아니라 중간계급의 문화적 가치에 대한 부적응이 긴장을 유발한다고 하였다.		1018
41	갓프레드슨(Gottfredson)과 허쉬(Hirschi)는 낮은 수준의 자기통제력이 범죄행동의 주요 원인이라고 보았다.		1068
42	갓프레드슨(Gottfredson)과 허쉬(Hirschi)의 낮은 자기통제(low self-control)에 의하면 비효율적 육아와 부적절한 사회화보다는 학습이나 문화전이와 같은 실증적 근원에서 낮은 자기통제의 원인을 찾는다.		1069
43	레머트(Lemert)에 의하면 이차적 일탈은 일반적으로 오래 지속되며, 행위자의 정체성이나 사회적 역할들의 수행에 중요한 영향을 미친다.		1119
44	레머트(Lemert)는 비행소년이라는 꼬리표가 청소년의 지속적인 비행을 유발하는 요인이 된다고 하면서, 이를 '악의 극화(the dramatization of evil)'라고 불렀다.		1120
45	억제이론(deterrence theory) - 지하철에 정복경찰관의 순찰을 강화하자 범죄가 감소했다.		1170
46	차별접촉이론(differential association theory) - 청소년 비행의 가장 강력한 원인은 비행친구에 있다.		1171
47	코헨(A. Cohen)의 비행하위문화이론 - 하류계층의 비행은 중류계층의 가치와 규범에 대한 저항이다.		1221
48	자율성(Autonomy)은 코헨(Cohen)이 주장한 비행하위문화의 특징 중 하나이다.		1222
49	브레이스웨이트(Braithwaite)의 재통합적 수치심은 피해자의 참여와 용서는 중요한 요소가 아니다.		1272
50	브레이스웨이트(Braithwaite)의 재통합적 수치심은 비공식적 사회통제의 강력한 수단이다.		1273
51	볼드(Vold)는 집단갈등론을 통해 범죄유전인자를 가진 가족사이의 갈등이 중요한 범죄원인이 된다고 보았다.		1323
52	볼드(G. Vold)의 집단갈등론 - 범죄는 집단사이에 갈등이 일어나고 있는 상황에서 자신들의 이익과 목적을 제대로 방어하지 못한 집단의 구성원들이 자기의 이익을 추구하기 위해 표출하는 행위이다.		1324
53	발달범죄이론의 모피트(Moffitt)에 따르면 청소년기 한정형(Adolescence-limited)은 신경심리학적 결함으로 각종 문제행동을 일으키는 경우가 많다고 하였다.		1374
54	발달범죄이론의 샘슨과 라웁(Sampson & Laub)은 글룩(Glueck)부부의 연구를 재분석하여 생애과정이론을 제시하였다.		1375
55	화이트칼라 범죄는 범죄로 인한 피해의 규모가 크기 때문에 행위자는 죄의식이 크고 일반인은 범죄의 유해성을 심각하게 생각하는 것이 특징이다.		1425
56	급격한 도시화는 인구의 이동이나 집중으로 인해 그 지역의 사회관계의 혼란을 초래하고, 지역사회의 연대를 어렵게 하여 범죄의 증가를 초래할 수 있다고 한다.		1426

57	동기화된 범죄자는 미스(Miethe)와 마이어(Meier)의 구조적 선택이론을 구성하는 핵심 개념에 포함된다.	1476
58	비범죄적 대안의 부재(Absence of non-criminal alternatives)는 일상활동이론(Routine Activity Theory)의 범죄발생 요소에 해당한다.	1477
59	최초의 공식적인 회복적사법 프로그램은 미국 오하이오 주에서 도입된 피해자 – 가해자 화해 프로그램(victim-offender mediation)이다.	1527
60	회복적사법의 가족집단 회합모델(family group conference)은 뉴질랜드 마오리족의 전통에서 유래하였다.	1528
61	다이버전은 범죄로 인한 낙인의 부정적 영향을 최소화하여 2차적 일탈의 예방에 긍정적이다.	1578
62	전환처우는 형사사법제도에 융통성을 부여해 범죄인에 대하여 보다 적절히 대응하고, 범죄사건을 효과적으로 처리할 수 있도록 한다.	1579
63	뉴만(Newman)의 방어공간의 영역은 사적 영역, 준사적 영역, 준공적 영역, 공적 영역으로 나뉘는데, 이 가운데 준공적 영역과 공적 영역의 범죄발생 위험성이 높다고 하였다.	1629
64	범죄행위에 대한 위험과 어려움을 높여 범죄기회를 줄임으로써 범죄예방을 도모하려는 방법을 '상황적 범죄예방모델'이라고 한다.	1630
65	환경설계를 통한 범죄예방(CPTED)에서 영역성 강화(territorial reinforcement): 레크레이션 시설의 설치, 산책길에의 벤치설치 등 당해 지역에 일반인의 이용을 장려하여 그들에 의한 감시기능을 강화하는 전략이다.	1680
66	에크(Eck)가 제시한 범죄의 삼각형 모형인데 내부의 삼각형은 일상활동이론의 범죄발생 3요소를 의미한다.	1681
67	레페토(Reppetto)의 기능적 전이(Functional Displacement)란 기존 범죄자의 활동 중지가 또 다른 범죄자에 의해 대체되는 것을 의미한다.	1731
68	레페토(Reppetto)의 목표의 전이(Target Displacement)란 같은 지역에서 다른 피해자 또는 범행대상을 선택하는 것을 의미한다.	1732
69	범죄예측의 네 가지 요소 중 객관성: 예측방법과 결과가 쉽게 이해될 수 있어야 한다.	1782
70	범죄예측의 네 가지 요소 중 단순성: 예측에 소요되는 비용과 시간이 과다하지 않아야 한다.	1783
71	일반예방주의는 범죄자에게 형벌을 과함으로써 수형자에 대한 범죄예방의 효과를 기대하는 사고방식이다.	1833
72	형벌의 기능 중 일반적 제지의 기초가 되는 것은 결정론적 범죄원인론이다.	1834
73	단기자유형을 받는 수형자가 개선되기는커녕 시설 내의 다른 범죄자들로부터 악영향을 받는다는 비판이 제기되고 있다.	1884
74	단기자유형의 예로 현행 「형법」의 구류형이 언급된다.	1885

75	바톨라스(Bartollas)와 밀러(Miller)의 의료모형(medical model) – 비행소년은 자신이 통제할 수 없는 요인에 의해서 범죄자로 결정되었으며, 이들은 사회적으로 약탈된 사회적 병질자이기 때문에 처벌의 대상이 아니라 치료의 대상이다.		1935
76	바톨라스(Bartollas)와 밀러(Miller)의 범죄통제모형(crime control model) – 청소년도 자신의 행동에 대해서 책임을 져야 하므로, 청소년 범죄자에 대한 처벌을 강화하는 것만이 청소년 범죄를 줄일 수 있다.		1936
77	촉법소년과 우범소년에 해당하는 소년이 있을 때에는 경찰서장은 직접 관할 소년부에 송치하여야 한다.		1986
78	소년보호사건의 심리는 공개하지 아니한다. 다만, 중요 강력범죄의 경우에는 공개할 수 있다.		1987
79	「개인정보 보호법」에 따르면 고정형 영상정보처리기기 운영자는 고정형 영상정보처리기기의 설치 목적과 다른 목적으로 고정형 영상정보처리기기를 임의로 조작하거나 다른 곳을 비춰서는 아니 되며, 녹음기능은 사용할 수 없다.		2037
80	「특정중대범죄 피의자 등 신상정보 공개에 관한 법률」상 수사 및 재판 단계에서 신상정보의 공개에 대하여는 다른 법률의 규정에도 불구하고 「특정중대범죄 피의자 등 신상정보 공개에 관한 법률」을 우선 적용한다.		2038

제6회 범죄학·형사정책이론 OX기출훈련

◉ 답안확인방법: 답안번호를 찾아 정오를 확인하세요.

연번	문제	○×	답안번호
1	형사처벌의 범위를 축소시키는 것은 비범죄화에 해당하지 않는다.		52
2	수사상 비범죄화는 수사기관이 형벌법규가 존재함에도 사실상 수사하지 아니하는 것을 의미한다.		53
3	추행조사: 일정 시점과 일정 시간이 경과한 다음 조사대상자의 변화를 관찰하는 것으로 수직적 비교방법에 속하는 것이다.		103
4	개별적 사례조사: 1937년 서덜랜드(Sutherland)가 실시한 직업절도범 연구가 대표적인 예라고 할 수 있다.		104
5	피해자의 개인적 사정이나 신고에 따른 불편·불이익뿐만 아니라 수사기관의 자유재량도 암수범죄의 원인이 된다.		154
6	암수조사의 방법 중 '자기 보고식 조사'는 중범죄보다는 경미한 범죄의 현상을 파악하는 데에 유용하다.		155
7	범죄율과 범죄시계는 인구변화율을 반영하여 범죄의 심각성을 인식할 수 있게 한다.		205
8	케틀레(Quetelet)의 정비례 법칙에 의하면, 공식적 범죄통계상의 범죄현상이 실제 범죄현상을 징표한다고 보기는 어렵다.		206
9	고전학파는 사회계약설에 입각한 성문형법전의 제정이 필요하다고 주장하였다.		256
10	억제이론(Deterrence theory)에서 억제(deterrence)는 고전주의 범죄학파의 주요 개념 중 하나이다.		257
11	실증주의 학파는 범죄행위를 연구하는데 있어서 경험적이고 과학적인 접근을 강조한다.		307
12	실증주의 학파는 범죄행위는 인간이 통제할 수 없는 영향력에 의해서 결정된다고 주장한다.		308
13	페리(Ferri)는 사회진화론을 적용하여 범죄자는 도덕(양심)과 연민(공감 능력)이 낮은 수준이라고 주장하였다.		358
14	페리(Ferri)는 사회는 자연적인 몸체이며, 범죄행위는 자연에 대항하는 것이라고 인식하였다.		359
15	타르드는 사회란 곧 모방이라고 할 정도로 모든 사회적 현상을 모방의 결과로 보았고, 범죄행위 역시 모방된다고 보았다.		409
16	타르드의 거리의 법칙에 따르면 한 개인이 접촉하는 사람들과의 빈도와 강도에 따라 타인을 모방한다는 것이다.		410
17	리스트(Liszt) – 죄는 범죄인을 제외한 모든 사람에게 있다.		460
18	케틀레(Quetelet) – 사회 환경은 범죄의 배양기이며, 범죄자는 미생물에 해당할 뿐이므로 벌해야할 것은 범죄자가 아니라 사회이다.		461
19	미국 FBI의 정의에 따르면, 증오범죄란 피해자에 대한 개인적 원한 또는 복수심이 원인이 되어 발생하는 범죄를 말한다.		511
20	일상생활에 도움이 필요한 아동과 노인을 적절히 돌보지 않는 행위도 가정폭력의 범주에 포함될 수 있다.		512

21	데일리(Daly)와 체스니-린드(Chesney-Lind)는 여성이 남성보다 일관되게 가벼운 처벌을 받는 것은 아니며, 전통적인 여성성을 위반했다고 인정되는 경우에는 오히려 더 엄중한 처벌을 받는다고 하였다.		562
22	헤이건(Hagen)은 권력-통제이론에서 계급, 성별 불평등과 청소년의 성별 범죄율 차이를 분석하였다.		563
23	심리학적 범죄이론에는 범죄자의 정신을 중심으로 범죄의 원인을 규명하려는 '정신분석이론', 범죄자의 행위가 과거의 학습 경험을 통해 발달한다고 파악하는 '행동이론', 범죄자의 개인적 추론 과정이 행동에 미치는 영향을 바탕으로 범죄원인을 밝히고자 하는 '인지이론', 각 개인의 성격적 결함에서 비행성을 찾으려는 '인성(성격)이론' 등이 있다.		613
24	아이젠크(Eysenck)는 신경계적 특징과 범죄행동 및 성격특성 간의 관련성을 정신병적 경향성(Psychoticism), 외향성(Extroversion), 신경증(Neuroticism) 등 성격의 3가지 차원에서 설명하였다.		614
25	짐바르도(Zimbardo)는 인간의 본성은 생물학적 유전 등에 의해 결정되는 것이 아니라, 경험과 실천을 통해서 형성된다.		664
26	짐바르도에 의하면 인간은 상황에 따라 모두 범죄자가 될 수 있다.		665
27	샘슨(Sampson)은 집합효율감(collective efficacy)의 강화가 범죄율 감소에 긍정적인 영향을 미친다는 점을 발견하였다.		715
28	사회해체이론에 의하면 지역사회의 생태학적 변화가 범죄의 발생에 중요한 역할을 한다고 보는 것이다.		716
29	머튼(Merton)의 아노미이론은 하류계층뿐만 아니라 상류계층의 범죄를 설명하는 데 유용하다.		766
30	머튼의 아노미이론에 따르면 부(富)의 성취는 미국사회에 널리 퍼진 문화적 목표이다.		767
31	밀러(Miller)는 범죄와 비행은 중류계층에 대한 저항으로서 하류계층 문화 자체에서 발생한다.		817
32	밀러(Miller)가 하층계급 사람들의 중심적인 관심사항(Focal Concerns)으로 제시한 항목으로, 악의성(Maliciousness), 부정성(Negativism), 영악함(Smartness) 등이 있다.		818
33	울프강(Wolfgang)과 페라쿠티(Ferracuti)는 폭력사용이 사회적으로 용인되는 폭력하위문화가 존재한다고 설명하였다.		868
34	울프강(Wolfgang)과 페라쿠티(Ferracuti)은 폭력적 하위문화에서 폭력은 불법적인 행동으로 간주되지 않는다.		869
35	갓프레드슨과 허쉬는 성인기 사회유대의 정도가 한 개인의 자기통제능력을 변화시킬 수 있다고 주장하였다.		919
36	갓프레드슨과 허쉬는 자기통제능력의 상대적 수준이 부모의 양육방법으로부터 큰 영향을 받는다고 주장하였다.		920
37	"사람이 악하게 태어나는 것이 아니라 주변 환경의 영향 때문에 악해지는 것입니다. 따라서 아동이 범죄자로 성장하지 않도록 하기 위해서는 범죄행동을 부추기는 사람들과의 접촉을 차단하는 것이 더 중요합니다." - 서덜랜드 차별적 접촉이론		970
38	글래저(Glaser)의 차별적 동일시이론에 따르면 범죄자와의 직접적인 접촉이 없이도 범죄행위의 학습이 가능하다.		971
39	서덜랜드(Sutherland)의 차별접촉이론(Differential Association Theory)은 미시적 관점이다.		1021
40	애그뉴(Agnew)의 일반긴장이론(General Strain Theory)은 미시적 관점이다.		1022
41	갓프레드슨(Gottfredson)과 허쉬(Hirschi)의 낮은 자기통제(low self-control)에 의하면 자기통제가 결여된 자도 범죄기회가 주어지지 않는 한 범죄를 저지르지 않는다.		1072

42	갓프레드슨(Gottfredson)과 허쉬(Hirschi)의 자기통제이론에 의하면 성인기 사회유대의 정도가 한 개인의 자기통제능력을 변화시킬 수 있다고 주장한다.		1073
43	낙인이론에 의하면 범죄행동은 보상에 의해 강화되고 부정적 반응이나 처벌에 의해 중단된다고 설명한다.		1123
44	낙인이론은 범죄의 원인을 범죄자의 개인적 특징에서 찾는다.		1124
45	사회해체이론(social disorganization theory) - 도심지역의 주민이동과 주민이질성이 범죄발생을 유도한다.		1174
46	범죄는 하나의 단일문화가 독특한 행위규범을 갖는 여러 개의 상이한 하위문화로 분화될 때, 사람들이 자신이 속한 문화의 행위규범을 따르다 보면 발생할 수 있다. - 문화갈등이론		1175
47	소년범은 우리가 그를 나쁘다고 규정하고, 그를 선하다고 믿지 않기 때문에 오히려 나쁘게 된다. - 낙인이론		1225
48	입법이나 사법활동은 사회구성원 대부분의 가치를 반영하는 것이 아니라 강력한 권력과 높은 지위를 차지한 집단의 이익을 도모하는 방향으로 운용된다. - 갈등론적 범죄론		1226
49	레머트(E. Lemert)의 낙인이론은 일차적 일탈자가 이차적 일탈자로 발전하는 데에 일상생활에서 행해지는 비공식적 반응이 공식적 반응보다 더욱 심각한 낙인효과를 끼친다고 주장한다.		1276
50	밀러(W. Miller)의 하층계급문화이론에서 자율성(autonomy)이란 자신의 미래가 노력보다는 스스로 통제할 수 없는 운명에 달려있다는 믿음이다.		1277
51	터크(Turk)는 자본가들의 지배에 대항하는 범죄형태를 저항범죄(crime of resistance)라고 정의하였다.		1327
52	볼드(Vold)는 범죄를 개인적 법률위반이 아니라 집단 간 투쟁의 결과로 보았다.		1328
53	티틀(Title)은 통제균형이론(Control-Balance Theory)에서 통제 결손(control deficit)이 발생할 경우 약탈적이거나 반항적 행동을 저지를 가능성이 더 높다고 주장하였다.		1378
54	티틀(Title)은 통제균형이론(Control-Balance Theory)에서 극단적인 억압은 굴종형(submission)과 가장 관련성이 높다고 주장하였다.		1379
55	물가와 범죄의 관계에 대한 경험적 연구는 주로 곡물류 가격과 범죄의 관계를 대상으로 하였다.		1429
56	계절과 범죄의 관계에 대한 연구에 의하면 성범죄와 폭력범죄는 추울 때보다 더울 때에 더 많이 발생한다고 알려져 있다.		1430
57	코헨(Cohen)과 펠슨(Felson)의 일상활동이론(Routine Activity Theory)은 동기가 부여된 범죄자, 적합한 표적(범행대상), 보호(감시)의 부재라는 세 가지 요소가 합치할 때 범죄피해가 발생한다고 본다.		1480
58	펠슨(Felson)은 경찰과 같은 공식적 감시자의 역할보다 가족, 이웃, 지역사회 등 비공식적 통제수단에 의한 범죄예방과 억제를 강조하였다.		1481
59	응보적 사법은 응보, 억제, 무력화를 위한 유죄확정과 처벌을 목표로 한다.		1531
60	구금에 의한 무능력화(incapacitation) 전략은 범죄자가 교도소를 출소한 이후의 어떤 행동을 할 것인지에 대해서도 예측이 가능하다는 장점이 있다.		1532
61	전환처우는 성인형사사법에서보다는 소년형사사법에서 더욱 유용한 제도로 평가된다.		1582
62	비범죄화는 형법의 보충성 요청을 강화시켜주는 수단이 되기도 한다.		1583
63	브랜팅햄(Brantingham)과 파우스트(Faust)가 제시한 범죄예방 구조모델에 따르면, 사회환경 가운데 범죄의 원인이 될 수 있는 것을 정화하는 것은 3차 예방에 해당한다.		1633
64	브랜팅햄(Brantingham)과 파우스트(Faust)의 범죄예방모형에 따를 때 이웃감시, 상황적 범죄예방, 민간경비, 환경설계 범죄예방은 모두 1차적 범죄예방에 속한다.		1634

65	감시자 (㉠) / 범죄자 (㉡) / 범죄 / 장소 (㉢) 에크(Eck)가 제시한 범죄의 삼각형 모형인데 ㉢은 관리자(Managers)로 상점점원, 학교 교사, 시설의 경비원이나 안내원 등이 포함된다.	1684
66	환경설계를 통한 범죄예방(CPTED)-접근통제(access control): 일정한 지역에 접근하는 사람들을 정해진 공간으로 유도하거나 외부인의 출입을 통제하도록 설계함으로써 접근에 대한 심리적 부담을 증대시켜 범죄를 예방하는 원리	1685
67	범죄자가 경찰순찰 때문에 다른 시간에 범죄를 범하는 경우는 레페토(Reppetto)의 범죄 전이(crime displacement)유형 중 시간적 전이에 속한다.	1735
68	레페토(Reppetto)는 범죄는 탄력적이며, 범죄자들은 합리적 선택을 한다고 가정하였다.	1736
69	전체적 평가법은 대상자의 소질과 인격 전체에 대한 구체적 상황을 종합분석하여 그 사람의 범죄성향을 임상적 경험에 의하여 예측하는 방법이다.	1786
70	통계적 예측법은 여러 자료를 통하여 범죄예측 요인을 수량화함으로써 점수의 비중에 따라 범죄 또는 비행을 예측하는 것이다.	1787
71	소극적 일반예방은 준엄한 형집행을 통해 일반인을 위하함으로써 범죄예방의 목적을 달성한다.	1837
72	소극적 일반예방은 형벌의 고통을 체험하게 함으로써 범죄자가 스스로 재범을 억제하도록 한다.	1838
73	귀휴제도는 단기자유형의 대체방안이다.	1888
74	주말구금제도, 사회봉사명령제도, 벌금형제도는 단기자유형 대체방안이다.	1889
75	바톨라스(C. Bartolas)의 소년교정모형 중 적응모형 – 범죄소년은 치료의 대상이지만 합리적이고 책임 있는 결정을 할 수 있다고 하면서, 현실요법·집단지도 상호작용·교류분석 등의 처우를 통한 범죄소년의 사회 재통합을 강조한다.	1939
76	바톨라스(C. Bartolas)의 소년교정모형 중 최소제한모형 – 비행소년에 대해서 소년사법이 개입하게 되면 낙인의 부정적 영향 등으로 인해 지속적으로 법을 어길 가능성이 증대되므로, 청소년을 범죄소년으로 만들지 않는 길은 시설에 수용하지 않는 것이다.	1940
77	범죄자의 문제는 범죄가 발생한 사회 내에서 해결되어야 한다는 전제를 기초로 한 교정처우모델로 지역사회에 기반한 교정프로그램을 강조한다. : 교정처우모델 중 재통합모델(reintegration model)에 대한 설명이다.	1990
78	정의모델(공정모델)은 범죄인처우모델(교정처우모델) 중 교화개선을 위한 모델에 속한다.	1991
79	「특정중대범죄 피의자 등 신상정보 공개에 관한 법률」상 검찰총장 및 경찰청장은 신상정보 공개 여부에 관한 사항을 심의하기 위하여 신상정보공개심의위원회를 두어야 한다.	2041
80	「형법」상 가석방은 가석방심사위원회의 허가신청에 의해 법무부장관이 결정하는 행정처분이다.	2042

제7회 범죄학·형사정책이론 OX기출훈련

◉ 답안확인방법: 답안번호를 찾아 정오를 확인하세요.

연번	문제	O×	답안번호
1	비범죄화는 형사처벌에 의한 낙인의 부정적 효과를 감소시킨다.		56
2	피해자 없는 범죄는 비범죄화의 주요 대상으로 논의된다.		57
3	코호트연구는 시간의 흐름에 따라 범죄율이 증감되는 과정의 관찰이 가능하다는 장점이 있으나, 대상자의 자료 수집에 큰 비용과 시간이 소요된다.		107
4	범죄학 연구방법으로 설문조사를 통한 연구는 두 변수 사이의 관계를 넘어서는 다변량 관계를 살펴볼 수 있다는 장점이 있다.		108
5	수사기관에 의하여 인지되었으나 해결되지 않은 경우를 상대적 암수범죄라고 한다.		158
6	상대적 암수범죄의 원인은 수사기관에 알려진 모든 범죄를 수사기관이 해결할 수는 없다는데 있다.		159
7	살인, 강간 등의 중범죄는 가해자의 자기보고 방식을 통해서 암수범죄를 쉽게 파악해 낼 수 있다.		209
8	화이트칼라 범죄는 피해규모가 크기 때문에 암수범죄가 될 가능성이 상대적으로 낮다.		210
9	억제이론(Deterrence theory)은 촉법소년의 연령 하향을 주장하는 학자들의 이론적 근거 중 하나이다.		260
10	일반억제는 전과자를 대상으로 한 재범방지에 중점을 둔다.		261
11	베까리아(C. Becaria)는 형벌은 성문의 법률에 의해 규정되어야 하고, 법조문은 누구나 알 수 있게 쉬운 말로 작성되어야 한다.		311
12	베까리아(C. Becaria)는 범죄는 사회에 대한 침해이며, 침해의 정도와 형벌 간에는 적절한 비례관계가 유지되어야 한다.		312
13	롬브로조(Lombroso)는 범죄자를 생래적 범죄자, 정신병적 범죄자, 상습성 범죄자, 우발성 범죄자, 격정성 범죄자, 폭력성 범죄자 여섯 가지 유형으로 분류하였다.		362
14	가로팔로(Garofalo)는 「범죄학」(Criminologia)이라는 저서를 통해 사실학적 의미의 '범죄학'이라는 용어를 최초로 사용하였다.		363
15	타르드의 방향의 법칙은 농촌에서 발생한 범죄가 도시지역에서 모방하는 경우를 설명하기에 적합하다.		413
16	타르드(Tarde)의 모방의 법칙은 학습이론(Learning Theory)에 영향을 미쳤다.		414
17	초남성(Supermale)으로 불리는 XYY성염색체를 가진 남성은 보통 남성보다 공격성이 더 강한 것으로 알려져 있다.		464
18	크레취머(Kretschmer)는 체형을 비만형, 운동형(투사형), 세장형으로 분류한 후 체형과 범죄성 간의 관계를 설명하였다.		465
19	화이트칼라범죄는 범죄행위의 적발이 쉽지 않고 증거수집에 어려움이 있다.		515
20	화이트칼라범죄는 암수범죄의 비율이 높고 선별적 형사소추가 문제되는 범죄유형이다.		516
21	랑게(Lange)는 일란성쌍생아가 이란성쌍생아보다 유사한 행동경향을 보인다고 하였다.		566
22	덕데일(Dugdale)은 쥬크 가(The Jukes) 연구를 통해 범죄의 유전적 요인에 주목하였다.		567

23	미국 정신의학회의 DSM에서는 사이코패스(정신병질)를 반사회적 성격장애와 구별한다.		617
24	사이코패스(정신병질)는 유전적·생물학적 요인보다 후천적·환경적 요인이 더 크게 작용한다.		618
25	슈나이더(Schneider)의 정신병질 기분이변성 – 기분 동요가 많아서 예측이 곤란하고, 폭발성과 유사하나 정도가 낮은 특징을 가지고 있다. 방화범, 상해범에서 이러한 정신병질이 많이 발견된다.		668
26	슈나이더(Schneider)의 정신병질 무력성 – 심신의 부조화 상태를 호소하여 타인의 동정을 바라고 신경질적인 특징을 보이나, 범죄와의 관련성은 적다.		669
27	버식(Bursik)과 웹(Webb)은 사회해체 원인을 주민의 비이동성과 동질성으로 보았다.		719
28	쇼(Shaw)와 맥케이(Mckay)의 사회해체(social disorganization)론에 의하면 공동체의 사회통제에 대한 노력이 무뎌질 때 범죄율은 상승하고 지역의 응집력은 약해진다. 이에 지역사회 범죄를 줄이기 위해서는 이웃 간의 유대 강화와 같은 비공식적 사회통제가 중요하며, 특히 주민들의 사회적 참여는 비공식적 사회통제와 밀접하게 관련되어 있다.		720
29	머튼(Merton)의 아노미이론에서 제시한 개인의 적응방식 중 비록 자신은 충분한 교육을 받지 못했지만 주어진 조건 내에서 돈을 많이 벌려고 노력하는 자 – 동조형		770
30	머튼(Merton)의 아노미이론에서 제시한 개인의 적응방식 중 정상적인 방법으로는 부자가 될 수 없다고 판단하고 사기, 횡령 등을 행하는 자 – 혁신형(innovation)		771
31	밀러(Miller)는 중류계층의 관점에서 볼 때, 하류계층 문화는 중류계층 문화의 가치와 갈등을 초래하여 범죄적·일탈적 행위로 간주된다.		821
32	밀러(Miller)의 하류계층 문화이론(lower-class culture theory)은 하류계층의 대체문화가 갖는 상이한 가치는 지배계층의 문화와 갈등을 초래하며, 지배집단의 문화와 가치에 반하는 행위들이 지배계층에 의해 범죄적·일탈적 행위로 간주된다고 주장한다.		822
33	울프강(Wolfgang)과 페라쿠티(Ferracuti)는 폭력적 하위문화는 주류문화와 항상 갈등상태를 형성한다.		872
34	클로워드(Cloward)와 올린(Ohlin)의 차별적 기회이론에 의하면 범죄적 하위문화는 비합법적 기회가 많은 지역에서 형성된 하위문화로, 주로 과시적 폭력범죄나 조직폭력범죄 간의 다툼 등이 빈번하게 발생한다.		873
35	서덜랜드(E. H. Sutherland)의 차별적 접촉이론에 의하면 범죄행위는 유전적인 요인뿐만 아니라 태도, 동기, 범행 수법의 학습 결과이다.		923
36	서덜랜드(Sutherland)의 차별접촉이론(differential association theory)에 의하면 범죄행위의 학습은 다른 사람들과의 의사소통과정을 통하여 이루어진다.		924
37	중학생 A는 어느 조직폭력단 두목의 일대기에 심취하여 그의 행동을 흉내 내다가 범죄를 저지르기에 이르렀다면 이는 그레이저(Glaser)의 차별적 동일시이론에 대한 설명이다.		974
38	타르드(Tarde)의 모방의 법칙에 따르면 학습의 방향은 대개 우월한 사람이 열등한 사람을 모방하는 방향으로 진행된다.		975
39	애그뉴(Agnew)의 일반긴장이론은 아노미 이론에 비해 긴장에 대한 폭력적 반응도 잘 설명할 수 있다.		1025
40	애그뉴(Agnew)의 일반긴장이론은 긴장 상태에 있는 모두가 범죄를 행하는 것은 아니라는 점에 대한 적절한 해명을 하지 못한다.		1026
41	갓프레드슨(Gottfredson)과 허쉬(Hirschi)의 자기통제이론에 의하면 범죄를 설명함에 있어 청소년기에 경험하는 다양한 환경적 영향요인을 충분히 고려하지 않는다는 비판이 제기되어 왔다.		1076

42	"어려서부터 유망한 야구선수였던 A는 고교 진학 후 좋은 성적을 내야 한다는 심리적 부담과 급작스런 부상으로 야구를 그만두고 비행친구와 어울리게 된다. 하지만, 소속팀을 떠나 음주, 흡연, 성인오락실 출입 등 방황과 일탈로 시간을 보내던 중, 자신이 정말 원하고 좋아하는 일이 야구 그 자체였음을 깨닫고 다시 어렵사리 야구부로 돌아왔다. 일탈적 생활습관이 추후 선수생활을 유지하는 데 지장을 줄 수 있다고 생각하여 비행친구의 유혹을 뿌리치고 운동에만 매진하게 되었다." – 애그뉴(Agnew)의 일반긴장이론에 따르면 야구선수 A의 부상과 성적에 대한 부담은 긴장으로 볼 수 있다.	1077
43	낙인이론에서는 범죄행위 자체보다 범죄행위에 대한 형사사법기관의 반작용에 관심을 둔다.	1127
44	낙인이론에 따르면 범죄자에 대한 국가개입의 축소와 비공식적인 사회 내 처우가 주된 형사정책의 방향으로 제시된다.	1128
45	뒤르껭(Durkheim)에 의하면 아노미는 현재의 사회구조가 구성원 개인의 욕구나 욕망에 대한 통제력을 유지할 수 없을 때 발생한다고 보았으며, 머튼(Merton)에 의하면 문화적 목표와 이를 달성하기 위한 제도적 수단 사이에 간극이 있고 구조적 긴장이 생길 경우에 발생한다고 보았다.	1178
46	밀러(Miller)에 의하면 하위문화는 중산층과 상관없이 고유의 전통과 역사를 가진 독자적 문화로 보았으며, 코헨(Cohen)에 의하면 중산층의 보편적인 문화에 대항하고 반항하기 위해서 형성되는 것이라고 보았다.	1179
47	오로지 기업이익을 추구하는 사람들을 계속 접하다 보니 기업이윤을 위해서라면 규범위반을 하는 것을 대수롭지 않다고 생각하게 되었다. – 학습이론	1229
48	서덜랜드(Sutherland)에 의하면 범죄행동은 학습되며 범죄자와 비범죄자의 차이는 학습과정의 차이가 아니라 접촉유형의 차이라고 한다.	1230
49	밀러(Miller)의 하류계층문화이론에 의하면 하류계층의 비행은 그들만의 독특한 관심을 따르는 동조행위이며 반항이나 혁신은 아니라고 보았다.	1280
50	밀러(Miller)의 하류계층문화이론에 의하면 하류계층의 중점적인 관심사항(focal concern)에는 운명주의(fatalism), 강인함(toughness), 사고치기(trouble) 등이 있다.	1281
51	비판범죄학자들은 범죄를 하류층의 권력과 지위를 보호하기 위해 고안된 정치적 개념으로 본다.	1331
52	터크(Turk)는 법이 집행되는 과정에서 특정한 집단의 구성원이 범죄자로 규정되는 과정에 주목하였고, 이를 '비범죄화(decriminalization)'라고 규정하였다.	1332
53	인생항로이론은 첫 비행의 시기가 빠르면 향후 심각한 범죄를 저지를 것이라고 가정한다.	1382
54	반사회적 범죄자를 두 가지 발달경로로 분류하여 설명한 이론으로 청소년 범죄를 청소년기 한정형(adolescence-limited)과 생애과정 지속형(life course-persistent)으로 구분하여 설명하였다. 청소년기 한정형은 늦게 비행을 시작해서 청소년기에 비행이 한정되는 유형을 의미하며, 생애과정 지속형은 오랜 기간에 걸쳐 비행행위가 지속된다는 것을 의미하고 있어 지속 또는 변화를 설명하는 대표적인 이론이라고 할 수 있다. – 모피트(T. Moffitt)	1383
55	매스컴과 범죄의 관계에서 습관성가설에 의하면 매스컴의 폭력장면에 장기적으로 노출되다 보면 폭력에 무감각해지고 범죄를 미화하는 가치관이 형성되므로 범죄가 유발된다고 한다.	1433
56	매스컴과 범죄의 관계에서 억제가설에 의하면 매스컴의 범죄묘사는 폭력피해에 대한 책임감과 보복에 대한 공포심을 불러일으켜 일반인들의 공격적 성향을 억제한다고 한다.	1434
57	생활양식노출이론(Lifestyle-Exposure Theory)은 남성·기혼자·저소득층 및 저학력층은 범죄피해자가 될 확률이 보다 높다고 설명한다.	1484
58	생활양식노출이론(Lifestyle-Exposure Theory)은 구조적 기대에 대한 순응과 같은 거시적인 요소보다 미시적 요소로 인해 개인의 위험 노출 정도가 결정된다고 설명한다.	1485
59	구금에 의한 무능력화(incapacitation) 전략 중 선별적 무능력화(selective incapacitation)는 재범의 위험성이 높은 소수의 범죄자들만 선별적으로 장기수용하는 것을 의미한다.	1535

60	회복적 사법은 범죄의 본질을 특정인 또는 지역사회에 대한 침해행위라고 본다.		1536
61	경미범죄에 대한 경찰의 훈방조치 내지 지도장 발부, 범칙금 납부제도 등은 넓은 의미의 비범죄화의 일환이다.		1586
62	다이버전은 범죄자를 전과자로 낙인찍을 가능성을 줄인다.		1587
63	이웃상호감시활동은 브랜팅햄(Brantingham)과 파우스트(Faust)가 제시한 범죄예방 모델 중 2차적 범죄예방에 해당한다.		1637
64	전과자 고용은 브랜팅햄(Brantingham)과 파우스트(Faust)가 제시한 범죄예방 모델 중 2차적 범죄예방에 해당한다.		1638
65	 [범죄삼각형]　ㄱ　[수정모형] ㄱ에 대한 구체적 범죄예방 기법으로는 소유물에 대한 표시, 출입문 잠금장치 및 방범창 설치, 금고의 활용 등이 있다.		1688
66	 [범죄삼각형]　ㄱ　[수정모형] 수정모형은 ㄱ의 개념을 보다 구체화한 것으로 동기화된 범죄자를 사적으로 통제할 수 있는 통제인(handler), 장소와 시설을 관리할 수 있는 관리인(manager), 범행대상을 공·사적으로 보호할 수 있는 감시인(guardian)으로서의 역할을 강조하였다.		1689
67	CCTV의 증설로 인하여 차량절도범이 인접 지역으로 이동해 범행을 저지르는 것은 레페토가 제안한 전이의 유형 중 영역적 전이에 해당한다.		1739
68	범죄자 甲은 A지역에서 범죄를 할 예정이었으나, A지역의 순찰이 강화된 것을 확인하고 C지역으로 이동해서 범죄를 저질렀다. – 이익확산		1740
69	통계적 범죄예측방법은 여러 자료를 통하여 범죄예측 요인을 수량화함으로써 점수의 비중에 따라 범죄 또는 비행을 예측하는 것으로 점수법이라고도 한다.		1790
70	임상적 범죄예측방법은 전문가의 개인적 판단을 배제할 수 있는 장점이 있다.		1791
71	형벌의 본질과 목적상 목적형주의에 따르면 형벌은 과거의 범행에 대한 응보가 아니라 장래의 범죄예방을 목적으로 한다.		1841
72	형벌의 본질과 목적상 특별예방주의는 형벌의 목적을 범죄자의 사회복귀에 두고 형벌을 통하여 범죄자를 교육·개선함으로써 그 범죄자의 재범을 예방하려는 사고방식이다.		1842
73	단기자유형으로 인하여 수형시설의 부족현상을 가중한다는 점이 문제점으로 지적된다.		1892

74	부정기형은 범죄인의 개선에 필요한 기간을 판결선고시에 정확히 알 수 없기 때문에 형을 집행하는 단계에서 이를 고려한 탄력적 형집행을 위한 제도로 평가된다.		1893
75	워렌(Waren)이 제시한 비행소년 유형분류 중 부문화 동일시자 유형은 일탈적 하위문화 가치체계의 내재화가 원인이다.		1943
76	워렌(Waren)이 제시한 비행소년 유형분류 중 반사회적 약취자 유형은 관습적인 규범이 내재화되어 있지 않고 죄의식이 없다.		1944
77	사회적 처우(개방처우)에는 귀휴, 외부통근제, 주말구금제, 가족만남의 날(가족·부부접견)은 사회적 처우에 해당된다.		1994
78	사회적 처우(개방처우)는 통상적 형벌관념이나 일반국민의 법감정에 적합하지 않다는 단점이 있다.		1995
79	「형법」상 가석방의 처분을 받은 후 그 처분이 실효 또는 취소되지 아니하고 가석방기간을 경과한 때에는 형의 집행을 종료한 것으로 본다.		2045
80	가석방된 자가 보호관찰의 준수사항을 위반한 때에는 가석방처분을 취소하여야 한다.		2046

◉ 답안확인방법: 답안번호를 찾아 정오를 확인하세요.

연번	문제	O×	답안번호
1	신범죄화(신규 범죄화)란 지금까지 존재하지 않던 새로운 형벌구성요건을 창설하는 것으로 환경범죄, 경제범죄, 컴퓨터범죄 등이 여기에 해당한다.		60
2	암수 범죄(숨은 범죄)는 실제로 범죄가 발생하였으나 범죄통계에 나타나지 않는 범죄를 의미한다.		61
3	범죄학 연구방법에서 설문조사를 통한 연구는 부정확한 응답의 가능성에 대한 고려가 필요하다.		111
4	범죄학 연구방법 중 질적 연구는 사회현상에 대한 심층적 이해가 가능하다.		112
5	상대적 암수범죄의 원인은 모든 범죄가 수사기관에 알려지는 것은 아니다.		162
6	피해자가 특정되지 않거나 간접적 피해자만 존재하는 경우, 암수범죄가 발생하기 쉽다.		163
7	중범죄나 사회적으로 금기시되는 범죄를 조사하는 유일한 방법은 행위자의 자기보고 방식이다.		213
8	피해자를 개인으로 구체화할 수 없는 국가적·사회적 법익에 관한 범죄의 암수는 피해자 조사를 통해 명확하게 파악할 수 있다.		214
9	억제이론은 촉법소년의 연령 하향을 주장하는 학자들의 이론적 근거 중 하나이다.		264
10	억제이론은 처벌의 신속성, 확실성, 엄격성의 효과를 강조한다.		265
11	베카리아(Beccaria)에 의하면 처벌은 공개적이어야 하고 신속하며 필요한 것이어야 한다.		315
12	베카리아(Beccaria)에 의하면 형벌의 목적은 범죄를 억제하는 것이다.		316
13	페리(Ferri)는 범죄포화의 법칙을 주장하였으며 사회적·경제적·정치적 요소도 범죄의 원인이라고 주장하였다.		366
14	가로팔로(Garofalo)는 범죄의 원인으로 심리적 측면을 중시하여 이타적 정서가 미발달한 사람일수록 범죄를 저지르는 경향이 있다고 하였다.		367
15	타르드(Tarde)에 의하면 총기에 의한 살인이 증가하면서 칼을 사용한 살인이 줄어드는 현상은 새로운 유행이 기존의 유행을 대체하기 때문이라고 보았다.		417
16	뒤르껭(E. Durkheim)은 어느 사회든지 일정량의 범죄는 있을 수밖에 없다는 범죄정상설을 주장하였다.		418
17	표출적 범죄는 주로 개인의 욕구 충족을 위해 저지르는 경우가 많다.		468
18	도구적 범죄(instrumental crime)는 타인과의 갈등 상황에서 감정이 격해져 우발적으로 저지르는 범죄이다.		469
19	클로워드(Cloward)와 올린(Ohlin)의 차별기회이론(Differential Opportunity Theory)과 머튼(Merton)의 아노미이론(Anomie Theory) 등으로 약물 범죄의 원인을 설명할 수 있다.		519
20	세계보건기구(WHO)는 마약을 '사용하기 시작하면 사용하고 싶은 충동을 느끼고(의존성), 사용할 때마다 양을 증가시키지 않으면 효과가 없으며(내성), 사용을 중지하면 온몸에 견디기 힘든 이상을 일으키며(금단증상), 개인에게 한정되지 않고 사회에도 해를 끼치는 물질'로 정의하고 있다.		520

21	크리스티안센(Christiansen)은 일란성 쌍생아의 경우 성별을 불문하고 이란성 쌍생아보다 한쪽이 범죄자인 경우에 다른 쪽도 범죄자인 비율이 높은 것을 확인하였고, 범죄성의 환경적 요인에 따른 영향력은 없다고 하였다.	570
22	허칭스(Hutchings)와 메드닉(Mednick)은 입양아 연구에서 양부모보다 생부모의 범죄성이 아이의 범죄성에 더 큰 영향을 준다고 하였다.	571
23	프로이드(Freud)는 의식을 에고(Ego)라고 하고, 무의식을 이드(Id)와 슈퍼에고(Superego)로 나누었다.	621
24	프로이트(S. Freud)는 유아기로부터 성인기로의 사회화과정을 구순기(oral stage), 남근기(phallic stage), 항문기(anal stage), 잠복기(latency stage), 성기기(genital stage)라는 성심리적 단계(psychosexual stage) 순으로 발전한다고 설명하면서, 이러한 단계별 발전이 건전한 성인으로의 발전을 좌우한다고 주장한다.	622
25	슈나이더(K. Schneider)의 정신별질 유형 중 기분이변성 – 방화범, 상해범	672
26	슈나이더(K. Schneider)의 정신별질 유형 중 발양성 – 상습사기범, 무전취식자	673
27	사회해체이론에 관한 설명으로 쇼와 맥케이(Shaw & McKay)는 범죄율이 거주민의 인종 및 민족구성과 상관관계가 낮다고 주장하였다.	723
28	사회해체이론에 관한 설명으로 샘슨(Sampson)은 집합효율성의 약화가 범죄율을 증가시킨다고 주장하였다.	724
29	머튼(Merton)의 긴장이론에 의하면 미국사회의 구조는 문화적 목표와 이에 도달하기 위한 제도적·규범적 수단의 두 요소로 이루어진다고 가정하였다.	774
30	머튼은 재산범죄 등 경제적 동기의 범죄에만 적용할 수 있다고 하였다.	775
31	밀러(Miller)의 하류계층 문화이론(lower class culture theory)에 의하면 범죄와 비행은 중류계층에 대한 저항으로서 하류계층 문화 자체에서 발생한다.	825
32	밀러(Miller)가 주장한 하위계층문화이론(Lower Class Culture Theory)의 '관심의 초점(focal concerns)' 중 말썽부리기(trouble) – 싸움이나 폭주 등 문제행동을 유발할수록 또래들로부터 인정받기 때문에 말썽을 일으키는 것	826
33	클로워드(Cloward)와 올린(Ohlin)은 격정범 및 하위계층 청소년의 하위문화 형성을 밝히는 데 많은 기여를 하였다.	876
34	클로워드(Cloward)와 올린(Ohlin)의 차별적 기회이론(Differential Opportunity Theory)에 의하면 범죄적 하위문화는 성공을 위한 합법적인 기회도 없고, 성인들의 범죄도 조직화되지 않아 소년들이 범죄기술을 배울 수 있는 환경이 없는 지역에서 형성되는 하위문화이다.	877
35	서덜랜드(E. H. Sutherland)의 차별적 접촉이론에 의하면 법에 대한 개인의 태도는 개인이 처한 경제적 위치와 차별 경험에서 비롯된다.	927
36	서덜랜드(E. H. Sutherland)의 차별적 접촉이론에 의하면 타인과 직접 접촉이 아닌 매체를 통한 특정 인물의 동일시에 의해서도 범죄행위는 학습된다.	928
37	에이커스(R. Akers)의 사회학습이론이 개인의 범죄활동을 설명하기 위하여 제시한 네 가지 개념 – ① 차별접촉(differential association) ② 정의(definition) ③ 차별강화(differential reinforcement) ④ 모방(imitation)	978
38	맛차(Matza)의 표류이론(drift theory)에 의하면 비행청소년들은 비행의 죄책감을 모면하기 위해 다양한 중화의 기술을 구사한다.	979
39	나이(Nye)는 가정을 사회통제의 가장 중요한 근본이라고 주장하였다.	1029
40	리스(Reiss)는 개인이 스스로 욕구를 참아내는 능력인 개인적 통제력의 개념을 제시하였다.	1030

41	"어려서부터 유망한 야구선수였던 A는 고교 진학 후 좋은 성적을 내야 한다는 심리적 부담과 급작스런 부상으로 야구를 그만두고 비행친구와 어울리게 된다. 하지만, 소속팀을 떠나 음주, 흡연, 성인오락실 출입 등 방황과 일탈로 시간을 보내던 중, 자신이 정말 원하고 좋아하는 일이 야구 그 자체였음을 깨닫고 다시 어렵사리 야구부로 돌아왔다. 일탈적 생활습관이 추후 선수생활을 유지하는 데 지장을 줄 수 있다고 생각하여 비행친구의 유혹을 뿌리치고 운동에만 매진하게 되었다." – 갓프레드슨과 허쉬(Gottfredson & Hirschi)의 자기통제이론에 따르면 A의 비행은 전형적인 낮은 자기통제력 사례에 해당한다.	1080
42	갓프레드슨(Gottfredson)과 허쉬(Hirschi)는 자기통제이론(Self Control Theory)이 모든 인구사회학적 집단에 의해 발생하는 모든 유형의 범죄행위와 범죄유사행위를 설명할 수 있다고 주장하였다.	1081
43	탄넨바움(Tannenbaum)은 일차적 일탈에 대한 부정적인 주변의 반응이 이차적 일탈을 유발한다고 하였다.	1131
44	베커(Becker)는 일탈자는 공식적인 일탈자라는 주지위를 얻게 되어 교육과 직업 등에 방해를 받게 되며 이로 인해 일탈을 반복하게 된다고 하였다.	1132
45	맛차(Matza)와 사이크스(Sykes)에 따르면 일반소년과 달리 비행소년은 처음부터 전통적인 가치와 문화를 부정하는 성향을 가지고 있으며, 차별적 접촉과정에서 전통규범을 중화시키는 기술이나 방법을 습득한다.	1182
46	사이크스(Sykes)와 마짜(Matza)가 제시한 중화의 기법으로 가해(손상)의 부인: 타인의 재물을 횡령하면서 사후에 대가를 지불하면 아무런 문제가 없다고 주장하는 경우	1183
47	머튼(R. Merton)의 아노미 이론은 기회구조가 차단된 하류계층의 범죄를 설명하는 데에는 유용하지만 최근 증가하는 중산층 범죄나 상류층의 범죄를 설명하는 데에는 한계가 있다.	1233
48	클로워드와 올린(R. Cloward & L. Ohlin)의 차별적 기회구조이론은 성공하기 위하여 합법적인 수단을 사용할 수 없는 사람들은 비합법적 수단을 사용한다는 머튼(Merton)의 가정에 동조하지 않는다.	1234
49	낙인이론은 어떤 행위가 범죄인지 아닌지는 사람들과의 관계가 아닌 그 행위자체가 가지고 있는 속성에 의해서 판명되는 것이라고 주장한다.	1284
50	갓프레드슨(Gottfredson)과 허쉬(Hirschi)의 낮은 자기통제(low self-control)에 대한 설명으로 비효율적 육아와 부적절한 사회화보다는 학습이나 문화전이와 같은 실증적 근원에서 낮은 자기통제의 원인을 찾는다.	1285
51	볼드(Vold)는 법제정과정에서 자신들의 이익을 반영시키지 못한 집단 구성원이 법을 위반하며 자기의 이익을 추구하는 행위를 범죄로 보았다.	1335
52	터크(Turk)는 피지배집단의 저항력이 약할수록 법의 집행가능성이 높아진다고 보았다.	1336
53	샘슨(Sampson)과 라웁(Laub)은 아동기, 청소년기를 거쳐 성인기까지의 생애과정에 걸친 범죄의 지속성과 가변성을 설명하였다.	1386
54	샘슨과 라웁은 행위자를 둘러싼 상황적·구조적 변화로 인해 범죄가 중단된다고 주장하였다.	1387
55	매스컴과 범죄의 관계에서 텔레비전이 가족의 대화를 단절시키고 구성원을 고립시킴으로써 범죄를 유발한다는 주장도 제기된다.	1437
56	체스니-린드(Chesney-Lind)는 여성범죄자가 남성범죄자보다 더 엄격하게 처벌받으며, 특히 성(性)과 관련된 범죄에서는 더욱 그렇다고 주장하였다.	1438
57	멘델존(Mendelsohn)은 심리학적 기준으로 피해자 유형을 잠재적 피해자와 일반적 피해자로 분류하였다.	1488
58	헨티히(Hentig)는 피해자의 유책성을 기준으로 피해자 유형을 이상적인 피해자, 무지에 의한 피해자, 자발적 피해자, 유발적 피해자 및 기망적 피해자 5가지 유형으로 분류하였다.	1489

59	회복적 사법 프로그램으로 양형 서클 모델, 피해자-가해자 중재모델 등이 있다.		1539
60	회복적 사법은 범죄감소를 위한 공동 협력을 국가에게만 맡긴다.		1540
61	다이버전은 주체별로 '경찰에 의한 다이버전', '검찰에 의한 다이버전', '법원에 의한 다이버전' 등으로 분류하는 경우도 있다.		1590
62	전환제도(diversion)는 구금의 비생산성에 대한 대안적 분쟁해결방식을 제공한다.		1591
63	범죄예방에 대한 설명으로 브랜팅햄(Brantingham)과 파우스트(Faust)는 질병예방에 관한 보건의료모형을 응용하여 단계화한 범죄예방모델을 제시하였다.		1641
64	환경설계를 통한 범죄예방(CPTED)에서 자연적 감시(Natural surveillance)란 사적 공간에 대한 경계표시를 강화하여 공간이용자가 사적공간에 들어갈 때 심리적 부담을 주는 원리를 의미한다.		1642
65	랩(Lab)은 범죄예방의 개념을 '실제의 범죄발생 및 범죄두려움(fear of crime)을 제거하는 활동'이라 정의하고, 범죄예방은 범죄의 실질적인 발생을 줄이려는 정책과 일반시민이 범죄에 대하여 가지는 막연한 두려움과 공포를 줄여나가는 정책을 포함하여야 한다고 주장한다.		1692
66	제프리(Jeffery)가 제시한 범죄대책 중 범죄억제모델은 주로 형집행단계에서 특별예방의 관점을 강조하고 있다.		1693
67	브랜팅햄과 파우스트(Brantingham & Faust)는 범죄예방을 1차적 범죄예방, 2차적 범죄예방, 3차적 범죄예방으로 나누었다.		1743
68	제프리(Jeffery)는 범죄예방모델로 범죄억제모델(Deterrent Model), 사회복귀모델(Rehabilitation Model), 환경공학적 범죄통제모델(Crime Control Through Environmental Engineering)을 제시하였으며, 세 가지 모델은 상충관계에 있다.		1744
69	예측방법 중 '통계적 예측'은 실무에서 가장 많이 사용되는 방법으로, 판단자의 주관적 평가가 개입되어 자료를 객관적으로 분석할 수 있는 장점이 있다.		1794
70	미래에 범죄를 범할 것이라고 예측하였으나 실제로는 범죄를 저지르지 않은 '오류부정(false negative)'의 경우 개인의 자유가 부당하게 침해된다는 단점이 있다.		1795
71	양형이론상 형벌책임의 근거를 비난가능성에서 구하는 것은 객관적이고 중립적이어야 할 국가형벌권의 행사가 감정에 치우칠 위험이 있다.		1845
72	양형이론 중 범주이론 또는 재량여지이론(Spielraumtheorie)은 예방의 관점을 고려한 것으로 법관에게 일정한 형벌목적으로 고려할 수 있는 일정한 재량범위를 인정하는 장점을 가지고 있다.		1846
73	부정기형제도는 책임을 초과하는 형벌을 가능하게 하는 문제가 있다.		1896
74	상대적 부정기형은 죄형법정주의에 반한다.		1897
75	소년사법상 최소제한모형은 비시설수용(deinstitutionalization)은 구금으로 인한 폐해를 막고자 성인교도소가 아닌 소년 전담시설에 별도로 수용하는 것을 의미한다.		1947
76	「청소년 기본법」상 청소년이란 9세 이상 19세 미만인 사람을 말한다.		1948
77	귀휴제는 행형성적이 우수한 수형자를 일정 기간 동안 가정이나 사회에 내보내어 장기간 수형생활로 인하여 단절된 사회 사정을 접할 수 있는 기회를 줌으로써 사회적응을 보다 용이하게 하는 제도이다.		1998
78	일반귀휴는 형집행기간에 포함하나, 특별귀휴는 형집행기간에 포함하지 않는다.		1999
79	가석방된 자는 가석방기간 중 보호관찰을 받는다. 다만, 가석방을 허가한 행정관청이 필요가 없다고 인정한 때에는 그러하지 아니하다.		2049
80	형의 집행을 유예할 경우 사회봉사명령을 부과할 수 있다.		2050

◉ 답안확인방법: 답안번호를 찾아 정오를 확인하세요.

연번	문제	O×	답안번호
1	법과 범죄에 대한 합의론적 관점에서는 범죄는 사회가 낙인찍거나 정의하기 때문에 불법적인 행위가 된다.		20
2	법과 범죄에 대한 합의론적 관점에서는 범죄는 실제 행위의 위해(危害) 여부와는 관계없이 사회세력에 의해 유지된다		21
3	집단현상으로서의 범죄는 사회 병리적 현상이므로 사회심리학의 관점에서 다루어야 하며 형사정책학의 연구대상이 되지 않는다.		71
4	일탈행위는 일반적으로 기대되는 행위와 모범적 행위에서 벗어나는 행위를 의미하므로 그 자체가 범죄가 되지 않는 알코올중독이나 자살기도, 가출 등이 이에 해당하고, 형식적 의미의 범죄는 일탈행위에 해당하지 않는다.		72
5	총 인구가 2022년 20만 명에서 2023년 15만 명으로 감소한 인구소멸 지역인 A시에서 동 기간 범죄건수가 2,000건에서 1,000건으로 줄었다면 범죄율이 50% 감소한 것이다.		122
6	우리나라의 공식 범죄통계 중 경찰청 「범죄통계」와 검찰청 「범죄분석」의 범죄발생 건수는 동일하다.		123
7	암수범죄란 실제로 범죄가 발생하였으나 공식적인 통계에는 나타나지 않은 범죄를 말한다.		173
8	절대적 암수범죄란 수사기관에 의하여 인지되었으나 해결되지 못하여 범죄통계에 반영되지 못한 범죄를 말한다.		174
9	고전학파는 인간의 합리적인 이성을 신뢰하지 않고 범죄원인을 개인의 소질과 환경에 있다고 하는 결정론을 주장하였다.		224
10	벤담(Bentham)은 처벌의 비례성과 형벌의 특별예방을 강조하였고 최대다수의 최대행복을 주장하였다.		225
11	고전학파는 소질과 환경이 모두 범죄원인으로 작용하지만 소질이 훨씬 강하게 작용한다고 보았다.		275
12	고전주의 학파에 의하면 인간은 자유의사를 가진 합리적인 존재이다.		276
13	실증주의는 과학적 연구방법을 중시한다.		326
14	실증주의는 형벌의 본질은 응보이며, 형벌의 목적은 일반예방이다.		327
15	크레취머(Kretschmer)는 인간의 체형을 크게 세장형(asthenic), 근육형(athletic), 비만형(pyknic) 등으로 분류한 후 각각의 신체특징별 성격과 범죄유형을 연구하였다.		377
16	덕데일(Dugdale)은 범죄에 대한 유전성을 밝히기 위해 쥬크(Juke) 가문에 대한 가계도 연구를 실시하였다.		378
17	뒤르켐(E. Durkheim)은 자살 유형을 아노미적 자살, 이기적 자살, 이타적 자살, 운명적 자살로 구분하였다.		428
18	뒤르켐(E. Durkheim)은 급격한 경제성장기보다 급격한 경제침체기에 아노미적 자살의 빈도가 더 높다고 주장하였다.		429
19	가로팔로(Garofalo)의 범죄자유형과 페리(Ferri)의 범죄자유형은 개인적 유형화(Individualistic Typologies)에 속한다.		479

20	린드스미스와 던햄(Lindesmith & Dunham)의 범죄유형은 사회적 유형화(Social Typologies)이다.	480
21	'연쇄살인범 A는 보험금을 노리고 가족과 지인 등을 대상으로 범행을 저질렀다. A의 범행으로 5명이 사망하고 5명이 실명하였으며 1명이 화상을 입었다. 사망한 사람은 A의 첫 번째와 두 번째 남편, 친아들과 친딸, 지인의 남편이었고, 실명한 사람은 친모와 친오빠 등이었다.'의 사례는 홈즈와 드버거(Holmes & DeBurger)의 연쇄살인범 유형 중 쾌락형 연쇄살인범(Hedonistic Serial Killers)에 속한다.	530
22	미국의 전국범죄피해자센터(The National Center for Victims of Crime)에서 제시한 스토킹의 4가지 유형 중 단순 집착형(Simple Obsessional Stalking) – 전남편, 전처, 전 애인 등 주로 피해자와 스토커가 서로 잘 알고 있는 관계에서 많이 발생하는 유형으로 위험성이 가장 높다.	531
23	덕데일(Dugdale)은 범죄는 유전의 결과라는 견해를 밝힌 대표적인 학자이다.	581
24	쌍둥이 연구는 일란성 쌍둥이와 이란성 쌍둥이의 범죄일치율을 비교해 봄으로써 유전적 소질이 범죄에 미치는 영향을 알 수 있다는 전제에서 출발하였다.	582
25	프로이드(Freud)는 특정한 사람들은 슈퍼에고(Superego)가 과잉발달되어 죄책감과 불안을 느끼게 되어 죄의식 해소와 심리적 균형감을 얻고자 범죄를 저지르게 된다고 하였다.	632
26	아들러(Adler)는 인간의 무의식에는 열등감 콤플렉스가 내재해 있는데, 일부는 이러한 열등감을 과도하게 보상받기 위해 비행이나 범죄를 저지르게 된다고 하였다	633
27	아이센크(Eysenck)는 내성적인 사람의 경우 대뇌에 가해지는 자극이 낮기 때문에 충동적, 낙관적, 사교적, 공격적이 된다고 보았다.	683
28	글릭부부(S. Glueck & E. Glueck)는 비행소년들이 일반소년들보다 도전적이고 반항적이지만 외향적이고 양면가치적인 성격은 갖지 않는다고 주장한다.	684
29	버제스의 동심원 이론은 소위 변이지역(zone in transition)의 범죄율이 거주민들의 국적이나 인종의 변화에도 불구하고 지속해서 높다는 것을 보여 준다.	734
30	쇼(Shaw)와 맥케이(McKay)의 사회해체이론(Social Disorganization Theory)에 따르면 특정 지역에서의 범죄가 다른 지역에 비해서 많이 발생하는 이유를 규명하고자 하였다.	735
31	메스너(Messner)와 로젠펠드(Rosenfeld)는 아메리칸 드림이라는 문화 사조의 저변에는 성취지향, 개인주의, 보편주의, 물신주의(fetishism of money)의 네 가지 주요 가치가 전제되어 있다고 분석한다.	785
32	메스너(Messner)와 로젠펠드(Rosenfeld)는 머튼의 긴장개념을 확장하여 다양한 상황이나 사건들이 긴장상태를 유발할 수 있다고 하였다.	786
33	머튼(Merton)은 문화적 목표와 제도화된 수단 간의 불일치로 범죄를 설명하였다.	836
34	셀린(Sellin)은 동일한 문화 안에서의 사회변화에 의한 갈등을 1차적 문화갈등이라고 하고, 이질적 문화 간의 충돌에 의한 갈등을 2차적 갈등이라고 설명하였다.	837
35	차별적 기회구조이론(Differential Opportunity Theory)은 비행적 하위문화로 범죄적 하위문화, 갈등적 하위문화, 도피적 하위문화 등 세 가지를 제시하고, 범죄적 가치나 지식을 습득할 기회가 가장 많은 문화는 범죄적 하위문화라고 주장하였다.	887
36	차별적 기회구조이론(Differential Opportunity Theory)에 의하면 합법적 수단을 사용할 수 없는 사람들은 곧바로 불법적 수단을 사용할 것이라는 머튼(Merton)의 가정을 계승하고 있다.	888
37	사회학습이론 및 행동주의이론을 바탕으로 하여 이루어진 실제 실험으로 피실험체(생쥐)가 우연한 기회(지렛대 누르기)에 긍정적인 보상(먹이)이 주어지는 것을 경험하고 지렛대 누르기를 반복하게 되는 것을 통해 행동의 강화를 증명하였다.	938

38	사회학습이론 및 행동주의이론을 바탕으로 하여 이루어진 실제 실험으로 성인 모델이 인형을 대상으로 하는 폭력적 · 비폭력적 행동을 아동이 화면으로 시청한 후에 성인 모델의 행동방식을 그대로 모방하는 경향을 관찰하였다.	939
39	범죄자 甲은 특수절도를 하는 과정에서 공범인 乙 및 丙과의 친분관계 때문에 어쩔 수 없었다고 주장하였다. – 상위가치에 대한 호소	989
40	범죄자 甲은 수뢰죄 혐의로 수사를 받으면서 사건 담당 사법경찰관 乙의 강제추행사실을 비난하였다. – 비난자에 대한 비난	990
41	통제이론은 "개인이 왜 범죄로 나아가지 않게 되는가"의 측면이 아니라 "개인이 왜 범죄를 하게 되는가"의 측면에 초점을 맞춘다.	1040
42	나이(Nye)는 범죄 통제방법 중 비공식적인 직접통제가 가장 효율적인 방법이라고 주장하였다.	1041
43	낙인이론에 의하면 범죄자의 인구통계학적 특성에 따라 낙인 가능성 및 정도가 달라질 수 있다.	1091
44	일차적 일탈에 대한 사회적 반응(낙인)의 결과 이차적 일탈(Secondary Deviance) – 레머트(Lemert)	1092
45	乙은 소년교도소 출소 후 전과자라는 부정적 인식으로 인해 정상적인 사회생활이 어려워지자 다시 범죄조직에 가담하여 범죄자로서의 삶을 살았다. – 상징적 상호작용론을 바탕으로 한 사회반응이론, 베커의 이차적 일탈	1142
46	탄넨바움(Tannenbaum)에 따르면, 청소년의 사소한 비행에 대한 사회의 부정적 반응이 그 청소년으로 하여금 자신을 부정적인 사람으로 인식하게 한다.	1143
47	허쉬(Hirschi)의 '신념(Belief)'은 지역사회가 청소년의 초기 비행행동에 대해 과잉반응하지 않고 꼬리표를 붙이지 않는 것을 말한다.	1193
48	허쉬(Hirschi)의 '관여 또는 전념(Commitment)'은 관습적 활동에 소비하는 시간 · 에너지 · 노력 등으로, 시간과 노력을 투자할수록 비행을 저지름으로써 잃게 되는 손실이 커져 비행을 저지르지 않는 것을 말한다.	1194
49	에그뉴(R. Agnew) – 범죄는 사회적으로 용인된 기술을 학습하여 얻은 자기합리화의 결과이다.	1244
50	맛차(Matza)와 사이크스(Sykes)가 주장한 중화기술 중 '가해의 부정'은 자신의 행위로 피해를 입은 사람은 그러한 피해를 입어도 마땅하다고 합리화하는 기술이다.	1245
51	봉거(Bonger)는 법규범과 문화적 · 사회적 규범의 일치도, 법 집행자와 저항자 간의 힘의 차이, 법규범 집행에 대한 갈등의 존재 여부가 범죄화에 영향을 미친다고 보았다.	1295
52	챔블리스(Chambliss)의 마르크스주의 범죄이론은 법과 형사사법에 대한 갈등주의적 관점이다.	1296
53	셀린(Sellin)은 이민 집단의 경우처럼 특정 문화집단의 구성원이 다른 문화의 영역으로 이동할 때에 발생할 수 있는 갈등을 이차적 문화갈등으로 보았다.	1346
54	봉거(W. Bonger)의 급진적 갈등론 – 범죄와 같은 현행규범에서의 일탈을 이탈(離脫)로 하고, 고차원의 도덕성을 구하기 위해 현행규범에 반대하거나 어긋나는 일탈을 비동조로 구분한다.	1347
55	엘리엇(Elliott)과 동료들의 통합이론(Integrated Theory)에 의하면 범죄행위에 대한 비난을 받더라도 사회유대가 강한 청소년은 재범을 저지를 가능성이 적다.	1397
56	헤이건(Hagan)과 동료들의 권력통제이론(Power Control Theory)에 의하면 아노미(anomie)의 발생원인을 문화적 목표와 제도화된 수단 간의 괴리에서 찾는다.	1398
57	렝거(E. Renger)는 실질임금에 대한 범죄의 의존성을 지적한다.	1448
58	여성범죄는 우발적이거나 상황적인 경우가 많고 경미한 범행을 반복해서 자주 저지르는 성향이 있다.	1449
59	레크리스(Reckless)는 피해자 유형을 피해자의 도발유무를 기준으로 하여 순수한 피해자와 도발한 피해자로 나눈다.	1499

60	멘델존(Mendelsohn)은 피해자학의 아버지로 불리며 범죄피해자의 유책성 정도에 따라 피해자를 유형화하였다.		1500
61	회복적 사법은 가해자에게는 엄격한 처벌을, 피해자에게는 회복을 중심으로 두고 있다.		1550
62	국제연합(UN)은 회복적 사법의 개념을 대면, 변환, 회복(배상) 3가지 개념으로 분류하고 있다.		1551
63	전환처우(다이버전) 중 검찰 단계의 (조건부) 기소유예, 법원의 집행유예와 구속적부심사제도 등이 있다.		1601
64	전환처우(다이버전) 중 경찰 단계의 훈방과 「경범죄 처벌법」, 「도로교통법」상 통고처분이 이에 해당한다.		1602
65	상황적 범죄예방의 5가지 전략과 구체적인 전술: 위험의 증가 - 자연적 감시력 제고, 마약 및 알콜 통제		1652
66	상황적 범죄예방의 5가지 전략과 구체적인 전술: 변명의 제거 - 안내문 게시, 규칙 정하기		1653
67	경찰활동의 근거가 되는 이론: 순찰을 통해 경찰력을 주민들에게 자주 노출시키는 것 - 억제이론(Deterrence Theory)		1703
68	경찰활동의 근거가 되는 이론: 전환처우(다이버전)를 통해 형사처벌의 부작용을 줄이는 것 - 자기통제이론(Self-Control Theory)		1704
69	깨어진 유리창 이론(Broken Windows Theory)에 의하면 법률에 의한 범죄화와 범죄에 대한 대응을 중시한다.		1754
70	깨어진 유리창 이론(Broken Windows Theory)에 의하면 종래의 형사정책이 범죄자 개인에 집중하는 개인주의적 관점을 취한다는 점을 비판하고, 공동체적 관점으로의 전환을 주장한다.		1755
71	정신과 의사나 범죄학을 교육받은 심리학자가 행위자의 성격 분석을 위한 조사와 관찰 등을 토대로 내리는 예측을 말한다. 대상자에게 내재되어 있는 특성을 집중적으로 관찰할 수 있는 장점이 있는 반면, 판단자의 자료해석 오류가능성이나 주관적 평가가 개입될 위험으로 인해 객관성이 결여될 수 있고, 비용이 많이 든다는 단점이 있다.: 이러한 범죄예측은 경험적 개별 예측(임상적 예측법)에 속한다.		1805
72	통계적 예측법은 범죄자의 특징을 계량화하여 그 점수에 따라 범죄행동을 예측하므로 실효성이 높고, 비교적 공평하며, 예측비용이 절감되는 장점이 있다.		1806
73	대법원 양형위원회가 작성한 양형기준표에 의하면 양형인자 평가결과에 따라 감경영역, 기본영역, 가중영역의 3가지 권고영역 중 하나를 선택하여 권고형량의 범위를 정한다.		1856
74	대법원 양형위원회가 작성한 양형기준표에 의하면 양형에 있어서 권고형량범위와 함께 실형 선고를 할 것인가, 집행유예를 선고할 것인가를 판단하기 위한 기준을 두고 있다.		1857
75	형벌과 보안처분 이원주의에 따르면 형벌은 책임을, 보안처분은 재범의 위험성을 전제로 부과되는 것으로 양자는 그 기능이 다르다고 본다.		1907
76	형벌과 보안처분 일원주의에 따르면 형벌과 보안처분이 모두 사회방위와 범죄인의 교육 및 개선을 목적으로 하므로 본질적 차이가 없다고 본다.		1908
77	예방주의는 범법행위를 저지른 소년이 더 이상 규범을 위반하지 않도록 하고, 죄를 범할 우려가 있는 우범소년이 범죄에 빠지지 않도록 하는데 소년법의 목적이 있다는 것이다.		1958
78	현행 법령에 저촉되는 행위를 할 우려가 있는 우범소년도 소년법의 규율대상으로 하는 것과 직접적으로 관계되는 원칙은 예방주의이다.		1959
79	「범죄피해자 보호법」상 유족구조금을 받을 유족 중 부모의 경우 양부모를 선순위로 하고 친부모를 후순위로 한다.		2009
80	「범죄피해자 보호법」상 외국인이 구조피해자이거나 유족인 경우에도 구조금을 지급하여야 한다.		2010

◉ 답안확인방법: 답안번호를 찾아 정오를 확인하세요.

연번	문제	OX	답안번호
1	형법학과 형사정책학은 상호의존적이며 동시에 상호제약적인 성격을 가지며, 리스트(Liszt)는 '형법은 형사정책의 극복할 수 없는 한계'라고 주장하였다.		22
2	포이에르바흐(Feuerbach)는 형사정책을 '입법을 지도하는 국가적 예지'로 이해하고, 형사정책은 정책적 목적을 유지하기 위한 형법의 보조수단으로서 의미가 있다고 주장하였다.		23
3	형식적 의미의 범죄는 법규정과 관계없이 반사회적인 법익침해행위이고, 실질적 의미의 범죄는 형법상 범죄구성요건으로 규정된 행위이다.		73
4	국제범죄학회 – '국제범죄인류학회의'를 계승한 것으로 1934년 12월 프랑스와 이탈리아 학자들의 주도로 파리에서 '범죄과학회의'라는 이름으로 창립하였다.		74
5	우리나라 경찰의 검거율은 100%를 초과하여 달성되는 경우도 종종 발생한다.		124
6	공식범죄통계와 범죄피해조사는 각기 나름대로의 한계가 있기 때문에 범죄의 수준을 측정하는 도구로 완벽하다고 볼 수는 없다.		125
7	공식범죄통계가 갖는 암수범죄의 문제를 극복하기 위해 자기보고식조사나 피해자조사를 활용하기도 한다.		175
8	서덜랜드(Sutherland)는 범죄와 비행에 대한 통계에는 암수가 존재하며, 암수는 가변적이므로 모든 사회통계 중에서 가장 신빙성이 없고 난해한 것이라고 하였다.		176
9	고전주의 범죄학의 영향을 받은 현대 범죄이론에는 합리적 선택이론, 일상활동이론, 인지이론, 행동주의이론 등이 있다.		226
10	고전주의 범죄학에서는 인간은 합리적 의사결정에 따른 자유의지를 갖는 존재이므로 경미한 범죄에도 강력한 처벌이 필요하다.		227
11	고전주의 학파에 의하면 인간은 처벌에 대한 두려움 때문에 범죄를 선택하는 것이 억제된다.		277
12	고전주의 학파에 의하면 범죄를 효과적으로 제지하기 위해서는 처벌이 엄격·확실하고, 집행이 신속해야 한다.		278
13	실증주의는 형벌은 개인의 특성에 따라 차별적으로 결정되어야 한다.		328
14	실증주의는 인간은 자유의지를 가진 합리적이고 이성적인 존재이다.		329
15	허칭스(Hutchings)와 메드닉(Mednick)은 환경적 요인을 통제하지 못한 가계도 연구의 한계를 보완하기 위하여 쌍생아를 대상으로 범죄와 유전과의 관계를 연구하였다.		379
16	덕데일(Dugdale)의 쥬크가(Juke 家) 연구에서 범죄성향과 유전의 관계를 부정했다.		380
17	뒤르켐(E. Durkheim)은 범죄는 이에 대한 제재와 비난을 통하여 사회의 공동의식을 사람들이 체험할 수 있도록 함으로써 사회의 유지 존속에 중요한 역할을 담당한다고 하였다.		430
18	뒤르켐(E. Durkheim)은 객관적 범죄개념은 존재하지 않으며, 특정 사회에서 형벌의 집행 대상으로 정의된 행위가 바로 범죄라고 보았다.		431
19	클리나드(Clinard)의 범죄유형과 트레비노(Trevino)의 범죄유형은 다차원적 유형화(Multi-Dimensional Typologies)에 해당한다.		481
20	쉐이퍼(Schafer)는 기능적 책임성(Functional Responsibility)을 기준으로 피해자를 분류했다.		482

21	미국의 전국범죄피해자센터(The National Center for Victims of Crime)에서 제시한 스토킹의 4가지 유형 중 애정 집착형(Love Obsessional Stalking) - 피해자와 스토커 사이에 기존에 특별한 교류가 없어 서로 잘 모르는 관계에서 발생하는 유형으로 단순 집착형에 비해서 피해자에 대한 직접적인 피해는 적은 편이다.	532
22	미국의 전국범죄피해자센터(The National Center for Victims of Crime)에서 제시한 스토킹의 4가지 유형 중 증오 망상형(Hate Obsessional Stalking) - 피해자와 스토커 사이에 원한 관계가 있는 경우로 피해자에게 심리적 고통을 주기 위해 스토킹하는 유형이다.	533
23	랑에(Lange)는 13쌍의 일란성 쌍둥이와 17쌍의 이란성 쌍둥이를 대상으로 연구한 결과, 일란성 쌍둥이에서 쌍둥이 모두가 범죄를 저지른 비율이 이란성 쌍둥이에서 쌍둥이 모두가 범죄를 저지른 비율보다 높다는 것을 확인하였다.	583
24	셸던(Sheldon)은 크고 근육질의 체형을 가진 자를 외배엽형(ectomorph)으로 분류하고 비행행위에 더 많이 관여하는 경향이 있다고 주장하였다.	584
25	볼비는 모성의 영향을 중시했는데, 어렸을 때 엄마가 없는 경우에는 기초적인 애정관계를 형성하지 못해 불균형적 인성구조를 형성하게 되어 범죄와 같은 반사회적 행동에 빠져든다고 하였다.	634
26	레들과 와인맨(Redl & Wineman)은 비행소년들이 적절한 슈퍼에고(Superego)를 형성하지 못하고 에고(Ego) 또한 이드(Id)의 충동을 무조건 수용하는 방향으로 형성되어, 에고(Ego)가 슈퍼에고(Superego)의 억제 없이 이드(Id)의 욕구대로 형성된 경우를 '비행적 자아'라고 지칭하였다.	635
27	콜버그(L. Kohlberg)는 개인마다 어떤 특정 상황에서 옳다고 판단하는 평가의 기준이 다르고, 이 기준은 도덕발달 단계에 따라 다르다고 주장하며, 도덕발달 단계를 처벌과 복종 단계, 법과 질서유지 단계 그리고 보편적 윤리 단계의 세 단계로 구분한다.	685
28	질만(D. Zillmann)은 좌절 - 공격이론을 주장하면서, 인간의 공격성은 자연적이고 좌절 상황에 대하여 거의 자동적으로 반응한다고 설명한다.	686
29	쇼(Shaw)와 맥케이(McKay)의 사회해체이론(Social Disorganization Theory)에 따르면 지역 거주민의 인종과 민족의 변화가 해당 지역의 범죄율을 좌우하는 핵심요인으로 나타났다.	736
30	쇼(Shaw)와 맥케이(McKay)의 사회해체이론(Social Disorganization Theory)에 따르면 전이지역(transitional zone)은 타 지역에 비해 범죄율이 상대적으로 높게 나타났다.	737
31	메스너(Messner)와 로젠펠드(Rosenfeld)의 제도적 아노미 이론은 머튼(Merton)의 아노미 이론을 확장하여 여러 사회제도들의 밀접한 연관성과 어떻게 문화가 경제영역을 과도하게 강조하게 되는지를 연구하였다.	787
32	메스너(Messner)와 로젠펠드(Rosenfeld)의 제도적 아노미 이론은 아메리칸 드림(American Dream)이 규범적 통제의 붕괴를 촉진한다고 보았다.	788
33	라까사뉴(Lacassagne)는 사회는 범죄의 배양기이고 범죄자는 그 미생물에 해당한다고 하여 범죄원인은 결국 사회와 환경에 있다는 점을 강조하였다.	838
34	코헨(Cohen)의 하류계층의 비행은 범죄적(criminal), 갈등적(conflict), 은둔(도피)적(retreatist) 유형으로 구분된다.	839
35	사회과정이론(Social Process Theory)에 의하면 법 위반에 대한 우호적 정의를 학습할수록 범죄를 저지를 가능성이 커진다.	889
36	사회과정이론(Social Process Theory)에 의하면 아동기에 형성된 자기통제력이 낮을수록 범죄를 저지를 가능성이 커진다.	890
37	짐바르도는 사회학습이론 및 행동주의이론을 바탕으로 하여 이루어진 실제 실험에서 가상의 교도소에 교도관과 수용자 역할을 할 지원자를 모집하여 각자의 행동 변화를 관찰하였다.	940

38	스키너(Skinner)는 조작적 조건화 실험을 통하여 인간의 행동은 조절할 수 있다고 주장하였다.	941
39	사이크스(Sykes)와 마짜(Matza)가 제시한 중화의 기법 중 '무엇인가가 나를 그렇게 하도록 만들었어. 어쩔 수 없었잖아' – 책임부정	991
40	사이크스(Sykes)와 마짜(Matza)가 제시한 중화의 기법 중 '난 단지 그것을 잠시 빌린 것뿐이야.' – 가해부정	992
41	레크리스(W.Reckless)는 외부적 통제요소와 내부적 통제요소 중 어느 한 가지만 제대로 작동되어도 범죄는 방지될 수 있다고 보았다.	1042
42	마차(Matza)와 사이크스(Sykes)가 주장한 중화기술 중 '가해의 부정'은 자신의 행위로 피해를 입은 사람은 그러한 피해를 입어도 마땅하다고 합리화하는 기술이다.	1043
43	일차적 일탈에 대한 사회적 반응(낙인)의 결과 주 지위(Master Status) – 베커(Becker)	1093
44	일차적 일탈에 대한 사회적 반응(낙인)의 결과 자기완성적 예언(Self-fulfilling Prophecy) – 슈어(Schur)	1094
45	낙인이론에서 국가가 범죄자의 적발과 교정에 더욱 노력할 것을 범죄대책으로 제시한다.	1144
46	레머트(Lemert)에 따르면, 1차적 일탈에 대한 사회적 반응이 2차적 일탈을 저지르게 한다.	1145
47	맛짜(Matza)와 사이크스(Sykes)는 범죄자가 피해자 혹은 사회일반에 책임을 전가하거나 더 높은 가치에 의지하는 등 범죄행위를 정당화하는 방법을 '중화기술'이라고 하였다.	1195
48	머튼(Merton)은 사람들이 사회적 긴장에 반응하는 방식 중 '혁신형'은 문화적 목표와 사회적 수단을 모두 자신의 의지에 따라 새로운 것으로 대체하려는 특성을 갖는다고 하였다.	1196
49	성매수를 했지만 성인끼리 합의하여 성매매를 한 것이기 때문에 누구도 법적 책임을 질 필요가 없다고 주장하는 사람은 중화기술이론의 사례에서 '책임의 부정'에 해당한다.	1246
50	부정한 행위로 인하여 사회적 비난을 받는 사람의 차량을 파손하고 사회정의를 실현한 것이라고 주장하는 사람은 중화기술이론의 사례에서 '책임의 부정'에 해당한다.	1247
51	체스니-린드(Chesney-Lind)의 페미니스트 범죄이론은 법과 형사사법에 대한 갈등주의적 관점이다.	1297
52	블랙(Black)의 법행동이론은 법과 형사사법에 대한 갈등주의적 관점이다.	1298
53	갈등이론에 의하면 한 사회의 법률을 위반하는 범죄 문제는 사회경제적이고 정치적인 함의를 지니는 문제가 아니라 도덕성의 문제로 다루어진다.	1348
54	비판범죄학은 형사사법기관은 행위자의 경제적·사회적 지위에 관계없이 중립적이고 공평하게 법을 집행한다는 것을 전제한다.	1349
55	헤이건(Hagan)과 동료들의 권력통제이론(Power Control Theory)에 의하면 부모가 아들보다 딸을 더 많이 통제하기 때문에 결과적으로 소녀가 소년보다 더 위험한 행동을 한다.	1399
56	헤이건(Hagan)과 동료들의 권력통제이론(Power Control Theory)에 의하면 부모의 직장에서의 권력적 지위가 부부 간의 권력관계에 반영되고, 이는 자녀에 대한 감독·통제 수준과 연계된다.	1400
57	여성 억압은 사유재산제의 도입과 함께 시작되었으며, 여성 억압과 불평등을 해결하려면 사유재산의 불평등이 극대화된 자본주의에 대해 투쟁해야 한다고 주장한다. 이 이론에 따르면 자본주의-가부장제 체제를 위협하는 행동은 형법과 형사사법기관에 의해 범죄로 정의된다.: 마르크스주의 페미니즘(Marxist Feminism)에 대한 설명이다.	1450
58	자유주의적 페미니즘은 성 불평등의 원인은 법적·제도적 기회의 불평등이므로 여성에게 동등한 기회를 부여하고 선택의 자유를 허용한다면 성 불평등은 해결될 수 있다고 한다.	1451

59	레클리스(W. Reckless)는 피해자 도발을 기준으로 '가해자-피해자 모델'과 '피해자-가해자-피해자 모델'로 구분하였다.		1501
60	헨티히(H. Hentig)는 사회구조적 요인을 기초로 하여 피해자 유형을 구분하고자 하였으며, 피해자를 크게 '일반적 피해자 유형'과 '심리적 피해자 유형'으로 구분하였다.		1502
61	회복적 사법은 구금 위주 형벌정책의 대안으로 제시되고 있다.		1552
62	회복적 사법은 사적 잘못(private wrong)보다는 공익에 초점을 맞춘다는 비판을 받는다.		1553
63	전환처우(다이버전)는 교도소의 수용인원을 줄여 과밀 수용 문제를 해결하는 장점이 있다.		1603
64	기소유예제도는 초범자와 같이 개선의 여지가 큰 범죄자를 모두 기소하여 전과자를 양산시키고, 무의미한 공소제기와 무용한 재판 등으로 인하여 소송경제에 반하는 문제점이 있다.		1604
65	'상황적 범죄예방 모델'은 범죄기회를 감소시키는 것만으로는 범죄를 예방하는 데 한계가 있다는 생각에서 출발한다.		1654
66	'범죄자 치료와 갱생을 통한 사회복귀모델'은 주로 형집행단계에서 특별예방의 관점을 강조하고 있다.		1655
67	경찰활동의 근거가 되는 이론: 지역주민들을 범죄예방활동에 참여하도록 유도하는 것 - 사회해체이론(Social Disorganization Theory)		1705
68	경찰활동의 근거가 되는 이론: 방범용 CCTV를 설치함으로써 범죄 위험 지역의 감시를 강화하는 것 - 허쉬의 사회통제이론(Social Control Theory)		1706
69	깨어진 유리창 이론(Broken Windows Theory)에 의하면 경찰의 역할로서 지역사회의 물리적·사회적 무질서를 집중적으로 다룰 것을 강조한다.		1756
70	깨어진 유리창 이론(Broken Windows Theory)에 의하면 개인의 자유와 권리, 법의 지배라는 기본적 가치가 상실될 수 있다는 비판의 소지가 있다.		1757
71	임상적 예측법은 정신과 의사나 범죄심리학자가 조사와 관찰 등에 의해 행위자의 성격분석을 토대로 내리는 예측이므로 판단자의 자료해석의 오류나 주관적 평가가 개입할 위험이 있다.		1807
72	글룩(Glueck)부부는 범죄예측과 관련하여 특정항목의 점수를 가중하거나 감점하는 '가중실점방식'이라는 조기예측법을 소개하였다.		1808
73	판결 전 조사제도는 사실심리절차와 양형절차를 분리하는 소송절차이분(訴訟節次二分)을 전제로 하며, 미국에서 보호관찰(Probation)제도와 밀접한 관련을 가지고 발전되어 온 제도이다.		1858
74	우리나라의 양형기준은 법적 구속력을 갖지 아니한다.		1859
75	이원주의는 형벌의 본질이 책임을 전제로 한 응보이고, 보안처분은 장래의 위험성에 대한 사회방위처분이라는 점에서 양자의 차이를 인정한다.		1909
76	대체주의는 형벌과 보안처분이 선고되어 보안처분이 집행된 경우 그 기간을 형기에 산입하여야 한다고 한다.		1910
77	비밀주의는 소년범죄자가 사회에 적응하는 과정에서 다른 사람에게 범죄경력이 노출되지 않도록 하여 소년의 인권보장과 재범방지를 추구하는 것을 말한다.		1960
78	개별주의는 소년보호조치를 할 때 소년 개개인을 독립된 단위로 하여 독자적인 사건으로 취급해야 한다.		1961
79	「범죄피해자 보호법」상 범죄행위 당시 구조피해자와 가해자가 사실상의 혼인관계에 있는 경우 원칙적으로 구조금을 지급하지 아니한다.		2011
80	「전자장치 부착 등에 관한 법률」상 전자장치 부착명령은 검사의 지휘를 받아 보호관찰관이 집행한다.		2012

◉ 답안확인방법: 답안번호를 찾아 정오를 확인하세요.

연번	문제	O×	답안번호
1	형사정책을 시행함에 있어서도 죄형법정주의는 중요한 의미를 가진다.		24
2	범죄학 연구에 있어서는 공식적인 통계에 나타나지 않는 범죄도 고려의 대상이 된다.		25
3	사회에 새롭게 등장한 법익침해행위를 형법전에 편입해야 할 필요성을 인정함에 사용되는 범죄개념은 형식적 범죄개념이다.		75
4	범죄의 개념과 원인 등은 합의론적 관점, 갈등론적 관점, 상호주의적 관점에서 접근할 수 있다.		76
5	참여적 관찰법은 체포되지 않은 범죄자들의 일상을 관찰할 수 있게 한다.		126
6	범죄측정 중 참여관찰 연구는 조사자의 주관적 편견이 개입할 수 있고, 시간과 비용이 많이 들며 연구결과의 일반화가 어렵다.		127
7	피해자 없는 범죄의 경우 암수범죄가 발생할 가능성이 상대적으로 높다.		177
8	자기보고 조사(행위자 조사) - 일정한 집단을 대상으로 개인의 범죄 또는 비행을 스스로 보고하게 하는 방법 - 스스로 범한 범죄를 정확하게 보고할 지 의문이어서 조사결과가 부정확할 수 있다.		178
9	고전주의 범죄학은 규문주의 형사사법을 비판하고, 적법절차에 바탕을 둔 합리적 형사사법제도를 정립하는데 공헌하였다.		228
10	베카리아(Beccaria)에 의하면 국가가 인간을 처벌할 수 있는 근거는 오직 사회계약에 있으며, 사회계약시 인간은 생명에 대한 권리까지 국가에 양도하지 않았기 때문에 사형은 폐지되어야 한다.		229
11	고전학파는 인간의 합리적인 이성을 신뢰하지 않고 범죄원인을 개인의 소질과 환경에 있다고 하는 결정론을 주장하였다.		279
12	고전주의 학파는 효과적인 범죄예방은 형벌을 통해 사람들이 범죄를 포기하게 만드는 것이다.		280
13	벤담(Bentham)은 법의 목적은 최대다수의 최대행복을 보장하는 것이라고 주장하였다.		330
14	벤담(Bentham)은 최소비용으로 최대의 감시효과를 거둘 수 있는 파놉티콘(Panopticon)이라는 감옥 형태를 구상하였다.		331
15	고다드(Goddard)의 칼리카크가(Kallikak 家) 연구에서 범죄성향과 유전의 관계를 부정했다.		381
16	서덜랜드(Sutherland)의 에드워드가(Edward 家) 연구에서 범죄성향과 유전의 관계를 부정했다.		382
17	사회적 규범해체의 원인은 이기주의와 아노미(Anomie)이다. - 따르드		432
18	어느 사회나 일정량의 범죄는 발생할 수밖에 없는 지극히 자연스러운 사회적 현상이다. - 머튼		433
19	절도범죄의 취약물품(Hot Products)이란 범죄자의 주의를 끌고 절도의 대상이 되기 쉬운 물건을 의미한다.		483
20	절도범죄의 취약물품(Hot Products)설명으로 클라크(Clarke)는 취약물품의 특성을 설명하기 위해 코헨과 펠슨(Cohen & Felson)의 VIVA 개념을 확장하여 CRAVED 개념을 제시하였다.		484

21	미국의 전국범죄피해자센터(The National Center for Victims of Crime)에서 제시한 스토킹의 4가지 유형 중 허위 피해 망상형(False Victimization Syndrome) - 실제로는 스토커가 없는데 피해자 자신이 스토킹 피해를 당하고 있다는 망상에 빠진 유형이다.	534
22	사명형은 폭스(Fox)와 레빈(Levin)이 분류한 대량 살인범의 유형 중 하나이다.	535
23	셸던(Sheldon)은 인간의 체형을 중배엽형(mesomorph), 내배엽형(endomorph), 외배엽형(ectomorph)으로 구분하고, 이 중 외배엽형은 활동적이고, 공격적이며, 폭력적 면모를 가진다고 주장하였다.	585
24	고링(Goring)은 수형자와 일반사회인에 대한 비교 연구를 통해 유전보다는 환경의 역할이 결정적이라고 주장하였다.	586
25	프로이드(Freud)에 의하면 이드(id)를 구성하는 핵심요소에는 성(性)적 에너지인 리비도(libido)가 있다.	636
26	프로이드(Freud)에 의하면 의식의 영역에는 에고(ego)와 이드(id)가 있고, 무의식의 영역에는 슈퍼에고(superego)가 있다.	637
27	헤어(Hare)의 사이코패스 체크리스트 수정본(PCL-R)은 0~2점의 3점 척도로 평가되는 총 25개 문항으로 구성된다.	687
28	사이코패스는 감정, 정서적 측면에서 타인에 대한 공감능력이 부족하며 죄의식이나 후회의 감정이 결여되어 있다.	688
29	쇼(Shaw)와 맥케이(McKay)의 사회해체이론(Social Disorganization Theory)에 따르면 사회해체의 요소로 낮은 경제적 지위, 민족적 이질성, 거주 불안정성 등을 제시하였다.	738
30	사회해체론의 쇼(Shaw)와 맥케이(Mckay)는 도심과 인접하면서 주거지역에서 상업지역으로 바뀐 이른바 전이지역(transitional zone)의 범죄발생률이 지속적으로 높다고 지적하였다.	739
31	메스너(Messner)와 로젠펠드(Rosenfeld)의 제도적 아노미 이론에 의하면 제도적 힘의 불균형 상태는 비공식적 사회통제를 약화시킨다.	789
32	메스너(Messner)와 로젠펠드(Rosenfeld)의 제도적 아노미이론(Institutional Anomie Theory)에서 탈상품화(decommodification)가 치열한 경쟁을 줄이고 궁극적으로 범죄를 감소시킬 것이라고 설명한다.	790
33	클라워드(Cloward)와 올린(Ohlin)에 의하면 하류계층의 청소년들은 중류사회의 성공목표를 합법적으로 성취할 수 없기 때문에 지위좌절(status frustration)이라고 하는 문화갈등을 경험하게 된다.	840
34	코헨은 하류계층 비행청소년들의 비행하위문화는 비실리적(nonutilitarian), 악의적(malicious), 부정적(negativistic)이라는 특성을 보인다.	841
35	사회과정이론(Social Process Theory)에 의하면 부모와의 정서적 유대관계가 약할수록 범죄를 저지를 가능성이 커진다.	891
36	사회과정이론(Social Process Theory)에 의하면 낮은 사회적 지위 때문에 목표 달성에 실패할수록 범죄를 저지를 가능성이 커진다.	892
37	반두라(Bandura)는 보보인형(Bobo Doll) 실험을 통해 강화 자극이 없더라도 관찰과 모방을 통해 학습될 수 있다고 보았다.	942
38	반두라(Bandura)는 동기화를 세 가지 측면으로 구분하였는데, 타인의 행위가 강화되거나 처벌받는 것을 관찰함으로써 이루어지는 것을 외부강화라고 명명하였다.	943
39	사이크스(Sykes)와 마짜(Matza)가 제시한 중화의 기법 중 '다른 사람들은 더 나쁜 짓을 하고서도 처벌받지 않잖아.' - 비난자에 대한 비난	993

40	범죄자 A는 경찰, 검사, 판사들은 부패한 공무원들이기 때문에 자신의 비행을 비난할 자격이 없다고 합리화하는 것은 비난자에 대한 비난(Condemnation of the Condemners)이다.		994
41	허쉬(Hirschi)의 사회유대이론에 의하면 누구나 범죄를 저지를 가능성이 있지만, 그것을 통제하는 요인은 개인이 사회와 맺고 있는 일상적인 유대이며, 그 유대가 약화되거나 단절되었을 때 범죄를 저지르게 된다고 하였다.		1044
42	허쉬(Hirschi)의 사회유대이론에 의하면 사회유대의 요소에는 애착(Attachment), 전념(Commitment), 참여(Involvement), 신념(Belief)이 있다.		1045
43	일차적 일탈에 대한 사회적 반응(낙인)의 결과 악의 극화(Dramatization of Evil) - 탄넨바움(Tannenbaum)		1095
44	헤이건(Hagan)은 사회로부터 부정적인 반응을 받은 소년들이 지역사회로부터 범죄자로 낙인받는 과정을 묘사하였다.		1096
45	베커(Becker)에 따르면, 일탈자라는 낙인은 그 사람의 사회적 지위와 타인과의 상호작용에 부정적인 영향을 미친다.		1146
46	낙인이론(labeling theory)에서 레머트(Lemert)는 1차적 일탈에 대한 부정적 사회반응이 2차적 일탈을 만들어 낸다고 하였다.		1147
47	클라우드(R.A. Cloward)와 올린(L.E. Ohlin) - 하류계층 청소년들이 합법적 수단에 의한 목표달성이 제한될 때 비합법적 수단에 호소하게 되는 경우에도, 비행의 특성은 불법행위에 대한 기회에 영향을 미치는 지역사회의 특성에 따라 달라진다.		1197
48	머튼(R.K. Merton) - 문화적으로 규정된 목표는 사회의 모든 구성원이 공유하고 있으나 이들 목표를 성취하기 위한 수단은 주로 사회경제적인 계층에 따라 차등적으로 분배되며, 이와 같은 목표와 수단의 괴리가 범죄의 원인으로 작용한다.		1198
49	교통범칙금을 부과하는 경찰관에게 단속실적 때문에 함정단속을 한 것이 아니냐고 따지는 운전자는 중화기술이론의 사례에서 '책임의 부정'에 해당한다.		1248
50	통제이론은 사회적 상호작용과정에서 행해지는 주위사람들의 반응이 범죄문제를 더욱 악화시킨다고 본다.		1249
51	메스너(Messner)와 로젠펠드(Rosenfeld)의 제도적 아노미이론은 법과 형사사법에 대한 갈등주의적 관점이다.		1299
52	갈등론적 관점에서는 법의 제정과 집행은 사회 일반의 이익을 보호하기 위해서가 아니라, 국가운영을 통제하는 지배계층의 이익을 보호하기 위해 존재한다.		1300
53	범죄학이론 중 발달이론(Developmental Theory)은 1990년대 샘슨(R. Sampson)과 라웁(J. Laub)이 1930년대 글룩(Glueck) 부부의 연구를 재분석하며 활성화된 이론이다.		1350
54	범죄학이론 중 발달이론(Developmental Theory)은 범죄자의 삶의 궤적을 통해 범죄를 지속하는 요인과 중단하는 요인이 무엇인지를 찾아내는 데 관심이 있다.		1351
55	헤이건(Hagan)과 동료들의 권력통제이론(Power Control Theory)에 의하면 부모의 권력이 평등한 가정의 자녀들은 성별에 따른 범죄 정도의 차이가 뚜렷하지만, 가부장적 가정의 자녀들은 성별에 따른 범죄 정도의 차이가 상대적으로 뚜렷하지 않다.		1401
56	헤이건은 성과 계급, 가족구조를 하나의 이론적 틀 안에서 고려하면서 범죄를 설명하였다.		1402
57	사회주의적 페미니즘은 계급불평등과 함께 가부장제로 인한 성 불평등을 분석해야 한다고 한다.		1452
58	급진적 페미니즘에 따르면 남성은 생물학적 우월성을 근거로 여성이 자신보다 나약한 존재이기 때문에 통제나 지배를 할 수 있는 대상이라고 인식한다.		1453

59	멘델존(B. Mendelsohn)은 피해자가 범죄행위에 어떠한 역할을 하는지 파악하기 위해 피해자 유책의 개념을 제시하였고, 피해자를 책임 정도에 따라 구분하였다.		1503
60	엘렌베르거(H. Ellenberger)는 개인의 심리학적 특성을 기준으로 하여 피해자의 유형을 피해자가 되기 쉬운 특성을 지닌 '잠재적 피해자성'과 그렇지 아니한 '일반적 피해자성'으로 구분하였다.		1504
61	회복적 사법은 범죄를 개인과 국가 간의 갈등으로 보기보다 개인 간의 갈등으로 인식한다.		1554
62	브레이스웨이트에 의하면 해체적 수치심(disintegrative shaming)을 이용한다면 범죄자의 재범확률을 낮출 수 있으며, 궁극적으로는 사회의 범죄율을 감소시키는 효과를 기대할 수 있다.		1555
63	기소유예제도는 「소년법」상 검사는 피의자에 대하여 범죄예방 자원봉사위원회의 선도를 받게 하고 공소를 제기하지 아니할 수 있으며, 이 경우 소년과 소년의 친권자·후견인 등 법정대리인의 동의를 받아야 한다.		1605
64	기소유예제도는 공소권 행사에 있어 법 앞의 평등을 실현하고 공소권 행사에 정치적 영향을 배제할 수 있다.		1606
65	'형벌을 통한 범죄억제모델'은 범죄예방의 효과를 높이기 위해서 처벌의 신속성, 확실성, 엄격성을 요구한다.		1656
66	'환경설계를 통한 범죄예방'은 주택 및 도시설계를 범죄예방에 적합하도록 구성하려는 생각이다.		1657
67	경찰활동의 근거가 되는 이론: 지역 내 무질서 행위를 철저히 단속하는 것 – 깨어진 유리창이론(Broken Windows Theory)		1707
68	환경설계를 통한 범죄예방(CPTED) – 유지·관리(maintenance, management): 시설물이나 장소를 처음 설계된 대로 지속해서 이용할 수 있도록 관리함으로써 범죄예방 환경설계의 장기적·지속적 효과를 유지		1708
69	지역사회경찰활동(community policing)은 범죄와 비행의 원인이 되는 지역사회의 문제를 주민과의 연대를 통하여 해결하는 것을 지향한다.		1758
70	지역사회경찰활동이 성공을 거두기 위해서는 경찰조직의 중앙집권적 지휘명령체계를 변화시키는 것이 필요하다.		1759
71	재판단계에서의 예측은 효율적인 양형산정의 기준이 될 수 있다.		1809
72	교정단계에서는 주로 가석방시 예측이 중요하다.		1810
73	우리나라의 현행 양형은 법정형 – 처단형 – 선고형의 3단계 과정을 거쳐서 이루어진다.		1860
74	우리나라의 현행 양형제도에서 특별양형인자들이 일반양형인자들보다 더 중요하게 고려된다.		1861
75	일원주의는 형벌과 보안처분의 목적을 모두 사회방위와 범죄인의 교육·개선으로 보고, 양자 중 어느 하나만을 적용하자고 한다.		1911
76	이원주의는 형벌이 범죄라는 과거의 사실에 중점을 두는 반면, 보안처분은 장래에 예상되는 범죄의 예방에 중점을 둔다고 한다.		1912
77	비행소년의 처우는 법률전문가인 법관에 의한 분석과 검토만을 고려해서 결정해야 한다.		1962
78	소년보호절차에서는 객관적 판단이 중요하므로 개인적 환경 특성에 대한 판단을 최소화하고 비행사실 자체에 중점을 두어야 한다.		1963
79	「전자장치 부착 등에 관한 법률」상 전자장치 부착명령의 임시해제 신청은 부착명령의 집행이 개시된 날부터 3개월이 경과한 후에 하여야 한다.		2013
80	「전자장치 부착 등에 관한 법률」상 전자장치가 부착된 자는 주거를 이전하거나 7일 이상의 국내여행을 하거나 출국할 때에는 미리 보호관찰관의 허가를 받아야 한다.		2014

◉ 답안확인방법: 답안번호를 찾아 정오를 확인하세요.

연번	문제	O×	답안번호
1	범죄율과 범죄시계는 인구변화율을 반영하여 범죄의 심각성을 인식할 수 있게 한다.		13
2	공식범죄통계는 범죄의 일반적인 경향과 특징을 파악할 수 있게 한다.		14
3	벤담(Bentham)은 수형자에게 강제노역은 유해하므로, 노동은 원하는 자로 한정해야 한다고 주장하였다.		64
4	벤담(Bentham)은 채찍이론을 통하여 범죄와 형벌의 비례성을 비판하고 수형자를 강하게 처벌해야 한다는 엄격함의 원칙을 주장하였다.		65
5	범죄학 연구방법 중 질적 연구는 소규모 분석에 유리하고 자료분석에 시간이 많이 소요된다.		115
6	자기보고식 조사(self-report survey)는 경미한 범죄보다는 살인 등 중대한 범죄를 측정하는 데 사용된다.		116
7	범죄피해자 조사는 피해자가 피해를 인식하지 못한 경우나 피해자가 범죄피해가 없었다고 오신하는 경우에는 조사결과의 정확성이 결여된다.		166
8	정보제공자조사는 법집행기관에 알려지지 않은 범죄 또는 비행을 알고 있는 자로 하여금 그것을 보고하게 하는 것이다.		167
9	고전주의는 범죄자 개인이 아니라 형법 및 형사사법 체계의 개혁에 초점을 두었다.		217
10	고전주의은 사람은 욕구 충족이나 문제해결을 위한 방법으로 범죄를 선택할 수 있는 자유의지를 가지고 있다고 본다.		218
11	억제이론의 기초가 되는 것은 인간의 공리주의적 합리성이다.		268
12	억제이론(Deterrence Theory)에 의하면 범죄는 처벌의 신속성, 엄격성, 확실성으로 통제 가능하다는 입장이다.		269
13	베카리아(Beccaria)에 의하면 인도주의의 실천을 위하여 사형제도는 폐지되어야 하고 사면제도가 활용되어야 한다.		319
14	베까리아(C. Becaria)에 의하면 처벌의 공정성과 확실성이 요구되며, 범죄행위와 처벌 간의 시간적 근접성은 중요하지 않다.		320
15	뒤르케임(Durkheim)의 범죄관에 따르면 범죄는 정상적인 것이다.		370
16	뒤르케임(Durkheim)의 범죄관에 따르면 범죄는 기능적인 것이다.		371
17	뒤르껭(E. Durkheim)은 범죄발생의 주된 원인으로 사회적 상황을 고려하였다.		421
18	뒤르켐(Durkheim)에 의하면 근대 산업화과정에서 사회는 기계적(Mechanical) 사회에서 유기적(Organic) 사회로 급격하게 변동하였다.		422
19	가로팔로(Garofalo)는 생물학적 요소에 사회심리학적 요소를 덧붙여 범죄인을 자연범과 법정범으로 구분하고, 과실범은 처벌하지 말 것을 주장하였다.		472
20	아샤펜부르크(Aschaffenburg)는 개인적 요인과 환경적 요인을 결합하여 범죄인으로부터 생겨나는 법적 위험성을 기준으로 범죄인을 분류하였다.		473

21	화이트칼라 범죄는 범행동기에 따라 조직적 범죄와 직업적 범죄로 나눌 수 있는데, 직업적 범죄는 사기기만형, 시장통제형, 뇌물매수형, 기본권 침해형으로 구분된다.		523
22	피해자 수에 따라 살인은 일반살인과 다중살인으로 구분되며 다중살인은 다시 한 사건과 다음 사건 사이에 심리적 냉각기의 존재 여부에 따라 연속살인과 대량살인으로 구분된다.		524
23	롬브로조(Lombroso)는 격세유전이라는 생물학적 퇴행성에 근거하여 생래성 범죄인을 설명하였다.		574
24	랑게(Lange)는 일란성 쌍둥이가 이란성 쌍둥이에 비해 쌍둥이가 함께 범죄를 저지를 가능성이 높다고 하였다.		575
25	프로이드(Freud)의 정신분석학적 범죄이론은 인간의 무의식은 에고(ego)와 슈퍼에고(superego)로 구분된다.		625
26	프로이드(Freud)의 정신분석학적 범죄이론에서 이드(id)는 생물학적 충동, 심리적 욕구, 본능적 욕망 등을 요소로 하는 것이다.		626
27	슈나이더(K. Schneider)의 정신병질 유형 중 우울성 - 자살자, 살인범		676
28	슈나이더(Schneider)가 분류한 정신병질의 특징인 무정성 정신병질자는 인간이 보편적으로 갖는 고등감정이 결핍되어 있으며, 냉혹하고 잔인한 범죄를 저지르는 경우가 많다.		677
29	사회해체이론(Social Disorganization Theory)에서 초기 시카고학파의 학자들은 지역사회수준의 연구결과를 개인의 행동에 적용하는 생태학적 오류(ecological fallacy) 문제를 해결하였다는 평가를 받는다.		727
30	사회해체이론(Social Disorganization Theory)에서 집합효율성(collective efficacy)이란 공통의 선을 유지하기 위한 지역주민들 사이의 사회적 응집력을 의미하며, 상호신뢰와 유대 및 사회통제에 대한 공통된 기대를 포함하는 개념이다.		728
31	머튼(Merton)의 아노미이론 관점에서 은둔형: 전과자 甲은 마약범죄 총책으로 해외에 본거지를 두고 조직을 운영하면서 범죄수익으로 해외 부동산 개발투자를 하고 있다.		778
32	머튼(Merton)의 아노미이론 관점에서 순응형: 대학생 乙은 주식투자 실패로 대출금을 갚기 위해 고수익 아르바이트를 찾던 중 마약배송을 하게 되었다.		779
33	밀러(Miller)가 주장한 하위계층문화이론(Lower Class Culture Theory)의 '관심의 초점(focal concerns)' 중 운명주의(fatalism) - 자기 마음대로 자신의 일을 처리하는 것으로, 경찰이나 부모 등 어느 누구로부터의 통제나 간섭을 기피하는 것		829
34	밀러(Miller)에 의하면 하류계층의 비행이 반항도 혁신도 아닌 그들만의 독특한 관심의 초점을 따르는 동조행위라고 보았다.		830
35	클로워드(Cloward)와 올린(Ohlin)의 차별적 기회이론(Differential Opportunity Theory)에 의하면 범죄행위가 장려되고 불법이 생활화된 지역에서 형성되는 안정적인 하위문화이다.		880
36	클로워드(Cloward)와 오린(Ohlin)의 범죄적 하위문화는 합법적인 기회구조와 비합법적인 기회구조 모두가 차단된 상황에서 폭력을 수용한 경우에 나타나는 하위문화이다.		881
37	서덜랜드(Sutherland)의 차별적 접촉이론(differential association theory)은 범죄자도 정상인과 다름없는 성격과 사고방식을 갖는다고 보는 데에서 출발한다.		931
38	조작적 조건화의 논리를 반영한 사회적 학습이론은 사회적 상호작용과 더불어 물리적 만족감(굶주림, 갈망, 성적욕구 등의 해소)과 같은 비사회적 사항에 의해서도 범죄행위가 학습될 수 있다고 본다.		932
39	퀴니(Quinney)는 대항범죄(Crime of resistance)의 예로 살인을 들고 있다.		982
40	부모 등 가족구성원이 실망할 것을 우려해서 비행을 그만두는 것은 사회유대의 형성 방법으로서 애착(Attachment)에 의한 것으로 설명할 수 있다.		983

41	허쉬(Hirschi)의 사회유대이론은 모든 사람을 잠재적 법위반자라고 가정한다.		1033
42	허쉬(Hirschi)의 사회유대이론에서 애착(attachment)은 개인이 다른 사람과 맺는 감성과 관심으로, 이를 통해서 청소년은 범죄를 스스로 억누르게 되는 것을 말한다.		1034
43	갓프레드슨(Gottfredson)과 허쉬(Hirschi)의 자기통제이론(Self Control Theory)에 의하면 청소년은 사회통제로부터 벗어나 합법과 위법의 사이를 표류하여 비행을 저지른다.		1084
44	기초수급자로 지정받지 못한 채 어렵게 살고 있던 중에 배가 고파서 편의점에서 빵과 우유를 훔쳤다고 주장하는 사람은 중화기술이론의 사례에서 '책임의 부정'에 해당한다.		1085
45	슈어(Schur)는 이차적 일탈로의 발전은 정형적인 것이 아니며 사회적 반응에 대한 개인의 적응노력에 따라 달라질 수 있다고 주장하였다.		1135
46	베커(Becker)는 일탈자라는 낙인은 그 사람의 지위를 대변하는 주된 지위가 되어 다른 사람들과의 상호작용에 부정적인 영향을 미치는 요인이 되는 것으로 설명하였다.		1136
47	사이크스(Sykes)와 마짜(Matza)가 제시한 중화의 기법으로 비난자에 대한 비난: 폭력을 행사하면서 어린 시절 부모로부터 학대를 당해 그럴 수밖에 없었다고 주장하는 경우		1186
48	허쉬(Hirschi)의 사회유대이론은 인간의 자유의지와 도덕적 책임감을 강조한다.		1187
49	허쉬(Hirschi)가 말한 사회적 유대의 네 가지 요소 중 '규범준수에 따른 사회적 보상에 대한 관심'을 나타내는 것은 관여(Commitment)이다.		1237
50	허쉬(T. Hirschi)의 사회유대이론에 따르면, 모든 사람들은 범죄나 비행을 저지를 가능성에서 차이가 없는 본성을 가지고 있다고 주장한다.		1238
51	셀린(Sellin)은 전체 사회의 규범과 개별집단의 규범 사이에는 갈등이 존재하고, 개인도 이러한 종류의 갈등이 내면화됨으로써 인격해체가 이루어지고 범죄원인으로 작용하게 된다고 한다.		1288
52	볼드(Vold)는 범죄를 법제정과정에 참여하여 자기의 이익을 반영시키지 못한 집단의 구성원이 일상생활 속에서 법을 위반하며 자기의 이익을 추구하는 행위로 본다.		1289
53	볼드(G. B. Vold)는 범죄를 법제정과정에 참여하여 자기의 이익을 반영시키지 못한 집단의 구성원이 일상생활 속에서 법을 위반하며 자기의 이익을 추구하는 행위로 본다.		1339
54	셀린(T. Sellin)은 전체 사회의 규범과 개별집단의 규범 사이에는 갈등이 존재하고, 개인도 이러한 종류의 갈등이 내면화됨으로써 인격해체가 이루어지고 범죄원인으로 작용하게 된다고 한다.		1340
55	샘슨(R. Sampson) – 열악한 환경에도 불구하고 많은 소년들이 비행을 저지르지 않고 정상적인 사회구성원으로 성장할 수 있는 것은 올바른 자아관념이 있기 때문이다.		1390
56	발달이론에서 인생지속형 범죄자보다 청소년한정형 범죄자가 정신건강상의 문제를 더 많이 가지고 있다.		1391
57	글룩(Glueck) 부부는 절대적 빈곤과 범죄가 비례한다고 주장한다.		1441
58	봉거(W. Bonger)는 자본주의의 경쟁적·착취적 특성이 불가피하게 범죄를 야기한다고 한다.		1442
59	멘델존(Mendelsohn)에 의하면 자신에 대한 살인을 촉탁 또는 승낙한 자는 상상적 피해자에 속한다.		1492
60	멘델존(Mendelsohn)에 의하면 범죄피해를 가장하고 타인을 무고한 자와 같은 기만적인 피해자는 완전히 유책성이 없는 피해자유형이다.		1493
61	헨티히(Hentig)는 피해자 유형을 일반적 피해자와 심리학적 피해자로 나누며, 심신장애자를 심리학적 피해자로 분류한다.		1543

62	브레이스웨이트(Braithwaite)의 재통합적 수치심부여이론(reintegrative shaming theory)에서 재통합적 수치심 개념은 낙인이론, 하위문화이론, 기회이론, 통제이론, 차별접촉이론, 사회학습이론 등을 기초로 하고 있다.		1544
63	전환제도(diversion)는 교도소의 과밀 수용문제에 대한 대안이 될 수 있다는 장점이 있다.		1594
64	전환제도는 낙인이론의 산물로서 경미범죄를 형사사법 절차를 거치지 않고 처리함으로서 낙인효과를 줄일 수 있다는 장점이 있다.		1595
65	환경설계를 통한 범죄예방(CPTED)에서 자연적 접근통제(Access control)란 시설물이나 장소를 처음 설계대로 유지하여 범죄예방의 지속적 효과를 유지하는 원리를 말한다.		1645
66	범죄예방론에서 브랜팅햄과 파우스트(Brantingham & Faust)는 질병예방에 관한 보건의료모형을 응용하여 3단계로 분류한 범죄예방모델을 제시하였다.		1646
67	일반적으로 여성이나 노인은 젊은 남성에 비해 범죄피해율이 매우 낮지만 상대적으로 범죄두려움은 더 높게 나타나는 현상을 범죄피해 - 두려움의 패러독스라 한다.		1696
68	범죄두려움 개념은 CCTV, 조명 개선의 범죄예방효과 확인을 위한 지역주민의 주관적 평가에 활용할 수 있다.		1697
69	브랜팅햄 부부(P. Brantingham & P. Brantingham)의 범죄패턴이론에 의하면 범죄자는 일반인과 같은 정상적인 시공간적 행동패턴을 갖지 못한다.		1747
70	브랜팅햄 부부(P. Brantingham & P. Brantingham)의 범죄패턴이론에 의하면 범죄자들은 평범한 일상생활 속에서 범행기회와 조우하게 된다.		1748
71	현재 우리나라 경찰청에서는 CCTV를 활용한 AI인식시스템으로 프리카스(Pre-CAS)를 활용하고 있다.		1798
72	범죄를 예측하고 경찰활동에 체계적으로 적용한 미국 내 최초의 사례는 뉴욕경찰국(NYPD)의 공간지각시스템(DAS)이다.		1799
73	헤겔(G.W.F. Hegel)은 절대적 형벌론자였으며, 범죄행위는 법의 부정이며, 형벌은 법의 부정을 부정하는 것이라고 주장하였다.		1849
74	칸트(I. Kant)는 응보이론을 옹호했으며, 형벌은 일정한 목적을 추구하기 위해 존재하는 것이 아니라 범죄자에게 고통을 주는 그 자체가 가치 있는 것이라고 주장하였다.		1850
75	현재 우리나라는 거의 매년 사형이 집행되어 국제사면위원회(Amnesty International)가 규정한 실질적 사형존속국에 속한다.		1900
76	현행법상 사형은 교수형의 방식으로만 가능하며, 가스살이나 독살은 허용되지 않는다.		1901
77	모피트(T. E. Moffit)는 사회적 자본(social capital) 개념을 도입하여 청소년기에 비행을 저지른 아이들도 사회유대 혹은 사회자본의 형성을 통해 취업과 결혼으로 가정을 이루는 인생의 전환점을 만들면 성인이 되어 정상인으로 돌아가게 된다고 주장하였다.		1951
78	소년법원은 감별 또는 분류심사 기능과 절차 및 과정이 잘 조직되어 있지 못한 한계가 있다.		1952
79	「범죄피해자 보호법」에서는 대인범죄 피해자와 재산범죄 피해자를 모두 범죄피해 구조대상으로 본다.		2002
80	멘델존(Mendelsohn)은 피해자학의 아버지로 불리며 범죄피해자의 유책성 정도에 따라 피해자를 유형화하였다.		2003

◉ 답안확인방법: 답안번호를 찾아 정오를 확인하세요.

연번	문제	O×	답안번호
1	참여적 관찰법은 체포되지 않은 범죄자들의 일상을 관찰할 수 있게 한다.		15
2	벤담(Bentham)은 최초로 야간독거제를 주장했으며, 수형자 상호간의 접촉은 차단해야 한다고 하였다.		66
3	피해 조사(victimization survey)는 개인적 보고에 기반하는 점에서 조사의 객관성과 정확성을 확보할 수 있다.		117
4	수사기관이 범죄피해자가 아닌 제3자의 신고를 받고 범죄를 인지하여 해결한 경우 암수범죄로 볼 수 없다.		168
5	고전주의는 범죄를 그것에 따른 위험과 이득을 합리적으로 계산하여 선택한 결과적 행위로 본다.		219
6	억제이론(Deterrence Theory)에서 특별억제(specific deterrence)는 직업적 범죄자들이 재범을 범하지 못하도록 자제시킬 수 있다는 것을 뜻한다.		270
7	베까리아(C. Becaria)는 형벌의 목적은 범죄예방을 통한 사회안전의 확보가 아니라 범죄자에 대한 엄중한 처벌에 있다.		321
8	뒤르케임(Durkheim)의 범죄관에 따르면 범죄는 상황적인 것이다.		372
9	뒤르켐(Durkheim)에 의하면 사회통합을 조절하는 기능이 약화되면, 사회구성원들이 자신의 행위를 통제하지 못하는 아노미(Anomie)라는 병리현상이 나타난다.		423
10	아샤펜부르크(G. Aschaffenburg)는 개인적 요인과 환경적 요인을 고려하여 범죄인을 7가지 유형으로 분류한다.		474
11	「아동복지법」에서는 가정폭력에 아동을 노출시키는 행위를 정서적 학대에 포함한다.		525
12	허칭스(Hutchings)와 메드닉(Mednick)의 연구결과에 의하면 입양아는 생부와 양부 둘 중 한 편만 범죄인인 경우가 생부와 양부 모두가 범죄인인 경우보다 범죄인이 될 가능성이 낮다고 하였다.		576
13	프로이드(Freud)의 정신분석학적 범죄이론에서 슈퍼에고는 도덕적 원칙을 따르고 이드의 충동을 억제한다.		627
14	슈나이더(Schneider)가 분류한 정신병질의 특징인 의지박약성 정신병질자는 환경의 영향을 많이 받으며, 누범의 위험이 높다.		678
15	버식(Bursik)과 웹(Webb)은 사회해체지역에서는 공식적인 행동지배규범(movement-governing rules)이 결핍되어 있으므로 비공식적 감시와 지역주민에 의한 직접적인 통제가 커진다고 주장하였다.		729
16	머튼(Merton)의 아노미이론 관점에서 혁신형: 공무원 丙은 경제적 문제로 배우자와 이혼을 한 이후 틈틈이 불법약물로 스트레스를 풀고 있다.		780
17	밀러(Miller)에 의하면 하류계층의 비행을 중류층에 대한 반발에서 비롯된 것이라는 코헨(Cohen)의 주장에 반대하고 그들만의 독특한 하류계층문화 자체가 집단비행을 발생시킨다고 보았다.		831
18	클라워드(Cloward)와 올린(Ohlin)의 차별기회이론(differential opportunity theory)은 머튼의 아노미이론과 서덜랜드의 차별접촉이론으로 하위문화 형성을 설명하였다.		882

19	행태이론(behavior theory)에 대한 설명으로 버제스(Burgess)와 에이커스(Akers)의 차별적 강화이론에 의하면, 범죄행동은 고전적 조건형성의 원리에 따라 학습된다.	933
20	중화기술이론에서 세상은 모두 타락했고, 경찰도 부패했다고 범죄자가 말하는 것은 책임의 부정에 해당한다.	984
21	허쉬(Hirschi)의 사회유대이론에서 관여 또는 전념(commitment)은 관습적 활동에 소비하는 시간·에너지·노력 등으로, 시간과 노력을 투자할수록 비행을 저지름으로써 잃게 되는 손실이 커져 비행을 저지르지 않는 것을 말한다.	1035
22	레크리스(Reckless)는 올바른 자아관념이 비행에 대한 절연체라고 보았다.	1086
23	낙인이론에 의하면 기존 형법의 범죄목록 중에서 사회변화로 인하여 더 이상 사회위해성이 없는 행위로 평가되는 것은 범죄목록에서 삭제해야 한다.	1137
24	허쉬(Hirschi)의 사회유대이론에서 신념(belief)은 지역사회가 청소년의 초기 비행행동에 대해 과잉반응하지 않고 꼬리표를 붙이지 않는 것을 말한다.	1188
25	머튼(R. Merton) - 하층계급은 성공을 위한 전통적 교육과 직업의 기회로부터 상대적으로 차단되어 있다.	1239
26	갈등이론에 의하면 한 사회의 법률을 위반하는 범죄 문제는 사회경제적이고 정치적인 함의를 지니는 문제가 아니라 도덕성의 문제로 다루어진다.	1290
27	터크(A. Turk)는 갈등의 개연성은 지배집단과 피지배자 양자의 조직화 정도와 세련됨의 수준에 의해 영향을 받는다고 한다.	1341
28	인생항로이론은 인간의 발달이 출생 시나 출생 직후에 나타나는 주된 속성에 따라 결정된다고 주장한다.	1392
29	패터슨(Patterson)은 비행청소년이 되어가는 경로를 조기 개시형(early starters)과 만기 개시형(late starters)으로 구분하였다.	1443
30	멘델존(Mendelsohn)에 의하면 상대방에게 학대적인 언행을 하다가 맞은 사람은 가해자와 같은 정도의 유책성이 있는 피해자이다.	1494
31	브레이스웨이트(Braithwaite)의 재통합적 수치심부여이론(reintegrative shaming theory)에서 재통합적 수치심의 궁극적인 목표는 범죄자가 자신의 잘못을 진심으로 뉘우치고 사회로 복귀할 수 있도록 그들이 수치심을 느끼게 할 방법을 찾아내는 것이다.	1545
32	경찰단계에서의 전환제도는 통고처분, 경고, 훈방 등이 있다.	1596
33	범죄예방론에서 이웃감시와 주민순찰은 브랜팅햄과 파우스트(Brantingham & Faust)가 제시한 1차적 범죄예방과 관련이 있다.	1647
34	브랜팅햄(Brantingham)과 파우스트(Faust)가 제시한 범죄예방모델을 1차, 2차, 3차 예방활동의 순서 나열: 시민순찰 - 범죄예측 - 구금	1698
35	브랜팅햄 부부(P. Brantingham & P. Brantingham)의 범죄패턴이론에 의하면 잠재적 피해자는 잠재적 범죄자의 활동공간과 교차하는 활동공간이나 위치를 갖는다.	1749
36	미국 법무부산하 국립사법연구소(NIJ)는 예측적 경찰활동이란 "다양한 분석기법을 활용하여 경찰개입이 필요한 목표물을 통계적으로 예측함으로써 범죄를 예방하거나 해결하는 제반활동"이라고 정의하였다.	1800
37	포이어바흐(A. Feuerbach)는 일반예방과 특별예방을 구별하고, 재사회화와 관련된 심리강제설을 주장하면서, 특별예방을 강조하였다.	1851
38	현행법은 단기자유형의 폐단을 방지하기 위해 충격구금(shock probation), 주말구금, 휴일구금을 도입하고 있다.	1902

39	바톨라스(Bartollas)와 밀러(Miller)의 적응모형(adjustment model) - 범죄자 스스로 책임 있는 선택과 합법적 결정을 할 수 없다. 그 결과, 현실요법, 환경요법 등의 방법이 처우에 널리 이용된다.	1953
40	「범죄피해자 보호법」상 구조금은 유족구조금, 장해구조금 및 중상해구조금으로 구분하며, 일시금으로 지급한다.	2004
41	피해자조사는 공식범죄통계자료의 한계를 극복하고 범죄예방대책을 마련하기 위한 자료로 활용될 수 있다.	16
42	좁은 의미의 국가작용으로서의 형사정책은 범죄방지를 간접적 · 종속적 목적으로 하는 활동을 의미한다.	67
43	자기보고식 조사: 청소년들의 약물남용실태를 조사하기 위하여 매 2년마다 청소년 유해환경조사를 실시하고 있다. 이 조사는 매 조사 연도에 3,000명의 청소년들을 새롭게 표본으로 선정하여 설문지를 통해 지난 1년 동안 어떤 약물을, 얼마나 복용하였는지를 질문하고 있다.	118
44	암수범죄는 성매매, 낙태, 도박과 같이 피해자가 없거나 피해자와 가해자의 구별이 어려운 범죄에 많이 발생한다.	169
45	고전주의는 법률이 공정하고 정의로운지 의문을 제기하고 법관의 법 해석상 자율권을 인정한다.	220
46	억제이론(Deterrence Theory)에서 일반억제(general deterrence)는 미래의 처벌에 대한 인식에 의존하는 한편, 특별억제는 그것의 집행에 근거한다.	271
47	베카리아(Beccaria)는 범죄를 예방할 수 있는 가장 확실한 장치는 처벌의 가혹성에 있다.	322
48	뒤르케임(Durkheim)의 범죄관에 따르면 범죄는 필연적인 것이다.	373
49	뒤르켐(Durkheim)에 의하면 사회병리의 대표적인 현상은 자살인데, 이는 개인적 문제라기보다는 사회통합의 정도와 관련되어 있다.	424
50	리스트(Liszt)는 형벌의 목적을 개선, 위하, 무해화로 나누고 선천적으로 범죄성향이 있으나 개선이 가능한 자에 대해서는 개선을 위한 형벌을 부과해야 한다고 하면서, 이러한 자에 대해서는 단기자유형이 효과적이라고 주장하였다.	475
51	홈즈와 드버거(Holmes & DeBurger)의 연쇄살인범 유형에 따른 망상형(Visionary Serial Killers) - 환각, 환청 또는 망상이 살인의 원인이 된다. 정신적 장애를 수반하며 망상형 연쇄살인범은 신의 지시 명령에 따른 것이라고 주장하기도 한다.	526
52	제이콥스(Jacobs)에 의하면 XYY형의 사람은 남성성을 나타내는 염색체 이상으로 신장이 크고 지능이 낮으며 정상인들에 비하여 수용시설에 구금되는 비율이 높다고 하였다.	577
53	프로이트에 따르면 인성 구조에서 이드(Id)는 쾌락원칙, 에고(Ego)는 도덕원칙을 따른다.	628
54	슈나이더(Schneider)가 분류한 정신병질의 특징인 무력성 정신병질자는 심신의 부조화 상태를 늘 호소하면서 타인의 동정을 바라는 성격을 가지며, 일반적으로 범죄와는 관계가 적다.	679
55	사회해체론에 의하면 개별적으로 누가 거주하든지 관계없이 지역의 특성과 범죄발생 간에는 중요한 연관성이 있다고 본다.	730
56	머튼(Merton)의 아노미이론 관점에서 의례형: 가정주부 丁은 한때 마약중독에 빠졌으나, 현재는 재활치료에 전념하면서 사회복귀를 위해 준비하고 있다.	781
57	밀러(Miller)에 의하면 하류계층의 문화를 범죄적 하위문화, 갈등적 하위문화, 도피적 하위문화로 분류하였다.	832
58	차별적 기회구조이론(Differential Opportunity Theory)은 클로워드(Cloward)와 올린(Ohlin)이 제시한 이론이다.	883
59	행태이론(behavior theory)에서 범죄행위는 어떤 행위에 대한 보상 혹은 처벌의 경험에 따라 학습된 것이다.	934

60	레크리스(W.Reckless)는 범죄를 유발하는 압력요인으로 불안감을 들고 있다.		985
61	라이스(A. Reiss)는 개인적 통제 및 사회적 통제의 실패가 범죄의 원인이라고 보고, 가족 등 일차집단의 역할수행에 주목하였다.		1036
62	레머트(Lemert)는 조직적이고 일관성 있게 일어나는 일차적 일탈을 막기 위해서는 지역사회의 관심과 역할이 중요하다고 주장하였다.		1087
63	낙인이론에 의하면 가능한 한 범죄에 대한 공식적 반작용은 비공식적 반작용으로, 중한 공식적 반작용은 경한 공식적 반작용으로 대체되어야 한다.		1138
64	레크리스(Reckless)는 압력, 유인, 배출 요인이 범행을 유발한다고 보았다.		1189
65	서덜랜드(E. Sutherland) - 범죄는 일반적 욕구와 가치의 표현이지만 그 욕구와 가치로는 설명되지 않는다.		1240
66	갈등이론에 의하면 법률은 사회구성원들이 함께 나누고 있는 가치관이나 규범을 종합한 것으로서, 법률의 성립과 존속은 일정한 가치나 규범의 공유를 상징한다.		1291
67	비판범죄학의 기초가 되는 마르크스(Marx)는 범죄발생의 원인을 계급갈등과 경제적 불평등으로 설명하고, 생활에 필요한 물적 자산을 충분히 갖지 못한 피지배계급이 물적 자산 내지 지배적 지위에 기존사회가 허락하지 않는 방법으로 접근하는 행위를 범죄로 인식했다.		1342
68	콜빈(Colvin)의 잠재특성이론은 환경설계 범죄예방(CPTED)의 배경이 되는 범죄학이론 중 하나이다.		1393
69	손베리(Thornberry)는 비행청소년을 청소년기 한정형(adolescence-limited)과 생애지속형(life-course-persistent)으로 분류하였다.		1444
70	멘델존(Mendelsohn)에 의하면 자신의 무지로 낙태를 감행하다가 사망한 임산부는 경미한 유책성이 있는 피해자유형이다.		1495
71	브레이스웨이트는 형사사법기관의 공식적 개입을 지양하며 가족, 사회지도자, 피해자, 피해자 가족 등 지역사회의 공동체 강화를 중시하는 '회복적 사법(restorative justice)'에 영향을 주었다.		1546
72	구속적부심 또는 보석은 전환제도의 대표적인 예시이다.		1597
73	코니쉬와 클락(Cornish & Clarke, 2003)이 제시한 상황적 범죄예방에서, 관련 규정과 규칙을 명확하게 하고 표시판 등을 통해 양심에 호소하는 것은 '변명의 제거'를 목표로 하는 기법이다.		1648
74	브랜팅햄(Brantingham)과 파우스트(Faust)가 제시한 범죄예방모델을 1차, 2차, 3차 예방활동의 순서 나열: 이웃감시 - 특별예방 - 우범지역순찰		1699
75	브랜팅햄 부부(P. Brantingham & P. Brantingham)의 범죄패턴이론에 의하면 사람들이 활동하기 위해 움직이고 이동하는 것과 관련하여 축(교차점, nodes), 통로(경로, paths), 가장자리(edges)의 세 가지 개념을 제시한다.		1750
76	범죄예측이란 예방, 수사, 재판, 교정의 각 단계에서 잠재적 범죄자의 범행가능성이나 범죄자의 재범가능성을 판단하는 것이다.		1801
77	미결구금된 사람을 위하여 변호인이 되려는 자의 접견교통권은 변호인의 조력을 받을 권리의 실질적 확보를 위해서 헌법상 기본권으로서 보장되어야 한다.		1852
78	우리나라의 경우 총액벌금제를 취하고 있으므로 단기자유형을 벌금형으로 대체한다면 경제적으로 부유한 사람에 대하여 큰 형벌효과를 가져올 수 있다.		1903
79	워렌(Waren)이 제시한 비행소년 유형분류중 상황적 유형은 동료 일탈집단에 대한 강력한 지향과 비행자로서의 낙인에 대한 만족을 특징으로 한다.		1954
80	「범죄피해자 보호법」상 외국인이 구조피해자이거나 유족인 경우에는 해당 국가의 상호보증이 있는 경우에만 적용한다.		2005

◉ 답안확인방법: 답안번호를 찾아 정오를 확인하세요.

연번	문제	O×	답안번호
1	19세기 말 리스트(Liszt)는 '형법에서의 목적사상'을 주장하여 형이상학적 형법학이 아니라 현실과 연계된 새로운 형사정책 사상을 강조하였다.		17
2	법과 범죄에 대한 합의론적 관점에서는 법은 지배계층을 보호할 수 있는 도구가 된다.		18
3	"형법은 형사정책의 뛰어 넘을 수 없는 한계이다."라고 한 리스트(Liszt)의 말은 형법에 대한 형사정책의 우위성을 강조한 말이다.		68
4	범행주체인 범죄자와 범죄는 형사정책학의 연구대상이 되며, 범행대상인 피해자는 이에 해당되지 않는다.		69
5	공식범죄통계는 일선경찰서의 사건처리방침과 경찰관들의 재량행위로 인하여 범죄율이 왜곡되고 축소될 가능성이 있다.		119
6	범죄피해조사에 대해서는 범죄구성요건에 대한 응답자의 지식이 충분하지 못하고, 질문 문항이 잘못 작성될 가능성이 있다는 등의 문제점이 지적된다.		120
7	피해자를 대상으로 하는 암수조사는 기억의 부정확성으로 인하여 오류가 발생할 수 있다.		170
8	자기보고조사는 보고자가 자신의 추가범죄사실에 대한 발각이 두려워 사실을 은폐하는 등 진실성에 문제가 있을 수 있다.		171
9	고전학파는 범죄의 원인보다 형벌 제도의 개혁에 더 많은 관심을 기울였다.		221
10	고전주의 범죄학은 계몽주의 시대사조 속에서 중세 형사사법 시스템을 비판하며 태동하였고, 근대 형사사법 개혁의 근간이 되는 이론적 토대를 제공하였다.		222
11	억제이론은 대체로 특성이론(trait theory)에 기초하여 법 위반 행동과 규범적 행동 사이의 선택을 결정하는 원인이 된다고 본다.		272
12	고전학파는 파놉티콘(Panopticon) 교도소를 구상하여 이상적인 교도행정을 추구하였다.		273
13	베카리아(Beccaria)는 범죄와 처벌 사이의 시간적 길이가 짧을수록 범죄 예방에 더욱 효과적이다.		323
14	실증주의는 인본주의 철학사상을 배경으로 한다.		324
15	케틀레(Quetelet): 사회는 범죄를 예비하고, 범죄자는 그것을 실천하는 도구에 불과하다.		374
16	타르드(Tarde): 모든 사회적 현상은 모방의 결과이며, 범죄도 다른 사람의 범죄를 모방한 것이다.		375
17	뒤르켐(Durkheim)에 의하면 자살은 아노미적 자살, 이기적 자살, 이타적 자살, 무동기 자살 네 가지 유형이 있는데, 이 가운데 아노미적 자살이 가장 큰 문제이다.		425
18	뒤르켐(Durkheim)에 의하면 어느 사회이든지 일정량의 범죄는 존재하는데, 이는 지극히 자연스러운 현상이다.		426
19	그룰레(H. Gruhle)는 범죄를 자연범과 법정범으로 구분한다.		476
20	젤리히(E. Seelig)는 성격학, 유전생물학, 범죄심리학, 범죄사회학, 형사정책학 등을 기준으로 범죄인을 분류한다.		477

21	홈즈와 드버거(Holmes & DeBurger)의 연쇄살인범 유형에 따른 사명형(Mission-Oriented Serial Killers) - 성매매 여성, 동성애자, 범죄자 같은 특정 유형의 사람들을 사회에서 제거해야 한다는 신념으로 살해하는 경우로 정신이상이 아니며 환청이나 환각을 경험하지 않는다.	527
22	홈즈와 드버거(Holmes & DeBurger)의 연쇄살인범 유형에 따른 쾌락형(Hedonistic Serial Killers) - 본인의 쾌락을 충족하기 위해 살해하는 유형으로 이들이 추구하는 쾌락에 따라 성욕형, 스릴형, 재물형으로 구분할 수 있다.	528
23	크레취머(Kretschmer)는 사람의 체형을 세장형, 운동형, 비만형으로 나누고 각 체형과 범죄유형의 상관관계를 연구하였다.	578
24	제이콥스(Jacobs)에 의하면 XYY형의 사람은 남성성을 나타내는 염색체 이상으로 신장이 크고, 정상인들에 비하여 수용시설에 구금되는 비율이 높다고 하였다.	579
25	프로이트(Freud)의 정신분석이론에 따르면 슈퍼에고(Superego)는 양심과 이상 같은 긍정적 요소이므로 미발달한 경우는 문제이지만 과다하게 발달하는 경우는 문제가 되지 않는다.	629
26	프로이트는 인간 발달의 성 심리적 단계를 구순기(Oral Stage), 항문기(Anal Stage), 남근기(Phallic Stage), 잠복기(Latent Stage), 생식기(Genital Stage) 순으로 제시하였다.	630
27	슈나이더(Schneider)가 분류한 정신병질의 특징인 발양성 정신병질자는 낙천적이고 경솔한 성격을 가지고 있으며, 상습사기범이 되기 쉽다.	680
28	아이젠크(H. Eysenck)는 범죄행동과 성격특성 간의 관련성을 정신병적(정신증적) 경향성(psychoticism), 외향성(extraversion), 신경증(neuroticism) 등 세 가지 차원에서 설명한다.	681
29	사회해체론에 의하면 범죄를 예방하기 위해서는 도시의 지역사회를 재조직함으로써 사회통제력을 증가시키는 것이 중요하다.	731
30	버제스(Burgess)의 동심원 이론에 따르면, 도시 중심부로부터 멀어질수록 범죄 발생률이 높아진다.	732
31	울프강(Wolfgang)의 폭력사용의 정당화, 코헨(Cohen)의 지위좌절, 밀러(Miller)의 주요 관심(focal concerns)는 모두 하위문화이론에 속한다.	782
32	메스너(Messner)와 로젠펠드(Rosenfeld)는 아메리칸 드림이라는 문화사조는 경제제도와 다른 사회제도 간 '힘의 불균형' 상태를 초래했다고 주장한다.	783
33	밀러(Miller)에 의하면 하류계층의 대체문화가 갖는 상이한 가치는 지배계층의 문화와 갈등을 초래하며, 지배집단의 문화와 가치에 반하는 행위들이 지배계층에 의해 범죄적 · 일탈적 행위로 간주된다고 주장하였다.	833
34	하위문화(subculture)란 지배집단의 문화와는 별도로 특정한 집단에서 강조되는 가치나 규범체계를 의미한다.	834
35	클라워드(Cloward)와 올린(Ohlin)은 비행 하위문화를 갈등 하위문화, 폭력 하위문화, 도피 하위문화로 구분하였다.	884
36	차별적 기회구조이론(Differential Opportunity Theory)은 머튼(Merton)의 아노미이론과 서덜랜드(Sutherland)의 차별적 접촉이론의 영향을 받았다.	885
37	행태이론(behavior theory)은 범죄의 원인을 설명하면서 개인의 인지능력을 과소평가한다.	935
38	행태이론(behavior theory)설명 중 반두라(Bandura)는 직접적인 자극이나 상호작용이 없어도 미디어 등을 통해 간접적으로 범죄학습이 이루어질 수 있다는 이론적 근거를 제시하였다.	936
39	'1971년 메나헴 아미르(Menachem Amir)는 필라델피아에서 강간범죄 피해자에 대한 연구를 수행하였다. 이 연구에서 아미르는 여성피해자가 흔히 도발적인 복장을 하거나 외설적인 언어를 사용하거나 심지어 일부는 마조히즘 성향을 보이며 강간범과 관계를 가지려고 함으로써 공격에 원인을 제공하였다고 주장하였다.'는 중화기법 중 비난자에 대한 비난이다.	986

40	범죄자 甲은 타인 乙의 재물을 절취하면서 자신은 아무런 재산이 없기 때문에 그러한 행위를 하였다고 하면서 자신의 책임을 부정하였다.	987
41	레클리스(W. Reckless)는 대부분의 사람이 수많은 압력과 유인에도 불구하고 범행에 가담하지 않고 순응 상태를 유지하는 이유 중의 하나를 사회화 과정에서 형성되는 내적(자기) 통제에서 찾았다.	1037
42	나이(F. Nye)는 가정이나 학교에서 소년에게 자신의 행위가 주위 사람에게 실망과 고통을 줄 것이라고 인식시키는 것이 소년비행을 예방할 수 있는 가장 효율적인 방법이라고 하였다.	1038
43	탄넨바움(Tannenbaum)은 「범죄와 지역공동체」(Crime and the Community, 1938)라는 저서에서 소년들이 지역사회로부터 범죄자로 낙인되는 과정을 묘사하였다.	1088
44	패터노스터(Paternoster)와 이오반니(Iovanni)에 의하면 낙인이론의 뿌리는 갈등주의와 상징적 상호작용이론으로 볼 수 있다.	1089
45	낙인이론에 의하면 가능한 한 범죄자를 자유로운 공동체 내에 머물게 하여 자유로운 상태에서 그를 처우하여야 한다.	1139
46	낙인이론은 범죄자의 재사회화가 성공적으로 이루어진 후에는 그의 사회적 지위를 되돌려주는 탈낙인화가 뒤따라야 한다.	1140
47	허쉬(Hirschi)는 개인이 사회와 유대관계를 맺는 방법으로 애착, 전념, 믿음, 참여를 제시하였다.	1190
48	허쉬(Hirschi)의 '애착(Attachment)'은 개인이 다른 사람과 맺는 감성과 관심으로, 이를 통해서 청소년은 범죄를 스스로 억누르게 되는 것을 말한다.	1191
49	맛차(D. Matza) − 비행소년도 다른 일반적인 사람들과 마찬가지로 대부분의 시간을 법을 준수하며 보낸다.	1241
50	볼드(G. Vold) − 입법이나 법집행 등의 모든 과정이 집단 간 이해갈등의 결과로 빚어지며 국가의 경찰력 역시 자신의 이익에 도움이 되는 방향으로 유도하려는 집단들 간의 경쟁을 반영한다.	1242
51	터크(Turk)는 법제도 자체보다는 법이 집행되는 과정에서 특정집단의 구성원이 범죄자로 규정되는 과정에 주목하였다.	1292
52	셀린(Sellin)은 이질적인 문화 사이에서 발생하는 갈등을 일차적 문화갈등이라고 하고, 하나의 단일 문화가 각기 독특한 행위규범을 갖는 여러 개의 상이한 하위문화로 분화될 때 일어나는 갈등을 이차적 문화갈등이라고 하였다.	1293
53	봉거(Bonger)는 사법체계가 가진 자에게는 그들의 욕망을 달성할 수 있는 합법적인 수단을 허용하는 반면, 가난한 자에게는 이러한 기회를 허용하지 않기 때문에 범죄는 하위계급에 집중된다고 주장했다.	1343
54	볼드(Vold)는 집단갈등이 입법정책 영역에서 가장 첨예하게 나타난다고 보았다.	1344
55	엘리엇(Elliott)과 동료들의 통합이론(Integrated Theory)에 의하면 노동자 계급 가정에서 양육된 청소년은 부모의 강압적 양육방식으로 인해 부모와의 유대관계가 약해져 범죄를 저지를 가능성이 크다.	1394
56	엘리엇(Elliott)과 동료들의 통합이론(Integrated Theory)에 의하면 사회유대가 강한 청소년일수록 성공기회가 제약되면 긴장을 느끼고 불법적 수단으로 목표를 달성하려 할 가능성이 크다.	1395
57	엘리엇(Elliott)과 동료들은 사회유대가 강한 청소년일수록 성공기회가 제약되면 긴장을 느끼게 되고, 불법적 수단을 활용할 가능성이 크다고 주장하였다.	1445
58	샘슨(Sampson)과 라웁(Laub)은 연령에 따른 범죄행위의 지속성과 가변성이 인생의 중요한 전환기에 발생하는 사건들과 그 결과에 의해 영향을 받는다고 주장하였다.	1446

59	엘렌베르거(Ellenberger)는 피해자 유형을 일반적 피해자성과 잠재적 피해자성으로 나누며, 피학대자를 잠재적 피해자성으로 분류한다.		1496
60	인구통계학적·사회구조적 요인이 개인별 생활양식의 차이를 야기하고 이러한 생활양식의 차이가 범죄피해 가능성의 차이로 이어진다고 본다. 예컨대, 밤늦은 시간 술집에 가거나 혼자 밤 늦게까지 일하는 생활양식을 가진 사람은 그렇지 않은 사람에 비해 상대적으로 범죄피해의 가능성이 증가한다는 것이다.: 생활양식·노출이론(Lifestyle-Exposure Theory)에 대한 설명이다.		1497
61	회복적 사법은 처벌적이지 않고 인본주의적인 전략이다.		1547
62	회복적 사법에서는 자발적인 피해자의 참여를 필요로 한다.		1548
63	다이버전은 형벌 이외의 사회통제망의 축소를 가져온다.		1598
64	검사의 기소유예 처분은 비범죄화와 관계가 없다.		1599
65	코니쉬와 클락(Cornish & Clarke, 2003)은 상황적 범죄예방의 목표를 '노력의 증가', '위험의 감소', '보상의 감소', '변명의 제거' 네 가지로 제시하였다.		1649
66	상황적 범죄예방의 5가지 전략과 구체적인 전술: 노력의 증가 – 범행대상의 견고화, 시설의 접근통제		1650
67	브랜팅햄(Brantingham)과 파우스트(Faust)가 제시한 범죄예방모델을 1차, 2차, 3차 예방활동의 순서 나열: 우범지역순찰 – 비상벨 설치 – 재소자 교육		1700
68	브랜팅햄(Brantingham)과 파우스트(Faust)가 제시한 범죄예방모델을 1차, 2차, 3차 예방활동의 순서 나열: 비상벨 설치 – 이웃감시 – 구금		1701
69	깨어진 유리창 이론(broken windows theory)은 종래의 형사정책이 범죄자 개인에 집중하는 개인주의적 관점을 취한다는 점을 비판하고, 공동체적 관점으로의 전환을 주장한다.		1751
70	깨어진 유리창 이론(broken windows theory)은 경찰의 역할로서 지역사회의 물리적·사회적 무질서를 집중적으로 다룰 것을 강조한다.		1752
71	버제스(Burgess)는 가중실점방식이라는 조기예측법을 소개하였다.		1802
72	교정단계의 예측은 가석방 여부와 가석방 시기를 결정하기 위해 필요하다.		1803
73	판결선고 전 미결구금일수는 그 전부가 법률상 당연히 본형에 산입되므로 판결에서 별도로 미결구금일수 산입에 관한 사항을 판단할 필요가 없다.		1853
74	재심재판에서 무죄가 확정된 피고인이 미결구금을 당하였을 때에는 국가에 대하여 그 구금에 대한 보상을 청구할 수 있다.		1854
75	부정기형은 형벌개별화원칙에 반하고, 수형자의 특성에 따라서 수형기간이 달라지게 되는 문제점이 있으며, 교도관의 자의가 개입할 여지가 있고, 석방결정과정에서 적정절차의 보장이 결여될 위험이 있다.		1904
76	형의 시효는 벌금형을 선고하는 재판이 확정된 후 그 집행을 받지 아니하고 3년이 지나면 완성된다.		1905
77	소년보호 원칙 중 인격주의는 소년을 보호하기 위하여 소년의 행위에서 나타난 개성과 환경을 중시하는 것을 말한다.		1955
78	인격주의는 소년사법절차에서 소년 개인을 단위로 한 독자적 사건으로 취급해야 한다는 것이다.		1956
79	「범죄피해자 보호법」상 구조피해자가 사망할 당시에 아직 출생하지 않은 태아는 구조금을 받을 수 있는 유족의 범위에 포함되지 않는다.		2006
80	「범죄피해자 보호법」상 구조금을 받을 권리는 양도하거나 담보로 제공하거나 압류할 수 없다.		2007

제15회 범죄학·형사정책이론 OX기출훈련

◉ 답안확인방법: 답안번호를 찾아 정오를 확인하세요.

연번	문제	O×	답안번호
1	법과 범죄에 대한 합의론적 관점에서는 법은 대부분의 사회구성원이 공유하는 가치와 규범에 의해 만들어진다.		19
2	범죄학은 형사정책에 비해 규범과학적 성격이 강하다.		31
3	실질적 의미의 범죄개념은 시간과 장소에 따라 변하지 않는 고정된 범죄개념을 전제로 하는 것이다.		70
4	헌법재판소의 위헌결정으로 폐지된 간통죄와 같이 기존 형법전의 범죄를 삭제해야 할 필요성을 인정함에 사용되는 범죄개념은 실질적 범죄개념이다.		82
5	범죄율은 일정 기간(통상 1년) 동안 특정 지역에서 인구 1,000명당 발생한 범죄 건수를 나타낸다.		121
6	공식범죄통계에 의한 연구는 공식범죄를 대상으로 하기 때문에 암수범죄를 반영하기 어렵다.		133
7	암수범죄를 파악하기 위해 범죄피해자로 하여금 범죄피해를 보고하게 하는 피해자 조사가 행해지기도 한다.		172
8	피해자조사는 암수범죄를 파악하는데 용이하다.		184
9	고전학파는 파놉티콘(Panopticon) 교도소를 구상하여 이상적인 교도행정을 추구하였다.		223
10	합리적 선택이론(Rational Choice Theory)은 범죄경제학을 비판하면서 등장한 이론이다.		235
11	고전학파는 심리에 미치는 강제로서 형벌을 부과해야 한다고 하는 심리강제설을 주장하였다.		274
12	합리적 선택이론에 따르면, 범죄자는 범행 여부에 대한 의사결정을 함에 있어 처벌의 가능성과 강도뿐 아니라 다양한 개인적, 상황적 요인을 포괄적으로 고려한다.		286
13	실증주의는 인간은 환경의 영향을 받는 존재이다.		325
14	페리(Ferri)는 범죄포화의 법칙을 주장하였다.		337
15	라까사뉴(Lacassagne): 사회환경은 범죄의 배양기이며 범죄자는 미생물에 해당하므로, 벌해야 할 것은 범죄자가 아니라 사회이다.		376
16	실증주의 학파인 페리(Ferri)는 범죄자의 통제 밖에 있는 힘이 범죄성의 원인이므로 범죄자에게 그들의 행위에 대해 개인적으로나 도덕적으로 책임을 물어서는 안 된다고 주장했다.		388
17	뒤르켐(Durkheim)은 20세기 범죄생태학, 긴장이론, 통제이론 등에 많은 영향을 미쳤다.		427
18	탠넨바움(F. Tannenbaum) – 사회에서 범죄자로 규정되는 과정이 일탈강화의 악순환으로 작용하며, 이를 '악의 극화'라고 한다.		439
19	슈툼플(F. Stumpfl)은 범죄인의 인격적 특성과 행동양식을 종합하여 범죄인을 8가지 유형으로 분류한다.		478
20	숨길 수 없는(unconcealable)은 클라크(Clarke)가 주장한 자주 도난당하는 제품(취약물품)의 특징에 해당한다.		490
21	홈즈와 드버거(Holmes & DeBurger)의 연쇄살인범 유형에 따른 권력형(Power/Control Serial Killers) – 정치적·경제적 권력을 쟁취하기 위하여 자신에게 방해되는 사람들을 무자비하게 살해하는 폭군이나 독재가 같은 파시가 유형이다.		529

22	권력 재확인형, 지배강간, 분노강간, 가학성 변태성욕 강간, 스릴 추구형 강간은 그로스(Groth) 의 폭력적 강간의 유형이다.		541
23	랑게(Lange)는 이란성 쌍둥이가 일란성 쌍둥이에 비해 쌍둥이가 함께 범죄를 저지를 가능성 이 높다고 하였다.		580
24	셸던(Sheldon)은 소년교정시설에 수용된 청소년과 일반 청소년의 신체적 특징을 비교 조사하여 범죄자는 독특한 체형을 지니며, 이러한 체형이 반사회적 행동의 원인이라고 주장하였다.		592
25	프로이트(Freud)의 정신분석이론에 따르면 남근기에 여자아이는 아버지에게 성적 감정을 가지게 되는데 이를 오이디푸스 콤플렉스라고 한다.		631
26	슈나이더(Schneider)의 정신병질에 대한 10가지 분류 중 기분이변성 - 기분 동요가 많아서 예측이 곤란하고, 폭발성과 유사하나 정도가 낮은 특징을 가지고 있다. 방화범, 상해범에서 이러한 정신병질이 많이 발견된다.		643
27	아이젠크(Eysenck)는 저지능이 저조한 학업성취를 가져오고, 학업에서의 실패와 무능은 비행 및 범죄와 높은 관련성을 갖는다고 하였다.		682
28	인지이론은 초기 아동기의 무의식적 성격 발달이 일생 동안의 행동에 영향을 미친다고 본다.		694
29	쇼우(Shaw)와 맥케이(McKay)는 사회해체가 높은 범죄율과 상관관계가 있다고 보았다.		733
30	쇼와 맥케이(Shaw & McKay)는 동심원을 형성한 도시 가운데 급격한 인구유입이 이루어진 전이지대에서 청소년비행 등 많은 문제를 발견하고, 이를 사회해체라고 하였다.		745
31	메스너(Messner)와 로젠펠드(Rosenfeld)는 머튼의 긴장이론이 갖고 있던 거시적 관점을 계승하여 발전시켰다.		784
32	에그뉴(Agnew)의 일반긴장이론(General Strain Theory)은 개인적인 스트레스와 긴장이 범죄의 유발요인이므로 미시적 수준의 범죄이론으로 볼 수 있다.		796
33	코헨(Cohen)은 중산층 문화에 적응하지 못한 하위계층 출신 소년들이 자신을 궁지에 빠뜨린 문화나 가치체계와는 정반대의 비행하위문화를 형성한다고 보았다.		835
34	코헨(Cohen)이 주장한 비행하위문화의 특징인 악의성(malice): 중산층의 문화나 상징에 대한 적대적 표출로서 다른 사람에게 불편을 주는 행동, 사회에서 금지하는 행동을 하는 것을 즐긴다.		847
35	차별적 기회구조이론(Differential Opportunity Theory)은 불법적 수단에 대한 접근기회의 차이가 그 지역의 비행적 하위문화의 성격 및 비행의 종류에 영향을 미친다고 한다.		886
36	에이커스(Akers)가 주장하는 사회학습이론의 핵심 개념은 차별적 접촉, 차별적 강화, 차별적 동일시, 정의 및 모방이다.		898
37	사회학습이론 및 행동주의이론을 바탕으로 하여 이루어진 실제 실험으로 조건자극(종소리)이 무조건 자극(먹이) 없이도 개의 행동반응(침 흘림)을 유발할 수 있음을 증명하여 자극과 반응을 통한 학습의 원리를 처음으로 제시하였다.		937
38	코헨(Cohen)의 비행하위문화이론에 따르면 중간계층이 향유하고 있는 문화적 가치에 대한 부적응이 긴장을 낳는다고 주장한다.		949
39	범죄자 甲은 타인 乙의 재물을 횡령하면서 사후에 대가를 지불하면 아무런 문제가 없다고 변명하였다.		988
40	사이크스(Sykes)와 맛차(Matza)의 중화이론(theory of Neutralization)에서 범죄란 불법행위에 직면할 때 도덕적 고민을 해결하기 위해 사회적으로 용인된 일정의 표준화된 기술을 학습하여 얻은 극복의 결과로 여긴다.		1000
41	허쉬(T. Hirschi)는 전념(commitment)은 참여(involvement)의 결과물로 장래의 목표성취와 추구에 관한 관심과 열망이 강한 경우 범죄나 비행이 감소한다고 하였다.		1039

42	허쉬(T. Hirschi)의 사회유대이론의 요소 중 애착: 부자지간의 정, 친구 사이의 우정, 가족끼리의 사랑, 학교 선생님에 대한 존경 등 다른 사람과 맺는 감성과 관심을 의미한다.	1051
43	낙인이론에 따르면 범죄자의 인구통계학적 특성에 따라 낙인 가능성 및 정도가 달라질 수 있다.	1090
44	레머트(Lemert)는 일탈행위에 대한 사회적 반응은 크게 사회구성원에 의한 것과 사법기관에 의한 것으로 구분할 수 있고, 현대사회에서는 사회구성원에 의한 것이 가장 권위 있고 광범위한 영향력을 행사하는 것으로 보았다.	1102
45	甲은 고등학교 시절 학교 친구들의 따돌림을 받고 게임에 빠져 지내던 중 TV에서 본 조직폭력배 두목의 일대기에 심취하여 그의 행동을 흉내 내다가 범죄를 저질렀다. – 글레이저의 동일시이론, 거시이론	1141
46	낙인이론에서 랑에(Lange)는 일탈을 일차적 일탈과 이차적 일탈로 구분하고, 이차적 일탈에 이르는 과정에서 협상의 중요성을 강조한다.	1153
47	허쉬(Hirschi)의 '참여(Involvement)'는 관습적 활동 또는 일상적 활동에 열중하는 것으로, 참여가 높을수록 범죄에 빠질 기회와 시간이 적어져 범죄를 저지를 가능성이 감소되는 것을 말한다.	1192
48	사회해체론은 지역사회의 안정성, 주민의 전·출입, 지역사회의 통제력에 주목한다.	1204
49	전과자 A는 교도소에서 배운 미용기술로 미용실을 개업하여 어엿한 사회인으로 돌아오고, 범죄와의 고리를 끊었다. 다음 중 이 사례를 설명할 수 있는 이론 – 허쉬(Hirschi)의 사회유대, 샘슨(Sampson)과 라웁(Laub)의 사회자본, 머튼(Merton)의 제도화된 수단	1243
50	코헨(Cohen) – 합법적 수단이 이용가능하지 않을 때 비합법적 수단에 호소하게 되지만, 이러한 합법적 및 비합법적 수단이 모두 이용가능하지 않을 때 이중의 실패자(double failures)가 된다.	1255
51	스핏처(Spitzer)는 후기 자본주의 사회에서는 생산활동에서 소외되는 인구가 양산됨에 따라 이로 인해 많은 일탈적 행위가 야기될 것이라고 보았다.	1294
52	터크(Turk)는 우리 사회의 갈등과 그로 인한 범죄성을 지배와 복종관계에서 규명하려고 했기에 그의 이론을 지배-복종(authority-subject)이론이라고 한다.	1306
53	비판범죄학에는 노동력 착취, 인종차별, 성차별 등과 같이 인권을 침해하는 사회제도가 범죄적이라고 평가하는 인도주의적 입장도 있다.	1345
54	모핏(Moffitt)은 범죄자를 청소년기 한정형(adolescent-limited)과 생애지속형(life-course persistent)으로 분류하였다.	1357
55	엘리엇(Elliott)과 동료들의 통합이론(Integrated Theory)에 의하면 가부장적 가정은 양성 평등적 가정보다 청소년비행에 있어 성별 차이가 크다.	1396

56	학 자	범죄이론	범죄예방대책		1408
	레머트(Lemert)	낙인이론 (Labeling Theory)	건전한 가정양육환경 조성		

57	토비(J. Toby)는 자신이 속한 사회에서 스스로 느끼고 경험하는 상대적 결핍감이 범죄원인이 된다고 한다.	1447
58	급진적 페미니즘에 의하면 자본주의 체제로 인해 남성이 경제권을 장악하고 여성은 가사노동으로 내몰리면서 남성의 경제적 지배를 위협하는 여성의 행동은 범죄로 규정되었다.	1459
59	멘델존(Mendelsohn)은 피해자 유형을 피해자측의 귀책성 여부에 따라 나누며, 영아살해죄의 영아를 완전히 유책성이 없는 피해자로 분류한다.	1498
60	멘델존(Mendelsohn)은 범죄발생에 있어 귀책성의 정도에 따라 피해자를 구분하였고, 엘렌베르거(Ellenberger)는 심리학적 기준에 따라 피해자를 분류하였다.	1510

61	회복적 사법 프로그램으로는 피해자–가해자 중재, 가족회합 등이 있다.		1549
62	양심적 병역거부는 대법원의 판결에 따라 비범죄화되었다.		1561
63	전환처우(다이버전)는 낙인효과에 의한 2차 범죄를 방지하고 법원의 업무경감을 통해 형사사법 제도의 능률성을 높인다는 장점이 있다.		1600
64	다이버전(diversion)은 기존의 사회통제체계가 낙인효과로 인해 범죄문제를 해결하기보다는 오히려 악화시킨다는 가정에서 출발하고 있다.		1612
65	상황적 범죄예방의 5가지 전략과 구체적인 전술: 보상의 감소 – 자산 식별하기, 목표물 제거		1651
66	브랜팅햄과 파우스트의 범죄예방모델은 질병예방의 보건의료모형을 차용하였다.		1663
67	시민방범순찰은 1세대 환경설계를 통한 범죄예방(CPTED)의 가장 밀접한 전략방안이다.		1702
68	환경설계를 통한 범죄예방(CPTED)은 상황적 범죄예방 전략과 유사한 이론적 관점을 취한다.		1714
69	깨어진 유리창 이론(broken windows theory)은 개인의 자유와 권리, 법의 지배라는 기본적 가치가 상실될 수 있다는 비판의 소지가 있다.		1753
70	CCTV의 범죄예방 전략은 범죄발생 건수의 감소와 함께 시민들이 느끼는 범죄의 두려움을 줄이는 것을 목적으로 한다.		1765
71	우리나라에서 범죄예측은 청소년의 재범을 예측하기 위해서 시작되었다.		1804
72	전체적 평가법은 통계적 예측법에서 범하기 쉬운 객관성 문제를 개선하기 위해 개발된 방법이다.		1816
73	대법원 양형위원회가 작성한 양형기준표에 의하면 주요 범죄 대부분에 대하여 공통적, 통일적으로 적용되는 종합적 양형기준이 아닌 범죄 유형별로 적용되는 개별적 양형기준을 설정하였다.		1855
74	양형위원회의 설치 및 운영은 법관의 양형을 일정 부분 통제할 수 있도록 양형기준표를 개발하는 것을 주된 임무로 삼는 제도이다.		1867
75	형벌은 행위자가 저지른 과거의 불법에 대한 책임을 전제로 부과되는 제재이다.		1906
76	현행 헌법에서 보안처분 법정주의를 선언하고 있다.		1918
77	교육주의는 소년범죄자에 대한 처벌이 주된 수단이 되어서는 안 된다는 것이다.		1957
78	교육주의는 반사회성이 있는 소년이 건전하게 성장하도록 소년의 환경 조정과 품행 교정을 위한 보호처분 등의 필요한 조치를 하고, 형사처분에 관한 특별조치를 하여야 한다는 것을 말한다.		1969
79	「범죄피해자 보호법」상 구조피해자나 유족이 해당 구조대상 범죄피해를 원인으로 하여 손해배상을 받았으면 그 범위에서 구조금을 지급하지 아니한다.		2008
80	「스토킹범죄의 처벌 등에 관한 법률」상 신고를 받은 사법경찰관리가 즉시 현장에 나가서 취해야 할 응급조치로 재발 우려 시 임시조치를 신청할 수 있음을 통보하는 것이 포함된다.		2020

◉ 답안확인방법: 답안번호를 찾아 정오를 확인하세요.

연번	문제	O×	답안번호
1	형사정책은 사회학, 통계학 등 다양한 주변 학문의 성과를 기초로 범죄 현상을 분석함으로써 일반적인 범죄방지책을 제시한다.		26
2	형사정책은 초기에는 형사입법정책이라는 좁은 의미로 사용되었으나, 점차 범죄의 실태와 원인을 규명하여 이를 방지하려는 일반대책의 개념으로 확대되었다.		27
3	범죄개념에 대한 상호주의적 관점은 형사사법을 포함한 사회의 다양한 부분들이 하나의 통합된 구조로 조직되고, 어느 한 부분의 제도 변화가 다른 부분에 상당한 영향을 미친다고 본다.		77
4	범죄개념에서 '법률이 없으면, 범죄도 없고, 형벌도 없다'라는 주장은 형식적 의미의 범죄개념을 의미한다.		78
5	암수범죄는 일반적으로 형사사법기관에 인지되지 아니하여 공식통계에 기록되지 않는 범죄를 말한다.		128
6	우리나라는 암수범죄의 규모를 파악하기 위해 해마다 범죄피해 패널조사를 실시한다.		129
7	피해자조사 - 피해자에게 자신의 피해 경험을 보고하게 하는 방법 - 피해자를 특정하기 어려운 환경범죄나 경제범죄 등에서는 정확한 조사결과를 얻기 어렵다		179
8	정보제공자 조사 - 범죄나 비행을 인지하고 있는 제3자에게 그 인지 내용을 보고하게 하는 방법 - 주관적 편견이 개입되고 객관성을 유지하지 못하여 조사대상자에게 감정적으로 동화될 우려가 있다.		180
9	베카리아(Beccaria)에 의하면 개인의 정치적·사회적 신분 등에 따른 차별적 형벌의 적용은 폐지되어야 한다.		230
10	베카리아(Beccaria)에 의하면 입법부의 역할은 각각의 범죄에 대한 형벌을 규정하는 것이고, 판사의 역할은 재량권을 가지고 유죄의 여부 및 양형을 결정하는 것이다.		231
11	고전학파는 범죄의 원인보다 형벌 제도의 개혁에 더 많은 관심을 기울였다.		281
12	고전주의 범죄학은 계몽주의 시대사조 속에서 중세 형사사법 시스템을 비판하며 태동하였고, 근대 형사사법 개혁의 근간이 되는 이론적 토대를 제공하였다.		282
13	벤담(Bentham)은 범죄자에 대한 적개심에 따라 강도가 달라질 수 있는 채찍질처럼, 감정에 따라 불공정하게 형벌이 부과되는 것을 경계하였다.		332
14	벤담(Bentham)은 범죄를 상상(관념)적 범죄와 실제적 범죄로 구별하려고 하였다.		333
15	고링(Goring)의 통계방법에 의한 연구에서 범죄성향과 유전의 관계를 부정했다.		383
16	고링(C. Goring)은 생물학적 결정론과 내적 요인에 관한 탐구의 필요성을 역설하고, 생래적 범죄인설을 지지하였다.		384
17	현재의 사회규범에 저항하는 범죄는 사회의 변화와 새로운 규범의 창설을 가능하게 한다. - 케틀레		434
18	형벌은 개인의 피해에 대한 보복이 아니라 범죄예방이라는 목표를 지향하는 제도이다. - 뒤르껨		435
19	절도범죄의 취약물품(Hot Products)으로서 휴대폰보다 대형 미술품의 경우가 CRAVED 성격에 더 가깝다.		485

20	절도범죄의 취약물품(Hot Products)으로 제품디자인(Product Design)이나 목표물 강화(Target Hardening) 전략은 취약물품 절도를 예방할 수 있다.		486
21	스토킹 범죄는 대체로 안면이 있거나 과거의 친밀한 관계에 있는 사람들에 의해서 행해진다.		536
22	미국 FBI의 정의에 따르면, 증오범죄란 피해자에 대한 개인적 원한 또는 복수심이 원인이 되어 발생하는 범죄를 말한다.		537
23	초남성(supermale)으로 불리는 XXY 성염색체를 가진 남성은 보통 남성보다 공격성이 더 강한 것으로 알려져 있다.		587
24	범죄성 유전에 대한 가계도 연구는 쥬크(Juke)가(家)와 칼리카크(Kallikak)가(家)에 대한 연구가 대표적이다.		588
25	프로이드(Freud)에 의하면 오이디푸스 콤플렉스는 남자아이가 어머니에게 성(性)적 욕망을 느끼고 아버지에게서는 거세의 공포를 느끼는 것이다.		638
26	프로이드(Freud)에 의하면 승화(sublimation)는 에고(ego)의 갈등 해결 유형 중 하나이며 반사회적 충동을 사회가 허용하는 방향으로 나타내는 것이다.		639
27	모든 사이코패스가 형사사법제도 안에서 범죄행위가 드러나는 형태로 걸러지는 것은 아니다.		689
28	사이코패스는 공감, 양심, 대인관계의 능력 등에 대한 전통적 치료프로그램의 효과를 거의 기대하기 어렵다.		690
29	사회해체이론(social disorganization theory)에 의하면 범죄는 개인적인 차이에 의한 것이라기보다는 환경적 요인들을 범죄의 근원적 원인으로 본다.		740
30	사회해체이론(social disorganization theory)에 의하면 지역사회의 생태학적 변화가 범죄의 발생에 중요한 역할을 한다고 보는 것이다.		741
31	메스너(Messner)와 로젠펠드(Rosenfeld)의 제도적 아노미이론(Institutional Anomie Theory)은 애그뉴(Agnew)의 일반긴장이론을 구조적 차원에서 재해석하고 확장한 이론으로 평가된다.		791
32	메스너(Messner)와 로젠펠드(Rosenfeld)의 제도적 아노미이론(Institutional Anomie Theory)에서는 성취 지향(achievement), 개인주의(individualism), 보편주의(universalism), 행위규범(conduct norms) 및 물질만능주의(money fetish)의 다섯 가지 하위 가치관이 범죄행위를 유도한다고 주장한다.		792
33	밀러(Miller)는 「비행과 기회(Delinquency and Opportunity)」라는 저서를 통해 불법적인 기회에 대한 접근이 불평등하게 분포되어 있다고 주장하였다.		842
34	밀러는 신체적 강건함, 싸움능력 등을 중시하는 강인함(toughness)이 하류계층의 주된 관심 중 하나라고 주장한다.		843
35	서덜랜드(Sutherland)의 차별접촉이론(Differential Association Theory)에 의하면 범죄행위의 학습과정은 일반적 학습과정의 기제와 다르다.		893
36	서덜랜드(Sutherland)의 차별접촉이론(Differential Association Theory)에 의하면 범죄행위는 타인과의 의사소통에서 이루어지는 상호작용으로 학습된다.		894
37	행동주의 학습이론에서 범죄행위는 비정상적 성격이나 도덕적 미성숙의 표현에서 시작되므로 무의식적인 성격이나 인지발달의 정도를 중시한다.		944
38	버제스(Burgess)와 에이커스(Akers)에 따르면 범죄행위를 학습하는 과정은 과거에 이러한 행위를 하였을 때에 주위로부터 칭찬, 인정, 더 나은 대우를 받는 등의 보상이 있었기 때문이다.		945
39	'범죄자 甲은 이 세상은 타락했고 경찰도 부패했다며 "왜 나만 갖고 그래!"라고 소리쳤다.'는 사이크스(Sykes)와 마차(Matza)의 중화기술 중 비난자에 대한 비난에 속한다.		995

40	'범죄자 乙은 자신에게 폭행당한 사람에게 "네가 힘없는 부녀자를 때렸기 때문에 넌 맞아도 돼!"라고 말했다.'는 사이크스와 마차의 중화기술 중 피해자부정에 속한다.		996
41	허쉬(Hirschi)의 사회유대이론은 형사사법기관에 의한 공식적 통제를 강조하였다.		1046
42	허쉬(Hirschi)의 사회유대이론과 억제이론은 통제력을 강조한다는 공통점이 있다.		1047
43	허쉬(Hirschi)는 1차적 일탈과 2차적 일탈이란 용어를 사용하여 일탈행위를 설명하였는데, 2차적 일탈은 심리적 구조와 사회적 역할에 큰 영향을 미치지 않는다고 보았다.		1097
44	패터노스터(Paternoster)와 이오반니(Iovanni)에 의하면 낙인이론의 이론적 뿌리는 갈등주의와 상징적 상호작용주의로 볼 수 있다.		1098
45	낙인이론(labeling theory)에서 베커(Becker)는 일탈자의 지위는 다른 대부분의 지위보다도 더 중요한 지위가 된다고 하였다.		1148
46	낙인이론(labeling theory)에서 중요한 정책으로는 다이버전, 비범죄화, 탈시설화 등이 있다.		1149
47	글레이저(D. Glaser) – 범죄의 학습에 있어서는 직접적인 대면접촉보다 자신의 범죄적 행동을 지지해 줄 것 같은 실존 또는 가상의 인물과 자신을 동일시하는가가 더욱 중요하게 작용한다.		1199
48	낙인이론은 범죄행위에 대한 처벌의 부정적 효과에 주목한다.		1200
49	통제이론은 특히 하층계급의 중범죄를 설명하는 데 적절하다.		1250
50	허쉬(Hirschi)는 개인의 사회적 활동에 대한 참여가 높을수록 일탈행동의 기회가 증가하여 비행이나 범죄를 저지를 가능성이 많다고 보았다.		1251
51	갈등론적 관점은 범죄원인을 밝히기보다는 '대부분의 사람은 왜 범죄를 저지르지 않고, 사회규범에 동조하는가'라는 의문에서 출발하고 있다.		1301
52	갈등론적 관점에서는 살인, 강도, 절도, 도박 등 일반범죄의 원인을 설명하는 것은 한계가 있다.		1302
53	범죄학이론 중 발달이론(Developmental Theory)가인 심리학자 모핏(Moffitt)은 범죄자를 청소년한정형 범죄자와 인생지속형 범죄자로 분류하면서 이들 중 인생지속형 범죄자는 아주 이른 나이에 비행을 시작하고 성인이 되어서도 범죄를 지속하는 유형이라고 정의하였다.		1352
54	범죄학이론 중 발달이론(Developmental Theory)에서 범죄경력을 중단하는 계기가 되는 사건으로 결혼, 취직 등이 있다.		1353
55	헤이건의 권력통제이론에 따르면 부모는 가족 내에서 자신들의 직장 내 권력관계를 재생산한다. 따라서 부모의 직업과 지위가 자녀의 범죄성에 영향을 준다.		1403
56	헤이건과 동료들의 권력통제이론에 의하면 부모가 직장이나 가정에서 비슷한 권력을 소유하는 평등한 가정에서 자란 딸은 아들과 비슷한 수준의 비행을 저지른다.		1404
57	페미니즘 범죄이론은 1970년대에 다양한 실증적 연구가 이루어져 1980년대부터 주류 범죄학이론 중 하나로 완전히 자리매김하였다.		1454
58	폴락(Pollak)은 여성이 남성 못지않게 범죄행위를 저지르지만, 은폐 또는 편견적 선처에 의해 통계상 적게 나타나는 것일 뿐이라고 지적하였다.		1455
59	멘델손(Mendelsohn)은 비난 정도를 고려한 법적 유책성에 따라 피해자를 분류하였다.		1505
60	헨티히(Hentig)는 개인의 의지와 무관하게 피해 가능성을 높이는 취약한 피해자가 있음을 지적하면서, 일반적인 피해자 유형과 심리학적 피해자 유형으로 구분하였다.		1506
61	비범죄화(decriminalization)의 예시로 혼인빙자간음죄가 있다.		1556
62	「형법」상 간통죄의 폐지는 비범죄화의 예라고 할 수 없다.		1557
63	기소유예제도는 피의자에게 전과의 낙인 없이 기소 전 단계에서 사회복귀를 가능하게 하고, 법원 및 교정기관의 부담을 덜 수 있다.		1607

64	형법의 탈도덕화 관점에서 비범죄화 대상으로 뇌물죄가 있다.		1608
65	클라크(Clarke)는 절도범죄와 관련하여 VIVA 모델과 CRAVED 모델을 제시하였다. 두 모델의 구성 개념들은 일부 중첩되는데, VIVA 모델에서 말한 관성(Inertia)은 CRAVED 모델의 무엇과 가장 가까운 개념은 이동성(Removable)이다.		1658
66	브랜팅햄(Brantingham)과 파우스트(Faust)의 범죄예방모델에 의하면 잠재적 범죄자를 조기에 판별하고 이들이 불법행위를 저지르기 전에 개입하려는 시도는 2차적 범죄예방에 해당한다고 볼 수 있다.		1659
67	환경범죄학(Environmental Criminology)은 범죄사건을 가해자, 피해자, 특정 시공간상에 설정된 법체계 등의 범죄환경을 통해 설명하였다.		1709
68	환경범죄학(Environmental Criminology)에서 환경설계를 통한 범죄예방(CPTED)을 주장한 제프리(Jeffrey)는 "세상에는 환경적 조건에 따른 범죄행동만 있을 뿐 범죄자는 존재하지 않는다."라고 주장하였다.		1710
69	지역사회경찰활동(community policing)은 지역사회 및 주민들의 비공식적인 네트워크가 갖는 사회통제 능력을 강조하는 전략이다.		1760
70	민간경비는 갈수록 복잡 · 다원화되는 사회에서 경찰 등 공권력의 공백을 메워줄 수 있다.		1761
71	통계적 예측방법은 범죄자의 특징을 계량화하여 그 점수의 많고 적음에 따라 장래의 범죄활동을 예측하는 것이다.		1811
72	통계적 예측법은 많은 사례를 중심으로 개발된 것이기 때문에 개별 범죄자의 고유한 특성이나 편차를 충분히 반영할 수 있다는 장점이 있다.		1812
73	우리나라의 현행 양형제도에서 형량범위 결정 시 해당 특별양형인자의 개수보다 그 내용과 질을 더 중요하게 고려한다.		1862
74	판결 전 조사제도에서 판결 전 조사보고서의 내용에 대하여 피고인에게 반대신문권을 인정할 것인지의 여부가 문제되는데, 미국은 법원이 피고인과 변호인에게 보고서에 대하여 논박할 기회를 충분히 제공하도록 하고 있다.		1863
75	형벌과 보안처분의 관계에서 일원주의에 따르면 형벌과 보안처분은 모두 사회방위와 범죄인의 교육 및 개선을 목적으로 하므로 본질적인 차이가 없다고 본다.		1913
76	형벌과 보안처분의 관계에서 이원주의에 따르면 형벌의 본질은 책임을 기초로 한 과거 행위에 대한 응보이고, 보안처분은 장래의 위험성에 대한 대책이므로 양자는 그 기능이 다르다고 본다.		1914
77	소년범죄자에 대해서는 시설 내 처우를 우선적으로 고려하여야 한다.		1964
78	소년보호 원칙 중 예방주의는 범행한 소년의 처벌이 아니라 이미 범행한 소년이 더 이상 범죄를 범하지 않도록 하는 데에 있다.		1965
79	「전자장치 부착 등에 관한 법률」상 성폭력범죄, 미성년자 대상 유괴범죄, 살인범죄, 강도범죄 및 방화범죄가 전자장치 부착 대상범죄이다.		2015
80	「치료감호 등에 관한 법률」상 구속영장에 의하여 구속된 피의자에 대하여 검사가 공소를 제기하지 아니하는 결정을 하고 치료감호 청구만을 하는 때에는 구속영장은 치료감호영장으로 보며 그 효력을 잃지 아니한다.		2016

제17회 범죄학·형사정책이론 OX기출훈련

◉ 답안확인방법: 답안번호를 찾아 정오를 확인하세요.

연번	문제	O×	답안번호
1	형사정책학은 법학은 물론 심리학, 사회학 등 다양한 주변 학문영역의 성과를 기초로 하나, 단순한 종합과학이 아니라 범죄방지를 위한 체계적인 대책수립을 목표로 하는 독립과학이다.		28
2	형사정책의 기본원칙으로 법치주의가 요구되는 점에서 형식적 의미의 범죄가 아닌 것은 형사정책의 대상에서 제외된다.		29
3	범죄학은 범죄와 범죄자, 범죄원인 및 이에 대한 통제방법 등을 연구하는 경험과학적인 성격이 강하다.		79
4	시대적 대응성은 에이커스(Akers)와 셀러스(Sellers)가 제시한 범죄학 이론 평가의 기준이 된다.		80
5	암수범죄는 마약범죄와 같이 범죄자가 피해자이면서 가해자이기도 한 범죄에 많다.		130
6	암수범죄는 범죄사실이 수사기관에 의해 인지는 됐으나 용의자 신원 미파악 등 미해결된 사건은 상대적 암수범죄로 분류된다.		131
7	암수범죄란 실제로 발생하였지만 범죄통계에 포착되지 않은 범죄를 말한다.		181
8	신고에 따른 불편, 수사기관 출두의 번거로움, 보복의 두려움은 절대적 암수범죄의 발생원인이다.		182
9	베카리아(Beccaria)에 의하면 범죄의 심각성은 그것이 사회에 끼친 해악의 정도로 결정되는 것이지, 범죄자의 개인적인 동기와는 무관하다.		232
10	합리적 선택이론(Rational Choice Theory)은 범죄자에게 있어서 범죄의 상황적 요인은 고려되지 않는다.		233
11	고전주의 범죄학은 범죄를 설명함에 있어 인간이 자유의지(free-will)에 입각한 합리적 존재라는 기본가정을 바탕으로 한다.		283
12	고전주의 범죄학은 처벌이 아닌 개별적 처우를 통한 교화개선을 가장 효과적인 범죄예방 대책으로 본다.		284
13	하워드(Howard)는 감옥개량의 선구자로 인도적인 감옥개혁을 주장하였다.		334
14	베까리아(Beccaria)는 「범죄와 형벌」을 집필하고 죄형법정주의를 강조하였다.		335
15	나이(F. Nye)는 청소년들의 비행을 예방할 수 있는 사회통제방법으로 직접통제, 간접통제, 내부통제, 욕구충족의 가능성(availability of need satisfaction)으로 분류하고, 소년비행을 예방할 수 있는 가장 효율적인 방법은 내부통제라고 하였다.		385
16	콜버그(L. Kohlberg)는 상당수의 범죄자는 도덕발달 6단계 중 관습적(conventional) 수준인 3~4단계에 해당한다고 주장하였다.		386
17	코헨(A. Cohen) - 빈곤 계층 청소년들은 중산층의 가치나 규범을 중심으로 형성된 사회의 중심문화와 자신들이 익숙한 생활 사이에서 긴장이나 갈등을 겪게 되고, 이러한 긴장관계를 해소하려는 시도에서 비행적 대체문화가 형성된다.		436
18	리스트(F. Liszt) - 범죄는 범죄자의 타고난 특성과 범행 당시 그를 둘러싼 사회적 환경의 산물이다.		437

19	처분 가능한(disposable)은 클라크(Clarke)가 주장한 자주 도난당하는 제품(취약물품)의 특징에 해당한다.	487
20	즐거운(enjoyable)은 클라크(Clarke)가 주장한 자주 도난당하는 제품(취약물품)의 특징에 해당한다.	488
21	일상생활에 도움이 필요한 아동과 노인을 적절히 돌보지 않는 행위도 가정폭력의 범주에 포함될 수 있다.	538
22	어떠한 범죄가 화이트칼라범죄인지 여부는 범죄자의 사회적 지위만으로 판단할 수 있는 것이 아니다.	539
23	달가드(Dalgard)와 크링글렌(Kringlen)은 쌍둥이 연구에서 유전적 요인 이외에 양육과정의 차이도 함께 고려하여 연구하였다.	589
24	고다드(Goddard)는 적어도 비행청소년의 50%가 정신적 결함을 갖고 있다고 하였다.	590
25	에이크혼(Aichhorn)에 따르면 비행소년은 슈퍼에고(Superego)의 과잉발달로 이드(Id)가 통제되지 않아 양심의 가책 없이 비행을 하게 된다고 보았다.	640
26	슈나이더(Schneider)는 정신병질유형 중에서 과장성(자기현시성) 정신병질자는 고등사기범이 되기 쉽다고 보았다.	641
27	인지이론은 연령에 따른 지적 능력 발달과 범죄 중단 과정의 관련성을 설명한다.	691
28	인지이론에 의하면 범죄행동은 보상에 의해 강화되고 처벌에 의해 소멸된다고 본다.	692
29	사회해체이론(social disorganization theory)에 의하면 범죄의 발생이 비공식적인 감시기능의 약화에서 비롯되는 것으로 설명하기도 한다.	742
30	파크(Park)는 도시에 사는 사람들이 동 · 식물집단과 마찬가지로 유기적 통일성을 가지고 살아가고 있는 모습을 연구하고, 이를 인간생태학이라고 하였다.	743
31	메스너(Messner)와 로젠펠드(Rosenfeld)의 제도적 아노미이론(Institutional Anomie Theory)에서 다른 사회제도가 경제에 종속되어 있어 비경제적 기능과 역할이 평가절하되는 사회제도의 불균형과 개인의 관심적 초점(focal concerns)이 미국의 높은 범죄율의 원인이라고 설명한다.	793
32	애그뉴(R. Agnew)의 일반긴장이론(general strain theory)은 개인적 수준에서의 열망(aspiration)과 기대(expectation) 간의 괴리로 인해 긴장 및 스트레스가 발생하고 이는 범죄를 유발하는 요인이 된다.	794
33	하위문화이론에 속하는 여러 견해들의 공통점은 특정한 집단이 지배집단의 문화와는 상이한 가치나 규범체계에 따라 행동하며, 그 결과가 범죄와 비행이라고 보는 것이다.	844
34	코헨은 하위계층 청소년들 사이에서 반사회적 가치나 태도를 옹호하는 비행문화가 형성되는 과정을 규명하였다.	845
35	서덜랜드(Sutherland)의 차별접촉이론(Differential Association Theory)에 의하면 차별적 접촉은 교제의 빈도, 기간, 우선성, 강도에 있어 다양할 수 있다.	895
36	서덜랜드(Sutherland)의 차별접촉이론(Differential Association Theory)에 의하면 범죄행위는 일반적인 욕구와 가치관으로 설명될 수 없다.	896
37	고전적 조건화(Classical Conditioning)는 인간의 정서반응을 형성하는데 중요한 영향을 미친다. 공포증(phobia)과 관련하여, 객관적으로 위험하지 않은 대상이나 상황에 대해서 강한 공포와 두려움을 느끼는 경우가 있다. 예컨대, 덩치가 크고 사납게 생긴 개를 보고 크게 놀란 경험이 있는 어린아이는 아주 강력하고, 일반화된 '개 공포증'을 학습할 것이며, 이후에는 다른 개에게도 접근하는 것을 두려워하게 될 것이다.	946

38	에이커스(Akers)의 사회학습이론에 따르면, 비행이나 일탈은 사회구성원 간의 상호작용을 통해 학습된다.	947
39	사이크스(Sykes)와 마짜(Matza)가 제시한 중화의 기법 중 '나는 내 가족의 생계를 위해서 훔쳤어.' - 상위가치에 대한 호소	997
40	A회사에 근무하는 甲은 신입직원 환영회에서 여직원들에게 인기를 독차지한 乙이 자신이 근무하는 부서로 발령을 받자 다른 남자 동료 직원과 함께 乙을 집단으로 따돌렸다. 甲은 乙이 오히려 부서의 단합을 저해한 원인을 제공하고 있다고 비난하였다. - 사이크스(Sykes)와 맛차(Matza)의 중화기술이론 중 피해자 부정	998
41	경찰관이 되고자 하는 甲은 본인의 꿈을 달성하기 위하여 다음과 같은 노력을 기울이고 있다. 허쉬(Hirschi)의 연대요소 중 참여: 경찰관련 학과에 진학하여 전공과목에서 A+학점을 취득하기 위해 수업에 집중하고 있다.	1048
42	경찰관이 되고자 하는 甲은 본인의 꿈을 달성하기 위하여 다음과 같은 노력을 기울이고 있다. 허쉬의 연대요소 중 전념: 학과에서 실시하고 있는 학생 순찰대에 가입하여 방과 후 대부분의 시간을 순찰활동에 할애하였다.	1049
43	슈어(Schur)는 이차적 일탈로의 발전은 정형적인 것이 아니며 사회적 반응에 대한 개인의 적응 노력에 따라 달라질 수 있다고 주장하였다.	1099
44	베커(Becker)는 일탈자라는 낙인은 그 사람의 지위를 대변하는 주된 지위가 되어 다른 사람들과의 상호작용에 부정적인 영향을 미치는 요인이 되는 것으로 설명하였다.	1100
45	탄넨바움(F. Tanenbaum)은 공공에 의해 부여된 범죄자라는 꼬리표에 비행소년 스스로가 자신을 동일시하고 그에 부합하는 역할을 수행하게 되는 과정을 '악의 극화(dramatization of evil)'라고 하였다.	1150
46	레머트(E. Lemert)는 1차적 일탈에 대하여 부여된 사회적 낙인으로 인해 일탈적 자아개념이 형성되고, 이 자아개념이 직접 범죄를 유발하는 요인으로 작용하여 2차적 일탈이 발생된다고 하였다.	1151
47	허쉬(Hirschi)의 사회유대이론은 범죄율을 이웃공동체의 생태학적 특징과 결부시킨다.	1201
48	허쉬(Hirschi)의 사회유대이론은 범죄행위는 다른 사람들과의 상호작용으로 학습된다.	1202
49	나이(Nye)는 사회통제방법을 직접통제, 간접통제, 내부통제로 나누고, 소년비행예방에 가장 효율적인 방법은 내부통제라고 보았다.	1252
50	비판범죄학자들은 자본주의의 불평등으로 인해 야기되는 일상범죄에 초점을 맞추었으므로, 국가범죄나 기업범죄 등 자본가계급의 범죄는 범죄학과는 다른 차원에서 접근해야 한다고 보았다.	1253
51	갈등론적 관점에서 볼드(Vold)의 집단갈등이론은 인종분쟁, 노사분쟁과 같은 이익집단 간의 갈등에서 비롯된 범죄현상을 설명하는데 유용하다.	1303
52	사회갈등이론에 의하면 범죄는 피지배계층을 통제하기 위한 지배계층의 억압적 노력의 결과물이다.	1304
53	발달범죄학이론은 1930년대 글룩(Glueck) 부부의 종단연구는 발달범죄학이론의 토대가 되었다.	1354
54	샘슨(Sampson)과 라웁(Laub)에 따르면 연령에 따른 범죄행위의 지속성과 가변성이 인생의 중요한 전환기에 발생하는 사건과 그 결과에 영향을 받는다.	1355

55	학 자	범죄이론	범죄예방대책	1405
	샘슨(Sampson)과 동료들	집합효율성이론 (Collective Efficacy Theory)	지역사회 구성원의 상호유대와 신뢰도 향상	

	학 자	범죄이론	범죄예방대책		
56	메스너(Messner)와 로젠펠드(Rosenfeld)	제도적 아노미이론 (Institutional Anomie Theory)	경제적 안전망 제공		1406
57	신여성범죄자(new female criminals) 개념은 여성의 사회적 역할변화와 그에 따른 여성범죄율의 변화와의 관계에 초점을 맞추어 등장하였다.				1456
58	급진적 페미니즘에 의하면 임신, 출산, 육아에 있어 여성의 생물학적 특성에서 비롯된 역할로 인해 노동의 성 분업이 이루어졌고, 남성에 대한 여성의 의존도가 높아졌으며, 남성에게 더 많은 범죄기회가 주어졌다.				1457
59	울프강(Wolfgang)은 살인사건 기록을 분석하여, 피해자가 범죄유발 동기를 제공하는 경우도 있다는 것을 설명하였다.				1507
60	미쓰와 메이어(Miethe & Meier)는 생활양식-노출이론에서 피해자와 가해자의 상호작용을 통해 범죄피해의 과정을 설명하고자 하였다.				1508
61	비범죄화(decriminalization)는 형사사법 절차에서 형사처벌의 범위를 축소하는 것을 의미한다.				1558
62	비범죄화(decriminalization)는 형사사법기관의 자원을 보다 효율적으로 활용하자는 차원에서 경미범죄에 대한 비범죄화의 필요성이 주장된다.				1559
63	비범죄화는 형사처벌의 완화가 아니라 폐지를 목표로 한다.				1609
64	다이버전(diversion)은 일반적으로 공식적 형사절차로부터의 이탈과 동시에 사회 내 처우프로그램에 위탁하는 것을 내용으로 한다.				1610
65	브랜팅햄(Brantingham)과 파우스트(Faust)의 범죄예방모델에 의하면 범죄 실태에 대한 대중교육을 실시하는 것은 1차적 범죄예방에 가장 가깝다.				1660
66	브랜팅햄(Brantingham)과 파우스트(Faust)의 범죄예방모델에 의하면 2차적 범죄예방은 대부분 형사사법기관에 의해 이루어진다.				1661
67	자연적 감시 지원(assist natural surveillance) - 가로 등 개선, 방어적 공간설계는 코니쉬(Cornish)와 클락(Clarke)의 상황적 범죄예방 기법 25개 중 '노력의 증가(increasing efforts)'에 해당한다.				1711
68	클락(Clarke)이 제시한 상황적 범죄예방 기법 중 소유자표시는 보상의 감소에 해당한다.				1712
69	민간경비는 수익자부담 원칙에 따라 국가의 치안관련예산을 절감할 수 있다.				1762
70	민간경비는 경찰력을 보다 필요한 곳에 집중 배치할 수 있게 된다.				1763
71	통계적 예측방법은 이미 만들어진 판정척도를 사용하므로 전문가의 개입을 요하지 않고 예측을 할 수 있는 장점이 있다.				1813
72	통계적 예측법은 범죄자의 소질과 인격에 대한 상황을 분석하여 범죄자의 범죄성향을 임상적 경험에 의하여 예측하는 방법이다.				1814
73	판결 전 조사제도는 형사정책적으로 양형의 합리화뿐만 아니라 사법적 처우의 개별화에도 그 제도적 의의가 있다.				1864
74	공판절차이분론은 공판절차를 사실인정 절차와 양형 절차로 분리하자는 주장이다.				1865
75	형벌과 보안처분의 관계에서 대체주의는 보안처분에 의해서도 형벌의 목적을 달성할 수 있는 경우 형벌을 폐지하고 이를 보안처분으로 대체해야 한다는 입장이다.				1915
76	형벌과 보안처분의 관계에서 대체주의에 대해서는 책임원칙에 어긋나고 정의 관념에 반한다는 비판이 있다.				1916

77	소년보호 원칙 중 과학주의는 소년의 범죄환경에 대한 연구와 소년범죄자에게 어떤 종류의 형벌을 어느 정도 부과할 것인가에 대한 전문가의 활용을 말한다.		1966
78	형벌 법령에 저촉되는 행위를 할 우려가 있는 우범소년도 소년법의 규율대상으로 하는 것과 직접적으로 관계되는 원칙은 예방주의이다.		1967
79	「치료감호 등에 관한 법률」상 검사는 심신장애인으로 금고 이상의 형에 해당하는 죄를 지은 자에 대하여 정신건강의학과 등의 전문의의 진단이나 감정을 받은 후 치료감호를 청구하여야 한다.		2017
80	「치료감호 등에 관한 법률」상 피의자가 심신장애로 의사결정능력이 없기 때문에 벌할 수 없는 경우 검사는 공소제기 없이 치료감호만을 청구할 수 있다.		2018

제18회 범죄학·형사정책이론 OX기출훈련

◉ 답안확인방법: 답안번호를 찾아 정오를 확인하세요.

연번	문제	O×	답안번호
1	실질적 의미의 범죄는 사회에 유해한 반사회적 행위를 뜻한다.		36
2	실질적 의미의 범죄는 범죄개념에 더 근원적으로 접근하기 때문에 정책적 판단기준을 제시해 준다.		37
3	실험연구는 실험집단과 통제집단에 대한 사전검사와 사후검사를 통해 종속변수에 미치는 처치의 효과를 검증한다.		87
4	실험연구는 집단의 유사성을 확보하기 위해 무작위 할당방법이 주로 활용된다.		88
5	상대적 암수범죄의 발생은 수사기관의 검거율과 채증력의 정도뿐만 아니라 법집행과정에서 경찰, 검찰, 법관 등의 개인적 편견에 따른 차별적 취급과도 관련이 있다.		138
6	수사기관에 의해서 인지는 되었으나 해결되지 않은 범죄는 암수범죄 개념에서 제외된다.		139
7	범죄(공식)통계표 분석방법은 범죄와 범죄자의 상호 연계관계를 해명하는 데 유용하며, 숨은 범죄를 발견할 수 있다.		189
8	자기보고식 조사(self-report survey)는 경미한 범죄보다는 살인 등 중대한 범죄를 측정하는 데 사용된다.		190
9	라카사뉴(Lacassagne)는 사회환경은 범죄의 배양기이며, 범죄자는 미생물에 해당할 뿐이므로 벌해야 할 것은 범죄자가 아니라 사회라고 주장했다.		240
10	뒤르켐(Durkheim)은 범죄는 정상적인 요소이며 모든 사회와 시대에서 공통적으로 적용될 수 있는 객관적 범죄개념이 존재한다고 보았다.		241
11	신고전주의 범죄학의 등장은 실증주의 범죄학 및 관련 정책의 효과에 대한 비판적 시각과 관련이 있다.		291
12	합리적선택이론(Rational Choice Theory)은 사람들이 이윤을 극대화하고 손실을 최소화하기 위한 결정을 한다는 경제학의 기대효용원리에 기초하고 있다.		292
13	코헨(L. Cohen)과 펠손(M. Felson)의 일상생활이론(routine activity theory)에 의하면 어느 시대나 사회에도 범죄를 범할 개연성이 있는 사람의 수는 일정하다고 가정한다.		342
14	코헨(L. Cohen)과 펠손(M. Felson)의 일상생활이론(routine activity theory)에 의하면 범죄의 발생 여부에 결정적인 영향을 미치는 요인은 적절한 범행대상(합당한 표적)과 보호능력의 부존재(감시의 부재)라고 본다.		343
15	롬브로조(Lombroso)와 비교할 때 페리(Ferri)는 롬브로조와 마찬가지로 실증적 연구방법을 취하였다.		393
16	롬브로조(Lombroso)와 비교할 때 페리(Ferri)는 롬브로조와 마찬가지로 범죄자들을 몇 가지로 유형화하고 각 유형별로 별개의 범죄 대책을 제시하였다.		394
17	따르드(Tarde) — 모든 사회현상이 모방이듯이 범죄행위도 모방으로 이루어진다.		444
18	서덜랜드(E. Sutherland)의 차별적 교제이론(differential association theory)에 따르면 범죄행위는 학습되며, 법 위반에 대한 우호적 정의(definition)가 비우호적 정의보다 클 때 개인은 비행을 저지르게 된다.		445

19	코카인에 베이킹파우더를 섞어 담배형태로 피울 수 있는 크랙(crack)은 가격이 저렴하여 흑인, 유색인종들에게 애용되고 있다.		495
20	L.S.D는 호밀에 생기는 곰팡이인 맥각에서 추출된 물질로 향정신성의약품에 해당한다.		496
21	경찰청의 사이버범죄(2021년 기준)는 정보통신망 침해 범죄', '정보통신망 이용 범죄', '불법컨텐츠 범죄'로 구분하고 있다. 사이버 도박은 '정보통신망 침해 범죄'에 속한다.		546
22	'무료쿠폰 제공', '돌잔치 초대장' 등을 내용으로 하는 문자메시지 내 인터넷 주소를 클릭하면, 악성코드가 스마트폰에 설치되어, 피해자가 모르는 사이에 소액이 결제되거나 개인·금융정보를 탈취해가는 수법은 사이버금융범죄 중 스미싱(Smishing)이다.		547
23	제이콥스(Jakobs)는 남성성이 과잉인 XYY형 염색체를 가진 사람들이 폭력적이고 강한 범죄성향을 가진다고 보았다.		597
24	달가드(Dalgard)와 크린글렌(Kringlen)은 쌍둥이연구를 통해 범죄 발생에서 유전적 요소는 중요하지 않다고 주장하였다.		598
25	슈나이더(Schneider)의 정신병질에 대한 10가지 분류 중 무정성 정신병질자는 동정심이나 수치심 등 인간의 고등감정이 결여되었으며, 토막살인범이나 범죄단체조직원 등에서 많이 나타나는 유형이다.		648
26	콜버그(Kohlberg)의 도덕발달이론에 관한 경험적 연구결과에 따르면 대부분의 범죄자는 도덕발달 6단계 중 중간 단계인 3-4단계에 속하는 것으로 보았다.		649
27	버제스와 에이커스(Burgess & Akers)의 차별강화이론에 의하면 범죄행위에 대해 처벌이 이루어지지 않아 범죄행위가 지속·강화된다면 이것은 부정적 처벌이다.		699
28	버제스와 에이커스(Burgess & Akers)의 차별강화이론에 의하면 범죄행동은 행위의 결과로 얻게 되는 보상과 처벌에 의해 영향을 받게 된다.		700
29	시카고학파인 쇼(Shaw)와 맥케이(McKay)가 수행한 연구의 결과에 의하면 범죄지역에서는 전통적 규범과 가치가 주민들의 행동을 제대로 통제하지 못했다.		750
30	사회해체지역에서는 전통적인 사회통제기관들이 규제력을 상실하면서 반가치를 옹호하는 하위문화가 형성되나, 주민이동이 많아지면서 이러한 문화는 계승되지 않고 점차 줄어들면서 범죄율이 낮아진다고 본다.		751
31	가장 친한 친구의 죽음을 경험한 사람은 일반긴장이론(General Strain Theory)에서 애그뉴(Agnew)가 주장하는 세 가지 긴장 원인 유형에 속한다.		801
32	학교 시험에서 기대한 점수를 받지 못해 속상한 사람은 일반긴장이론(General Strain Theory)에서 애그뉴(Agnew)가 주장하는 세 가지 긴장 원인 유형에 속한다.		802
33	코헨(A. Cohen)이 주장한 비행하위문화(delinquent subculture)이론에서 부정성(negativism)은 사회의 지배적 가치체계에 대해 무조건 거부반응을 보이는 것이다.		852
34	코헨(A. Cohen)이 주장한 비행하위문화(delinquent subculture)에서 운명주의(fatalism)는 하층계급의 구성원들이 자신의 미래가 스스로의 노력보다는 운명에 달려 있다고 믿는 것이다.		853
35	사회과정이론(Social Process Theory)에 의하면 아동기에 형성된 자기통제력이 낮을수록 범죄를 저지를 가능성이 커진다.		903
36	사회과정이론(Social Process Theory)에 의하면 부모와의 정서적 유대관계가 약할수록 범죄를 저지를 가능성이 커진다.		904
37	레크리스(W.Reckless)의 봉쇄이론(Containment Theory)은 청소년비행의 요인으로 내적배출요인과 외적유인요인이 있다고 하였다.		954
38	합리화(Rationalization)는 렉클리스(Reckless)의 봉쇄이론(Containment Theory)이 말하는 범죄유발요인 중 하나에 해당한다.		955

39	책임의 부정(denial of responsibility) - 乙은 자신이 비행을 범한 것은 열악한 가정환경과 빈곤, 불합리한 사회적 환경 탓이라고 합리화한다.		1005
40	가해의 부정(denial of injury) - 丙은 마약을 사용하면서 마약은 누구에게도 피해를 주지 않는다고 합리화한다.		1006
41	허쉬(Hirschi)의 사회유대이론 중 애착(Attachment)이란 청소년이 상대방과의 관계를 중요하게 생각하고 감정적으로 유대감을 가지는 것을 의미한다.		1056
42	허쉬의 이론은 주로 청소년비행을 설명하기 위해 이론을 제시했지만, 다양한 범죄에 적용할 수 있다.		1057
43	낙인이론에 관한 경험적 연구들은 개인이 독립적인 주체로서 낙인을 내면화하는 과정을 명확하게 실증하고 있다.		1107
44	낙인이론의 탄넨바움(Tannenbaum)은 악의 극화(Dramatization of Evil)라는 개념을 사용하여 범죄행위의 원인은 사회적으로 부여된 낙인의 결과라고 하였다.		1108
45	비판범죄학과 낙인이론은 양자 모두 범죄에 대한 상대적 개념을 전제하고 있다.		1158
46	낙인이론이 범죄인 개인과 형사사법기관 간의 상호작용에 초점을 맞춘다면 비판범죄학은 범죄인 집단과 국가권력의 문제를 다루고 있다.		1159
47	버제스(Robert L. Burgess) - 범죄로부터 얻을 만족에 대한 기대감이 부정적 기대감을 상회할 때 범행하기 쉽다.		1209
48	렉클리스(Reckless) - 동일한 비행적 접촉 환경 속에서도 사람들이 다른 반응을 하는 이유는 자아관념의 차이 때문이다.		1210
49	샘슨(Sampson)과 라웁(Laub)의 생애과정이론(연령-단계이론)에 의하면 타고난 기질과 어린 시절의 경험만이 범죄행위의 지속과 중단에 가장 큰 영향을 미친다.		1260
50	샘슨(Sampson)과 라웁(Laub)의 생애과정이론(연령-단계이론)에 의하면 행위자를 둘러싼 상황적 · 구조적 변화가 범죄로부터 단절된 삶으로 이끈다.		1261
51	마르크스(Marx)는 범죄발생의 원인을 계급갈등과 경제적 불평등으로 설명하고, 생활에 필요한 물적 자산을 충분히 갖지 못한 피지배계급이 물적 자산 내지 지배적 지위에 기존 사회가 허락하지 않는 방법으로 접근하는 행위를 범죄로 인식했다.		1311
52	봉거(Bonger)는 사법체계가 가진 자에게는 그들의 욕망을 달성할 수 있는 합법적인 수단을 허용하는 반면, 가난한 자에게는 이러한 기회를 허용하지 않기 때문에 범죄는 하위계급에 집중된다고 주장했다.		1312
53	샘슨(Sampson)과 라웁(Laub)의 생애과정이론(연령-단계이론)에 의하면 행위자를 둘러싼 상황적 · 구조적 변화가 범죄로부터 단절된 삶으로 이끈다.		1362
54	샘슨(Sampson)과 라웁(Laub)의 생애과정이론(연령-단계이론)에 의하면 생애과정을 통해 사회유대와 범죄행위가 서로 영향을 미친다.		1363
55	화이트칼라 범죄는 사회지도층에 대한 신뢰를 파괴하고, 불신을 초래할 수 있다.		1413
56	화이트칼라 범죄는 청소년비행이나 하류계층 범인성의 표본이나 본보기가 될 수 있다.		1414
57	전체주의 사회에서는 소수집단의 공격성 때문에 다수집단의 구성원이 대량 희생되어 모든 범죄가 전체적으로 감소하게 된다고 한다.		1464
58	환경과 범죄원인연구에서 범죄인자 접촉빈도와 범죄발생과의 관계에 대한 이론인 습관성가설은 마약범죄 발생의 원인규명에 주로 활용되었다.		1465
59	회복적 사법(Restorative Justice)은 피해자, 가해자 및 지역사회 등의 참여를 중시한다.		1515

60	회복적 사법(Restorative Justice)은 중재나 협상 및 합의 등을 통해 피해자 회복과 가해자의 처벌에 그 목표를 둔다.		1516
61	다이버전(diversion)은 소년범에 대해 그 필요성이 강조되고 있다.		1566
62	검찰 단계의 대표적 다이버전으로서 훈방과 통고처분이 있다.		1567
63	다이버전은 형사제재의 최소화를 도모하는 것으로, 보석도 그 한 형태이다.		1617
64	경찰의 '선도조건부 기소유예 제도'가 대표적인 '기소 전 다이버전' 프로그램이라고 할 수 있다.		1618
65	범죄예방에 대한 설명으로 이웃감시는 일반시민을 대상으로 한 1차적 범죄예방모델의 예에 해당한다.		1668
66	환경설계를 통한 범죄예방(CPTED) – 자연적 감시(natural surveillance): 건축물이나 시설을 설계함에 있어서 가시권을 최대한 확보하고, 범죄행동에 대한 감시기능을 확대함으로써 범죄발각 위험을 증가시켜 범죄기회를 감소시키거나 범죄를 포기하도록 하는 원리		1669
67	범죄예방모델중 사회복귀모델은 범죄자의 재사회화와 갱생에 중점을 둔다.		1719
68	제프리(Jeffery)는 사회환경개선을 통한 범죄예방모델로 환경설계를 통한 범죄예방(Crime Prevention Through Environmental Design : CPTED)을 제시하였다.		1720
69	깨진 유리창 이론(Broken Window Theory)에 의하면 기존 범죄대책이 범죄자 개인에 집중하는 개인주의적 관점을 취하는 것에 반하여 공동체적 관점으로의 전환을 주장하고 범죄예방활동의 중요성을 강조하였다.		1770
70	깨진 유리창 이론은 윌슨과 켈링(Wilson & Kelling)이 발표하였다.		1771
71	범죄예측의 방법 중 '통계적 예측법'은 여러 자료를 통하여 범죄예측요인을 수량화함으로써 점수의 비중에 따라 범죄 또는 비행을 예측하는 것으로 점수법이라고도 한다.		1821
72	가석방 시의 예측은 교도소에서 가석방을 결정할 때 수용생활 중의 성적만을 고려하여 결정한다.		1822
73	보호관찰제도의 장점으로 재범 방지에 대한 실증적 효과가 탁월하고, 형사사법망을 축소시킬 수 있다.		1872
74	특별예방에 부합하는 것으로는 사형제도, 과실범의 금고형, 사상범에 대한 상대적 부정기형 제도이다.		1873
75	일원주의에 따르면 형벌과 보안처분이 모두 사회방위와 범죄인의 교육 및 개선을 목적으로 하므로 본질적 차이가 없다고 본다.		1923
76	보안처분은 행위자의 재범의 위험성에 근거한 것으로 책임능력이 있어야 부과되는 제재이다.		1924
77	소년보호의 원칙 중 밀행주의와 협력주의는 절차법적 성격을 가진다.		1974
78	소년범죄자에 대한 사회 내 처우는 보호주의 및 예방주의와 관련이 있다.		1975
79	「소년법」상 징역 또는 금고를 선고받은 소년에 대하여는 특별히 설치된 교도소 또는 일반 교도소 안에 특별히 분리된 장소에서 그 형을 집행한다. 다만, 소년이 형의 집행 중에 19세가 되면 일반 교도소에서 집행할 수 있다.		2025
80	「소년법」상 징역 또는 금고를 선고받은 소년에 대하여는 무기형에서 5년, 15년 유기형에는 3년, 부정기형에는 단기의 3분의 1이 경과하면 가석방을 허가할 수 있다.		2026

제19회 범죄학 · 형사정책이론 OX기출훈련

● 답안확인방법: 답안번호를 찾아 정오를 확인하세요.

연번	문제	OX	답안번호
1	"최선의 사회정책이 가장 좋은 형사정책이다."라는 말은 넓은 의미의 국가작용으로서의 형사정책을 의미한다.		40
2	"범죄학은 영토를 가지지 않은 제왕의 학문이다."라고 한 셀린(Sellin)의 말은 넓은 의미의 형사정책학의 특징을 잘 표현한다.		41
3	자기보고조사란 일정한 집단을 대상으로 개개인의 범죄 또는 비행을 스스로 보고하게 함으로써 암수를 측정하는 방법이다.		91
4	범죄통계에는 필연적으로 암수가 발생하는바, 암수를 조사하는 방법으로는 참여적 관찰, 비참여적 관찰, 인위적 관찰방법 등이 있다.		92
5	신고에 따른 불편, 수사기관 출두의 번거로움, 보복의 두려움은 절대적 암수범죄의 발생 원인이다.		142
6	수사기관의 낮은 검거율과 채증력, 법집행기관의 자의적 판단은 상대적 암수범죄의 발생원인이다.		143
7	참여관찰방법은 조사대상에 대한 생생한 실증자료를 얻을 수 있고, 연구결과를 객관화할 수 있다.		193
8	실험적 연구방법은 어떤 가설의 타당성을 검증하거나 새로운 사실을 관찰하는 데 유용하며, 인간을 대상으로 하는 연구를 쉽게 할 수 있다.		194
9	범죄원인의 결정론적 시각은 특별예방주의적 사고를 기초로 하고 있다.		244
10	범죄원인의 결정론적 시각은 사회적 책임론을 책임의 근거로 하고 있다.		245
11	실증주의 범죄학파는 범죄행위보다는 범죄자 개인에게 중점을 두어 범죄요인을 제거하는 것이 범죄통제에 효과적이라고 보았다.		295
12	실증주의 범죄학파는 야만적인 형사사법제도를 개편하여 효율적인 범죄예방을 위한 형벌제도 개혁에 힘썼다.		296
13	고링(Goring)은 범죄자 집단과 비범죄자 집단을 비교 · 분석한 결과, 범죄의 원인이 신체적 차이에 있는 것이 아니라 유전학적 열등성에 있다고 주장하면서 롬브로조(Lombroso)의 연구를 비판하였다.		346
14	콜버그(Kohlberg)는 도덕적 발달단계를 범죄에 적용하였으며, 도덕적 발달단계를 3가지 수준인 전관습적, 관습적, 후관습적 수준으로 나누고 각 수준마다 2단계씩 총 6단계로 나누었다.		347
15	페리(E. Ferri)는 형벌대용물사상과 범죄포화의 법칙을 주장하였다.		397
16	페리(Ferri)는 범죄자의 개인적(인류학적), 물리적 요인이 일정한 사회적 요인과 결합할 때 반드시 그에 상응한 일정량의 범죄가 발생한다고 하였다.		398
17	타르드(G. Tarde)의 학습이론에 따르면 "사람들이 왜 범죄를 저지르는가?"에 대한 질문보다는 "왜 누군가는 규범에 순응하며 합법적인 행동을 하는가?"라는 질문이 중요하다.		448

18	실증주의에 의하면 인간은 자신의 행동을 합리적, 경제적으로 계산하여 결정하기 때문에 자의적이고 불명확한 법률은 이러한 합리적 계산을 불가능하게 하여 범죄억제에 좋지 않다고 보았다.	449
19	약물범죄는 대표적인 피해자 없는 범죄로 불법약물의 사용, 제조, 판매, 유통하는 행위를 통칭한다.	499
20	약물범죄에서 작용에 따른 약물의 종류 중 각성제는 중앙신경계통 자극제로 아편, 몰핀, 헤로인, 합성제제 등이 있다.	500
21	증오범죄의 유형 중 사명형은 특정 대상을 괴롭히는 것이 세상의 악을 없애기 위해 자신에게 부여된 신성한 사명이라고 여긴다.	550
22	증오범죄는 피해자에 대한 개인적 원한이나 복수심에 의하여 주로 발생되며, 증오범죄자는 자신의 행동이 옳다고 믿는다.	551
23	꼬르떼(Cortes)는 신체적으로 중배엽형의 사람일수록 범죄성향이 높다고 주장하였다.	601
24	폴링(Pauling)은 영양결핍으로 인한 지각장애와 영양부족·저혈당증에 수반되는 과활동반응에서 범죄원인을 찾았다.	602
25	헤어(Hare)는 사이코패스의 진단방법으로 PCL-R을 개발하였다.	652
26	콜버그(Kohlberg)의 도덕발달이론에 관한 경험적 연구결과에 따르면, 도덕발달 6단계 중 1단계, 2단계에 있는 사람이 범죄를 범할 가능성이 높다고 했다.	653
27	버제스(Burgess)와 에이커스(Akers)의 차별접촉강화이론에서 사회학습 요소로서 차별접촉, 차별강화, 정의, 모방을 제시하였다.	703
28	버제스(Burgess)와 에이커스(Akers)의 차별접촉강화이론에서 차별강화는 행위의 결과로 얻게 되는 보상과 처벌에 의해 영향을 받는다.	704
29	초기 사회해체이론은 사회해체의 개념을 명확히 측정하고 다수의 실증연구를 제시했다.	754
30	사회해체이론에 기반한 대표적 정책은 시카고지역프로젝트(Chicago Area Project)가 있다.	755
31	애그뉴(R. Agnew)의 일반긴장이론(general strain theory)은 같은 수준의 긴장이 주어졌다 하더라도 모든 사람이 동일한 정도로 범죄를 저지르는 것은 아니다.	805
32	애그뉴(R. Agnew)의 일반긴장이론은 머튼(Merton)의 아노미이론에 그 이론적 뿌리를 두고 있다.	806
33	밀러(Miller)는 권위적 존재로부터 벗어나고 다른 사람으로부터 간섭을 받는 것을 혐오하는 자율성(autonomy)이 하위계층의 주된 관심 중 하나라고 한다.	856
34	코헨(Cohen)은 비행하위문화가 비합리성을 추구하기 때문에 공리성, 합리성을 중요시하는 중심문화와 구별된다고 한다.	857
35	서덜랜드(Sutherland)의 차별적 접촉이론은 범죄인과 가장 접촉이 많은 경찰·법관·형집행관들이 범죄인이 될 확률이 높지 않다는 비판이 있다.	907
36	서덜랜드(E. Sutherland)의 범죄학습의 견해: 범죄는 의사소통을 통한 타인과의 상호작용 과정에서 학습된다. •범죄학습에서 중요한 사항은 친밀한 사적 집단 사이에서 이루어진다. •차별적 교제의 양상은 빈도, 지속성, 우선성, 강도의 측면에서 다양하다.	908
37	허쉬(Hirschi)의 사회유대이론에 따르면, 모든 사람은 잠재적 범죄자로서 자신의 행위로 인해 주변인과의 관계가 악화하는 것을 두려워하기 때문에 범죄를 저지르게 된다.	958
38	사이크스(Sykes)와 맛차(Matza)의 중화(기술)이론에 따르면, 자신의 비행에 대하여 책임이 없다고 합리화하는 것도 중화기술의 하나에 해당한다.	959

39	레크리스(Reckless)에 따르면 누구든지 비행으로 이끄는 힘과 이를 차단하는 힘을 받게 되는데, 만일 비행으로 이끄는 힘이 차단하는 힘보다 강하면 범죄나 비행을 저지르게 된다.	1009
40	허쉬(Hirschi)에 따르면 누구든지 비행가능성이 잠재되어 있고, 이를 통제하는 요인으로 개인이 사회와 맺고 있는 일상적인 유대가 중요하다.	1010
41	레크리스(W. Reckless) - 청소년이 범죄환경의 압력을 극복한 것은 강한 자아상 때문이다.	1060
42	레크리스(W.Reckless)는 피해자 도발을 유무로 범죄피해자 유형을 분류하였다.	1061
43	낙인이론에 의하면 일탈 · 범죄행위에 대한 공식적 · 비공식적 통제기관의 반응(reaction)과 이에 대해 일탈 · 범죄행위자 스스로가 정의(definition)하는 자기관념에 주목한다.	1111
44	낙인이론에 의하면 비공식적 통제기관의 낙인, 공식적 통제기관의 처벌이 2차 일탈 · 범죄의 중요한 동기로 작용한다고 본다.	1112
45	비판범죄학에 의하면 범죄인 가운데 하층계급의 사람들이 많은 것은 국가가 이들의 범죄만을 집중적으로 통제하기 때문이다.	1162
46	레머트(Lemert)는 1차적 일탈과 2차적 일탈의 개념을 제시하였다.	1163
47	라까사뉴(Lacassagne)는 사회는 범죄의 배양기이고 범죄자는 그 미생물에 해당한다고 하여 범죄원인은 결국 사회와 환경에 있다는 점을 강조하였다.	1213
48	뒤르켐(Durkheim)은 집단적 비승인이 존재하는 한 범죄는 모든 사회에 어쩔 수 없이 나타나는 현상으로 병리적이기보다는 정상적인 현상이라고 주장하였다.	1214
49	일반긴장이론은 계층에 따라서 범죄율이 달라지는 이유를 설명하는 데 유용하다.	1264
50	레크레스(Reckless)는 범죄를 법제정 과정에 참여하여 자기의 이익을 반영하지 못한 집단의 구성원이 일상생활 속에서 법을 위반하며 자기의 이익을 추구하는 행위라고 주장하였다.	1265
51	봉거(Bonger)는 자본주의 사회에서의 생산수단 소유 여부, 즉 자본주의적 경제조건 때문에 범죄가 발생한다고 하였다.	1315
52	볼드(Vold)는 사회의 주도권을 쟁취한 권력집단이 스스로의 이익을 지키기 위해 법규범과 범죄를 규정하고 국가경찰력을 통제한다고 하였다.	1316
53	쏜베리(Thornberry)의 상호작용이론은 사회유대의 약화를 비행이 시작되는 출발점으로 보았다.	1366
54	패터슨(Patterson)은 비행청소년을 생애 지속형(Life Persistent)과 청소년기 한정형(Adolescent Limited)으로 구분하였다.	1367
55	서덜랜드는 사회적 지위와 직업활동이라는 요소로 화이트칼라 범죄를 개념 정의한다.	1417
56	화이트칼라범죄에 대해 서덜랜드(Sutherland)는 사회적 지위가 높은 사람이 그 직업 활동과 관련하여 행하는 범죄로 정의된다.	1418
57	아바딘스키(Abadinsky)가 제시한 조직범죄의 특성으로 조직의 지속적 확장을 위하여, 조직 구성원이 제한되지 않고 배타적이지 않다.	1468
58	아바딘스키(Abadinsky)에 의하면 조직범죄는 정치적 목적이나 이해관계가 개입되지 않는 점에서 비이념적이다.	1469
59	회복적 사법은 범죄로 인한 피해에는 지역사회가 겪는 피해가 포함된다.	1519

60	피해자에 대한 피해의 원상회복, 범죄에 대한 보상, 지역사회 내에서의 가해자와 피해자의 재통합을 추구하며, 궁극적으로는 범죄로 발생한 손상을 복구하고 나아가 범죄를 예방함으로써 미래의 손상을 감소시키고자 하는 전략을 의미한다. – 브레이스웨이트(Braithwaite)의 재통합적 수치이론(Reintegrative Shaming Theory)을 근거로 하고 있고, 대표적 프로그램으로는 피해자–가해자 중재(victim-offender mediation)모델, 양형서클(sentencing circles) 등이 있다.	1520
61	법원 단계에서의 다이버전은 선고유예, 집행유예 등이 있다.	1570
62	검찰 단계에서의 다이버전은 불기소처분, 가석방 등이 있다.	1571
63	범죄예방은 사후 대응적(reactive)인 반면, 형사사법제도는 사전 예방적(proactive)이다.	1621
64	범죄예방의 범주는 범죄행동에 중점을 두는 반면, 형사사법제도는 범죄행동뿐 아니라 범인성, 두려움 등에도 중점을 둔다.	1622
65	CPTED의 기본원리 중 자연적 접근통제(natural access control)란 사적 공간, 준사적 공간, 공적 공간상의 경계를 분명히 하여 공간이용자들이 사적 공간에 들어갈 때 심리적 부담을 주는 원리를 의미한다.	1672
66	2세대 CPTED는 범죄예방에 필요한 매개요인들에 대한 직접 개입을 주목적으로 하지만, 3세대 CPTED는 장소, 사람, 기술 및 네트워크를 핵심요소로 하여 안전한 공동체 형성을 지향한다.	1673
67	뉴먼(Newman)은 방어공간의 4가지 구성요소로 영역성, 자연적 감시, 이미지, 환경을 제시하였다.	1723
68	CPTED의 기본원리 중 자연적 접근통제는 일정한 지역에 접근하는 사람들을 정해진 공간으로 유도하거나 외부인의 출입을 통제하도록 설계함으로써 접근에 대한 심리적 부담을 증대시켜 범죄를 예방하려는 원리이다.	1724
69	에크와 스펠만(Eck & Spelman)이 제시한 SARA 모델의 탐색(Scanning) 단계는 지역사회 문제, 쟁점, 관심사 등을 인식하고 범주화하는 단계이다.	1774
70	에크와 스펠만(Eck & Spelman)이 제시한 SARA 모델의 분석(Analysis) 단계는 경찰 내부 조직을 통해 문제의 범위와 성격에 따라 문제에 대한 원인을 파악하기 위해 데이터를 수집하고 분석하는 단계이다.	1775
71	범죄예측은 재판단계 및 교정단계에서도 행해지지만 교정시설의 과밀화 현상을 해소하는 데는 기여할 수 없다.	1825
72	범죄예측은 아직 발생하지 않은 미래에 대한 예측을 근거로 불이익한 처우를 하는 것은 죄형법정주의나 책임원칙에 반할 수 있다.	1826
73	가석방자에 대한 보호관찰은 필요적 사법처분이므로 반드시 보호관찰을 부과하여야 한다.	1876
74	양형에서 법적 구성요건의 표지에 해당하는 사정이 다시 고려되어도 무방하다는 이중평가의 원칙이 적용된다.	1877
75	적법절차(due process)는 소년사법절차에서 절차적 권리를 철저하고 공정하게 보장하여야 한다는 것을 의미한다.	1927
76	전환(diversion)은 비행소년을 공식적인 소년사법절차 대신에 비사법적인 절차에 의해 처우하자는 것이다.	1928
77	개별주의: 소년보호조치를 취할 때 소년사건을 형사사건과 병합하여 1개의 사건으로 취급한다.	1978
78	인격주의: 소년보호사건에서는 소년의 행위에서 나타난 개성과 환경을 중시한다.	1979
79	보호관찰관의 장기 보호관찰은 그 기간을 연장 할 수 있다.	2029
80	「아동복지법」에 따른 아동복지시설이나 그 밖의 소년보호시설에 감호 위탁은 그 기간을 연장할 수 있다.	2030

 ## 제20회 범죄학·형사정책이론 OX 기출훈련

◉ 답안확인방법: 답안번호를 찾아 정오를 확인하세요.

연번	문제	○×	답안번호
1	'범죄는 불가피하고 정상적인 사회현상이다'라는 뒤르껭(Durkheim)의 말은 범죄가 사회의 규범유지를 강화시켜주는 필수적이고 유익한 기능을 한다는 설명이다.		42
2	형사정책학과 형법학은 상호의존성과 상호제한성을 가진다. 상호제한성 측면에서 형법의 보장적 기능, 더 좁게는 책임주의 원칙이 형사정책을 제한하는 점에 대하여 리스트(Liszt)는 "형법은 범죄인의 마그나카르타(대헌장)이며, 형사정책의 극복할 수 없는 한계이다."라고 하였다.		43
3	실험연구는 일정한 기간을 정하고, 이 기간 동안 연구대상 집단에 대한 시계열 분석을 하는 방법이다.		93
4	참여관찰은 연구자가 스스로 범죄집단에 들어가 범죄자의 일상을 관찰할 수 있다는 장점이 있지만, 연구의 객관화가 어렵고, 윤리문제가 제기될 수 있다.		94
5	피해자가 특정되지 않거나 직접적 피해자만 존재하는 경우, 암수범죄가 발생하기 쉽다.		144
6	암수범죄의 직접적 관찰방법에는 범죄피해 조사, 정보제공자 조사가 있다.		145
7	실험연구는 외적 타당도에 영향을 미치는 요인들을 통제하는 데 가장 유리한 연구방법이다.		195
8	개별적 사례조사방법이란 연구자가 직접 범죄자 집단에 들어가 함께 생활하면서 그들의 생활을 관찰하는 조사방법을 말한다.		196
9	고전주의 범죄학파는 개인의 소질과 환경에 주목하여 범죄자의 행위에 대한 결정론을 주장하였다.		246
10	실증주의 범죄학파는 생물학적, 심리학적, 사회학적 요인에 기반하여 범죄원인을 설명하였다.		247
11	실증주의 범죄학파는 범죄의 원인 규명과 해결을 위해서 과학적 연구방법의 중요성을 강조하였다.		297
12	실증주의 범죄학파는 학문적 지식은 이상 또는 신념에 의해 습득되는 것이 아니라, 직접적인 관찰을 통해서 얻어진다고 보았다.		298
13	범죄발생원인으로서 소질의 내용에는 유전, 신체, 빈곤, 가정해체 등이 포함된다.		348
14	벤담(Bentham)은 형벌은 범죄자의 재사회화를 목표로 하는 특별예방에 주된 목적이 있다고 보아 형벌대용물사상을 주장하였다.		349
15	페리(Ferri)는 과도한 개인주의에 국가가 개입함으로써 사회문제에 효과적 대처가 이루어질 수 있다고 믿었기 때문에, 독재적 전체주의 국가이념을 표방하는 파시즘(Fascism)에 동조하였다.		399
16	페리(Ferri)는 범죄예방을 위해서는 형벌보다는 범죄의 충동을 간접적으로 방지할 수 있는 사회정책이 필요하다고 하였다.		400
17	페리는 롬브로조와는 달리 범죄 발생의 사회적 요인을 중시하여 생래적 범죄인의 존재를 부정하였다.		450
18	롬브로조(C. Lombroso)는 생래적 범죄인에 대해서 무기형을 과해야 하고 사형을 과해서는 안 된다고 주장하였다.		451

19	약물범죄에서 작용에 따른 약물의 종류 중 환각제는 환각을 일으키는 물질로 LSD, 마리화나 등이 있다.		501
20	세계적인 헤로인 생산지에는 미얀마, 태국, 라오스 3국의 접경지역에 있는 황금의 삼각지대와 아프가니스탄, 파키스탄, 이란 3국의 접경지역에 있는 황금의 초승달 지역이 있다.		502
21	롬브로조(Lombroso)는 범죄여성은 신체적으로 다른 여성과 구별되는 특징이 없지만, 감정적으로는 다른 여성과 구별되는 특징이 있다고 설명하였다.		552
22	신여성범죄자 개념은 여성의 사회적 역할변화와 그에 따른 여성범죄율 변화와의 관계에 초점을 맞추어 등장하였다.		553
23	뇌의 변연계에 존재하는 편도체는 공포 및 분노와 관련되어 있다.		603
24	뇌의 전두엽은 욕구, 충동, 감정 관련 신경정보를 억제하거나 사회적 맥락에 맞게 조절, 제어, 표출하게 하는 집행기능을 수행한다.		604
25	아이크혼(Aichhorn)은 초자아가 과잉발달한 경우 범죄에 따른 처벌을 통하여 죄의식을 해소하고 심리적 균형감을 얻기 위하여 범죄를 저지를 수 있다고 하였다.		654
26	정신분석학은 초기 아동기의 경험과 성적 욕구를 지나치게 강조한다는 비판을 받는다.		655
27	버제스(Burgess)와 에이커스(Akers)의 차별접촉강화이론에 의하면 어린아이가 나쁜 짓을 했을 때 부모가 적절하게 훈육을 한다면 그 아이는 나쁜 짓을 덜 하게 되며, 이는 부정적 처벌(negative punishment)에 해당한다.		705
28	버제스(Burgess)와 에이커스(Akers)의 차별접촉강화이론은 행위에 대해 보상이 주어지는 경우 그 행위를 지속할 가능성이 높아지는데 이를 긍정적 강화(positive reinforcement)라 한다.		706
29	집합효율성이론, 환경범죄학, 깨진 유리창 이론은 사회해체이론을 계승·발전한 것이다.		756
30	범죄는 정상(normal)이라고 주장하고, 규범이 붕괴되어 사회 통제 또는 조절 기능이 상실된 상태를 아노미로 규정하였으며, 머튼(R. Merton)이 주창한 아노미 이론의 토대가 된 사람은 뒤르켐(E. Durkheim)이다.		757
31	애그뉴(R. Agnew)의 일반긴장이론은 범죄발생의 원인으로 목표달성의 실패, 기대와 성취 사이의 괴리, 긍정적 자극의 소멸, 부정적 자극의 발생을 제시했다.		807
32	애그뉴(R. Agnew)의 일반긴장이론(general strain theory)은 아노미 이론에 기초를 두고 있는 점에서 주된 연구들은 거시적 범죄이론으로 분류된다.		808
33	코헨(Cohen)의 비행하위문화이론은 중산계층이나 상류계층 출신이 저지르는 비행이나 범죄를 설명하지 못하는 한계가 있다.		858
34	코헨(Cohen)의 비행하위문화이론은 청소년비행의 원인을 자본주의 체제에 책임을 전가함으로써 사회구성원 간의 상호작용 과정에서 주로 발생하는 대부분의 비행행위를 객관적으로 설명하지 못한다.		859
35	서덜랜드(Sutherland)의 차별접촉이론(Differential Association Theory)에 의하면 기존 생물학적 범죄이론에서 강조한 개인의 범인성을 부정한다.		909
36	서덜랜드(Sutherland)의 차별접촉이론(Differential Association Theory)에 의하면 범죄행위를 학습할 때 학습은 범죄기술, 구체적 동기나 욕구, 합리화, 태도 등을 포함한다.		910
37	서덜랜드(Sutherland)의 차별접촉이론을 보완하는 주장: 법위반에 우호적인 대상과 반드시 대면적 접촉을 필요로 하는 것은 아니므로 영화나 소설 등을 통한 간접적인 접촉을 통해서도 범죄행동을 모방할 수 있다.		960
38	서덜랜드(Sutherland)의 차별접촉이론을 보완하는 주장: 사람들이 사회와 맺는 사회유대의 정도에 따라 범죄행동이 달라질 수 있다.		961
39	물질적 성공만을 과도하게 강조하는 문화는 머튼(Merton)이 주장한 아노미의 발생원인이다.		1011

40	성공을 위한 제도화된 기회의 부족은 머튼(Merton)이 주장한 아노미의 발생원인이다.		1012
41	허쉬(T. Hirschi) - 범죄행위의 시작이 사회와의 유대약화에 있다고 보았다.		1062
42	레크리스(Reckless)는 외부적 통제요소와 내부적 통제요소 중 어느 한 가지만 제대로 작동되어도 범죄는 방지될 수 있다고 보았다.		1063
43	낙인이론에 의하면 형사정책상 의도하는 바는 비범죄화, 탈시설화 등이다.		1113
44	다이버전(diversion)의 확대나 비범죄화 등 인도주의적 형사정책을 주장하는 근거가 된다.		1114
45	머튼(Merton)은 아노미 상황에서 긴장을 느끼는 개인이 취할 수 있는 5가지 적응유형을 제시하였다.		1164
46	갓프레드슨과 허쉬(Gottfredson & Hirschi)는 부모의 부적절한 자녀 양육이 자녀의 낮은 자기통제력의 원인이라고 보았다.		1165
47	코헨(Cohen)은 중산층 문화에 적응하지 못한 하위계층 출신 소년들이 자신을 궁지에 빠뜨린 문화나 가치체계와는 정반대의 비행하위문화를 형성한다고 보았다.		1215
48	어떤 사람이 범죄자가 되는 것은 법률 위반을 긍정적으로 생각하는 정도가 부정적으로 생각하는 정도보다 크기 때문이다. - 서덜랜드(Sutherland)의 차별적 접촉이론		1216
49	브레이스웨이트(J. Braithwaite)의 재통합적 수치심부여이론 - 사회구조적 결핍은 대안적 가치로써 높은 수준의 폭력을 수반하는 거리의 규범(code of the street)을 채택하게 하고, 결국 이것이 높은 수준의 폭력을 양산한다.		1266
50	브레이스웨이트(Braithwaite)의 재통합적 수치이론(Reintegrative Shaming Theory)에서 수치란 일종의 불승인 표시로서 당사자에게 양심의 가책을 느끼게 하는 것을 의미한다.		1267
51	셀린(Sellin)은 문화갈등에 따른 행위규범의 갈등은 심리적 갈등을 유발하고 이것이 범죄의 원인이 된다고 하였다.		1317
52	챔블리스(Chambliss)는 범죄를 지배적 범죄와 저항적 범죄로 구분하고, 자본가들의 지배에 대항하는 범죄형태를 저항적 범죄라고 하였다.		1318
53	모핏(Moffit)은 비행청소년이 되어가는 경로에 따라 조기 개시형(Early Starters)과 후기 개시형(Late Starters)으로 구분하였다.		1368
54	샘슨과 라웁(Sampson & Laub)의 생애과정이론은 사회유대이론과 사회학습이론을 결합한 합성이론이다.		1369
55	화이트칼라범죄는 범죄행위의 적발이 용이하지 않고 증거수집에 어려움이 있다.		1419
56	화이트칼라범죄는 암수범죄의 비율이 높고 선별적 형사소추가 문제되는 범죄유형이다.		1420
57	아바딘스키(Abadinsky)에 의하면 조직범죄는 내부 구성원이 따라야 할 규칙을 갖고 있고, 이를 위반한 경우에는 상응한 응징이 뒤따른다.		1470
58	아바딘스키(Abadinsky)에 의하면 조직범죄는 조직의 활동이나 구성원의 참여가 일정 정도 영속적이다.		1471
59	사법기관의 공식적 개입을 최소화함으로써 부정적 영향을 감소시키는 전략을 의미하며, 검찰 단계에서의 소년범에 대한 선도조건부 기소유예제도 등이 대표적이다. - 리스(Reiss)와 나이(Nye)의 사회통제이론(social control theories)을 근거로 하고 있고, 대표적 프로그램으로는 경찰 단계에서의 훈방, 통고처분 등이 있다.		1521
60	회복적 사법은 시민에게 갈등과 사회문제의 해결에 참여하는 기회를 제공함으로써 공동체 의식을 강화하는 것을 목표로 한다.		1522
61	경찰 단계에서의 다이버전은 훈방, 경고, 약식명령청구 등이 있다.		1572

62	판례에 따르면 집행유예기간의 시기(始期)에 관하여 명문의 규정을 두고 있지 않으므로 법원은 그 시기를 집행유예를 선고한 판결 확정일 이후의 시점으로 임의로 선택할 수 있다.		1573
63	범죄예방의 접근방법은 개입에만 중점을 두는 반면, 형사사법제도는 개입뿐 아니라 예측 및 평가도 포함한다.		1623
64	범죄예방은 비공식적 사회통제에 중점을 두는 반면, 형사사법제도는 공식적 사회통제에 중점을 둔다.		1624
65	사빌과 클리블랜드(Saville & Cleveland)가 제시한 2세대 환경설계를 통한 범죄예방(CPTED)의 구성요소인 사회적 응집(Social Cohesion), 연계성(Connectivity), 지역사회 문화(Community Culture), 한계수용량(Threshold Capacity) 가운데 핵심 전략(Core Strategy)은 사회적 응집이다.		1674
66	코헨(Cohen)과 펠슨(Felson)의 일상활동이론(Routine Activity Theory)에 의하면 범죄기회가 주어지면 누구든지 범죄를 저지를 수 있다고 본다.		1675
67	레페토(Reppetto)는 범죄자가 한 범죄를 그만두고, 다른 범죄유형으로 옮겨가는 유형, 침입절도가 목표물을 견고화하는 장치에 의해 어려워졌을 때, 침입절도 범죄자들은 대신 강도범죄를 하기로 한 것을 기능적(functional) 전이라 하였다.		1725
68	레페토(Reppetto)가 분류한 전이(Displacement)의 유형 중 영역적(Territorial) 전이 – 상점의 경비가 강화되자 주택을 범행대상으로 선택하는 것		1726
69	에크와 스펠만(Eck & Spelman)이 제시한 SARA 모델의 대응(Response) 단계는 경찰과 지역사회의 다양한 주체가 협력하여 분석된 문제의 원인을 제거하고 해결하는 단계이다.		1776
70	에크와 스펠만(Eck & Spelman)이 제시한 SARA 모델의 평가(Assessment) 단계는 대응 후의 효과성을 검토하는 단계로서 문제해결의 전 과정에 대한 문제점을 분석하고 환류를 통해 대응방안 개선을 도모한다.		1777
71	범죄예측은 기술적인 측면에서 100%의 정확도를 가진 예측은 현실적으로 불가능하므로, 오류 긍정(False Positive)과 오류 부정(False Negative)의 잘못된 결과가 나타날 가능성이 있다.		1827
72	범죄예측은 예측 항목에 성별, 직업, 소득수준 같은 개인의 사회·경제적 지위와 관련된 내용이 포함되는 경우에, 이로 인해 차별대우 등 공평한 사법처리에 반하는 윤리적 문제가 발생할 수 있다.		1828
73	미결구금의 폐해를 줄이기 위한 정책으로는 구속영장실질심사제, 신속한 재판의 원칙, 범죄피해자보상제도, 미결구금 전용수용시설의 확대 등이 있다.		1878
74	대법원 양형위원회가 작성한 양형기준표에 의하면 양형인자는 책임을 증가시키는 가중인자인 특별양형인자와 책임을 감소시키는 감경인자인 일반양형인자로 구분된다.		1879
75	패터슨(G. R. Patterson) 등에 따르면 초기 비행을 경험한 소년들이 후반에 비행을 시작한 소년에 비하여 어릴 때부터 반사회적 환경과 밀접한 관계를 맺음으로써 또래집단 속에서 정상적 사회화를 경험할 기회가 상대적으로 적기 때문에 만성적 범죄자가 될 확률이 높다고 하였다.		1929
76	워렌(M. Q. Warren)에 따르면 비행소년 분류상 신경증적 비행소년에 대한 처우로는 가족집단요법과 개별심리요법이 적절하다고 한다.		1930
77	과학주의: 소년범죄인의 처우를 법률가의 규범적 판단에만 맡기지 않고 여러 전문가의 조언·협조를 받아 그 과학적 진단과 의견을 바탕으로 행한다.		1980
78	협력주의: 소년사법에서는 국가가 전담하는 사법뿐만 아니라 보호자와 관계기관은 물론 사회 전반의 상호부조와 연대의식이 뒷받침되어야 한다.		1981
79	보호자 또는 보호자를 대신하여 소년을 보호할 수 있는 자에게 감호 위탁은 그 기간을 연장할 수 있다.		2031
80	「보호소년 등의 처우에 관한 법률」에 따른 의료재활소년원에 위탁은 그 기간을 연장할 수 있다.		2032

제21회 범죄학·형사정책이론 OX기출훈련

● 답안확인방법: 답안번호를 찾아 정오를 확인하세요.

연번	문제	O×	답안번호
1	간통죄는 헌법재판소가 위헌결정을 내림에 따라 비범죄화 되었다.		54
2	비범죄화는 형법의 보충적 성격을 강조한다.		55
3	코호트연구(Cohort Research)는 특정 지역에 거주하며 공통된 특성을 공유하고 있는 집단을 대상으로 상당 시간 동안 관찰하여 수행하는 것이다.		105
4	추행조사는 대부분의 연구방법들은 시계열적 분석이 미흡하고, 범죄경력의 진전 과정이나 범죄율 증감 과정에 대한 분석이 간과되기 쉽다는 단점을 보완하기 위해 고안되었다.		106
5	암수조사의 방법 중 '피해자 조사'는 암수범죄에 대한 직접적 관찰방법에 해당한다.		156
6	암수범죄는 피해자와 가해자의 구별이 어려운 범죄에 비교적 많이 존재한다.		157
7	케틀레(A. Quetelet)는 암수범죄와 관련하여 반비례의 법칙을 주장하면서, 공식적 통계상의 범죄현상은 실제의 범죄현상을 징표하거나 대표하는 의미가 있다고 보았다.		207
8	수사기관이 범죄의 혐의가 명백히 존재함에도 개인적 편견에 따라 차별적 취급을 한 경우 암수범죄로 볼 수 없다.		208
9	억제이론(Deterrence theory)에서 효과적인 범죄억제를 위해서는 처벌이 확실하고 엄격하며 신속해야 한다.		258
10	억제이론(Deterrence theory)에서 일반억제(general deterrence)는 전과자를 대상으로 한 재범방지에 중점을 둔다.		259
11	실증주의 학파는 범죄행위를 유발하는 범죄원인을 제거하는 것이 범죄통제에 효과적이라고 본다.		309
12	실증주의 학파는 범죄행위의 사회적 책임보다는 위법 행위를 한 개인의 책임을 강조한다.		310
13	크리스찬센(Christiansen)은 쌍생아 연구를 통해 유전적 소질이 범죄원인으로 작용하는지를 탐구하였다.		360
14	롬브로조(Lombroso)는 생물학적 퇴행성 때문에 범죄를 저지를 수밖에 없는 유형의 범죄자는 교정의 효과를 거의 기대할 수 없기 때문에 영구격리 또는 도태처분을 해야 한다고 하였다.		361
15	따르드는 롬브로소(Lombroso)의 견해를 지지하면서 과학적 방법을 통해 범죄유발요인을 규명하려 했다.		411
16	타르드의 모방의 법칙은 서덜랜드(Sutherland)의 차별적 접촉이론으로부터 많은 영향을 받았다.		412
17	라카사뉴(Lacassagne) - 사회는 범죄를 예비하고, 범죄자는 그것을 실천하는 도구에 불과하다.		462
18	고링(Goring)은 롬브로소(Lombroso)의 생래적 범죄자의 생물학적 열등성에 대한 연구방법에 문제가 있다고 비판하였다.		463
19	어떠한 범죄가 화이트칼라범죄인지 여부는 범죄자의 사회적 지위만으로 판단할 수 있는 것이 아니다.		513
20	서덜랜드(Sutherland)에 따르면 화이트칼라범죄는 사회적 지위가 높은 사람이 그 직업 활동과 관련하여 행하는 범죄로 정의된다.		514

21	국제형사학협회(IKV)는 범죄인을 기회범과 상태범으로 분류한다.		564
22	덕데일(Dugdale)은 범죄는 유전의 결과라는 견해를 밝힌 대표적인 학자이다.		565
23	헤어(Hare)는 사이코패스에 대한 표준화된 진단표(PCL-R)를 개발하였으며, 오늘날 사이코패스 검사 도구로 광범위하게 사용되고 있다.		615
24	슈나이더(Schneider)는 대부분의 범죄자가 정신병질자이므로 정신치료에 초점을 맞추어야 한다고 주장하였다.		616
25	비행성이 있는 성격과 그렇지 않은 성격을 구분하기 위한 수단으로 개발됐다. 세계적으로 많이 쓰이고 있는 14세 이상 정상인 대상의 성격 측정 지필검사도구는 MBTI 검사다.		666
26	슈나이더(Schneider)의 정신병질 의지박약성 – 모든 환경에 저항을 상실하여 우왕좌왕하고, 지능이 낮은 성격적 특징을 가지고 있으며, 인내심과 저항력이 빈약하다. 상습범, 누범에서 이러한 정신병질이 많이 발견된다.		667
27	사회해체이론에 의하면 범죄는 개인적인 차이에 의한 것이라기보다는 환경적 요인들을 범죄의 근원적 원인으로 본다.		717
28	사회해체이론에 의하면 범죄의 발생이 비공식적인 감시기능의 약화에서 비롯되는 것으로 설명하기도 한다.		718
29	머튼은 목표달성을 위한 합법적 수단에 대한 접근은 하류계층에게 더 제한되어 있다.		768
30	머튼의 아노미이론에서는 합법적 수단이 제한된 하류계층 사람들은 비합법적인 수단을 통해서라도 목표를 달성하려고 한다.		769
31	밀러는 하류계층의 문화를 고유의 전통과 역사를 가진 독자적 문화로 보았다.		819
32	밀러(Miller)는 하류계층의 여섯 가지 주요한 관심의 초점은 사고치기(trouble), 강인함(toughness), 영악함(smartness), 흥분추구(excitement), 운명(fate), 자율성(autonomy)이다.		820
33	울프강(Wolfgang)과 페라쿠티(Ferracuti)는 폭력적 하위문화에서 폭력적 태도는 차별적 접촉을 통하여 형성된다.		870
34	울프강(Wolfgang)과 페라쿠티(Ferracuti)는 폭력적 하위문화라도 모든 상황에서 폭력을 사용하지는 않는다.		871
35	서덜랜드(E. H. Sutherland)의 차별적 접촉이론에 의하면 범죄행위의 학습 과정과 정상 행위의 학습 과정은 동일하다.		921
36	서덜랜드(Sutherland)의 차별적 접촉이론은 범죄원인으로는 접촉의 경험이 가장 큰 역할을 한다고 보아, 나쁜 친구들을 사귀면 범죄를 저지를 것이라는 단순한 등식을 제시했다.		922
37	버제스(Burgess)와 에이커스(Akers)의 차별적 강화이론도 차별적 접촉이론과 마찬가지로 범죄행위의 학습에 기초하고 있다.		972
38	그레이저(Glaser)의 차별적 동일시이론(differential identification theory)은 자신과 동일시하려는 대상이나 자신의 행동을 평가하는 준거집단의 성격보다는 직접적인 대면접촉이 범죄학습 과정에서 더욱 중요하게 작용한다고 본다.		973
39	애그뉴(Agnew)의 일반긴장이론은 아노미 이론에 비해 긴장을 보다 개인적 수준에서 바라보았다.		1023
40	애그뉴(Agnew)의 일반긴장이론은 긴장의 원인을 다양화하였다.		1024
41	갓프레드슨(Gottfredson)과 허쉬(Hirschi)의 자기통제이론에 의하면 자기통제능력의 상대적 수준이 부모의 양육방법으로부터 큰 영향을 받는다고 주장한다.		1074
42	갓프레드슨(Gottfredson)과 허쉬(Hirschi)의 자기통제이론에 의하면 어린 시절 형성된 자기통제능력의 결핍이 모든 범죄의 원인이라고 주장한다.		1075

43	낙인이론(Labeling Theory)은 범죄자에 대한 시설 내 처우의 축소와 사회 내 처우의 확대를 주장하였다.		1125
44	낙인이론(Labeling Theory)은 사회적 위험성이 없는 행위는 범죄목록에서 제외해야 한다고 주장하였다.		1126
45	지역사회의 전통적인 기관들이 주민들의 행동을 규제하지 못하고, 지역사회의 공통문제를 자체적으로 해결할 수 있는 능력을 상실하면 범죄율이 높아진다. - 사회해체이론		1176
46	인간은 범죄성을 본질적으로 지니고 있기 때문에 그대로 두면 누구든지 범죄를 저지를 것이라는 가정에서 출발한다. - 통제이론		1177
47	비행을 저지르려고 하다가 부모가 실망하고 슬퍼할 것을 떠올리고 그만두었다. - 통제이론		1227
48	싸움이나 사고치는 것은 스릴 있는 일이며, 사고를 치더라도 체포와 처벌을 교묘히 피한다면 멋있다. - 범죄적 하위문화론		1228
49	밀러(Miller)의 하류계층문화이론에 의하면 범죄와 비행은 중류계층의 가치를 거절하는 것이 아니라 그들만의 독특한 하류계층문화 자체가 집단비행을 발생시킨다고 보았다.		1278
50	밀러(Miller)가 하류계층 사람들의 중심적인 관심사항으로 제시한 내용 중 자율성(autonomy)은 코헨(Cohen)이 주장한 비행하위문화이론의 자율성과 동일한 개념에 해당한다.		1279
51	퀴니(Quinney)는 법이 집행되는 과정에서 특정한 집단의 구성원이 범죄자로 규정되는 과정에 주목하였다.		1329
52	퀴니(Quinney)는 피지배집단(노동자계급)의 범죄를 적응범죄와 대항범죄로 구분하였다.		1330
53	티틀(Title)은 통제균형이론(Control-Balance Theory)에서 강제적이고 비일관적인 통제가 가장 심각한 범죄를 유발한다고 주장하였다.		1380
54	인생항로이론은 인간이 성숙해 가면서 그들의 행위에 영향을 주는 요인도 변화한다는 사실을 인정한다.		1381
55	엑스너(Exner)는 전쟁을 진행 단계별로 나누어 전쟁과 범죄의 관련성을 설명하였다.		1431
56	매스컴과 범죄의 관계에서 자극성가설에 의하면 매스컴이 묘사하는 범죄실행장면이 모방심리를 자극함으로써 범죄를 유발한다고 한다.		1432
57	생활양식노출이론(Lifestyle-Exposure Theory)은 힌델랑(Hindelang)과 그의 동료들이 연구하였다.		1482
58	생활양식노출이론(Lifestyle-Exposure Theory)은 개인의 방어능력(guardianship)과 노출(exposure)이 개인의 범죄피해자화에 영향을 미친다고 설명하는 이론이다.		1483
59	구금에 의한 무능력화(incapacitation) 전략은 범죄자들을 감금함으로써 그들이 범죄를 범할 기회를 줄이려는 시도이다.		1533
60	구금에 의한 무능력화(incapacitation) 전략은 각종 범죄자들에 대한 무능력화가 늘어나게 되면 교도소가 만원이 되어 교정시스템의 운영에 막대한 예산이 투입된다는 단점이 있다.		1534
61	비범죄화론은 약물범죄와 같은 공공질서 관련 범죄에 대해서 많이 주장되고 있다.		1584
62	다이버전은 재판절차 전 형사개입이라는 점에서 또 다른 형사사법절차의 창출이라는 비판도 있다.		1585
63	환경설계를 통한 범죄예방(CPTED)모델은 사전적 범죄예방을 지향한다.		1635
64	일상활동이론(routine activity theory)에서는, 범죄예방에 관하여 범죄자의 범죄 성향이나 동기를 감소시키는 것보다는 범행 기회를 축소하는 것이 강조된다.		1636

65	범죄삼각형은 일상활동이론(Routine Activity Theory)의 3요소가 시·공간에서 수렴했을 때 범죄가 발생한다는 것을 도식화한 것이다.	1686
66	두 모형은 범죄문제 해결 및 예방을 위한 환경설계를 통한 범죄예방(CPTED) 및 상황적 범죄 예방기법과 밀접한 관련이 있다.	1687
67	레페토가 제안한 전이의 유형 중 전술적 전이는 범죄자가 동종의 범죄를 저지르기 위해 새로운 수단을 사용하는 것을 말한다.	1737
68	레페토가 제안한 전이의 유형 중 목표의 전이는 범죄자가 같은 지역에서 다른 피해자를 선택하는 것을 말한다.	1738
69	1928년에 버제스(E.W. Burgess)는 '경험표'라고 불렀던 예측표를 작성하여 객관적인 범죄예측의 기초를 마련하였다.	1788
70	수사단계에서의 범죄예측은 수사를 종결하면서 범죄자에 대한 처분을 내리는 데에 중요한 역할을 할 수 있다.	1789
71	형벌의 목적으로 현대의 교정목적은 응보형주의를 지양하고, 교육형주의의 입장에서 수형자를 교정·교화하여 사회에 복귀시키는 데에 중점을 둔다.	1839
72	형벌의 본질과 목적상 응보형주의에 따르면 범죄는 정의에 반하는 악행이므로 범죄자에 대해서는 그 범죄에 상응하는 해악을 가함으로써 정의가 실현된다.	1840
73	단기자유형의 경우 수형시설 내 범죄자들의 범죄성향에 오염될 위험성이 높아 형벌의 예방적 효과를 위태롭게 한다는 문제점이 지적된다.	1890
74	단기자유형을 선고받고 복역한 후에는 누범문제가 제기되어 3년 동안 집행유예 결격 사유가 발생할 수 있다.	1891
75	바톨라스(C. Bartolas)의 소년교정모형 중 범죄통제모형 – 지금까지 소년범죄자에 대하여 시도해 온 다양한 처우 모형들이 거의 실패했기 때문에 유일한 대안은 강력한 조치로서 소년범죄자에 대한 훈육과 처벌뿐이다.	1941
76	워렌(Waren)이 제시한 비행소년 유형분류 중 동조자 유형은 일관성 없는 훈육이나 적정한 성인모형의 부재에서 기인한다.	1942

77	사회적 처우(개방처우) 중 보스탈(Borstal) 제도는 경미범죄를 저지른 성인범죄자의 교정·교화를 위한 사회적 처우이다.		1992
78	사회적 처우(개방처우)는 가족, 친지 등과의 유대를 지속시켜 범죄자의 갱생 의욕을 자극할 수 있다.		1993
79	「형법」상 형기에 산입된 판결선고 전 구금일수는 가석방을 하는 경우 집행한 기간에 산입한다.		2043
80	「형법」상 사형이 무기징역으로 특별감형된 경우 사형집행 대기기간을 가석방에 필요한 형의 집행기간에 산입할 수 있다.		2044

제22회 범죄학·형사정책이론 OX기출훈련

◉ 답안확인방법: 답안번호를 찾아 정오를 확인하세요.

연번	문제	○×	답안번호
1	자연적 범죄개념은 범죄 가운데 시간과 문화를 초월하여 인정되는 범죄행위가 존재한다고 보고, 이는 형법상 금지여부와 상관없이 그 자체의 반윤리성·반사회성으로 인해 비난받는 범죄행위이다.		50
2	법률상 비범죄화는 국회의 입법으로 법률이 폐지되거나 헌법재판소의 위헌결정 등에 의한 비범죄화를 의미한다.		51
3	범죄통계표 분석: 기본적으로 사회 내에서 "얼마나 많은 범죄가 발생하는가."를 중심내용으로 하는 연구방법이다.		101
4	실험적 방법: 경험과학에서 가장 효과적인 방법 가운데 하나로서 보통 새로운 형사제도의 효율성을 점검하는 데 많이 이용된다.		102
5	경찰의 「범죄통계」는 각 경찰관서에서 입력한 범죄발생 사항을 집계한 것으로 범죄발생 및 검거, 범죄발생 상황, 범죄자 및 피해자 특성에 대한 내용을 포함한다.		152
6	자기보고식조사는 보통 설문조사를 통하여 지난 1년 동안 각 유형별로 몇 건의 범죄를 했는지를 질문하는 방식인데, 익명조사로 이루어지는 경우가 많다.		153
7	범죄피해조사는 응답자의 기억에 오류가 있을 수 없기에 비교적 정확히 범죄의 수준을 파악할 수 있다.		203
8	공식범죄통계를 통해서 범죄현상의 내재적 상관관계나 범죄원인을 밝힐 수 있다.		204
9	최근 범죄학 연구에서는 여러 이론을 통합하여 종합적으로 설명하는 새로운 경향이 등장하였다.		254
10	범죄 및 범죄원인에 대한 설명으로 미시적 환경론과 거시적 환경론은 개인의 소질보다는 각자가 처해있는 상황을 주요한 범죄발생원인으로 고려한다는 점에서 유사하다.		255
11	고전주의 학파에 의하면 인간에 대한 과학적 분석을 통해 범죄원인을 규명하고자 하였다.		305
12	고전주의 학파에 의하면 인간은 기본적으로 자유의지를 가진 합리적·이성적 존재이다.		306
13	페리는 범죄방지를 위해서는 법률제도 및 사회제도의 근본적 개량이 필요하다고 주장하였다.		356
14	고링(Goring)은 범죄행위란 범죄자와 일반인의 신체적 차이가 아닌, 유전학적 열등성에 의한 것이라고 주장하였다.		357
15	타르드(Tarde)의 거리의 법칙에 의하면 모방은 시골보다는 도시지역에서 쉽게 발생한다.		407
16	타르드(Tarde)의 삽입의 법칙에 의하면 처음에 단순한 모방이 유행이 되고, 유행은 관습으로 변화·발전된다.		408
17	리스트(Liszt)는 부정기형의 폐지, 단기자유형의 활용, 강제노역의 폐지 등을 주장하였다.		458
18	리스트(Liszt)는 형벌의 주된 목적을 응보로 이해하였다.		459
19	화이트칼라범죄(white-collar crime)라는 용어는 서덜랜드(Sutherland)가 최초로 사용하였다.		509
20	준수전략은 화이트칼라 범죄의 통제방법 중 법을 따르도록 시장의 인센티브를 만들려는 시도로 행위자보다 행위에 초점을 맞추는 전략이다.		510

21	폴락(Pollak)은 여성이 남성에 비해 범죄행위를 덜 할 뿐만 아니라, 은폐되는 경향이 있기 때문에 통계상 적게 나타난다고 하였다.	560
22	여성이 남성에 비해 가벼운 처벌을 받는 이유로는 사법당국의 남성들이 발휘하는 기사도 정신이나 여성에 대한 온정주의가 있다.	561
23	정신치료감호소에 있는 폭력범죄자들의 경우 이것의 수치가 높을수록 과도한 공격성을 보였으나, 반대로 폭력범죄자들에게 낮은 수치가 발견되기도 하였다. 결국 높고 낮은 수치 모두 도구적 공격성과 관계가 있는 신경전달물질은 노르에피네프린(Norepinephrine)이다.	611
24	"마틴은 기독교 집안에서 자란 청년으로 미국 독립전쟁에 참전 후 귀가하던 도중 하룻밤 묵게 된 여관에서 지적장애를 가진 여성 종업원과 성관계를 맺었다. 그 후 자신의 고향에 돌아와 기독교인 여성과 결혼한 후 건실한 가정을 꾸리고 살았다. 연구자는 이 두 여성으로부터 태어난 마틴의 4대째 후손들까지를 조사하였는데, 이후에 결혼한 여성에게서 태어난 후손들 중에는 법률가, 성직자, 의사 등 사회적으로 성공한 사람들이 많았고 범죄자는 한 명도 없었다. 그에 비해 지적장애를 가진 여성 종업원으로부터 태어난 후손들은 절반 이상이 지적장애인이나 범죄자였다. 연구자는 이러한 연구결과를 토대로 부모의 범죄성향이 전적으로 유전에 의해 자식에게 대물림된다고 주장하였다. 하지만 이러한 연구결과만으로는 자식이 부모의 범죄성향을 닮은 이유가 순전히 유전에 의한 것인지 아니면 부모가 자식에게 제공한 환경의 영향 때문인지에 대해 명확한 해답을 제시할 수 없다는 비판을 받는다."-고다드(Goddard)의 칼리카크(Kallikak)가문에 관한 연구이다.	612
25	짐바르도(Zimbardo)는 선량한 인간이 어떻게 악인으로 변하게 되는지를 설명하기 위해 루시퍼 효과(Lucifer Effect)라는 용어를 사용하였다.	662
26	짐바르도(Zimbardo)는 모의교도소 실험을 통해 인간의 행위와 본성을 연구하였다.	663
27	초기 시카고학파의 학자들은 생태학적 오류(ecological fallcy)를 극복하지는 못했다는 평가를 받는다.	713
28	쇼(Shaw)와 맥케이(Mckay)의 사회해체이론은 사회해체의 요소로 낮은 경제적 지위, 민족적 이질성, 거주불안정성 등을 주장하였다.	714
29	머튼(Merton)의 아노미이론에 대한 설명으로 '순응형(Conformity)'은 안정적인 사회에서 가장 보편적인 행위유형으로서 문화적인 목표와 제도화된 수단을 부분적으로만 수용할 때 나타난다.	764
30	머튼(Merton)의 아노미이론에 대한 설명으로 '혁신형(Innovation)'은 문화적인 목표에 집착하여 부당한 수단을 통해서라도 성공을 달성하려는 행위유형으로 이욕적 범죄가 대표적이다.	765
31	애그뉴(Agnew)의 일반긴장이론에 의하면 하류계층 청소년들이 중류사회의 성공목표를 합법적으로 성취할 수 없는 긴장상태에 놓였을 때, 경험하는 죄책감, 불안감, 증오심을 지위좌절(Status Frustration)이라고 하였다.	815
32	밀러(Miller)의 하류계층 문화이론(lower-class culture theory)은 하류계층의 비행을 '중류층에 대한 반발에서 비롯된 것'이라는 코헨(Cohen)의 주장에 반대하고 그들만의 독특한 하류계층문화 자체가 집단비행을 발생시킨다고 보았다.	816
33	클로워드(Cloward)와 올린(Ohlin)은 머튼(Merton)의 아노미이론(Anomie Theory)과 사이크스(Sykes)와 맛차(Matza)의 중화이론(Neutralization Theory)을 확장하여 범죄원인을 설명하였다.	866
34	밀러(Miller)는 하류계층에 중류계층의 문화와는 구별되는 독자적인 문화가 있다고 설명하였다.	867
35	갓프레드슨(Gottfredson)과 허쉬(Hirschi)의 자기통제이론은 범죄를 설명함에 있어 청소년기에 경험하는 다양한 환경적 영향요인을 충분히 고려하지 않는다는 비판이 제기되어 왔다.	917
36	갓프레드슨과 허쉬는 어린 시절 형성된 자기통제능력의 결핍이 범죄의 원인이라고 주장하였다.	918

37	서덜랜드(Sutherland)의 차별적 접촉이론은 범죄자의 학습과정과 비범죄자의 학습과정에 차이가 있다는 데에서 출발한다.		968
38	"인간의 본성은 악하기 때문에 그냥 두면 범죄를 저지를 위험성이 높습니다. 그래서 어릴 때부터 부모나 주변 사람들과의 정서적 유대를 강화하여 행동을 통제해야 합니다." - 허쉬의 사회연대이론		969
39	'이 사회를 운영하는 지도층도 다들 부패했고 도둑놈들이기 때문에 법을 어기는 것은 괜찮아. 그들은 내가 하는 것에 대해서 비판하는 위선자들일 뿐이야. 그렇게 존경받는 사람들이 저지르는 화이트칼라범죄를 봐.'는 사이크스(Sykes)와 마차(Matza)의 중화기술 중 비난자에 대한 비난(Condemnation of Condemners)이다.		1019
40	뒤르켐(Durkheim)의 아노미이론(Anomie Theory)은 미시적 관점이다.		1020
41	갓프레드슨(Gottfredson)과 허쉬(Hirschi)의 낮은 자기통제(low self-control)에 의하면 폭력범죄부터 화이트칼라범죄에 이르기까지 모든 범죄를 낮은 자기통제의 결과로 이해한다.		1070
42	갓프레드슨(Gottfredson)과 허쉬(Hirschi)의 낮은 자기통제(low self-control)에 의하면 순간적인 쾌락과 즉각적 만족에 대한 욕구가 장기적 관심보다 클 때 범죄가 발생한다.		1071
43	낙인이론은 일차적 일탈의 원인이나 범죄피해자에 대한 관심이 적다는 비판이 있다.		1121
44	낙인이론(Labeling Theory)은 공식적 처벌이 가지는 긍정적 효과보다는 부정적 효과에 주목하였다.		1122
45	사회유대이론(social bond theory) - 부모와의 애착이 강한 청소년일수록 비행가능성이 낮다.		1172
46	낙인이론(labeling theory) - 어려서부터 문제아로 불리던 사람은 성인이 되어서도 범죄성향이 강하게 나타난다.		1173
47	베까리아(C. Beccaria)의 고전주의 범죄학 - 범죄를 처벌하는 것보다 범죄를 예방하는 것이 더욱 바람직하다.		1223
48	코헨과 펠슨(L. Cohen & M. Felson)의 일상활동이론 - 일상활동의 구조적 변화가 동기부여된 범죄자, 적절한 범행대상 및 보호의 부재라는 세 가지 요소에 대해 시간적·공간적으로 영향을 미친다.		1224
49	브레이스웨이트(Braithwaite)의 재통합적 수치심은 양심의 가책을 느끼도록 하되 지역사회와 재통합하는 노력을 병행함으로써 미래 범죄의 가능성을 줄이려는 의도를 내포하고 있다.		1274
50	사이크스(Sykes)와 맛짜(Matza)에 의하면 비행소년들이 범죄자와 접촉하는 과정에서 전통의 규범을 중화시키는 기술을 습득하게 된다고 한다.		1275
51	터크(A. Turk)의 범죄화론 - 사회적으로 권력이 있는 집단이 하층계급의 사람들에게 그들의 실제 행동과는 관계없이 범죄자라는 신분을 부여할 수 있다는 측면에서 피지배집단의 범죄현상을 이해한다.		1325
52	갈등론은 범죄는 자본주의 사회의 본질적인 불평등과 밀접한 관련이 있다고 본다.		1326
53	발달범죄이론에서 범죄경력을 중단하는 계기가 되는 중요한 사건으로는 결혼과 취업이 있다.		1376
54	티틀(Title)은 통제균형이론(Control-Balance Theory)에서 개인이 받는 통제의 양과 개인이 행사할 수 있는 통제의 양이 일탈의 확률을 결정한다는 '통제 비율(control ratio)'을 제시하였다.		1377
55	케틀레(A. Quetelet)는 인신범죄는 따뜻한 지방에서, 재산범죄는 추운 지방에서 상대적으로 많이 발생한다고 한다.		1427
56	경기와 범죄는 상관관계가 없다는 주장도 있지만, 일반적으로 불황기에는 호황기에 비해 재산범죄가 많이 발생한다고 한다.		1428

57	생활양식·노출이론(Lifestyle-Exposure Theory)은 인구통계학적, 사회구조적 요인이 개인별 생활양식의 차이를 야기하고 이러한 생활양식의 차이가 범죄피해 가능성의 차이로 이어진다고 본다.	1478
58	코헨(Cohen)과 펠슨(Felson)의 일상활동이론(Routine Activity Theory)은 사람들의 일상활동에 영향을 미친 사회변화에 관한 거시적 차원의 고찰이 없다는 비판을 받는다.	1479
59	회복적사법의 써클 모델(circle)은 아메리칸 인디언과 캐나다 원주민들에 의해 사용되던 것으로 범죄상황을 정리하여 피해자와 가해자를 공동체 내로 재통합하려는 시도이다.	1529
60	회복적사법 중 미국에서 시행된 가장 대규모의 회복적 사법제도는 버몬트주의 배상적 보호관찰 프로그램이다.	1530
61	경찰단계에서의 전환처우는 훈방, 통고처분 등이 있다.	1580
62	전환처우는 형사사법절차에서 적법절차의 원리를 강화하기 위한 것이다.	1581
63	레피토는 범죄의 전이양상을 시간적 전이, 전술적 전이, 목표물 전이, 지역적 전이, 기능적 전이의 5가지로 분류하였다.	1631
64	적극적 일반예방 이론은 형벌이 사회의 규범의식을 강화해 주는 효과를 가짐으로써 범죄가 예방된다고 보는 것이다.	1632
65	에크(Eck)가 제시한 범죄의 삼각형 모형인데 ㉠은 적절한 범행대상 목표물로 범죄자가 갖거나 통제하고 싶은 어떤 대상을 의미한다.	1682
66	에크(Eck)가 제시한 범죄의 삼각형 모형인데 ㉡은 보호자(Guardians)로서 범죄자와의 사적 유대관계를 통해 법위반을 억제한다.	1683
67	레페토(Reppetto)의 전술적 전이(Tactical Displacement)란 범죄에 사용하는 범행수법을 바꾸는 것을 의미한다.	1733
68	어떤 지역에서 범죄 예방활동이 행해지면 그러한 범죄 예방 활동이 없는 다른 지역으로 이동하는 경우는 레페토(Reppetto)의 범죄 전이(crime displacement)유형 중 전술적 전이에 속한다.	1734
69	범죄예측의 네 가지 요소 중 타당성: 예측의 목적에 따라서 예측이 합목적적 방법으로 수행되는 것을 의미한다.	1784

70	범죄예측은 사실상 범죄자의 재범위험성에 대한 예측이기 때문에, 브랜팅햄(Brantingham) 과 파우스트(Faust)의 범죄예방모형에 따르면, 3차적 범죄예방에 해당한다.		1785
71	소극적 일반예방은 형벌을 통해 범인을 교육 · 개선함으로써 범죄자의 재범을 예방한다.		1835
72	소극적 일반예방은 형벌을 통해 일반인의 규범의식을 강화하여 사회의 규범 안정을 도모한다.		1836
73	단기자유형의 대체방안으로 벌금형의 활용, 선고유예나 집행유예제도의 활용 등이 거론된다.		1886
74	단기자유형의 개선방안으로 주말구금, 휴일구금 등을 통한 탄력적인 구금제도의 활용이 있다.		1887
75	바톨라스(Bartollas)와 밀러(Miller)의 최소제한모형(least-restrictive model) – 비행소년 에 대해서 소년사법이 개입하게 되면, 이들 청소년들이 지속적으로 법을 위반할 가능성이 증 대될 것이다.		1937
76	바톨라스(C. Bartolas)의 소년교정모형 중 의료모형 – 비행소년은 통제할 수 없는 요인에 의 해서 범죄자로 결정되어졌으며, 이들은 사회적 병질자이기 때문에 처벌의 대상이 아니라 치료 의 대상이다.		1938
77	소년 보호사건의 기록과 증거물은 소년부 판사의 허가를 받은 경우에만 열람하거나 등사할 수 있으며, 보조인이 심리 개시 결정 후에 소년 보호사건의 기록과 증거물을 열람하는 경우에 소년부 판사의 허가를 받아야 한다.		1988
78	형벌 법령에 저촉되는 행위를 한 10세 이상 14세 미만인 소년도 「소년법」의 규율대상으로 하 는 것은 비밀주의와 직접 관련이 있는 규정이다.		1989
79	「특정중대범죄 피의자 등 신상정보 공개에 관한 법률」상 특정중대범죄사건의 피의자가 미성 년자인 경우에는 신상정보를 공개하지 아니한다.		2039
80	「특정중대범죄 피의자 등 신상정보 공개에 관한 법률」상 검사와 사법경찰관은 피의자의 얼굴 을 공개하기 위하여 필요한 경우 피의자를 식별할 수 있도록 피의자의 얼굴을 촬영할 수 있고, 이 경우 피의자는 이에 따라야 한다.		2040

제23회 범죄학·형사정책이론 OX기출훈련

◉ 답안확인방법: 답안번호를 찾아 정오를 확인하세요.

연번	문제	○×	답안번호
1	비범죄화의 논의 대상으로 피해자 없는 범죄(성매매, 마리화나 흡연 등 경미한 마약사용, 단순도박 등), 비영리적 공연음란죄, 음화판매죄, 사상범죄 등이 있다.		58
2	비범죄화란 지금까지 형법에 범죄로 규정되어 있던 것을 폐지하여 범죄목록에서 삭제하거나 형사처벌의 범위를 축소하는 것으로 그 대상범죄로는 단순도박죄, 낙태죄 등이 제시된다.		59
3	범죄학 연구방법으로 양적연구는 질적연구에 비해 연구결과의 외적 타당성을 확보하기 어렵다는 단점이 있다.		109
4	범죄학 연구방법으로 실험연구는 연구자가 필요한 조건을 통제함으로써 내적 타당성을 확보하기에 용이하다.		110
5	상대적 암수범죄의 원인은 수사기관에서 처리한 모든 범죄가 기소되는 것은 아니다.		160
6	상대적 암수범죄의 원인은 기소된 모든 범죄가 법원에서 유죄판결을 받는 것은 아니다.		161
7	설문조사는 정치범죄, 가정범죄 등 내밀한 관계 및 조직관계에서 일어나는 범죄의 암수를 밝히는 데에 적합하다.		211
8	상점절도를 숨긴 카메라로 촬영하거나 유리벽을 통해 관찰하는 등의 참여적 관찰 방법은 인위적 관찰 방법에 속한다.		212
9	억제는 고전주의 범죄학파의 주요 개념 중 하나이다.		262
10	효과적인 범죄억제를 위해서는 처벌이 확실하고 엄격하며 신속해야 한다.		263
11	베카리아(Beccaria)에 의하면 형벌은 범죄에 비례하지 않으면 안 되며 법률에 의해 규정되어야 한다.		313
12	베카리아(Beccaria)에 의하면 사형은 예방 목적의 필요한 한도를 넘는 불필요한 제도로서 폐지되어야 한다.		314
13	가로팔로(Garofalo)는 정상적인 사람은 정직성, 동정심, 성실 등과 같은 이타적 정서를 기본적으로 지니고 있는데 반해 범죄자는 이러한 정서가 결핍되었다고 하였다.		364
14	롬브로조(Lombroso)는 자유의지에 따라 이성적으로 행동하는 인간을 전제로 하여 범죄의 원인을 자연과학적 방법으로 분석하였다.		365
15	타르드(Tarde)의 모방의 법칙 중 거리의 법칙에 따르면 모방의 강도는 사람 간의 거리에 비례하고 사람과 얼마나 밀접하게 접촉하고 있는가에 반비례한다.		415
16	타르드(Tarde)의 모방의 법칙 중 방향의 법칙에 따르면 대개 열등한 사람이 우월한 사람을 모방하는 방향으로 진행된다.		416
17	랑게(Lange)는 일란성 쌍둥이가 이란성 쌍둥이보다 범죄를 저지를 가능성이 높다고 하였다.		466
18	표출적 범죄(expressive crime)는 특정한 목적이나 목표를 위해 동기부여된 범죄이다.		467
19	화이트칼라범죄는 범죄로 인한 피해의 규모가 크기 때문에 행위자는 죄의식이 크고 일반인은 범죄의 유해성을 심각하게 생각하는 것이 특징이다.		517
20	「마약류 관리에 관한 법률」에 따르면 마약류란 마약·향정신성의약품 및 대마를 말한다.		518

21	랑게(Lange)는 가계 연구에서 밝히기 어려운 범죄성에 대한 유전과 환경의 관계를 밝히기 위해 쌍생아 연구를 하였다.	568
22	허칭스와 매드닉(Hutchings & Madnick)의 연구에 따르면, 친부와 양부 모두 범죄경력이 있는 경우가 한 쪽만 범죄경력이 있는 경우에 비해 입양아의 범죄 가능성에 더 큰 영향력을 미치는 것으로 나타났다.	569
23	사이코패스(정신병질)에 가장 많이 사용되는 진단도구는 슈나이더(Schneider)가 개발한 PCL-R이다.	619
24	사이코패스(정신병질)는 무정성 정신병질자로 롬브로조(Lombroso)가 말한 생래적 범죄인에 가깝다.	620
25	슈나이더(Schneider)의 정신병질 발양성 - 자신의 운명과 능력에 대해 과도하게 비관적이며, 경솔하고 불안정한 특징을 보인다. 현실가능성이 없는 약속을 남발하기도 한다. 상습사기범과 무전취식자 등에서 이러한 정신병질이 많이 발견된다.	670
26	슈나이더(K. Schneider)의 정신병질 유형 중 무력성 - 충동적 살상범, 폭행범, 손괴범	671
27	사회해체이론에 관한 설명으로 버식과 웹(Bursik & Webb)은 사회해체지역에서는 공식적인 행동 지배규범이 결핍되어 있으므로 비공식적인 감시와 지역주민에 의한 직접적인 통제가 어렵다고 주장하였다.	721
28	사회해체이론에 관한 설명으로 콘하우저(Kornhauser)는 사회해체가 진행된 지역에 비행하위문화가 형성되어야만 무질서 및 범죄가 발생된다고 주장하였다.	722
29	머튼(Merton)의 아노미이론에서 제시한 개인의 적응방식 중 사업이 수차례 실패로 끝나자 자신의 신세를 한탄하면서 부랑생활을 하는 자 - 회피형(retreatism)	772
30	머튼(Merton)의 아노미이론에서 제시한 개인의 적응방식 중 환경보호를 이유로 공공기관이 시행하는 댐건설현장에서 공사 중단을 요구하며 시위를 하는 자 - 반역형(rebellion)	773
31	밀러(Miller)의 하류계층 문화이론(lower-class culture theory)은 하류계층의 비행이 반항도 혁신도 아닌 그들만의 독특한 '관심의 초점'을 따르는 동조행위라고 보았다.	823
32	밀러(Miller)의 하류계층 문화이론(lower-class culture theory)은 하류계층의 문화를 범죄적 하위문화, 갈등적 하위문화, 도피적 하위문화로 분류하였다.	824
33	클로워드(Cloward)와 올린(Ohlin)의 차별적 기회이론에 의하면 폭력적 하위문화는 사회해체 정도가 심한 지역에서 형성된 하위문화로, 이중의 실패(double failures)를 경험한 사람들이 주를 이룬다.	874
34	클로워드(Cloward)와 올린(Ohlin)은 합법적 수단 사용이 차단된 개인은 곧바로 비합법적 수단을 사용할 것이라는 머튼(Merton)의 가정에 동의하지 않는다.	875
35	서덜랜드(Sutherland)의 차별접촉이론(differential association theory)에 의하면 법 위반에 대한 비우호적 정의에 비해 우호적 정의를 더 많이 학습한 사람은 비행을 하게 된다.	925
36	서덜랜드(Sutherland)의 차별접촉이론(differential association theory)에 의하면 범죄행위가 학습될 때 범죄의 기술, 동기, 충동, 합리화, 태도 등도 함께 학습된다.	926
37	동일시(identification)는 에이커스(R. Akers)의 사회학습이론이 개인의 범죄활동을 설명하기 위하여 제시한 네 가지 개념의 하나이다.	976
38	에이커스(R. Akers)의 사회학습이론이 개인의 범죄활동을 설명하기 위하여 제시한 네 가지 개념 - ① 차별접촉(differential association) ② 정의(definition) ③ 차별강화(differential reinforcement) ④ 모방(imitation)	978
39	메스너와 로젠펠드(Messner & Rosenfeld)의 제도적 아노미 이론(Institutional Anomie Theory)은 미시적 관점이다.	1027

40	나이(Nye)에 따르면 소년비행을 예방할 수 있는 방법 중 가장 효율적인 것은 비공식적 간접통제방법이다.	1028
41	"어려서부터 유망한 야구선수였던 A는 고교 진학 후 좋은 성적을 내야 한다는 심리적 부담과 급작스런 부상으로 야구를 그만두고 비행친구와 어울리게 된다. 하지만, 소속팀을 떠나 음주, 흡연, 성인오락실 출입 등 방황과 일탈로 시간을 보내던 중, 자신이 정말 원하고 좋아하는 일이 야구 그 자체였음을 깨닫고 다시 어렵사리 야구부로 돌아왔다. 일탈적 생활습관이 추후 선수생활을 유지하는 데 지장을 줄 수 있다고 생각하여 비행친구의 유혹을 뿌리치고 운동에만 매진하게 되었다." - 허쉬(Hirschi)의 사회유대이론에 따르면 A가 야구부 복귀 후 비행친구의 유혹을 뿌리치고 운동에만 매진하는 것은 전념(Commitment)에 해당한다.	1078
42	"어려서부터 유망한 야구선수였던 A는 고교 진학 후 좋은 성적을 내야 한다는 심리적 부담과 급작스런 부상으로 야구를 그만두고 비행친구와 어울리게 된다. 하지만, 소속팀을 떠나 음주, 흡연, 성인오락실 출입 등 방황과 일탈로 시간을 보내던 중, 자신이 정말 원하고 좋아하는 일이 야구 그 자체였음을 깨닫고 다시 어렵사리 야구부로 돌아왔다. 일탈적 생활습관이 추후 선수생활을 유지하는 데 지장을 줄 수 있다고 생각하여 비행친구의 유혹을 뿌리치고 운동에만 매진하게 되었다." - 레클리스(Reckless)의 봉쇄이론에 따르면 A의 비행중단은 외적 봉쇄요인보다 내적 봉쇄요인의 작용이 컸다.	1079
43	낙인이론은 최초 일탈의 발생 원인과 가해자에 대한 관심이 적다는 비판이 있다.	1129
44	레머트(Lemert)는 사회로부터 부정적인 반응을 받은 소년이 스스로 이를 동일시하고 부정적 역할을 수행하게 되는 악의 극화(Dramatization of Evil)에 빠지게 된다고 하였다.	1130
45	맛차(Matza)의 표류이론(drift theory)에 의하면 비행청소년들은 비행 가치를 받아들여 비행이 나쁘지 않다고 생각하기 때문에 비행을 한다.	1180
46	범죄자 甲은 병역의무가 있음에도 불구하고 관련 법률이 개인의 자유권을 침해했다는 이유로 이를 부정한 것은 사이크스(Sykes)와 맛차(Matza)가 제시한 중화기술유형에 해당한다.	1181
47	글래저(Glaser)에 의하면 범죄는 행위자가 단순히 범죄적 가치와 접촉함으로써 발생하는 것이 아니라, 행위자 스스로 그것을 자기 것으로 동일시하는 단계로까지 나가야 발생한다고 한다.	1231
48	머튼(Merton)에 의하면 반응양식 중 혁신(innovation)은 문화적 목표는 부정하지만 제도화된 수단은 승인하는 형태라고 한다.	1232
49	클로워드(Cloward)와 올린(Ohlin)의 차별적 기회구조이론은 뒤르켐(E. Durkheim)의 아노미이론과 하위문화이론을 통합하여 만든 이론이다.	1282
50	코헨(A. Cohen)의 비행하위문화이론에 따르면, 비행하위문화는 중산층 문화에 대한 거부감에서 비롯되는 것이 아니라 하류계층 고유의 독자성을 가지고 형성된 것이다.	1283
51	볼드(Vold)의 집단갈등이론(Group Conflict Theory)은 범죄를 집단 간 투쟁의 결과로 보았으며, 강도·강간·사기와 같은 개인 차원의 전통적 범죄를 설명하는 데 유용한 것으로 평가된다.	1333
52	퀴니(Quinney)는 노동자 계급의 범죄를 자본주의 체계에 대한 적응범죄와 저항범죄로 구분하였다.	1334
53	모피트(Moffitt)의 청소년기 한정형(adolescence-limited) 일탈의 원인은 성숙의 차이(maturity gap), 사회모방(social mimicry)에서 찾는다.	1384
54	손베리(Thornberry)는 사회통제이론(Social Control Theory)과 사회학습이론(Social Learning Theory)을 통합하여 범죄행위는 행위자와 환경이 상호작용하는 발전적 과정에 의하여 발생한다고 주장하였다.	1385
55	매스컴과 범죄연구에서 카타르시스가설에 의하면 일반인들이 매스컴의 범죄장면을 보고 스스로 카타르시스를 얻기 위해 범죄행위에 나설 수 있기 때문에 매스컴이 범죄를 유발한다고 한다.	1435

56	매스컴과 범죄에 대하여 '카타르시스 가설'과 '억제가설'은 매스컴의 역기능성을 강조하는 이론이다.		1436
57	생활양식노출이론(Lifestyle-Exposure Theory)은 이론 초기에는 사회계층별 대인범죄를 설명하고자 시도하였으나, 이후 재산범죄와 같은 대물범죄까지 확대되었다.		1486
58	레클리스(Reckless)는 피해자의 도발을 기준으로 피해자 유형을 '가해자-피해자'모델과 '피해자-가해자-피해자'모델로 분류하였다.		1487
59	응보적 사법에서 피해자는 사법절차의 직접 참여자, 범죄 해결 과정의 중심인물이다.		1537
60	회복적 사법에서 가해자는 책임을 수용하고 배상과 교화의 대상으로 인식된다.		1538
61	다이버전은 형사사법기관이 통상적인 형사절차를 대체하는 절차를 활용하여 범죄인을 처리하는 제도를 말한다.		1588
62	청소년범죄 관련 다이버전(diversion, 전환) 프로그램은 공식적인 형사처벌로 인한 낙인효과를 최소화하려는 목적을 갖고 있다.		1589
63	시민에 대한 범죄예방교육은 브랜팅햄(Brantingham)과 파우스트(Faust)가 제시한 범죄예방모델 중 2차적 범죄예방에 해당한다.		1639
64	상황적 범죄예방은 브랜팅햄(Brantingham)과 파우스트(Faust)가 제시한 범죄예방 모델 중 2차적 범죄예방에 해당한다.		1640
65	상황적 범죄예방모델은 브랜팅햄(Brantingham)과 파우스트(Faust)의 범죄예방모델 중에서 2차적 범죄예방에 속한다.		1690
66	깨진 유리창 이론(Broken Windows Theory)을 근거로 도출된 범죄예방모델에서는 무관용 원칙을 중요시한다.		1691
67	범죄자 乙은 B지역에서 범행을 계획하였으나, A지역의 순찰이 강화된 것을 인지하고 A지역과 인접한 B지역 대신 멀리 떨어진 C지역으로 이동해서 범죄를 저질렀다. - 범죄전이		1741
68	제프리(Jeffery)는 범죄예방이란 범죄발생 이전의 활동이며, 범죄행동에 대한 직접적 통제이며, 개인의 행동에 초점을 맞추는 것이 아니라 개인이 속한 환경과 그 환경내의 인간관계에 초점을 맞춰야 하며, 인간의 행동을 연구하는 다양한 학문을 배경으로 하는 것이라고 하였다.		1742
69	글룩(Glueck) 부부는 범죄예측과 관련하여 가중실점방식이라는 조기예측법을 소개하였다.		1792
70	워너(Warner)는 '경험표'라고 불린 예측표를 작성하여 객관적인 범죄예측에 기초를 마련하였다.		1793
71	공판절차 이분론은 소송절차를 범죄사실의 인정절차와 양형절차로 나누자는 주장을 말한다.		1843
72	판결 전 조사제도는 보호관찰의 활성화에 기여할 수 있는 장점이 있다.		1844
73	부정기형은 범죄자에 대한 위하효과가 인정되고, 수형자자치제도의 효과를 높일 수 있으며, 위험한 범죄자를 장기구금하게 하여 사회방위에도 효과적이다.		1894
74	부정기형제도는 수형자의 개선의욕을 촉진할 수 있다.		1895
75	워렌(Waren)이 제시한 비행소년 유형분류중 비사회적 유형은 심리요법보다 교육을 통하여 사회에 대한 거부감과 방치를 해소하는 처우가 적합하다.		1945
76	미국의 데이비드 스트리트(David Street) 등의 학자들은 「처우조직(Organization For Treatment)」이라는 자신들의 저서에서 소년범죄자들에 대한 처우조직을 여러 유형으로 분류했는데, 재교육 및 발전(reeducation/development) 유형은 소년범죄자의 태도와 행동의 변화 그리고 개인적 자원의 개발에 중점을 둔다., 소년범죄자를 지역사회의 학교로 외부통학을 시키기도 한다., 처우시설의 직원들은 대부분 교사로서 기술 습득과 친화적 분위기 창출에 많은 관심을 둔다., 처우시설 내 규율의 엄격한 집행이 쉽지 않다.		1946

77	오번제(Auburn System)는 엄정독거제의 결점을 보완하고 혼거제의 폐해를 제거하기 위한 목적으로 고안된 것으로, 주간에는 침묵상태에서 혼거작업하고 야간에는 독거수용하는 제도이다.		1996
78	우리나라는 독거수용을 원칙으로 하고 있으나, 현실적으로는 독거실 부족 등의 사유로 혼거수용이 일반적으로 이루어지고 있다.		1997
79	가석방은 특별예방보다는 일반예방을 중시하는 제도이다.		2047
80	가석방처분이 취소된 경우에도 가석방 중의 일수는 형기에 산입할 수 있다.		2048

● 답안확인방법: 답안번호를 찾아 정오를 확인하세요.

연번	문제	O×	답안번호
1	공리주의적 형벌목적을 강조한 벤담(Bentham)에 의하면, 형벌은 특별예방목적에 의해 정당화될 수 있고, 사회방위는 형벌의 부수적 목적에 지나지 않는다.		62
2	벤담(Bentham)의 파놉티콘(Panopticon)은 봄 – 보여짐의 비대칭적 구조를 갖고 있다.		63
3	범죄학 연구방법 중 질적 연구는 사회현상을 주관적으로 분석한다.		113
4	범죄학 연구방법 중 질적 연구는 사회현상의 인과관계를 밝혀 법칙을 발견하고 인간행동의 예측이 가능하다.		114
5	낙인이론이나 비판범죄학에 의하면 범죄화의 차별적 선별성을 암수범죄의 원인으로 설명한다.		164
6	자기보고조사는 범죄자가 자기가 범한 범죄를 인식하지 못한 경우나 범죄를 범하지 않았다고 오신하는 경우에는 실태파악이 곤란하다.		165
7	자기보고, 피해자 조사 등은 암수범죄의 직접 관찰 방법이다.		215
8	범죄 및 범죄원인에 대한 설명으로 비결정론은 법률적 질서를 자유의사에 따른 합의의 산물로 보고 법에서 금지하는 행위를 하거나 의무를 태만히 하는 행위 모두를 범죄로 규정하며, 범죄의 원인에 따라 책임 소재를 가리고 그에 상응하는 처벌을 부과해야 한다는 견해이다.		216
9	형벌의 특수적 억제효과란 범죄를 저지른 사람에 대한 처벌이 일반시민들로 하여금 처벌에 대한 두려움을 불러일으켜서 결과적으로 범죄가 억제되는 효과를 말한다.		266
10	범죄자에 대한 처벌의 억제효과는 범죄자의 자기통제력 수준에 따라 달라질 수 있다.		267
11	베카리아(Beccaria)에 의하면 범죄를 억제하는 효과를 높이기 위해서는 처벌의 신속성뿐만 아니라 처벌의 확실성도 필요하다.		317
12	베카리아(Beccaria)에 의하면 형벌이 그 목적을 달성하기 위해서는 형벌로 인한 고통이 범죄로부터 얻는 이익을 약간 넘어서는 정도가 되어야 한다.		318
13	생래적 범죄인에 대한 대책으로 롬브로조(Lombroso)는 사형을 찬성하였지만 페리(Ferri)는 사형을 반대하였다.		368
14	뒤르껭(Durkheim): 어느 사회든지 일정량의 범죄는 있을 수밖에 없으며, 범죄는 사회의 유지와 존속을 위하여 일정한 순기능을 지닌다.		369
15	뒤르껭(E. Durkheim)은 사회의 도덕적 권위가 무너져 사회구성원들이 '지향적인 삶의 기준을 상실한 무규범상태'를 아노미라고 불렀다.		419
16	뒤르껭은 범죄가 사회적 문제로 일어나는 것임을 강조하였음에도, 그에 대응할 수 있는 사회정책을 제시하지 못했다는 비판을 받기도 하였다.		420
17	도구적 범죄의 유형에는 절도, 사기, 횡령이 있다.		470
18	롬브로조(Lombroso)는 범죄인류학적 입장에서 범죄인을 분류하였으나, 페리(Ferri)는 롬브로조가 생물학적 범죄원인에 집중한 나머지 범죄인의 사회적 영향을 무시한다고 비판하고 범죄사회학적 요인을 고려하여 범죄인을 분류하였다.		471
19	마약류는 특정 직업 및 계층에 국한되어 남용되고 있다.		521
20	화이트칼라 범죄는 사회적 지위가 높은 사람이 주로 직업 및 업무수행 과정에서 범하는 범죄를 의미하고, 피해가 직접적이고 암수범죄의 비율이 낮으며 선별적 형사소추가 문제 된다.		522

21	입양아 연구는 쌍생아 연구를 보충하여 범죄에 대한 유전의 영향을 조사할 수 있지만, 입양 환경의 유사성을 보장할 수 없기 때문에 연구결과를 일반화하기 어렵다.		572
22	가계연구는 범죄에 대한 유전과 환경의 영향을 분리할 수 없는 단점을 갖는다.		573
23	정신분석학은 개인이 콤플렉스에 의한 잠재적인 죄책감과 망상을 극복할 수 없는 경우에 범죄로 나아갈 수 있다고 보았다.		623
24	프로이드(Freud)의 정신분석학적 범죄이론은 일탈행위의 원인은 유아기의 발달단계와 관련이 있다.		624
25	슈나이더(K. Schneider)의 정신병질 유형 중 의지박약성 – 상습누범자, 성매매여성, 마약중독자		674
26	슈나이더(K. Schneider)의 정신병질 유형 중 자기현시성(과장성) – 종교적 광신자, 정치적 확신범		675
27	사회해체이론(Social Disorganization Theory)에서 쇼(Shaw)와 멕케이(McKay)는 지역사회의 특성과 청소년비행 간의 관계를 검증하였다.		725
28	사회해체이론(Social Disorganization Theory)은 지역사회의 생태학적 변화를 범죄 발생의 주요 원인으로 본다.		726
29	머튼(Merton)의 긴장이론에 의하면 목표와 수단에 대한 5가지 적응유형으로 동조형(Conformity), 혁신형(Innovation), 의례형(Ritualism), 회피형(Retreatism), 반역형(Rebellion)을 제시하였다.		776
30	머튼(Merton)의 긴장이론에 의하면 사회의 모든 구성원이 물질적 성공을 문화적 목표로 하고 있다고 보기 어렵다는 비판이 있다.		777
31	밀러(Miller)가 주장한 하위계층문화이론(Lower Class Culture Theory)의 '관심의 초점(focal concerns)' 중 강인함(toughness) – 감성적으로 정에 이끌리는 태도보다는 힘의 과시나 남자다움을 중시하는 것		827
32	밀러(Miller)가 주장한 하위계층문화이론(Lower Class Culture Theory)의 '관심의 초점(focal concerns)' 중 영악함(smartness) – 사기나 도박 등과 같이 남을 속임으로써 영리함을 인정받는 것		828
33	클로워드(Cloward)와 올린(Ohlin)의 차별적 기회이론(Differential Opportunity Theory)에 의하면 범죄적 하위문화는 성공을 위한 합법적 수단의 이용이 어렵고 비합법적 수단을 동원할 수도 없는 이중의 실패를 경험한 집단에서 형성되는 하위문화이다.		878
34	클로워드(Cloward)와 올린(Ohlin)의 차별적 기회이론(Differential Opportunity Theory)에 의하면 범죄적 하위문화는 개인적이고, 조직화되지 못한 무분별한 조직폭력배들의 폭력이 빈번하게 발생하는 지역에서 형성되는 하위문화이다.		879
35	서덜랜드(Sutherland)의 차별접촉이론(differential association theory)의 9가지 명제에 의하면 금전적 욕구, 좌절 등 범죄의 욕구와 가치관이 범죄행위와 비범죄행위를 구별해 주는 변수가 된다.		929
36	타르드(Tarde)는 인간은 다른 사람들과 접촉하면서 관념을 학습하며, 행위는 자신이 학습한 관념으로부터 유래한다고 주장하였다.		930
37	코헨(Cohen)의 비행하위문화이론은 중산계층이나 상류계층 출신이 저지르는 비행이나 범죄를 설명하지 못하는 한계가 있다.		956
38	클로워드(Cloward)와 오린(Ohlin)의 범죄적 하위문화는 합법적인 기회구조와 비합법적인 기회구조 모두가 차단된 상황에서 폭력을 수용한 경우에 나타나는 하위문화이다.		957
39	맛차(Matza)의 표류이론(drift theory)에 의하면 비행이론은 표류를 가능하게 하는, 즉 사회통제를 느슨하게 만드는 조건을 설명해야 한다고 주장하였다.		980
40	맛차(Matza)의 표류이론(drift theory)에 의하면 대부분의 비행청소년들은 합법적인 영역에서 오랜 시간을 보낸다.		981

41	레클리스(Reckless)의 봉쇄이론(Containment Theory)은 청소년 비행의 요인으로 내적배출요인과 외적유인요인이 있다고 하였다.		1031
42	토비(Toby)의 통제이론은 범죄를 통제하는 기제로서 자아의 역할을 특히 강조하였다.		1032
43	갓프레드슨(Gottfredson)과 허쉬(Hirschi)의 자기통제이론(Self Control Theory)에 의하면 유년기에 형성된 자기통제력은 개인의 상황과 생애과정의 경험에 따라 변화한다.		1082
44	갓프레드슨(Gottfredson)과 허쉬(Hirschi)의 자기통제이론(Self Control Theory)에 의하면 낮은 자기통제력의 주요 원인은 청소년기 동안 경험한 비행친구와의 교제이다.		1083
45	낙인이론(Labeling Theory)은 일탈과 비일탈을 뚜렷하게 구분하면서 일차적 일탈의 근본원인을 설명하였다.		1133
46	낙인이론에서 범죄는 귀속과 낙인의 산물이 아니라 일정한 행위의 속성이라고 본다.		1134
47	사이크스(Sykes)와 마짜(Matza)가 제시한 중화의 기법으로 충성심(상위가치)에 대한 호소: 특수절도를 하는 과정에서 공범인 A, B와의 친분관계 때문에 의리상 어쩔 수 없었다고 주장하는 경우		1184
48	사이크스(Sykes)와 마짜(Matza)가 제시한 중화의 기법으로 피해자의 부인: 성범죄를 저지르면서 피해자가 야간에 혼자 외출하였기 때문에 발생한 것이라고 주장하는 경우		1185
49	쇼와 맥케이(C. Shaw & H. McKay)의 사회해체이론은 지역사회에 새로운 거주자들이 증가하면 과거 이 지역을 지배하였던 여러 사회적 관계가 와해되고 시간이 흐르면서 새로운 관계가 형성되는 생태학적 과정을 거친다고 주장한다.		1235
50	갓프레드슨과 허쉬(M. Gottfredson & T. Hirschi)의 범죄의 일반이론은 범죄의 발생에는 개인의 자기통제력도 중요하지만 범죄의 기회도 중요한 기능을 한다고 주장한다.		1236
51	'공동체의 사회통제에 대한 노력이 무너질 때 범죄율은 상승하고 지역의 응집력은 약해진다. 이에 지역사회 범죄를 줄이기 위해서는 이웃 간의 유대 강화와 같은 비공식적 사회통제가 중요하며, 특히 주민들의 사회적 참여는 비공식적 사회통제와 밀접하게 관련되어 있다.'는 샘슨(Sampson)의 집합효율성(collective efficacy)이론 설명이다.		1286
52	터크(Turk)는 갈등의 개연성은 지배집단과 피지배집단 양자의 조직화 정도와 세련됨의 수준에 의해 영향을 받는다고 한다.		1287
53	봉거(Bonger)는 범죄발생의 원인을 계급갈등과 경제적 불평등으로 보고, 근본적 범죄대책은 사회주의 사회의 달성이라고 하였다.		1337
54	베버(M. Weber)는 범죄를 사회 내 여러 집단들이 자기의 생활기회를 증진시키기 위해 하는 정치적 투쟁 내지 권력투쟁의 산물이라고 본다.		1338
55	모핏(Moffit)의 비행청소년 분류에서 청소년기 한정형(adolescent-limited) 집단이 저지르는 범죄와 반사회적 행위는 전 생애에 걸쳐 안정성이 두드러지며 가변성을 특징으로 하지 않는다.		1388
56	甲은 평범한 중산층 가정에서 태어나 부족함 없이 자랐으나 고등학교 진학 후 비행친구들과 어울리면서 절도에 가담하게 되었다. 이 사건으로 甲은 법원으로부터 소년보호처분을 받게 되었으며, 주변 친구들로부터 비행청소년이라는 비난을 받고 학교 생활에 적응하지 못하여 자퇴를 하게 되었다. 甲은 가출 후 비행친구들과 더 많은 범죄를 저지르고 급기야 불법도박에 빠지게 되었고 많은 재산을 탕진하게 되었다. 甲은 경제적 어려움으로 인해 방황을 하다가 군대에 입대하게 되었고, 규칙적이고 통제된 군대 생활 속에서 삶에 대해 고민하는 계기를 가지게 되었다. 甲은 군 전역 이후 기술을 배워 안정적인 직장을 다니면서 더 이상 범죄를 저지르지 않게 되었다. - 차별접촉이론(Differential Association Theory), 문화갈등이론(Culture Conflict Theory), 생애과정이론(Life Course Theory), 낙인이론(Labeling Theory)과 관계있다.		1389

57	스토우퍼(Stouffer), 머튼(Merton) 등은 상대적 빈곤론을 주장하면서 범죄발생에 있어 빈곤의 영향은 단지 빈곤계층에 국한된 현상이 아니라고 지적하였다.		1439
58	서덜랜드(Sutherland)는 화이트칼라 범죄를 직업활동과 관련하여 존경과 높은 지위를 가지고 있는 사람이 저지르는 범죄라고 정의했다.		1440
59	엘렌베르거(Ellenberger)는 '피해자를 위한 정의'라는 논문을 통하여 피해자의 공적 구제에 대한 관심을 촉구하였다.		1490
60	멘델존(Mendelsohn)은 범죄피해자 유형을 피해자의 유책성(귀책성)을 기준으로 분류하였다.		1491
61	응보적 사법에서 피해자는 사법절차의 직접 참여자로서 범죄해결 과정에 중심적 역할을 담당한다.		1541
62	회복적 사법의 목표는 가해자의 처벌과 피해자의 회복이다.		1542
63	전환제도(diversion)는 법원의 업무경감으로 형사사법제도의 능률성 및 신축성 부여할 수 있다.		1592
64	전환제도(diversion)는 범죄적 낙인과 수용자 간의 접촉으로 인한 부정적 위험을 회피할 수 있다.		1593
65	환경설계를 통한 범죄예방(CPTED)에서 활동성의 증대(Activity support)란 주민이 모여서 상호의견을 교환하고 유대감을 증대할 수 있는 공공장소를 설치하고 시민의 눈에 의한 감시를 이용하여 범죄위험을 감소시키는 원리를 의미한다.		1643
66	환경설계를 통한 범죄예방(CPTED)에서 영역성의 강화(Territorial)란 건축물 설계 시 가시권을 최대한 확보하여 범죄발각 위험을 증가시키는 원리를 의미한다.		1644
67	범죄두려움에 대한 개념은 다양하나 일반적으로 특정 범죄의 피해자가 될 가능성의 추정이나 범죄 등에 대한 막연한 두려움의 추정으로 정의된다.		1694
68	범죄두려움의 이웃통합모델(Neighborhood Integration Model)은 지역사회의 무질서 수준이 범죄두려움에 영향을 준다는 설명방식이다.		1695
69	랩(Lab)은 범죄예방의 개념을 실제의 범죄발생 및 시민의 범죄에 대해서 가지는 두려움을 제거하는 활동이라고 하였다.		1745
70	브랜팅햄 부부(P. Brantingham & P. Brantingham)의 범죄패턴이론에 의하면 개인은 의사결정을 통해 일련의 행동을 하게 되는데, 활동들이 반복되는 경우 의사결정과정은 규칙화된다.		1746
71	수사단계에서의 소년사건에 대한 범죄예측은 수사 종료 시 비행소년 처우 결정의 기초 자료가 된다.		1796
72	경찰의 범죄예측은 크게 범죄사건예측, 범죄자예측, 범죄자신원(동일성)예측, 피해자예측 등 4가지 영역으로 구분된다.		1797
73	양형이론 중 유일점 형벌이론(Punktstrafentheorie)에 의하면 책임은 언제나 하나의 고정된 크기를 가지므로 정당한 형벌은 언제나 하나일 수밖에 없다.		1847
74	베카리아(C. Beccaria)는 사형을 폐지하고 종신 노역형으로 대체할 것을 주장하였다.		1848
75	소년법은 부정기형을 선고할 수 있도록 규정하고 있다.		1898
76	「형법」상 절대적 법정형으로서 사형을 과할 수 있는 죄는 적국을 위하여 모병한 모병이적죄뿐이다.		1899
77	벌금 또는 과료를 선고받은 소년형사범이 이를 납부하지 않으면 노역장에 유치된다.		1949
78	소년분류심사원 위탁처분도 소년에 대한 전환제도(diversion)의 일종으로 볼 수 있다.		1950
79	「범죄피해자 보호법」상 정당방위에 해당하여 처벌되지 않는 행위 및 과실에 의한 행위로 인한 피해자는 범죄피해 구조대상에서 제외된다.		2000
80	범죄피해자학 또는 범죄피해자에 대한 설명으로 마약 복용, 성매매 등 행위는 피해자 없는 범죄에 해당한다.		2001

제25회 범죄학·형사정책이론 OX기출훈련

◉ 답안확인방법: 답안번호를 찾아 정오를 확인하세요.

연번	문제	O×	답안번호
1	형식적 의미의 범죄개념은 법적 개념으로 형사입법을 통해 범죄인지 여부가 정해지게 된다.		46
2	형식적 범죄개념은 형법해석과 죄형법정주의에 의한 형법의 보장적 기능의 기준이 된다.		47
3	'범죄학자 甲은 1945년 출생자 중에서 10세부터 18세의 기간 동안 ○○시에 거주한 청소년들을 조사하였고, 소수의 비행청소년들이 전체 소년범죄의 절반 이상을 집중적으로 저질렀으며, 이들 중 약 45%의 청소년은 30세가 되었을 때 성인 범죄자가 되었다고 주장하였다.' 이 연구방법은 유사한 특성을 공유하는 집단을 시간의 흐름에 따라 추적하여 관찰하는 코호트 연구방법이다.		97
4	(준)실험적 연구는 새로 도입한 형사사법제도의 효과를 검증하는데 유용하게 활용된다.		98
5	범죄피해 조사는 살인범죄, 경제범죄, 경미한 범죄 피해 등에 대해서 정확한 조사를 하는 것이 가능하다는 장점이 있다.		148
6	피해자조사는 암수범죄의 조사방법으로서 많이 활용되는 방법이다.		149
7	실험연구는 일정한 조건을 인위적으로 설정한 후 그 속에서 발생하는 사실을 관찰하여 특정 가설의 타당성을 검증하는 방법이다.		199
8	추행조사(추적조사)(follow-up-study)는 수직적(종단적) 연구방법에 해당한다.		200
9	범죄 및 범죄원인에 대한 설명으로 결정론에 따르면 인간의 사고나 판단은 이미 결정된 행위과정을 정당화하는 것에 불과하므로 자신의 사고나 판단에 따라 자유롭게 행위를 선택할 수 없다고 본다.		250
10	고전주의 범죄학은 범죄의 원인에 관심을 두기보다는 범죄자에 대한 처벌 방식의 개선에 더 많은 관심을 기울였다.		251
11	실증주의는 일반시민에 대한 형벌의 위하효과를 통해 범죄예방을 추구한다.		301
12	실증주의는 인간의 행동은 개인적 기질과 다양한 환경요인에 의하여 통제되고 결정된다고 본다.		302
13	코헨(L. Cohen)과 펠손(M. Felson)의 일상생활이론(routine activity theory)이 범죄인의 특성을 분석하는 데 중점을 둔다는 점에서 실증주의 범죄원인론과 유사하다.		352
14	범죄예방에 대한 설명으로 생활양식이론에 의하면, 범죄예방을 위하여 체포가능성의 확대와 처벌의 확실성 확보를 강조한다.		353
15	페리(Ferri)는 범죄포화의 법칙을 주장하였으며 사회적·경제적·정치적 요소도 범죄의 원인이라고 주장하였다.		403
16	가로팔로(Garofalo)는 범죄의 원인으로 심리적 측면을 중시하여 이타적 정서가 미발달한 사람일수록 범죄를 저지르는 경향이 있다고 하였다.		404
17	뒤르껭(E. Durkheim) – 범죄는 범죄자의 비인간성이나 성격적 불안정성에서 기인한다.		454
18	셀린(Sellin) – 동일한 문화 안에서 사회변화에 의하여 갈등이 생기는 경우를 일차적 문화갈등이라 보고, 상이한 문화 안에서 갈등이 생기는 경우를 이차적 문화갈등으로 보았다.		455

19	피해자 없는 범죄(victimless crimes)란 전통적인 범죄와 마찬가지로 피해자와 가해자의 관계가 명확하여 피해자를 특정하기 어려운 범죄를 의미한다.	505
20	사이버범죄(cyber crimes)란 사이버공간을 범행의 수단·대상·발생장소로 하는 범죄행위로 비대면성, 익명성, 피해의 광범위성 등의 특성이 있는 범죄를 의미한다.	506
21	아들러(Adler)는 여성해방운동이 여성범죄를 증가시켰다고 주장하였다.	556
22	폴락(Pollak)의 기사도 가설(chivalry hypothesis)에 따르면 형사사법기관 종사자들이 남성 범죄자보다 여성범죄자를 더 관대하게 대하는 태도를 가졌다고 본다.	557
23	신경생리학적 조건과 범죄에 대한 설명으로 비정상적인 도파민 수치는 충동적 행위 및 폭력범죄와 관련이 있을 수 있다.	607
24	신경생리학적 조건과 범죄에 대한 설명으로 노르에피네프린(norepinephrine)은 충동성, 공격성과 관련된 신경전달물질이다.	608
25	프로이트(Freud)의 정신분석이론은 범죄자의 현재 상황보다 초기 아동기의 경험을 지나치게 강조한다는 비판을 받는다.	658
26	스키너(Skinner)의 행동이론은 외적 자극의 영향보다는 인지·심리 등 내적 요인을 지나치게 강조하였다는 비판을 받는다.	659
27	에이커스(Akers)의 사회학습이론에 의하면 차별적 강화는 행위로부터 얻게 되거나 예상되는 보상과 처벌의 균형을 의미하고, 주변으로부터의 인정이나 금전적 보상 등이 빈번하고 강할수록 차별적 강화는 약하게 나타난다.	709
28	에이커스(Akers)의 사회학습이론에 의하면 모방은 다른 사람의 행동을 관찰함으로써 행위를 따라 하는 것으로, 새로운 행위의 시도나 범죄 수법에 영향을 미치지만 행위의 지속에는 영향을 미치지 않는다.	710
29	머튼(Merton)의 아노미이론에서 퇴행(retreatism)은 문화적 목표와 제도화된 수단을 모두 부정하고 사회활동을 거부하는 적응방식으로 만성적 알코올 중독자, 약물 중독자, 부랑자 등이 이에 해당한다.	760
30	머튼(Merton)의 아노미이론에서 의식주의(ritualism)는 문화적 목표와 제도화된 수단을 모두 부정하고 기존의 사회질서를 다른 사회질서로 대체할 것을 요구하는 적응방식으로 혁명을 시도하는 경우 등이 이에 해당한다.	761
31	애그뉴(Agnew)의 일반긴장이론에 의하면 인간은 부·명예와 같은 목표의 달성에 실패하였을 때, 긴장하게 된다.	811
32	애그뉴(Agnew)의 일반긴장이론에 의하면 인간은 이혼, 해고, 친구의 죽음 등 긍정적인 자극이 제거되었을 때, 긴장하게 된다.	812
33	코헨(Cohen)의 비행하위문화이론은 중산층 또는 상류층 청소년이 저지르는 비행에 대해서는 잘 설명하지 못한다.	862
34	클라워드(Cloward)와 올린(Ohlin)의 차별기회이론(differential opportunity theory)은 합법적 수단뿐만 아니라 비합법적 수단에 대해서도 차별기회를 고려하였다.	863
35	갓프레드슨(Gottfredson)과 허쉬(Hirschi)의 자기통제이론(Self-Control)은 낮은 자기통제력이 범죄의 원인이라는 입장이다.	913
36	갓프레드슨(Gottfredson)과 허쉬(Hirschi)의 자기통제이론(Self-Control)은 고전주의학파의 범죄 속성을 따르면서도 실증주의학파의 일반인과 다른 범죄자의 특성을 강조해 통합하고자 하였다.	914
37	서덜랜드(Sutherland)의 차별접촉이론을 보완하는 주장: 비합법적인 수단에 대한 접근가능성에 따라서 비행하위문화의 성격 및 비행의 종류도 달라진다.	964

38	서덜랜드(Sutherland)의 차별적 접촉이론에 따르면 범죄행위는 타인과의 의사소통을 통한 상호작용으로 학습된다.		965
39	코헨(Cohen)의 비행하위문화이론은 주로 사회학습이론의 틀을 빌어 비행하위문화의 형성과정 및 유래를 제시한다.		1015
40	코헨(Cohen)의 비행하위문화이론은 하층 비행청소년들의 비행 하위문화가 비실리적이고, 악의적이며, 부정적인 특성을 갖는다고 하였다.		1016
41	나이(Nye)는 직접통제가 공식적 제재를 통해 행사될 수 있음을 인정하면서도, 가정에서의 비공식적 간접통제를 강조하였다.		1066
42	마차(Matza)는 비행청소년들이 비행가치를 받아들여 비행이 나쁘지 않다고 생각하기 때문에 비행을 저지른다고 보았다.		1067
43	도구적 범죄란 범죄자의 경제적 위치나 사회적 위치를 향상시키기 위한 범법행위를 의미한다.		1117
44	낙인이론은 범죄행위보다는 범죄행위에 대한 통제기관의 반작용에 관심을 가진다.		1118
45	레크리스(Reckless) – 범죄다발지역에 살면서 범죄적 집단과 접촉하더라도 비행행위에 가담하지 않는 청소년들은 '좋은 자아개념'을 가지고 있기 때문이다.		1168
46	부모 등 가족구성원이 실망할 것을 우려해서 비행을 그만두는 것은 사회유대의 형성 방법으로서 애착(attachment)에 의한 것으로 설명할 수 있다.		1169
47	개인이 일상적 사회와 맺고 있는 유대가 범죄발생을 통제하는 기능을 하며, 개인과 사회 간의 애착, 전념, 참여, 믿음의 네 가지 관계를 중요시 한다. – 허쉬(Hirschi)의 사회통제이론		1219
48	하류계층의 비행은 범죄적·갈등적·은둔적 세 가지 차원에서 발생한다. 클로이드(Cloward)와 올린(Ohlin)의 차별적 기회이론		1220
49	브레이스웨이트는 낙인으로부터 벗어나도록 하기 위한 의식, 용서의 말과 몸짓만으로는 재통합적수치가 이루어지기 어렵다고 주장하였다.		1270
50	브레이스웨이트(Braithwaite)의 재통합적 수치심은 일반예방 및 특별예방 효과가 있다.		1271
51	셀린(T. Sellin)의 문화갈등론 – 문화갈등에 따른 행위규범의 갈등은 심리적 갈등의 원인이 되고, 나아가 범죄의 원인이 된다.		1321
52	에이커스(Akers)는 범죄발생은 개인의 소질이 아니라 자본주의의 모순으로 인해 자연적으로 발생하는 사회현상이라고 보고, 노동자계급의 범죄를 적응범죄와 대항범죄로 구분하였다.		1322
53	티틀은 통제의 양과 피통제양이 균형을 이루면 순응이 발생하나, 그것이 불균형을 이루면 범죄와 피해가 발생한다.		1372
54	발달범죄이론은 범죄자 삶의 궤적을 통해 범행의 지속 및 중단 요인을 밝히는데 관심을 둔다.		1373
55	화이트칼라 범죄는 직접적인 피해자를 제외하고는 다른 사람들에게 영향을 미치지 않는다.		1423
56	화이트칼라 범죄는 전문적 지식이나 기법을 기반으로 행해지기 때문에 대체로 위법성의 인식이 분명한 특성이 있다.		1424
57	범죄피해이론 중 구조적-선택이론은 생활양식·노출이론과 집합효율성이론을 통합하여 기회이론의 의미를 심화시킨 이론이다.		1474
58	범죄피해이론 중 피해자-가해자 상호작용이론은 가해자와 피해자의 상호작용 등을 포함한 일련의 범죄피해의 전개 과정에 주목했다.		1475
59	회복적 사법은 범죄피해자의 피해회복을 통하여 사회적 화합을 성취하고 이를 통하여 가해자에게도 사회복귀의 기회와 가능성을 높여주기 위한 프로그램이다.		1525
60	전자장치부착은 회복적 사법에 기초한 프로그램 중 하나이다.		1526

61	형의 선고를 유예하는 경우에 재범방지를 위하여 지도 및 원호가 필요한 때에는 1년의 보호관찰을 받을 것을 명할 수 있다.		1576
62	다이버전은 업무경감으로 인하여 형사사법제도의 능률성과 신축성을 가져온다.		1577
63	뉴만(Newman)의 방어공간에는 영역성, 자연적 감시, 이미지, 환경의 네 가지 구성요소가 있는데, 이 가운데 영역성을 강조하였다.		1627
64	뉴만(Newman)의 방어공간 구성요소 가운데 이미지는 특정 지역·장소에 있는 특정한 사람이 범행하기 쉬운 대상으로 인식되지 않도록 하는 것을 의미한다.		1628
65	코헨(Cohen)과 펠슨(Felson)의 일상활동이론(Routine Activity Theory)은 형사사법체계에 의해서 수행되는 공식적 통제를 통한 범죄예방을 설명하는데 유용하다.		1678
66	상황적 범죄예방활동에 대해서는 '이익의 확산효과'로 인해 사회 전체적인 측면에서는 범죄를 줄일 수 없게 된다는 비판이 있다.		1679
67	레페토(Reppetto)가 분류한 전이(Displacement)의 유형 중 시간적(Temporal) 전이 – 야간에 절도를 하다가 야간 시민순찰이 실시되자 오전에 절도를 하는 것		1729
68	레페토(Reppetto)의 범죄의 전이(Crime Displacement)는 개인 또는 사회의 예방활동에 의한 범죄의 변화를 의미한다.		1730
69	버제스(E. W. Burgess)는 경험표(experience table)라 불렸던 예측표를 작성·활용하여 객관적인 범죄예측의 기초를 마련하였다.		1780
70	범죄예측의 네 가지 요소 중 경제성: 예측이 과학적으로 이루어져서 예측자가 누가 되더라도 결과가 동일해야 한다.		1781
71	형벌의 목적상 교육형주의는 범죄인의 자유박탈과 사회로부터의 격리를 교육을 위한 수단으로 본다.		1831
72	응보형주의에 의하면 범죄는 사람의 의지에 의하여 발생하는 것이 아니라 사회 환경 및 사람의 성격에 의하여 발생하는 것이다.		1832
73	「형법」상 유기징역 또는 유기금고에 자격정지를 병과한 때에는 징역 또는 금고의 집행을 종료하거나 면제된 날로부터 정지기간을 기산한다.		1882
74	단기자유형에 대한 설명으로 어느 정도 기간까지의 자유형이 단기자유형인지를 현행 「형법」은 규정하고 있지 않다.		1883
75	소년법원은 범죄소년은 물론이고 촉법소년, 우범소년 등 다양한 유형의 문제에 개입하여 비행의 조기발견 및 조기처우를 하고 있다.		1933
76	소년법원의 절차는 일반법원에 비해 비공식적이고 융통성이 있다.		1934
77	소년보호의 원칙에 대한 설명으로 보호소년을 개선하여 사회생활에 적응시키고 건전하게 육성하기 위해서는 소년사법절차를 가급적이면 비공개로 해야 한다는 밀행주의가 중요하다.		1984
78	소년보호의 원칙에 대한 설명으로 소년의 보호를 위하여 사후적 처벌보다는 장래에 다시 죄를 범하는 것을 예방하는 활동을 중시하는 예방주의에 비중을 두어야 한다.		1985
79	수사단계에서의 피의자 신상공개는 피의자의 재범방지 및 범죄예방 등을 위하여 필요한 경우에 활용하므로 보안처분에 해당한다.		2035
80	우리나라에서는 소년형사범을 대상으로만 판결 전 조사가 이루어지고 있다.		2036

◉ 답안확인방법: 답안번호를 찾아 정오를 확인하세요.

연번	문제	O×	답안번호
1	서덜랜드(Sutherland)와 크레시(Cressey)에 따르면, 범죄학은 그 범위 내에 법 제정 과정, 법 위반 과정, 법 위반에 대한 대응과정을 포함하고 있다.		32
2	형식적 의미의 범죄 개념에 따르면, 범죄는 사회적 유해성 또는 법익을 침해하는 반사회적 행위이다.		33
3	공식적 범죄통계를 이용하는 연구방법은 두 변수 사이의 2차원 관계 수준의 연구를 넘어서기 어렵다는 비판이 가능하다.		83
4	사례조사방법은 범죄자의 일기, 편지 등 개인의 정보 획득을 바탕으로 대상자의 인격 및 환경의 여러 측면을 분석하고, 그 각각의 상호 연계관계를 밝힐 수 있다.		84
5	우리나라의 범죄통계자료로 경찰청에서 발행하는 「범죄백서」가 있다.		134
6	공식범죄통계는 질적 분석보다는 양적 분석을 위주로 하므로 개별 사건의 비중이 무시될 가능성이 있다.		135
7	실험연구는 연구결과의 내적 타당성을 확보하기에 유용하다.		185
8	사례연구는 특정한 범죄자의 생애를 연구하기에 유용하다.		186
9	합리적 선택이론(Rational Choice Theory)은 범죄자 개인의 학습과 경험은 범죄선택에 영향을 미치는 요소가 되지 못한다.		236
10	'형벌의 목적은 오직 범죄자가 시민들에게 새로운 해악을 입힐 가능성을 방지하고, 타인들이 유사한 행위를 할 가능성을 억제시키는 것이다. 따라서 형벌 및 형 집행의 수단은 범죄와 형벌 간의 비례관계를 유지하면서 인간의 정신에 가장 효과적이고 지속적인 인상을 만들어 내는 동시에, 수형자의 신체에는 가장 적은 고통을 주는 것이다.'는 베카리아(Beccaria)의 주장이다.		237
11	일상활동이론(Routine Activity Theory)은 범죄 발생의 3요소 중 가해자의 범행 동기를 가장 중요한 요소로 제시한다.		287
12	신고전주의 범죄학의 등장은 실증주의 범죄학 및 관련 정책의 효과에 대한 비판적 시각과 관련이 있다.		288
13	억제이론의 기초가 되는 것은 인간의 공리주의적 합리성이다.		338
14	범죄자에 대한 처벌의 억제효과는 범죄자의 자기통제력 수준에 따라 달라질 수 있다.		339
15	실증주의에 의하면 범죄의 연구에 있어서 체계적이고 객관적인 방법을 추구하여야 한다고 하였다.		389
16	실증주의 학파에 의하면 범죄는 개인의 의지에 의해 선택한 규범침해가 아니라, 과학적으로 분석가능한 개인적·사회적 원인에 의해 발생하는 것이라 하였다.		390
17	롬브로조(Lombroso) – 범죄의 원인을 생물학적으로 분석하여 격세유전과 생래적 범죄인설을 주장하였다.		440
18	페리(Ferri) – 범죄의 원인을 인류학적 요인, 물리적 요인, 사회적 요인으로 구분하고 이 세 가지 요인이 존재하는 사회에는 이에 상응하는 일정량의 범죄가 발생한다는 범죄포화의 법칙을 주장하였다.		441

19	약물범죄에서 약물은 생산방식에 따라 천연약물, 합성약물, 대용약물로 구분되는데 합성약물에는 메스암페타민, LSD, 엑스터시 등이 있다.		491
20	약물범죄는 약물사용자 스스로가 가해자인 동시에 피해자가 되는 것이지 특정인이나 제3자가 범죄피해자가 되는 것이 아니라는 점에서 대표적인 피해자 없는 범죄(Victimless Crime)로 구분된다.		492
21	사이버범죄란 일반적으로 사이버공간을 범행의 수단, 대상, 발생 장소로 하는 범죄행위를 의미한다.		542
22	전통적 범죄와 달리 사이버범죄는 비대면성, 익명성, 피해의 광범위성 등의 특성이 있다.		543
23	랑게(Lange)는 이란성 쌍생아보다 일란성 쌍생아가 범죄적 일치성이 높아 범죄는 개인의 타고난 유전적 소질에 의한 것이라고 주장하였다.		593
24	허칭스와 메드닉(Hutchings & Mednick)은 입양아 연구결과 양아버지의 영향이 생물학적 아버지의 영향보다 크다고 하였다.		594
25	슈나이더(Schneider)의 정신병질에 대한 10가지 분류 중 무력성 – 심신의 부조화 상태를 호소하여 타인의 동정을 바라고 신경질적인 특징을 보이며, 범죄와의 관련성이 높다.		644
26	슈나이더(Schneider)의 정신병질에 대한 10가지 분류 중 발양성 – 자신의 운명과 능력에 대해 과도하게 낙관적이며, 경솔하고 불안정한 특징을 보인다. 상습사기범과 무전취식자 등에서 이러한 정신병질이 많이 발견된다.		645
27	반두라(Bandura)는 사람들이 폭력행위를 할 수 있는 능력을 가지고 태어나는 것이 아니라, 삶의 경험을 통해서 공격적 행동을 학습하는 것이며, 학습행동이 범죄와 깊은 관련성이 있다고 보았다.		695
28	아들러(Adler)는 열등감을 갖는 사람들은 열등감을 보상받기 위해 탁월함을 보여주려고 노력한다고 주장하면서 열등 콤플렉스(Inferiority Complex)라는 용어로 설명하였다.		696
29	샘슨(Sampson)은 사회해체된 지역의 문제를 해결하기 위하여, 구성원 상호간의 응집력이 강한 공동체를 만들어야 한다는 집합효율성이론을 제시하였다.		746
30	시카고학파인 쇼(Shaw)와 맥케이(McKay)가 수행한 연구의 결과에 의하면 지역 거주민의 인종과 민족이 바뀌었을 때 해당 지역의 범죄율도 함께 변했다.		747
31	에그뉴(Agnew)의 일반긴장이론(General Strain Theory)은 긴장 원인의 복잡성과 부정적 감정의 상황들을 밝혀내어 결국 아노미 이론을 축소시켰다.		797
32	에그뉴(Agnew)의 일반긴장이론(General Strain Theory)은 부정적 자극의 발생(presentation of negative stimuli)은 일상생활에서 자신이 통제할 수 없는 부정적 사건의 발생을 의미하며, 부모의 사망, 이혼 등이 대표적 사례이다.		798
33	코헨은 비행하위문화의 특징으로 사고치기, 강인함, 기만성, 흥분 추구, 운명주의, 자율성 등을 들었다.		848
34	코헨(Cohen)이 주장한 비행하위문화의 특징인 자율성(autonomy): 다른 사람의 간섭을 받기 싫어하는 태도나 자기 마음대로 행동하려는 태도로서 일종의 방종을 의미한다.		849
35	초등학생 甲은 조직폭력배 역할인 범죄영화 주인공에 심취하여 그 주인공의 일탈행동을 흉내 내고 결국 강력범죄를 저질렀는데, 甲의 범죄화 과정은 권력갈등이론에 부합한다.		899
36	차별적 접촉이론은 주요 개념이 명확하여 결과적인 이론검증이 신속하게 이루어진다는 특징이 있다.		900
37	코헨(Cohen)의 비행하위문화이론에 따르면 모든 하류계층 청소년이 비행을 저지르는 것은 아니라는 비판을 받는다.		950
38	코헨(Cohen)의 비행하위문화이론에 따르면 비행하위문화의 특성 중 '부정성(negativism)'은 사회적으로 널리 보편화되어 있는 하류계층의 가치관을 거부하는 속성을 말한다.		951

39	사이크스(Sykes)와 맛차(Matza)의 중화이론(theory of Neutralization)에 의하면 훔친 물건은 잠시 빌리는 것뿐이며, 물건 파손은 이미 쓸모없는 물건에 해를 입히는 것뿐이라고 여긴다.	1001
40	사이크스(Sykes)와 맛차(Matza)의 중화이론(theory of Neutralization)에서 범죄란 사회의 문화적이고 제도적 영향의 결과로 바라본다.	1002
41	허쉬(T. Hirschi)의 사회유대이론의 요소 중 전념: 미래를 위해 교육에 투자하고 저축하는 것처럼 관습적 활동에 소비하는 시간과 에너지, 노력 등을 의미한다.	1052
42	허쉬(T. Hirschi)의 사회유대이론의 요소 중 참여: 학교, 여가, 가정에서 많은 시간을 보내게 되면 범죄행위의 유혹에서 멀어진다는 것을 의미한다.	1053
43	레머트(E.M. Lemert)가 주장한 낙인효과 중 오명씌우기(stigmatization): 일차적 일탈자에게 도덕적 열등이라는 오명이 씌워져서 이후 정상적인 자아정체성을 회복하는 것이 곤란해진다.	1103
44	레머트(E.M. Lemert)가 주장한 낙인효과 중 제도적 강제(institutional restraint)의 수용: 공식적 처벌을 받게 되면 스스로 합리적·독자적 사고를 하지 못하고 사법기관의 판단을 수용할 수밖에 없게 된다.	1104
45	낙인이론에서 베커(Becker)는 직업, 수입, 교육정도와 무관하게 낙인은 주지위가 될 수 없다고 한다.	1154
46	낙인이론은 범죄행위에 대하여 행해지는 부정적인 사회적 반응이 범죄의 원인이라고 보며 이를 통해 1차적 일탈과 2차적 일탈의 근본원인을 설명한다.	1155
47	헨티히(Hentig)는 피해자를 일반적 피해자 유형, 심리학적 피해자 유형으로 구분하고, 피해자도 범죄 발생의 원인이 될 수 있다고 주장하였다.	1205
48	서덜랜드(Sutherland)는 범죄행위는 다른 사람들과의 상호작용과정에서 의사소통을 통해 학습되며, 범죄행위 학습의 중요한 부분은 친밀한 관계를 맺고 있는 집단들에서 일어난다고 주장하였다.	1206
49	퀴니(Quinney)는 대항범죄(crime of resistance)의 예로 살인을 들고 있다.	1256
50	중화기술이론에서 세상은 모두 타락했고, 경찰도 부패했다고 범죄자가 말하는 것은 책임의 부정에 해당한다.	1257
51	사회갈등이론은 한 사회의 법률을 위반하는 범죄 문제는 도덕성의 문제로 다루어진다.	1307
52	볼드(Vold)는 이해관계의 갈등에 기초한 집단갈등론을 주장하였으며, 특히 집단 간의 이익갈등이 가장 첨예한 상태로 대립하는 영역으로 입법정책 부문을 지적하였다.	1308
53	거리 효율성(Street Efficacy)은 모피트(Moffitt)의 발전이론과 관련성이 깊다.	1358
54	범죄자를 청소년기 한정형 범죄자와 생애지속형 범죄자로 분류하였다. 청소년기 한정형은 사춘기에 집중적으로 일탈행동을 저지르다가 성인이 되면 일탈행동을 멈추는 유형이고, 생애지속형은 유아기부터 문제행동이 시작되어 평생 동안 범죄행동을 지속하는 유형이다. – 패터슨	1359
55	엘리엇(Elliott)과 동료들은 ㉠ 사회통제이론 ㉡ 긴장이론 ㉢ 사회학습이론을 결합한 통합이론을 제시하였다. ㉠과 ㉡의 연결고리 역할은 '성공에 대한 열망'이지만, '성공에 대한 열망'이 범죄에 미치는 영향은 서로 정반대 방향으로 작용한다. 이후 두 이론과 ㉢을 결합하여 관습집단과의 사회적 유대 강도에 따라 범죄에 이르게 되는 다양한 경로를 제시하였다.	1409
56	화이트칼라범죄는 경제적·사회적 제도에 대한 불신감을 조장하여 공중의 도덕심을 감소시키고 나아가 기업과 정부에 대한 신뢰를 훼손시킨다.	1410
57	급진적 페미니즘에 의하면 사회적·문화적으로 요구되는 전통적 성 역할의 차이로 인해 여성보다 남성이 더 많은 범죄를 저지른다.	1460
58	폴락(Pollak)은 자신의 저서 「여성의 범죄성」(The Criminality of Women)에서 여성의 범죄는 대개 사적인 영역에서 발생하며 잘 들키지 않는다고 주장하였다.	1461

59	쉐이퍼(Schafer)는 피해자를 '기능적 책임성'에 따라 분류하였다.		1511
60	쉐이퍼(Schafer)는 1968년 그의 저서 「피해자와 그의 범죄자(The Victim and His Criminal)」에서 피해자 유형을 분류하였다.		1512
61	「성매매방지 및 피해자보호 등에 관한 법률」상 성매매 목적의 인신매매를 당한 사람은 처벌하지 아니한다.		1562
62	입법부에 의한 법률상의 비범죄화뿐만 아니라 경찰·검찰과 같은 수사기관에 의한 실무상의 비범죄화도 이루어지고 있다.		1563
63	다이버전에 대해서는 형사사법의 대상조차 되지 않을 문제가 다이버전의 대상이 된다는 점에서 오히려 사회적 통제가 강화된다는 비판이 있다.		1613
64	다이버전의 장점은 경미범죄를 형사사법절차에 의하지 아니하고 처리함으로써 낙인효과를 줄이는 것이다.		1614
65	브랜팅햄(Brantingham)과 파우스트(Faust)에 의하면 범죄 실태에 대한 대중교육을 실시하는 것은 1차적 범죄예방에 가장 가깝다.		1664
66	브랜팅햄(Brantingham)과 파우스트(Faust)에 의하면 잠재적 범죄자를 조기에 판별하고 이들이 불법행위를 저지르기 전에 개입하려는 시도는 2차적 범죄예방에 해당한다고 볼 수 있다.		1665
67	환경설계를 통한 범죄예방(CPTED)은 대상물 강화(target hardening) 기법을 포함한다.		1715
68	○○경찰서에는 관할구역 내 방치된 공·폐가와 인적이 드문 골목길에 대한 민원이 자주 접수되고 있다. 이에 경찰서는 관할 구청과 협조하여 방치된 공·폐가는 카페로 조성하고 골목길에는 벤치와 운동기구를 설치하였다. 새로 조성된 카페와 시설물을 주민들이 적극적으로 이용하면서 자연스럽게 감시 기능이 향상되는 결과가 나타났다.: 환경설계를 통한 범죄예방(CPTED)의 원리 중 활동성 지원(activity support)에 해당한다.		1716
69	CCTV 설치로 인한 범죄발생의 전이효과에 대한 우려가 제기된다.		1766
70	CPTED 모델은 사회복귀 모델과 맥락을 같이 하며 특별예방적 관점이 강조된다.		1767
71	직관적 예측법은 실무에서 자주 사용되는 방법이지만, 이는 판단자의 주관적 입장에 의존한다는 점에서 비판을 받는다.		1817
72	예방단계의 예측은 주로 소년범죄 예측에 사용되는데 잠재적인 비행소년을 식별함으로써 비행을 미연에 방지하고자 하는 방법이다.		1818
73	양형기준표의 마련은 특정 범죄에 대해 어떤 형벌과 어느 정도의 형량이 선고될지를 예측할 수 있게 만드는 업무 지침이다.		1868
74	보호관찰제도의 장점으로 시설 내 처우가 초래하는 비인도성·낙인효과 등의 문제를 감소시킬 수 있다.		1869
75	보안처분은 일반예방보다는 범죄자의 개선과 사회방위 등 특별예방을 중시한다.		1919
76	보안처분은 행위자의 재범의 위험성에 근거한 것으로 책임능력이 있어야 부과되는 제재이다.		1920
77	소년사건조사에서 전문지식을 활용하여 소년과 보호자 또는 참고인의 품행·경력·가정상황 그 밖의 환경 등을 밝히도록 노력해야 한다고 규정한 것은 소년보호의 개별주의를 선언한 것이다.		1970
78	우범소년이 범죄에 빠지지 않도록 하는데 중점을 두어야 한다는 것으로 「소년법」 제4조 제1항 제3호는 이를 구체화한 것이다. - 예방주의		1971
79	아동학대의 심리적 특징으로는 냉담한 태도로 사람을 피하면서 눈동자만은 끊임없이 주위를 살피며 위험이 있는지 탐색하는 '얼어붙은 감시상태(frozen watchfulness)'가 있다.		2021
80	아동학대 피해자가 성인이 되어 폭력의 가해자가 될 가능성이 높은 폭력의 대물림이라는 특징이 있다.		2022

◉ 답안확인방법: 답안번호를 찾아 정오를 확인하세요.

연번	문제	O×	답안번호
1	경험론적 범죄학 연구방법에는 표본집단조사, 설문조사연구, 통계자료 분석, 실험연구 및 관찰연구가 포함된다.		3
2	공식범죄 통계를 통해 확인하기 어려운 암수를 직접 관찰하는 방법으로는 자기보고식 조사와 피해자 조사가 있다.		4
3	간통죄는 헌법재판소가 위헌결정을 내림에 따라 비범죄화되었다.		54
4	비범죄화는 형법의 보충적 성격을 강조한다.		55
5	코호트연구(Cohort Research)는 특정 지역에 거주하며 공통된 특성을 공유하고 있는 집단을 대상으로 상당 시간 동안 관찰하여 수행하는 것이다.		105
6	추행조사는 대부분의 연구방법들은 시계열적 분석이 미흡하고, 범죄경력의 진전 과정이나 범죄율 증감 과정에 대한 분석이 간과되기 쉽다는 단점을 보완하기 위해 고안되었다.		106
7	암수조사의 방법 중 '피해자 조사'는 암수범죄에 대한 직접적 관찰방법에 해당한다.		156
8	암수범죄는 피해자와 가해자의 구별이 어려운 범죄에 비교적 많이 존재한다.		157
9	케틀레(A. Quetelet)는 암수범죄와 관련하여 반비례의 법칙을 주장하면서, 공식적 통계상의 범죄현상은 실제의 범죄현상을 징표하거나 대표하는 의미가 있다고 보았다.		207
10	수사기관이 범죄의 혐의가 명백히 존재함에도 개인적 편견에 따라 차별적 취급을 한 경우 암수범죄로 볼 수 없다.		208
11	억제이론(Deterrence theory)에서 효과적인 범죄억제를 위해서는 처벌이 확실하고 엄격하며 신속해야 한다.		258
12	억제이론(Deterrence theory)에서 일반억제(general deterrence)는 전과자를 대상으로 한 재범방지에 중점을 둔다.		259
13	실증주의 학파는 범죄행위를 유발하는 범죄원인을 제거하는 것이 범죄통제에 효과적이라고 본다.		309
14	실증주의 학파는 범죄행위의 사회적 책임보다는 위법 행위를 한 개인의 책임을 강조한다.		310
15	크리스찬센(Christiansen)은 쌍생아 연구를 통해 유전적 소질이 범죄원인으로 작용하는지를 탐구하였다.		360
16	롬브로조(Lombroso)는 생물학적 퇴행성 때문에 범죄를 저지를 수밖에 없는 유형의 범죄자는 교정의 효과를 거의 기대할 수 없기 때문에 영구격리 또는 도태처분을 해야 한다고 하였다.		361
17	따르드는 롬브로소(Lombroso)의 견해를 지지하면서 과학적 방법을 통해 범죄유발요인을 규명하려 했다.		411
18	타르드의 모방의 법칙은 서덜랜드(Sutherland)의 차별적 접촉이론으로부터 많은 영향을 받았다.		412
19	라카사뉴(Lacassagne) – 사회는 범죄를 예비하고, 범죄자는 그것을 실천하는 도구에 불과하다.		462
20	고링(Goring)은 롬브로소(Lombroso)의 생래적 범죄자의 생물학적 열등성에 대한 연구방법에 문제가 있다고 비판하였다.		463
21	어떠한 범죄가 화이트칼라범죄인지 여부는 범죄자의 사회적 지위만으로 판단할 수 있는 것이 아니다.		513

22	서덜랜드(Sutherland)에 따르면 화이트칼라범죄는 사회적 지위가 높은 사람이 그 직업 활동과 관련하여 행하는 범죄로 정의된다.		514
23	국제형사학협회(IKV)는 범죄인을 기회범과 상태범으로 분류한다.		564
24	덕데일(Dugdale)은 범죄는 유전의 결과라는 견해를 밝힌 대표적인 학자이다.		565
25	헤어(Hare)는 사이코패스에 대한 표준화된 진단표(PCL-R)를 개발하였으며, 오늘날 사이코패스 검사 도구로 광범위하게 사용되고 있다.		615
26	슈나이더(Schneider)는 대부분의 범죄자가 정신병질자이므로 정신치료에 초점을 맞추어야 한다고 주장하였다.		616
27	비행성이 있는 성격과 그렇지 않은 성격을 구분하기 위한 수단으로 개발됐다. 세계적으로 많이 쓰이고 있는 14세 이상 정상인 대상의 성격 측정 지필검사도구는 MBTI 검사다.		666
28	슈나이더(Schneider)의 정신병질 의지박약성 - 모든 환경에 저항을 상실하여 우왕좌왕하고, 지능이 낮은 성격적 특징을 가지고 있으며, 인내심과 저항력이 빈약하다. 상습범, 누범에서 이러한 정신병질이 많이 발견된다.		667
29	사회해체이론에 의하면 범죄는 개인적인 차이에 의한 것이라기보다는 환경적 요인들을 범죄의 근원적 원인으로 본다.		717
30	사회해체이론에 의하면 범죄의 발생이 비공식적인 감시기능의 약화에서 비롯되는 것으로 설명하기도 한다.		718
31	머튼은 목표달성을 위한 합법적 수단에 대한 접근은 하류계층에게 더 제한되어 있다.		768
32	머튼의 아노미이론에서는 합법적 수단이 제한된 하류계층 사람들은 비합법적인 수단을 통해서라도 목표를 달성하려고 한다.		769
33	밀러는 하류계층의 문화를 고유의 전통과 역사를 가진 독자적 문화로 보았다.		819
34	밀러(Miller)는 하류계층의 여섯 가지 주요한 관심의 초점은 사고치기(trouble), 강인함(toughness), 영악함(smartness), 흥분추구(excitement), 운명(fate), 자율성(autonomy)이다.		820
35	울프강(Wolfgang)과 페라쿠티(Ferracuti)는 폭력적 하위문화에서 폭력적 태도는 차별적 접촉을 통하여 형성된다.		870
36	울프강(Wolfgang)과 페라쿠티(Ferracuti)는 폭력적 하위문화라도 모든 상황에서 폭력을 사용하지는 않는다.		871
37	서덜랜드(E. H. Sutherland)의 차별적 접촉이론에 의하면 범죄행위의 학습 과정과 정상 행위의 학습 과정은 동일하다.		921
38	서덜랜드(Sutherland)의 차별적 접촉이론은 범죄원인으로는 접촉의 경험이 가장 큰 역할을 한다고 보아, 나쁜 친구들을 사귀면 범죄를 저지를 것이라는 단순한 등식을 제시했다.		922
39	버제스(Burgess)와 에이커스(Akers)의 차별적 강화이론도 차별적 접촉이론과 마찬가지로 범죄행위의 학습에 기초하고 있다.		972
40	그레이저(Glaser)의 차별적 동일시이론(differential identification theory)은 자신과 동일시하려는 대상이나 자신의 행동을 평가하는 준거집단의 성격보다는 직접적인 대면접촉이 범죄학습 과정에서 더욱 중요하게 작용한다고 본다.		973
41	애그뉴(Agnew)의 일반긴장이론은 아노미 이론에 비해 긴장을 보다 개인적 수준에서 바라보았다.		1023
42	애그뉴(Agnew)의 일반긴장이론은 긴장의 원인을 다양화하였다.		1024
43	갓프레드슨(Gottfredson)과 허쉬(Hirschi)의 자기통제이론에 의하면 자기통제능력의 상대적 수준이 부모의 양육방법으로부터 큰 영향을 받는다고 주장한다.		1074

44	갓프레드슨(Gottfredson)과 허쉬(Hirschi)의 자기통제이론에 의하면 어린 시절 형성된 자기통제능력의 결핍이 모든 범죄의 원인이라고 주장한다.		1075
45	낙인이론(Labeling Theory)은 범죄자에 대한 시설 내 처우의 축소와 사회 내 처우의 확대를 주장하였다.		1125
46	낙인이론(Labeling Theory)은 사회적 위험성이 없는 행위는 범죄목록에서 제외해야 한다고 주장하였다.		1126
47	지역사회의 전통적인 기관들이 주민들의 행동을 규제하지 못하고, 지역사회의 공통문제를 자체적으로 해결할 수 있는 능력을 상실하면 범죄율이 높아진다. - 사회해체이론		1176
48	인간은 범죄성을 본질적으로 지니고 있기 때문에 그대로 두면 누구든지 범죄를 저지를 것이라는 가정에서 출발한다. - 통제이론		1177
49	비행을 저지르려고 하다가 부모가 실망하고 슬퍼할 것을 떠올리고 그만두었다. - 통제이론		1227
50	싸움이나 사고치는 것은 스릴 있는 일이며, 사고를 치더라도 체포와 처벌을 교묘히 피한다면 멋있다. - 범죄적 하위문화론		1228
51	밀러(Miller)의 하류계층문화이론에 의하면 범죄와 비행은 중류계층의 가치를 거절하는 것이 아니라 그들만의 독특한 하류계층문화 자체가 집단비행을 발생시킨다고 보았다.		1278
52	밀러(Miller)가 하류계층 사람들의 중심적인 관심사항으로 제시한 내용 중 자율성(autonomy)은 코헨(Cohen)이 주장한 비행하위문화이론의 자율성과 동일한 개념에 해당한다.		1279
53	퀴니(Quinney)는 법이 집행되는 과정에서 특정한 집단의 구성원이 범죄자로 규정되는 과정에 주목하였다.		1329
54	퀴니(Quinney)는 피지배집단(노동자계급)의 범죄를 적응범죄와 대항범죄로 구분하였다.		1330
55	티틀(Title)은 통제균형이론(Control-Balance Theory)에서 강제적이고 비일관적인 통제가 가장 심각한 범죄를 유발한다고 주장하였다.		1380
56	인생항로이론은 인간이 성숙해 가면서 그들의 행위에 영향을 주는 요인도 변화한다는 사실을 인정한다.		1381
57	엑스너(Exner)는 전쟁을 진행 단계별로 나누어 전쟁과 범죄의 관련성을 설명하였다.		1431
58	매스컴과 범죄의 관계에서 자극성가설에 의하면 매스컴이 묘사하는 범죄실행장면이 모방심리를 자극함으로써 범죄를 유발한다고 한다.		1432
59	생활양식노출이론(Lifestyle-Exposure Theory)은 힌델랑(Hindelang)과 그의 동료들이 연구하였다.		1482
60	생활양식노출이론(Lifestyle-Exposure Theory)은 개인의 방어능력(guardianship)과 노출(exposure)이 개인의 범죄피해자화에 영향을 미친다고 설명하는 이론이다.		1483
61	구금에 의한 무능력화(incapacitation) 전략은 범죄자들을 감금함으로써 그들이 범죄를 범할 기회를 줄이려는 시도이다.		1533
62	구금에 의한 무능력화(incapacitation) 전략은 각종 범죄자들에 대한 무능력화가 늘어나게 되면 교도소가 만원이 되어 교정시스템의 운영에 막대한 예산이 투입된다는 단점이 있다.		1534
63	비범죄화론은 약물범죄와 같은 공공질서 관련 범죄에 대해서 많이 주장되고 있다.		1584
64	다이버전은 재판절차 전 형사개입이라는 점에서 또 다른 형사사법절차의 창출이라는 비판도 있다.		1585
65	환경설계를 통한 범죄예방(CPTED)모델은 사전적 범죄예방을 지향한다.		1635
66	일상활동이론(routine activity theory)에서는, 범죄예방에 관하여 범죄자의 범죄 성향이나 동기를 감소시키는 것보다는 범행 기회를 축소하는 것이 강조된다.		1636

67	동기화된 범죄자 / 범죄 / 적절한 범행대상 [범죄삼각형] ⑤ 통제인 범죄자 / 범죄 / 관리인 장소 / 대상물/피해자 / 감시인 [수정모형] 범죄삼각형은 일상활동이론(Routine Activity Theory)의 3요소가 시 · 공간에서 수렴했을 때 범죄가 발생한다는 것을 도식화한 것이다.		1686
68	동기화된 범죄자 / 범죄 / 적절한 범행대상 [범죄삼각형] ⑤ 통제인 범죄자 / 범죄 / 관리인 장소 / 대상물/피해자 / 감시인 [수정모형] 두 모형은 범죄문제 해결 및 예방을 위한 환경설계를 통한 범죄예방(CPTED) 및 상황적 범죄예방기법과 밀접한 관련이 있다.		1687
69	레페토가 제안한 전이의 유형 중 전술적 전이는 범죄자가 동종의 범죄를 저지르기 위해 새로운 수단을 사용하는 것을 말한다.		1737
70	레페토가 제안한 전이의 유형 중 목표의 전이는 범죄자가 같은 지역에서 다른 피해자를 선택하는 것을 말한다.		1738
71	1928년에 버제스(E.W. Burgess)는 '경험표'라고 불렀던 예측표를 작성하여 객관적인 범죄예측의 기초를 마련하였다.		1788
72	수사단계에서의 범죄예측은 수사를 종결하면서 범죄자에 대한 처분을 내리는 데에 중요한 역할을 할 수 있다.		1789
73	형벌의 목적으로 현대의 교정목적은 응보형주의를 지양하고, 교육형주의의 입장에서 수형자를 교정 · 교화하여 사회에 복귀시키는 데에 중점을 둔다.		1839
74	형벌의 본질과 목적상 응보형주의에 따르면 범죄는 정의에 반하는 악행이므로 범죄자에 대해서는 그 범죄에 상응하는 해악을 가함으로써 정의가 실현된다.		1840
75	단기자유형의 경우 수형시설 내 범죄자들의 범죄성향에 오염될 위험성이 높아 형벌의 예방적 효과를 위태롭게 한다는 문제점이 지적된다.		1890
76	단기자유형을 선고받고 복역한 후에는 누범문제가 제기되어 3년 동안 집행유예 결격 사유가 발생할 수 있다.		1891
77	바톨라스(C. Bartolas)의 소년교정모형 중 범죄통제모형 – 지금까지 소년범죄자에 대하여 시도해 온 다양한 처우 모형들이 거의 실패했기 때문에 유일한 대안은 강력한 조치로서 소년범죄자에 대한 훈육과 처벌뿐이다.		1941
78	워렌(Waren)이 제시한 비행소년 유형분류 중 동조자 유형은 일관성 없는 훈육이나 적정한 성인모형의 부재에서 기인한다.		1942
79	사회적 처우(개방처우) 중 보스탈(Borstal) 제도는 경미범죄를 저지른 성인범죄자의 교정 · 교화를 위한 사회적 처우이다.		1992
80	사회적 처우(개방처우)는 가족, 친지 등과의 유대를 지속시켜 범죄자의 갱생 의욕을 자극할 수 있다.		1993

● 답안확인방법: 답안번호를 찾아 정오를 확인하세요.

연번	문제	O×	답안번호
1	범죄에 대한 자기보고식 조사는 숨은 범죄를 파악하는데 도움이 된다.		5
2	범죄에 대한 자기보고식 조사는 5년 이상의 오래된 범죄를 조사하는데 유리하다.		6
3	비범죄화는 형사처벌에 의한 낙인의 부정적 효과를 감소시킨다.		56
4	피해자 없는 범죄는 비범죄화의 주요 대상으로 논의된다.		57
5	코호트연구는 시간의 흐름에 따라 범죄율이 증감되는 과정의 관찰이 가능하다는 장점이 있으나, 대상자의 자료 수집에 큰 비용과 시간이 소요된다.		107
6	범죄학 연구방법으로 설문조사를 통한 연구는 두 변수 사이의 관계를 넘어서는 다변량 관계를 살펴볼 수 있다는 장점이 있다.		108
7	수사기관에 의하여 인지되었으나 해결되지 않은 경우를 상대적 암수범죄라고 한다.		158
8	상대적 암수범죄의 원인은 수사기관에 알려진 모든 범죄를 수사기관이 해결할 수는 없다는데 있다.		159
9	살인, 강간 등의 중범죄는 가해자의 자기보고 방식을 통해서 암수범죄를 쉽게 파악해 낼 수 있다.		209
10	화이트칼라 범죄는 피해규모가 크기 때문에 암수범죄가 될 가능성이 상대적으로 낮다.		210
11	억제이론(Deterrence theory)은 촉법소년의 연령 하향을 주장하는 학자들의 이론적 근거 중 하나이다.		260
12	일반억제는 전과자를 대상으로 한 재범방지에 중점을 둔다.		261
13	베까리아(C. Becaria)는 형벌은 성문의 법률에 의해 규정되어야 하고, 법조문은 누구나 알 수 있게 쉬운 말로 작성되어야 한다.		311
14	베까리아(C. Becaria)는 범죄는 사회에 대한 침해이며, 침해의 정도와 형벌 간에는 적절한 비례관계가 유지되어야 한다.		312
15	롬브로조(Lombroso)는 범죄자를 생래적 범죄자, 정신병적 범죄자, 상습성 범죄자, 우발성 범죄자, 격정성 범죄자, 폭력성 범죄자 여섯 가지 유형으로 분류하였다.		362
16	가로팔로(Garofalo)는 「범죄학」(Criminologia)이라는 저서를 통해 사실학적 의미의 '범죄학'이라는 용어를 최초로 사용하였다.		363
17	타르드의 방향의 법칙은 농촌에서 발생한 범죄가 도시지역에서 모방하는 경우를 설명하기에 적합하다.		413
18	타르드(Tarde)의 모방의 법칙은 학습이론(Learning Theory)에 영향을 미쳤다.		414
19	초남성(Supermale)으로 불리는 XYY성염색체를 가진 남성은 보통 남성보다 공격성이 더 강한 것으로 알려져 있다.		464
20	크레취머(Kretschmer)는 체형을 비만형, 운동형(투사형), 세장형으로 분류한 후 체형과 범죄성 간의 관계를 설명하였다.		465
21	화이트칼라범죄는 범죄행위의 색발이 쉽지 않고 증거수집에 어려움이 있나.		515

22	화이트칼라범죄는 암수범죄의 비율이 높고 선별적 형사소추가 문제되는 범죄유형이다.		516
23	랑게(Lange)는 일란성쌍생아가 이란성쌍생아보다 유사한 행동경향을 보인다고 하였다.		566
24	덕데일(Dugdale)은 쥬크 가(The Jukes) 연구를 통해 범죄의 유전적 요인에 주목하였다.		567
25	미국 정신의학회의 DSM에서는 사이코패스(정신병질)를 반사회적 성격장애와 구별한다.		617
26	사이코패스(정신병질)는 유전적 · 생물학적 요인보다 후천적 · 환경적 요인이 더 크게 작용한다.		618
27	슈나이더(Schneider)의 정신병질 기분이변성 - 기분 동요가 많아서 예측이 곤란하고, 폭발성과 유사하나 정도가 낮은 특징을 가지고 있다. 방화범, 상해범에서 이러한 정신병질이 많이 발견된다.		668
28	슈나이더(Schneider)의 정신병질 무력성 - 심신의 부조화 상태를 호소하여 타인의 동정을 바라고 신경질적인 특징을 보이나, 범죄와의 관련성은 적다.		669
29	버식(Bursik)과 웹(Webb)은 사회해체 원인을 주민의 비이동성과 동질성으로 보았다.		719
30	쇼(Shaw)와 맥케이(Mckay)의 사회해체(social disorganization)론에 의하면 공동체의 사회통제에 대한 노력이 무뎌질 때 범죄율은 상승하고 지역의 응집력은 약해진다. 이에 지역사회 범죄를 줄이기 위해서는 이웃 간의 유대 강화와 같은 비공식적 사회통제가 중요하며, 특히 주민들의 사회적 참여는 비공식적 사회통제와 밀접하게 관련되어 있다.		720
31	머튼(Merton)의 아노미이론에서 제시한 개인의 적응방식 중 비록 자신은 충분한 교육을 받지 못했지만 주어진 조건 내에서 돈을 많이 벌려고 노력하는 자 - 동조형		770
32	머튼(Merton)의 아노미이론에서 제시한 개인의 적응방식 중 정상적인 방법으로는 부자가 될 수 없다고 판단하고 사기, 횡령 등을 행하는 자 - 혁신형(innovation)		771
33	밀러(Miller)는 중류계층의 관점에서 볼 때, 하류계층 문화는 중류계층 문화의 가치와 갈등을 초래하여 범죄적 · 일탈적 행위로 간주된다.		821
34	밀러(Miller)의 하류계층 문화이론(lower-class culture theory)은 하류계층의 대체문화가 갖는 상이한 가치는 지배계층의 문화와 갈등을 초래하며, 지배집단의 문화와 가치에 반하는 행위들이 지배계층에 의해 범죄적 · 일탈적 행위로 간주된다고 주장한다.		822
35	울프강(Wolfgang)과 페라쿠티(Ferracuti)는 폭력적 하위문화는 주류문화와 항상 갈등상태를 형성한다.		872
36	클로워드(Cloward)와 올린(Ohlin)의 차별적 기회이론에 의하면 범죄적 하위문화는 비합법적 기회가 많은 지역에서 형성된 하위문화로, 주로 과시적 폭력범죄나 조직폭력범죄 간의 다툼 등이 빈번하게 발생한다.		873
37	서덜랜드(E. H. Sutherland)의 차별적 접촉이론에 의하면 범죄행위는 유전적인 요인뿐만 아니라 태도, 동기, 범행 수법의 학습 결과이다.		923
38	서덜랜드(Sutherland)의 차별접촉이론(differential association theory)에 의하면 범죄행위의 학습은 다른 사람들과의 의사소통과정을 통하여 이루어진다.		924
39	중학생 A는 어느 조직폭력단 두목의 일대기에 심취하여 그의 행동을 흉내 내다가 범죄를 저지르기에 이르렀다면 이는 그레이저(Glaser)의 차별적 동일시이론에 대한 설명이다.		974
40	타르드(Tarde)의 모방의 법칙에 따르면 학습의 방향은 대개 우월한 사람이 열등한 사람을 모방하는 방향으로 진행된다.		975
41	애그뉴(Agnew)의 일반긴장이론은 아노미 이론에 비해 긴장에 대한 폭력적 반응도 잘 설명할 수 있다.		1025

42	애그뉴(Agnew)의 일반긴장이론은 긴장 상태에 있는 모두가 범죄를 행하는 것은 아니라는 점에 대한 적절한 해명을 하지 못한다.		1026
43	갓프레드슨(Gottfredson)과 허쉬(Hirschi)의 자기통제이론에 의하면 범죄를 설명함에 있어 청소년기에 경험하는 다양한 환경적 영향요인을 충분히 고려하지 않는다는 비판이 제기되어 왔다.		1076
44	"어려서부터 유망한 야구선수였던 A는 고교 진학 후 좋은 성적을 내야 한다는 심리적 부담과 급작스런 부상으로 야구를 그만두고 비행친구와 어울리게 된다. 하지만, 소속팀을 떠나 음주, 흡연, 성인오락실 출입 등 방황과 일탈로 시간을 보내던 중, 자신이 정말 원하고 좋아하는 일이 야구 그 자체였음을 깨닫고 다시 어렵사리 야구부로 돌아왔다. 일탈적 생활습관이 추후 선수생활을 유지하는 데 지장을 줄 수 있다고 생각하여 비행친구의 유혹을 뿌리치고 운동에만 매진하게 되었다." - 애그뉴(Agnew)의 일반긴장이론에 따르면 야구선수 A의 부상과 성적에 대한 부담은 긴장으로 볼 수 있다.		1077
45	낙인이론에서는 범죄행위 자체보다 범죄행위에 대한 형사사법기관의 반작용에 관심을 둔다.		1127
46	낙인이론에 따르면 범죄자에 대한 국가개입의 축소와 비공식적인 사회 내 처우가 주된 형사정책의 방향으로 제시된다.		1128
47	뒤르껨(Durkheim)에 의하면 아노미는 현재의 사회구조가 구성원 개인의 욕구나 욕망에 대한 통제력을 유지할 수 없을 때 발생한다고 보았으며, 머튼(Merton)에 의하면 문화적 목표와 이를 달성하기 위한 제도적 수단 사이에 간극이 있고 구조적 긴장이 생길 경우에 발생한다고 보았다.		1178
48	밀러(Miller)에 의하면 하위문화는 중산층과 상관없이 고유의 전통과 역사를 가진 독자적 문화로 보았으며, 코헨(Cohen)에 의하면 중산층의 보편적인 문화에 대항하고 반항하기 위해서 형성되는 것이라고 보았다.		1179
49	오로지 기업이익을 추구하는 사람들을 계속 접하다 보니 기업이윤을 위해서라면 규범위반을 하는 것을 대수롭지 않다고 생각하게 되었다. - 학습이론		1229
50	서덜랜드(Sutherland)에 의하면 범죄행동은 학습되며 범죄자와 비범죄자의 차이는 학습과정의 차이가 아니라 접촉유형의 차이라고 한다.		1230
51	밀러(Miller)의 하류계층문화이론에 의하면 하류계층의 비행은 그들만의 독특한 관심을 따르는 동조행위이며 반항이나 혁신은 아니라고 보았다.		1280
52	밀러(Miller)의 하류계층문화이론에 의하면 하류계층의 중점적인 관심사항(focal concern)에는 운명주의(fatalism), 강인함(toughness), 사고치기(trouble) 등이 있다.		1281
53	비판범죄학자들은 범죄를 하류층의 권력과 지위를 보호하기 위해 고안된 정치적 개념으로 본다.		1331
54	터크(Turk)는 법이 집행되는 과정에서 특정한 집단의 구성원이 범죄자로 규정되는 과정에 주목하였고, 이를 '비범죄화(decriminalization)'라고 규정하였다.		1332
55	인생항로이론은 첫 비행의 시기가 빠르면 향후 심각한 범죄를 저지를 것이라고 가정한다.		1382
56	반사회적 범죄자를 두 가지 발달경로로 분류하여 설명한 이론으로 청소년 범죄를 청소년기 한정형(adolescence-limited)과 생애과정 지속형(life course-persistent)으로 구분하여 설명하였다. 청소년기 한정형은 늦게 비행을 시작해서 청소년기에 비행이 한정되는 유형을 의미하며, 생애과정 지속형은 오랜 기간에 걸쳐 비행행위가 지속된다는 것을 의미하고 있어 지속 또는 변화를 설명하는 대표적인 이론이라고 할 수 있다. - 모피트(T. Moffitt)		1383
57	매스컴과 범죄의 관계에서 습관성가설에 의하면 매스컴의 폭력장면에 장기적으로 노출되다 보면 폭력에 무감각해지고 범죄를 미화하는 가치관이 형성되므로 범죄가 유발된다고 한다.		1433

58	매스컴과 범죄의 관계에서 억제가설에 의하면 매스컴의 범죄묘사는 폭력피해에 대한 책임감과 보복에 대한 공포심을 불러일으켜 일반인들의 공격적 성향을 억제한다고 한다.		1434
59	생활양식노출이론(Lifestyle-Exposure Theory)은 남성·기혼자·저소득층 및 저학력층은 범죄피해자가 될 확률이 보다 높다고 설명한다.		1484
60	생활양식노출이론(Lifestyle-Exposure Theory)은 구조적 기대에 대한 순응과 같은 거시적인 요소보다 미시적 요소로 인해 개인의 위험 노출 정도가 결정된다고 설명한다.		1485
61	구금에 의한 무능력화(incapacitation) 전략 중 선별적 무능력화(selective incapacitation)는 재범의 위험성이 높은 소수의 범죄자들만 선별적으로 장기수용하는 것을 의미한다.		1535
62	회복적 사법은 범죄의 본질을 특정인 또는 지역사회에 대한 침해행위라고 본다.		1536
63	경미범죄에 대한 경찰의 훈방조치 내지 지도장 발부, 범칙금 납부제도 등은 넓은 의미의 비범죄화의 일환이다.		1586
64	다이버전은 범죄자를 전과자로 낙인찍을 가능성을 줄인다.		1587
65	이웃상호감시활동은 브랜팅햄(Brantingham)과 파우스트(Faust)가 제시한 범죄예방 모델 중 2차적 범죄예방에 해당한다.		1637
66	전과자 고용은 브랜팅햄(Brantingham)과 파우스트(Faust)가 제시한 범죄예방 모델 중 2차적 범죄예방에 해당한다.		1638
67	㉠에 대한 구체적 범죄예방 기법으로는 소유물에 대한 표시, 출입문 잠금장치 및 방범창 설치, 금고의 활용 등이 있다.		1688
68	수정모형은 ㉠의 개념을 보다 구체화한 것으로 동기화된 범죄자를 사적으로 통제할 수 있는 통제인(handler), 장소와 시설을 관리할 수 있는 관리인(manager), 범행대상을 공·사적으로 보호할 수 있는 감시인(guardian)으로서의 역할을 강조하였다.		1689
69	CCTV의 증설로 인하여 차량절도범이 인접 지역으로 이동해 범행을 저지르는 것은 레페토가 제안한 전이의 유형 중 영역적 전이에 해당한다.		1739
70	범죄자 甲은 A지역에서 범죄를 할 예정이었으나, A지역의 순찰이 강화된 것을 확인하고 C지역으로 이동해서 범죄를 저질렀다. - 이익확산		1740

71	통계적 범죄예측방법은 여러 자료를 통하여 범죄예측 요인을 수량화함으로써 점수의 비중에 따라 범죄 또는 비행을 예측하는 것으로 점수법이라고도 한다.		1790
72	임상적 범죄예측방법은 전문가의 개인적 판단을 배제할 수 있는 장점이 있다.		1791
73	형벌의 본질과 목적상 목적형주의에 따르면 형벌은 과거의 범행에 대한 응보가 아니라 장래의 범죄예방을 목적으로 한다.		1841
74	형벌의 본질과 목적상 특별예방주의는 형벌의 목적을 범죄자의 사회복귀에 두고 형벌을 통하여 범죄자를 교육·개선함으로써 그 범죄자의 재범을 예방하려는 사고방식이다.		1842
75	단기자유형으로 인하여 수형시설의 부족현상을 가중한다는 점이 문제점으로 지적된다.		1892
76	부정기형은 범죄인의 개선에 필요한 기간을 판결선고시에 정확히 알 수 없기 때문에 형을 집행하는 단계에서 이를 고려한 탄력적 형집행을 위한 제도로 평가된다.		1893
77	워렌(Waren)이 제시한 비행소년 유형분류 중 부문화 동일시자 유형은 일탈적 하위문화 가치체계의 내재화가 원인이다.		1943
78	워렌(Waren)이 제시한 비행소년 유형분류 중 반사회적 약취자 유형은 관습적인 규범이 내재화되어 있지 않고 죄의식이 없다.		1944
79	사회적 처우(개방처우)에는 귀휴, 외부통근제, 주말구금제, 가족만남의 날(가족·부부접견)은 사회적 처우에 해당된다.		1994
80	사회적 처우(개방처우)는 통상적 형벌관념이나 일반국민의 법감정에 적합하지 않다는 단점이 있다.		1995

제29회 범죄학·형사정책이론 OX기출훈련

◉ 답안확인방법: 답안번호를 찾아 정오를 확인하세요.

연번	문제	○×	답안번호
1	범죄에 대한 자기보고식 조사는 범죄의 원인이 되는 인격특성, 가치관, 환경 등을 함께 조사할 수 없다.		7
2	범죄에 대한 자기보고식 조사는 경미한 범죄를 조사하는데 부적합하다.		8
3	비범죄화의 논의 대상으로 피해자 없는 범죄(성매매, 마리화나 흡연 등 경미한 마약사용, 단순도박 등), 비영리적 공연음란죄, 음화판매죄, 사상범죄 등이 있다.		58
4	비범죄화란 지금까지 형법에 범죄로 규정되어 있던 것을 폐지하여 범죄목록에서 삭제하거나 형사처벌의 범위를 축소하는 것으로 그 대상범죄로는 단순도박죄, 낙태죄 등이 제시된다.		59
5	범죄학 연구방법으로 양적연구는 질적연구에 비해 연구결과의 외적 타당성을 확보하기 어렵다는 단점이 있다.		109
6	범죄학 연구방법으로 실험연구는 연구자가 필요한 조건을 통제함으로써 내적 타당성을 확보하기에 용이하다.		110
7	상대적 암수범죄의 원인은 수사기관에서 처리한 모든 범죄가 기소되는 것은 아니다.		160
8	상대적 암수범죄의 원인은 기소된 모든 범죄가 법원에서 유죄판결을 받는 것은 아니다.		161
9	설문조사는 정치범죄, 가정범죄 등 내밀한 관계 및 조직관계에서 일어나는 범죄의 암수를 밝히는 데에 적합하다.		211
10	상점절도를 숨긴 카메라로 촬영하거나 유리벽을 통해 관찰하는 등의 참여적 관찰 방법은 인위적 관찰 방법에 속한다.		212
11	억제는 고전주의 범죄학파의 주요 개념 중 하나이다.		262
12	효과적인 범죄억제를 위해서는 처벌이 확실하고 엄격하며 신속해야 한다.		263
13	베카리아(Beccaria)에 의하면 형벌은 범죄에 비례하지 않으면 안 되며 법률에 의해 규정되어야 한다.		313
14	베카리아(Beccaria)에 의하면 사형은 예방 목적의 필요한 한도를 넘는 불필요한 제도로서 폐지되어야 한다.		314
15	가로팔로(Garofalo)는 정상적인 사람은 정직성, 동정심, 성실 등과 같은 이타적 정서를 기본적으로 지니고 있는데 반해 범죄자는 이러한 정서가 결핍되었다고 하였다.		364
16	롬브로조(Lombroso)는 자유의지에 따라 이성적으로 행동하는 인간을 전제로 하여 범죄의 원인을 자연과학적 방법으로 분석하였다.		365
17	타르드(Tarde)의 모방의 법칙 중 거리의 법칙에 따르면 모방의 강도는 사람 간의 거리에 비례하고 사람과 얼마나 밀접하게 접촉하고 있는가에 반비례한다.		415
18	타르드(Tarde)의 모방의 법칙 중 방향의 법칙에 따르면 대개 열등한 사람이 우월한 사람을 모방하는 방향으로 진행된다.		416
19	랑게(Lange)는 일란성 쌍둥이가 이란성 쌍둥이보다 범죄를 저지를 가능성이 높다고 하였다.		466
20	표출적 범죄(expressive crime)는 특정한 목적이나 목표를 위해 동기부여된 범죄이다.		467

21	화이트칼라범죄는 범죄로 인한 피해의 규모가 크기 때문에 행위자는 죄의식이 크고 일반인은 범죄의 유해성을 심각하게 생각하는 것이 특징이다.		517
22	「마약류 관리에 관한 법률」에 따르면 마약류란 마약·향정신성의약품 및 대마를 말한다.		518
23	랑게(Lange)는 가계 연구에서 밝히기 어려운 범죄성에 대한 유전과 환경의 관계를 밝히기 위해 쌍생아 연구를 하였다.		568
24	허칭스와 매드닉(Hutchings & Madnick)의 연구에 따르면, 친부와 양부 모두 범죄경력이 있는 경우가 한 쪽만 범죄경력이 있는 경우에 비해 입양아의 범죄 가능성에 더 큰 영향력을 미치는 것으로 나타났다.		569
25	사이코패스(정신병질)에 가장 많이 사용되는 진단도구는 슈나이더(Schneider)가 개발한 PCL-R이다.		619
26	사이코패스(정신병질)는 무정성 정신병질자로 롬브로조(Lombroso)가 말한 생래적 범죄인에 가깝다.		620
27	슈나이더(Schneider)의 정신병질 발양성 – 자신의 운명과 능력에 대해 과도하게 비관적이며, 경솔하고 불안정한 특징을 보인다. 현실가능성이 없는 약속을 남발하기도 한다. 상습사기범과 무전취식자 등에서 이러한 정신병질이 많이 발견된다.		670
28	슈나이더(K. Schneider)의 정신병질 유형 중 무력성 – 충동적 살상범, 폭행범, 손괴범		671
29	사회해체이론에 관한 설명으로 버식과 웹(Bursik & Webb)은 사회해체지역에서는 공식적인 행동 지배규범이 결핍되어 있으므로 비공식적인 감시와 지역주민에 의한 직접적인 통제가 어렵다고 주장하였다.		721
30	사회해체이론에 관한 설명으로 콘하우저(Kornhauser)는 사회해체가 진행된 지역에 비행하위문화가 형성되어야만 무질서 및 범죄가 발생된다고 주장하였다.		722
31	머튼(Merton)의 아노미이론에서 제시한 개인의 적응방식 중 사업이 수차례 실패로 끝나자 자신의 신세를 한탄하면서 부랑생활을 하는 자 – 회피형(retreatism)		772
32	머튼(Merton)의 아노미이론에서 제시한 개인의 적응방식 중 환경보호를 이유로 공공기관이 시행하는 댐건설현장에서 공사 중단을 요구하며 시위를 하는 자 – 반역형(rebellion)		773
33	밀러(Miller)의 하류계층 문화이론(lower-class culture theory)은 하류계층의 비행이 반항도 혁신도 아닌 그들만의 독특한 '관심의 초점'을 따르는 동조행위라고 보았다.		823
34	밀러(Miller)의 하류계층 문화이론(lower-class culture theory)은 하류계층의 문화를 범죄적 하위문화, 갈등적 하위문화, 도피적 하위문화로 분류하였다.		824
35	클로워드(Cloward)와 올린(Ohlin)의 차별적 기회이론에 의하면 폭력적 하위문화는 사회해체 정도가 심한 지역에서 형성된 하위문화로, 이중의 실패(double failures)를 경험한 사람들이 주를 이룬다.		874
36	클로워드(Cloward)와 올린(Ohlin)은 합법적 수단 사용이 차단된 개인은 곧바로 비합법적 수단을 사용할 것이라는 머튼(Merton)의 가정에 동의하지 않는다.		875
37	서덜랜드(Sutherland)의 차별접촉이론(differential association theory)에 의하면 법 위반에 대한 비우호적 정의에 비해 우호적 정의를 더 많이 학습한 사람은 비행을 하게 된다.		925
38	서덜랜드(Sutherland)의 차별접촉이론(differential association theory)에 의하면 범죄행위가 학습될 때 범죄의 기술, 동기, 충동, 합리화, 태도 등도 함께 학습된다.		926
39	동일시(identification)는 에이커스(R. Akers)의 사회학습이론이 개인의 범죄활동을 설명하기 위하여 제시한 네 가지 개념의 하나이다.		976
40	중학생 甲은 친구들의 따돌림을 받고 인터넷에 빠져 살던 중 어느 조직폭력단 두목의 일대기에 심취하여 그의 행동을 흉내 내다가 범죄를 저지르기에 이르렀다. 甲의 범죄와 과정을 설명하는 이론 – 글레이저(Glaser)의 차별적 동일시이론(Differential Identification Theory)		977

41	메스너와 로젠펠드(Messner & Rosenfeld)의 제도적 아노미 이론(Institutional Anomie Theory)은 미시적 관점이다.		1027
42	나이(Nye)에 따르면 소년비행을 예방할 수 있는 방법 중 가장 효율적인 것은 비공식적 간접통제방법이다.		1028
43	"어려서부터 유망한 야구선수였던 A는 고교 진학 후 좋은 성적을 내야 한다는 심리적 부담과 급작스런 부상으로 야구를 그만두고 비행친구와 어울리게 된다. 하지만, 소속팀을 떠나 음주, 흡연, 성인오락실 출입 등 방황과 일탈로 시간을 보내던 중, 자신이 정말 원하고 좋아하는 일이 야구 그 자체였음을 깨닫고 다시 어렵사리 야구부로 돌아왔다. 일탈적 생활습관이 추후 선수생활을 유지하는 데 지장을 줄 수 있다고 생각하여 비행친구의 유혹을 뿌리치고 운동에만 매진하게 되었다."— 허쉬(Hirschi)의 사회유대이론에 따르면 A가 야구부 복귀 후 비행친구의 유혹을 뿌리치고 운동에만 매진하는 것은 전념(Commitment)에 해당한다.		1078
44	"어려서부터 유망한 야구선수였던 A는 고교 진학 후 좋은 성적을 내야 한다는 심리적 부담과 급작스런 부상으로 야구를 그만두고 비행친구와 어울리게 된다. 하지만, 소속팀을 떠나 음주, 흡연, 성인오락실 출입 등 방황과 일탈로 시간을 보내던 중, 자신이 정말 원하고 좋아하는 일이 야구 그 자체였음을 깨닫고 다시 어렵사리 야구부로 돌아왔다. 일탈적 생활습관이 추후 선수생활을 유지하는 데 지장을 줄 수 있다고 생각하여 비행친구의 유혹을 뿌리치고 운동에만 매진하게 되었다." — 레클리스(Reckless)의 봉쇄이론에 따르면 A의 비행중단은 외적 봉쇄요인보다 내적 봉쇄요인의 작용이 컸다.		1079
45	낙인이론은 최초 일탈의 발생 원인과 가해자에 대한 관심이 적다는 비판이 있다.		1129
46	레머트(Lemert)는 사회로부터 부정적인 반응을 받은 소년이 스스로 이를 동일시하고 부정적 역할을 수행하게 되는 악의 극화(Dramatization of Evil)에 빠지게 된다고 하였다.		1130
47	맛차(Matza)의 표류이론(drift theory)에 의하면 비행청소년들은 비행 가치를 받아들여 비행이 나쁘지 않다고 생각하기 때문에 비행을 한다.		1180
48	범죄자 甲은 병역의무가 있음에도 불구하고 관련 법률이 개인의 자유권을 침해했다는 이유로 이를 부정한 것은 사이크스(Sykes)와 맛차(Matza)가 제시한 중화기술유형에 해당한다.		1181
49	글래저(Glaser)에 의하면 범죄는 행위자가 단순히 범죄적 가치와 접촉함으로써 발생하는 것이 아니라, 행위자 스스로 그것을 자기 것으로 동일시하는 단계로까지 나가야 발생한다고 한다.		1231
50	머튼(Merton)에 의하면 반응양식 중 혁신(innovation)은 문화적 목표는 부정하지만 제도화된 수단은 승인하는 형태라고 한다.		1232
51	클로워드(Cloward)와 올린(Ohlin)의 차별적 기회구조이론은 뒤르켐(E. Durkheim)의 아노미이론과 하위문화이론을 통합하여 만든 이론이다.		1282
52	코헨(A. Cohen)의 비행하위문화이론에 따르면, 비행하위문화는 중산층 문화에 대한 거부감에서 비롯되는 것이 아니라 하류계층 고유의 독자성을 가지고 형성된 것이다.		1283
53	볼드(Vold)의 집단갈등이론(Group Conflict Theory)은 범죄를 집단 간 투쟁의 결과로 보았으며, 강도·강간·사기와 같은 개인 차원의 전통적 범죄를 설명하는 데 유용한 것으로 평가된다.		1333
54	퀴니(Quinney)는 노동자 계급의 범죄를 자본주의 체계에 대한 적응범죄와 저항범죄로 구분하였다.		1334
55	모피트(Moffitt)의 청소년기 한정형(adolescence-limited) 일탈의 원인은 성숙의 차이(maturity gap), 사회모방(social mimicry)에서 찾는다.		1384
56	손베리(Thornberry)는 사회통제이론(Social Control Theory)과 사회학습이론(Social Learning Theory)을 통합하여 범죄행위는 행위자와 환경이 상호작용하는 발전적 과정에 의하여 발생한다고 주장하였다.		1385

57	매스컴과 범죄연구에서 카타르시스가설에 의하면 일반인들이 매스컴의 범죄장면을 보고 스스로 카타르시스를 얻기 위해 범죄행위에 나설 수 있기 때문에 매스컴이 범죄를 유발한다고 한다.		1435
58	매스컴과 범죄에 대하여 '카타르시스 가설'과 '억제가설'은 매스컴의 역기능성을 강조하는 이론이다.		1436
59	생활양식노출이론(Lifestyle-Exposure Theory)은 이론 초기에는 사회계층별 대인범죄를 설명하고자 시도하였으나, 이후 재산범죄와 같은 대물범죄까지 확대되었다.		1486
60	레클리스(Reckless)는 피해자의 도발을 기준으로 피해자 유형을 '가해자-피해자'모델과 '피해자-가해자-피해자'모델로 분류하였다.		1487
61	응보적 사법에서 피해자는 사법절차의 직접 참여자, 범죄 해결 과정의 중심인물이다.		1537
62	회복적 사법에서 가해자는 책임을 수용하고 배상과 교화의 대상으로 인식된다.		1538
63	다이버전은 형사사법기관이 통상적인 형사절차를 대체하는 절차를 활용하여 범죄인을 처리하는 제도를 말한다.		1588
64	청소년범죄 관련 다이버전(diversion, 전환) 프로그램은 공식적인 형사처벌로 인한 낙인효과를 최소화하려는 목적을 갖고 있다.		1589
65	시민에 대한 범죄예방교육은 브랜팅햄(Brantingham)과 파우스트(Faust)가 제시한 범죄예방모델 중 2차적 범죄예방에 해당한다.		1639
66	상황적 범죄예방은 브랜팅햄(Brantingham)과 파우스트(Faust)가 제시한 범죄예방 모델 중 2차적 범죄예방에 해당한다.		1640
67	상황적 범죄예방모델은 브랜팅햄(Brantingham)과 파우스트(Faust)의 범죄예방모델 중에서 2차적 범죄예방에 속한다.		1690
68	깨진 유리창 이론(Broken Windows Theory)을 근거로 도출된 범죄예방모델에서는 무관용 원칙을 중요시한다.		1691
69	범죄자 乙은 B지역에서 범행을 계획하였으나, A지역의 순찰이 강화된 것을 인지하고 A지역과 인접한 B지역 대신 멀리 떨어진 C지역으로 이동해서 범죄를 저질렀다. - 범죄전이		1741
70	제프리(Jeffery)는 범죄예방이란 범죄발생 이전의 활동이며, 범죄행동에 대한 직접적 통제이며, 개인의 행동에 초점을 맞추는 것이 아니라 개인이 속한 환경과 그 환경내의 인간관계에 초점을 맞춰야 하며, 인간의 행동을 연구하는 다양한 학문을 배경으로 하는 것이라고 하였다.		1742
71	글룩(Glueck) 부부는 범죄예측과 관련하여 가중실점방식이라는 조기예측법을 소개하였다.		1792
72	워너(Warner)는 '경험표'라고 불린 예측표를 작성하여 객관적인 범죄예측에 기초를 마련하였다.		1793
73	공판절차 이분론은 소송절차를 범죄사실의 인정절차와 양형절차로 나누자는 주장을 말한다.		1843
74	판결 전 조사제도는 보호관찰의 활성화에 기여할 수 있는 장점이 있다.		1844
75	부정기형은 범죄자에 대한 위하효과가 인정되고, 수형자자치제도의 효과를 높일 수 있으며, 위험한 범죄자를 장기구금하게 하여 사회방위에도 효과적이다.		1894
76	부정기형제도는 수형자의 개선의욕을 촉진할 수 있다.		1895
77	워렌(Waren)이 제시한 비행소년 유형분류 중 비사회적 유형은 심리요법보다 교육을 통하여 사회에 대한 거부감과 방치를 해소하는 처우가 적합하다.		1945

78	미국의 데이비드 스트리트(David Street) 등의 학자들은 「처우조직(Organization For Treatment)」이라는 자신들의 저서에서 소년범죄자들에 대한 처우조직을 여러 유형으로 분류했는데, 재교육 및 발전(reeducation/development) 유형은 소년범죄자의 태도와 행동의 변화 그리고 개인적 자원의 개발에 중점을 둔다., 소년범죄자를 지역사회의 학교로 외부통학을 시키기도 한다., 처우시설의 직원들은 대부분 교사로서 기술 습득과 친화적 분위기 창출에 많은 관심을 둔다., 처우시설 내 규율의 엄격한 집행이 쉽지 않다.	1946
79	오번제(Auburn System)는 엄정독거제의 결점을 보완하고 혼거제의 폐해를 제거하기 위한 목적으로 고안된 것으로, 주간에는 침묵상태에서 혼거작업하고 야간에는 독거수용하는 제도이다.	1996
80	우리나라는 독거수용을 원칙으로 하고 있으나, 현실적으로는 독거실 부족 등의 사유로 혼거수용이 일반적으로 이루어지고 있다.	1997

◉ 답안확인방법: 답안번호를 찾아 정오를 확인하세요.

연번	문제	O×	답안번호
1	실험연구에서 실험집단과 통제집단을 무작위 할당하는 이유는 두 집단 간 통계적 등가성을 확보하기 위함이다.		9
2	참여관찰법은 연구자가 조사대상의 활동에 참여함으로써 조사대상에 대한 생생한 실증자료를 얻을 수 있다.		10
3	신범죄화(신규 범죄화)란 지금까지 존재하지 않던 새로운 형벌구성요건을 창설하는 것으로 환경범죄, 경제범죄, 컴퓨터범죄 등이 여기에 해당한다.		60
4	암수 범죄(숨은 범죄)는 실제로 범죄가 발생하였으나 범죄통계에 나타나지 않는 범죄를 의미한다.		61
5	범죄학 연구방법에서 설문조사를 통한 연구는 부정확한 응답의 가능성에 대한 고려가 필요하다.		111
6	범죄학 연구방법 중 질적 연구는 사회현상에 대한 심층적 이해가 가능하다.		112
7	상대적 암수범죄의 원인은 모든 범죄가 수사기관에 알려지는 것은 아니다.		162
8	피해자가 특정되지 않거나 간접적 피해자만 존재하는 경우, 암수범죄가 발생하기 쉽다.		163
9	중범죄나 사회적으로 금기시되는 범죄를 조사하는 유일한 방법은 행위자의 자기보고 방식이다.		213
10	피해자를 개인으로 구체화할 수 없는 국가적·사회적 법익에 관한 범죄의 암수는 피해자 조사를 통해 명확하게 파악할 수 있다.		214
11	억제이론은 촉법소년의 연령 하향을 주장하는 학자들의 이론적 근거 중 하나이다.		264
12	억제이론은 처벌의 신속성, 확실성, 엄격성의 효과를 강조한다.		265
13	베카리아(Beccaria)에 의하면 처벌은 공개적이어야 하고 신속하며 필요한 것이어야 한다.		315
14	베카리아(Beccaria)에 의하면 형벌의 목적은 범죄를 억제하는 것이다.		316
15	페리(Ferri)는 범죄포화의 법칙을 주장하였으며 사회적·경제적·정치적 요소도 범죄의 원인이라고 주장하였다.		366
16	가로팔로(Garofalo)는 범죄의 원인으로 심리적 측면을 중시하여 이타적 정서가 미발달한 사람일수록 범죄를 저지르는 경향이 있다고 하였다.		367
17	타르드(Tarde)에 의하면 총기에 의한 살인이 증가하면서 칼을 사용한 살인이 줄어드는 현상은 새로운 유행이 기존의 유행을 대체하기 때문이라고 보았다.		417
18	뒤르켐(E. Durkheim)은 어느 사회든지 일정량의 범죄는 있을 수밖에 없다는 범죄정상설을 주장하였다.		418
19	표출적 범죄는 주로 개인의 욕구 충족을 위해 저지르는 경우가 많다.		468
20	도구적 범죄(instrumental crime)는 타인과의 갈등 상황에서 감정이 격해져 우발적으로 저지르는 범죄이다.		469
21	클로워드(Cloward)와 올린(Ohlin)의 차별기회이론(Differential Opportunity Theory)과 머튼(Merton)의 아노비이논(Anomie Theory) 능으로 약물 범죄의 원인을 설명할 수 있다.		519

22	세계보건기구(WHO)는 마약을 '사용하기 시작하면 사용하고 싶은 충동을 느끼고(의존성), 사용할 때마다 양을 증가시키지 않으면 효과가 없으며(내성), 사용을 중지하면 온몸에 견디기 힘든 이상을 일으키며(금단증상), 개인에게 한정되지 않고 사회에도 해를 끼치는 물질'로 정의하고 있다.	520
23	크리스티안센(Christiansen)은 일란성 쌍생아의 경우 성별을 불문하고 이란성 쌍생아보다 한 쪽이 범죄자인 경우에 다른 쪽도 범죄자인 비율이 높은 것을 확인하였고, 범죄성의 환경적 요인에 따른 영향력은 없다고 하였다.	570
24	허칭스(Hutchings)와 메드닉(Mednick)은 입양아 연구에서 양부모보다 생부모의 범죄성이 아이의 범죄성에 더 큰 영향을 준다고 하였다.	571
25	프로이드(Freud)는 의식을 에고(Ego)라고 하고, 무의식을 이드(Id)와 슈퍼에고(Superego)로 나누었다.	621
26	프로이트(S. Freud)는 유아기로부터 성인기로의 사회화과정을 구순기(oral stage), 남근기(phallic stage), 항문기(anal stage), 잠복기(latency stage), 성기기(genital stage)라는 성심리적 단계(psychosexual stage) 순으로 발전한다고 설명하면서, 이러한 단계별 발전이 건전한 성인으로의 발전을 좌우한다고 주장한다.	622
27	슈나이더(K. Schneider)의 정신병질 유형 중 기분이변성 – 방화범, 상해범	672
28	슈나이더(K. Schneider)의 정신병질 유형 중 발양성 – 상습사기범, 무전취식자	673
29	사회해체이론에 관한 설명으로 쇼와 맥케이(Shaw & McKay)는 범죄율이 거주민의 인종 및 민족구성과 상관관계가 낮다고 주장하였다.	723
30	사회해체이론에 관한 설명으로 샘슨(Sampson)은 집합효율성의 약화가 범죄율을 증가시킨다고 주장하였다.	724
31	머튼(Merton)의 긴장이론에 의하면 미국사회의 구조는 문화적 목표와 이에 도달하기 위한 제도적·규범적 수단의 두 요소로 이루어진다고 가정하였다.	774
32	머튼은 재산범죄 등 경제적 동기의 범죄에만 적용할 수 있다고 하였다.	775
33	밀러(Miller)의 하류계층 문화이론(lower class culture theory)에 의하면 범죄와 비행은 중류계층에 대한 저항으로서 하류계층 문화 자체에서 발생한다.	825
34	밀러(Miller)가 주장한 하위계층문화이론(Lower Class Culture Theory)의 '관심의 초점(focal concerns)' 중 말썽부리기(trouble) – 싸움이나 폭주 등 문제행동을 유발할수록 또래들로부터 인정받기 때문에 말썽을 일으키는 것	826
35	클로워드(Cloward)와 올린(Ohlin)은 격정범 및 하위계층 청소년의 하위문화 형성을 밝히는 데 많은 기여를 하였다.	876
36	클로워드(Cloward)와 올린(Ohlin)의 차별적 기회이론(Differential Opportunity Theory)에 의하면 범죄적 하위문화는 성공을 위한 합법적인 기회도 없고, 성인들의 범죄도 조직화되지 않아 소년들이 범죄기술을 배울 수 있는 환경이 없는 지역에서 형성되는 하위문화이다.	877
37	서덜랜드(E. H. Sutherland)의 차별적 접촉이론에 의하면 법에 대한 개인의 태도는 개인이 처한 경제적 위치와 차별 경험에서 비롯된다.	927
38	서덜랜드(E. H. Sutherland)의 차별적 접촉이론에 의하면 타인과 직접 접촉이 아닌 매체를 통한 특정 인물의 동일시에 의해서도 범죄행위는 학습된다.	928
39	에이커스(R. Akers)의 사회학습이론이 개인의 범죄활동을 설명하기 위하여 제시한 네 가지 개념 – ① 차별접촉(differential association) ② 정의(definition) ③ 차별강화(differential reinforcement) ④ 모방(imitation)	978
40	맛차(Matza)의 표류이론(drift theory)에 의하면 비행청소년들은 비행의 죄책감을 모면하기 위해 다양한 중화의 기술을 구사한다.	979

41	나이(Nye)는 가정을 사회통제의 가장 중요한 근본이라고 주장하였다.	1029
42	리스(Reiss)는 개인이 스스로 욕구를 참아내는 능력인 개인적 통제력의 개념을 제시하였다.	1030
43	"어려서부터 유망한 야구선수였던 A는 고교 진학 후 좋은 성적을 내야 한다는 심리적 부담과 급작스런 부상으로 야구를 그만두고 비행친구와 어울리게 된다. 하지만, 소속팀을 떠나 음주, 흡연, 성인오락실 출입 등 방황과 일탈로 시간을 보내던 중, 자신이 정말 원하고 좋아하는 일이 야구 그 자체였음을 깨닫고 다시 어렵사리 야구부로 돌아왔다. 일탈적 생활습관이 추후 선수생활을 유지하는 데 지장을 줄 수 있다고 생각하여 비행친구의 유혹을 뿌리치고 운동에만 매진하게 되었다." – 갓프레드슨과 허쉬(Gottfredson & Hirschi)의 자기통제이론에 따르면 A의 비행은 전형적인 낮은 자기통제력 사례에 해당한다.	1080
44	갓프레드슨(Gottfredson)과 허쉬(Hirschi)는 자기통제이론(Self Control Theory)이 모든 인구사회학적 집단에 의해 발생하는 모든 유형의 범죄행위와 범죄유사행위를 설명할 수 있다고 주장하였다.	1081
45	탄넨바움(Tannenbaum)은 일차적 일탈에 대한 부정적인 주변의 반응이 이차적 일탈을 유발한다고 하였다.	1131
46	베커(Becker)는 일탈자는 공식적인 일탈자라는 주지위를 얻게 되어 교육과 직업 등에 방해를 받게 되며 이로 인해 일탈을 반복하게 된다고 하였다.	1132
47	맛차(Matza)와 사이크스(Sykes)에 따르면 일반소년과 달리 비행소년은 처음부터 전통적인 가치와 문화를 부정하는 성향을 가지고 있으며, 차별적 접촉과정에서 전통규범을 중화시키는 기술이나 방법을 습득한다.	1182
48	사이크스(Sykes)와 마짜(Matza)가 제시한 중화의 기법으로 가해(손상)의 부인: 타인의 재물을 횡령하면서 사후에 대가를 지불하면 아무런 문제가 없다고 주장하는 경우	1183
49	머튼(R. Merton)의 아노미 이론은 기회구조가 차단된 하류계층의 범죄를 설명하는 데에는 유용하지만 최근 증가하는 중산층 범죄나 상류층의 범죄를 설명하는 데에는 한계가 있다.	1233
50	클로워드와 올린(R. Cloward & L. Ohlin)의 차별적 기회구조이론은 성공하기 위하여 합법적인 수단을 사용할 수 없는 사람들은 비합법적 수단을 사용한다는 머튼(Merton)의 가정에 동조하지 않는다.	1234
51	낙인이론은 어떤 행위가 범죄인지 아닌지는 사람들과의 관계가 아닌 그 행위자체가 가지고 있는 속성에 의해서 판명되는 것이라고 주장한다.	1284
52	갓프레드슨(Gottfredson)과 허쉬(Hirschi)의 낮은 자기통제(low self-control)에 대한 설명으로 비효율적 육아와 부적절한 사회화보다는 학습이나 문화전이와 같은 실증적 근원에서 낮은 자기통제의 원인을 찾는다.	1285
53	볼드(Vold)는 법제정과정에서 자신들의 이익을 반영시키지 못한 집단 구성원이 법을 위반하며 자기의 이익을 추구하는 행위를 범죄로 보았다.	1335
54	터크(Turk)는 피지배집단의 저항력이 약할수록 법의 집행가능성이 높아진다고 보았다.	1336
55	샘슨(Sampson)과 라웁(Laub)은 아동기, 청소년기를 거쳐 성인기까지의 생애과정에 걸친 범죄의 지속성과 가변성을 설명하였다.	1386
56	샘슨과 라웁은 행위자를 둘러싼 상황적·구조적 변화로 인해 범죄가 중단된다고 주장하였다.	1387
57	매스컴과 범죄의 관계에서 텔레비전이 가족의 대화를 단절시키고 구성원을 고립시킴으로써 범죄를 유발한다는 주장도 제기된다.	1437
58	체스니-린드(Chesney-Lind)는 여성범죄자가 남성범죄자보다 더 엄격하게 처벌받으며, 특히 성(性)과 관련된 범죄에서는 더욱 그렇다고 주장하였다.	1438

59	멘델존(Mendelsohn)은 심리학적 기준으로 피해자 유형을 잠재적 피해자와 일반적 피해자로 분류하였다.		1488
60	헨티히(Hentig)는 피해자의 유책성을 기준으로 피해자 유형을 이상적인 피해자, 무지에 의한 피해자, 자발적 피해자, 유발적 피해자 및 기망적 피해자 5가지 유형으로 분류하였다.		1489
61	회복적 사법 프로그램으로 양형 서클 모델, 피해자 – 가해자 중재모델 등이 있다.		1539
62	회복적 사법의 목표는 가해자의 처벌과 피해자의 회복이다.		1542
63	다이버전은 주체별로 '경찰에 의한 다이버전', '검찰에 의한 다이버전', '법원에 의한 다이버전' 등으로 분류하는 경우도 있다.		1590
64	전환제도(diversion)는 구금의 비생산성에 대한 대안적 분쟁해결방식을 제공한다.		1591
65	범죄예방에 대한 설명으로 브랜팅햄(Brantingham)과 파우스트(Faust)는 질병예방에 관한 보건의료모형을 응용하여 단계화한 범죄예방모델을 제시하였다.		1641
66	환경설계를 통한 범죄예방(CPTED)에서 자연적 감시(Natural surveillance)란 사적 공간에 대한 경계표시를 강화하여 공간이용자가 사적공간에 들어갈 때 심리적 부담을 주는 원리를 의미한다.		1642
67	랩(Lab)은 범죄예방의 개념을 '실제의 범죄발생 및 범죄두려움(fear of crime)을 제거하는 활동'이라 정의하고, 범죄예방은 범죄의 실질적인 발생을 줄이려는 정책과 일반시민이 범죄에 대하여 가지는 막연한 두려움과 공포를 줄여나가는 정책을 포함하여야 한다고 주장한다.		1692
68	제프리(Jeffery)가 제시한 범죄대책 중 범죄억제모델은 주로 형집행단계에서 특별예방의 관점을 강조하고 있다.		1693
69	브랜팅햄과 파우스트(Brantingham & Faust)는 범죄예방을 1차적 범죄예방, 2차적 범죄예방, 3차적 범죄예방으로 나누었다.		1743
70	제프리(Jeffery)는 범죄예방모델로 범죄억제모델(Deterrent Model), 사회복귀모델(Rehabilitation Model), 환경공학적 범죄통제모델(Crime Control Through Environmental Engineering)을 제시하였으며, 세 가지 모델은 상충관계에 있다.		1744
71	예측방법 중 '통계적 예측'은 실무에서 가장 많이 사용되는 방법으로, 판단자의 주관적 평가가 개입되어 자료를 객관적으로 분석할 수 있는 장점이 있다.		1794
72	미래에 범죄를 범할 것이라고 예측하였으나 실제로는 범죄를 저지르지 않은 '오류부정(false negative)'의 경우 개인의 자유가 부당하게 침해된다는 단점이 있다.		1795
73	양형이론상 형벌책임의 근거를 비난가능성에서 구하는 것은 객관적이고 중립적이어야 할 국가형벌권의 행사가 감정에 치우칠 위험이 있다.		1845
74	양형이론 중 범주이론 또는 재량여지이론(Spielraumtheorie)은 예방의 관점을 고려한 것으로 법관에게 일정한 형벌목적으로 고려할 수 있는 일정한 재량범위를 인정하는 장점을 가지고 있다.		1846
75	부정기형제도는 책임을 초과하는 형벌을 가능하게 하는 문제가 있다.		1896
76	상대적 부정기형은 죄형법정주의에 반한다.		1897
77	소년사법상 비시설수용(deinstitutionalization)은 구금으로 인한 폐해를 막고자 성인교도소가 아닌 소년 전담시설에 별도로 수용하는 것을 의미한다.		1947
78	「청소년 기본법」상 청소년이란 9세 이상 19세 미만인 사람을 말한다.		1948
79	귀휴제는 행형성적이 우수한 수형자를 일정 기간 동안 가정이나 사회에 내보내어 장기간 수형생활로 인하여 단절된 사회 사정을 접할 수 있는 기회를 줌으로써 사회적응을 보다 용이하게 하는 제도이다.		1998
80	일반귀휴는 형집행기간에 포함하나, 특별귀휴는 형집행기간에 포함하지 않는다.		1999

◉ 답안확인방법: 답안번호를 찾아 정오를 확인하세요.

연번	문제	O×	답안번호
1	공식범죄통계는 발생한 모든 범죄를 집계하기 때문에 전체 범죄실태가 정확히 파악될 수 있다.		11
2	피해자조사는 암수범죄의 조사방법으로서 많이 활용되는 방법이다.		12
3	공리주의적 형벌목적을 강조한 벤담(Bentham)에 의하면, 형벌은 특별예방목적에 의해 정당화될 수 있고, 사회방위는 형벌의 부수적 목적에 지나지 않는다.		62
4	벤담(Bentham)의 파놉티콘(Panopticon)은 봄-보여짐의 비대칭적 구조를 갖고 있다.		63
5	범죄학 연구방법 중 질적 연구는 사회현상을 주관적으로 분석한다.		113
6	범죄학 연구방법 중 질적 연구는 사회현상의 인과관계를 밝혀 법칙을 발견하고 인간행동의 예측이 가능하다.		114
7	낙인이론이나 비판범죄학에 의하면 범죄화의 차별적 선별성을 암수범죄의 원인으로 설명한다.		164
8	자기보고조사는 범죄자가 자기가 범한 범죄를 인식하지 못한 경우나 범죄를 범하지 않았다고 오신하는 경우에는 실태파악이 곤란하다.		165
9	자기보고, 피해자 조사 등은 암수범죄의 직접 관찰 방법이다.		215
10	범죄 및 범죄원인에 대한 설명으로 비결정론은 법률적 질서를 자유의사에 따른 합의의 산물로 보고 법에서 금지하는 행위를 하거나 의무를 태만히 하는 행위 모두를 범죄로 규정하며, 범죄의 원인에 따라 책임 소재를 가리고 그에 상응하는 처벌을 부과해야 한다는 견해이다.		216
11	형벌의 특수적 억제효과란 범죄를 저지른 사람에 대한 처벌이 일반시민들로 하여금 처벌에 대한 두려움을 불러일으켜서 결과적으로 범죄가 억제되는 효과를 말한다.		266
12	범죄자에 대한 처벌의 억제효과는 범죄자의 자기통제력 수준에 따라 달라질 수 있다.		267
13	베카리아(Beccaria)에 의하면 범죄를 억제하는 효과를 높이기 위해서는 처벌의 신속성뿐만 아니라 처벌의 확실성도 필요하다.		317
14	베카리아(Beccaria)에 의하면 형벌이 그 목적을 달성하기 위해서는 형벌로 인한 고통이 범죄로부터 얻는 이익을 약간 넘어서는 정도가 되어야 한다.		318
15	생래적 범죄인에 대한 대책으로 롬브로조(Lombroso)는 사형을 찬성하였지만 페리(Ferri)는 사형을 반대하였다.		368
16	뒤르껭(Durkheim): 어느 사회든지 일정량의 범죄는 있을 수밖에 없으며, 범죄는 사회의 유지와 존속을 위하여 일정한 순기능을 지닌다.		369
17	뒤르껭(E. Durkheim)은 사회의 도덕적 권위가 무너져 사회구성원들이 '지향적인 삶의 기준을 상실한 무규범상태'를 아노미라고 불렀다.		419
18	뒤르껭은 범죄가 사회적 문제로 일어나는 것임을 강조하였음에도, 그에 대응할 수 있는 사회정책을 제시하지 못했다는 비판을 받기도 하였다.		420
19	도구적 범죄의 유형에는 절도, 사기, 횡령이 있다.		470
20	롬브로조(Lombroso)는 범죄인류학적 입장에서 범죄인을 분류하였으나, 페리(Ferri)는 롬브로조가 생물학적 범죄원인에 집중한 나머지 범죄인의 사회적 영향을 무시한다고 비판하고 범죄사회학적 요인을 고려하여 범죄인을 분류하였다.		471

21	마약류는 특정 직업 및 계층에 국한되어 남용되고 있다.		521
22	화이트칼라 범죄는 사회적 지위가 높은 사람이 주로 직업 및 업무수행 과정에서 범하는 범죄를 의미하고, 피해가 직접적이고 암수범죄의 비율이 낮으며 선별적 형사소추가 문제 된다.		522
23	입양아 연구는 쌍생아 연구를 보충하여 범죄에 대한 유전의 영향을 조사할 수 있지만, 입양환경의 유사성을 보장할 수 없기 때문에 연구결과를 일반화하기 어렵다.		572
24	가계연구는 범죄에 대한 유전과 환경의 영향을 분리할 수 없는 단점을 갖는다.		573
25	정신분석학은 개인이 콤플렉스에 의한 잠재적인 죄책감과 망상을 극복할 수 없는 경우에 범죄로 나아갈 수 있다고 보았다.		623
26	프로이드(Freud)의 정신분석학적 범죄이론은 일탈행위의 원인은 유아기의 발달단계와 관련이 있다.		624
27	슈나이더(K. Schneider)의 정신병질 유형 중 의지박약성 - 상습누범자, 성매매여성, 마약중독자		674
28	슈나이더(K. Schneider)의 정신병질 유형 중 자기현시성(과장성) - 종교적 광신자, 정치적 확신범		675
29	사회해체이론(Social Disorganization Theory)에서 쇼(Shaw)와 멕케이(McKay)는 지역사회의 특성과 청소년비행 간의 관계를 검증하였다.		725
30	사회해체이론(Social Disorganization Theory)은 지역사회의 생태학적 변화를 범죄 발생의 주요 원인으로 본다.		726
31	머튼(Merton)의 긴장이론에 의하면 목표와 수단에 대한 5가지 적응유형으로 동조형(Conformity), 혁신형(Innovation), 의례형(Ritualism), 회피형(Retreatism), 반역형(Rebellion)을 제시하였다.		776
32	머튼(Merton)의 긴장이론에 의하면 사회의모든 구성원이 물질적 성공을 문화적 목표로 하고 있다고 보기 어렵다는 비판이 있다.		777
33	밀러(Miller)가 주장한 하위계층문화이론(Lower Class Culture Theory)의 '관심의 초점(focal concerns)' 중 강인함(toughness) - 감성적으로 정에 이끌리는 태도보다는 힘의 과시나 남자다움을 중시하는 것		827
34	밀러(Miller)가 주장한 하위계층문화이론(Lower Class Culture Theory)의 '관심의 초점(focal concerns)' 중 영악함(smartness) - 사기나 도박 등과 같이 남을 속임으로써 영리함을 인정받는 것		828
35	클로워드(Cloward)와 올린(Ohlin)의 차별적 기회이론(Differential Opportunity Theory)에 의하면 범죄적 하위문화는 성공을 위한 합법적 수단의 이용이 어렵고 비합법적 수단을 동원할 수도 없는 이중의 실패를 경험한 집단에서 형성되는 하위문화이다.		878
36	클로워드(Cloward)와 올린(Ohlin)의 차별적 기회이론(Differential Opportunity Theory)에 의하면 범죄적 하위문화는 개인적이고, 조직화되지 못한 무분별한 조직폭력배들의 폭력이 빈번하게 발생하는 지역에서 형성되는 하위문화이다.		879
37	서덜랜드(Sutherland)의 차별접촉이론(differential association theory)의 9가지 명제에 의하면 금전적 욕구, 좌절 등 범죄의 욕구와 가치관이 범죄행위와 비범죄행위를 구별해 주는 변수가 된다.		929
38	타르드(Tarde)는 인간은 다른 사람들과 접촉하면서 관념을 학습하며, 행위는 자신이 학습한 관념으로부터 유래한다고 주장하였다.		930
39	맛차(Matza)의 표류이론(drift theory)에 의하면 비행이론은 표류를 가능하게 하는, 즉 사회통제를 느슨하게 만드는 조건을 설명해야 한다고 주장하였다.		980

40	맛차(Matza)의 표류이론(drift theory)에 의하면 대부분의 비행청소년들은 합법적인 영역에서 오랜 시간을 보낸다.		981
41	레클리스(Reckless)의 봉쇄이론(Containment Theory)은 청소년 비행의 요인으로 내적배출요인과 외적유인요인이 있다고 하였다.		1031
42	토비(Toby)의 통제이론은 범죄를 통제하는 기제로서 자아의 역할을 특히 강조하였다.		1032
43	갓프레드슨(Gottfredson)과 허쉬(Hirschi)의 자기통제이론(Self Control Theory)에 의하면 유년기에 형성된 자기통제력은 개인의 상황과 생애과정의 경험에 따라 변화한다.		1082
44	갓프레드슨(Gottfredson)과 허쉬(Hirschi)의 자기통제이론(Self Control Theory)에 의하면 낮은 자기통제력의 주요 원인은 청소년기 동안 경험한 비행친구와의 교제이다.		1083
45	낙인이론(Labeling Theory)은 일탈과 비일탈을 뚜렷하게 구분하면서 일차적 일탈의 근본원인을 설명하였다.		1133
46	낙인이론에서 범죄는 귀속과 낙인의 산물이 아니라 일정한 행위의 속성이라고 본다.		1134
47	사이크스(Sykes)와 마짜(Matza)가 제시한 중화의 기법으로 충성심(상위가치)에 대한 호소: 특수절도를 하는 과정에서 공범인 A, B와의 친분관계 때문에 의리상 어쩔 수 없었다고 주장하는 경우		1184
48	사이크스(Sykes)와 마짜(Matza)가 제시한 중화의 기법으로 피해자의 부인: 성범죄를 저지르면서 피해자가 야간에 혼자 외출하였기 때문에 발생한 것이라고 주장하는 경우		1185
49	쇼와 맥케이(C. Shaw & H. McKay)의 사회해체이론은 지역사회에 새로운 거주자들이 증가하면 과거 이 지역을 지배하였던 여러 사회적 관계가 와해되고 시간이 흐르면서 새로운 관계가 형성되는 생태학적 과정을 거친다고 주장한다.		1235
50	갓프레드슨과 허쉬(M. Gottfredson & T. Hirschi)의 범죄의 일반이론은 범죄의 발생에는 개인의 자기통제력도 중요하지만 범죄의 기회도 중요한 기능을 한다고 주장한다.		1236
51	'공동체의 사회통제에 대한 노력이 무뎌질 때 범죄율은 상승하고 지역의 응집력은 약해진다. 이에 지역사회 범죄를 줄이기 위해서는 이웃 간의 유대 강화와 같은 비공식적 사회통제가 중요하며, 특히 주민들의 사회적 참여는 비공식적 사회통제와 밀접하게 관련되어 있다.'는 샘슨(Sampson)의 집합효율성(collective efficacy)이론 설명이다.		1286
52	터크(Turk)는 갈등의 개연성은 지배집단과 피지배집단 양자의 조직화 정도와 세련됨의 수준에 의해 영향을 받는다고 한다.		1287
53	봉거(Bonger)는 범죄발생의 원인을 계급갈등과 경제적 불평등으로 보고, 근본적 범죄대책은 사회주의 사회의 달성이라고 하였다.		1337
54	베버(M. Weber)는 범죄를 사회 내 여러 집단들이 자기의 생활기회를 증진시키기 위해 하는 정치적 투쟁 내지 권력투쟁의 산물이라고 본다.		1338
55	모핏(Moffit)의 비행청소년 분류에서 청소년기 한정형(adolescent-limited) 집단이 저지르는 범죄와 반사회적 행위는 전 생애에 걸쳐 안정성이 두드러지며 가변성을 특징으로 하지 않는다.		1388
56	甲은 평범한 중산층 가정에서 태어나 부족함 없이 자랐으나 고등학교 진학 후 비행친구들과 어울리면서 절도에 가담하게 되었다. 이 사건으로 甲은 법원으로부터 소년보호처분을 받게 되었으며, 주변 친구들로부터 비행청소년이라는 비난을 받고 학교 생활에 적응하지 못하여 자퇴를 하게 되었다. 甲은 가출 후 비행친구들과 더 많은 범죄를 저지르고 급기야 불법도박에 빠지게 되었고 많은 재산을 탕진하게 되었다. 甲은 경제적 어려움으로 인해 방황을 하다가 군대에 입대하게 되었고, 규칙적이고 통제된 군대 생활 속에서 삶에 대해 고민하는 계기를 가지게 되었다. 甲은 군 전역 이후 기술을 배워 안정적인 직장을 다니면서 더 이상 범죄를 저지르지 않게 되었다. - 차별접촉이론(Differential Association Theory), 문화갈등이론(Culture Conflict Theory), 생애과정이론(Life Course Theory), 낙인이론(Labeling Theory)과 관계있다.		1389

57	스토우퍼(Stouffer), 머튼(Merton) 등은 상대적 빈곤론을 주장하면서 범죄발생에 있어 빈곤의 영향은 단지 빈곤계층에 국한된 현상이 아니라고 지적하였다.		1439
58	서덜랜드(Sutherland)는 화이트칼라 범죄를 직업활동과 관련하여 존경과 높은 지위를 가지고 있는 사람이 저지르는 범죄라고 정의했다.		1440
59	엘렌베르거(Ellenberger)는 '피해자를 위한 정의'라는 논문을 통하여 피해자의 공적 구제에 대한 관심을 촉구하였다.		1490
60	멘델존(Mendelsohn)은 범죄피해자 유형을 피해자의 유책성(귀책성)을 기준으로 분류하였다.		1491
61	회복적 사법은 범죄감소를 위한 공동 협력을 국가에게만 맡긴다.		1540
62	응보적 사법에서 피해자는 사법절차의 직접 참여자로서 범죄해결 과정에 중심적 역할을 담당한다.		1541
63	전환제도(diversion)는 법원의 업무경감으로 형사사법제도의 능률성 및 신축성 부여할 수 있다.		1592
64	전환제도(diversion)는 범죄적 낙인과 수용자 간의 접촉으로 인한 부정적 위험을 회피할 수 있다.		1593
65	환경설계를 통한 범죄예방(CPTED)에서 활동성의 증대(Activity support)란 주민이 모여서 상호의견을 교환하고 유대감을 증대할 수 있는 공공장소를 설치하고 시민의 눈에 의한 감시를 이용하여 범죄위험을 감소시키는 원리를 의미한다.		1643
66	환경설계를 통한 범죄예방(CPTED)에서 영역성의 강화(Territorial)란 건축물 설계 시 가시권을 최대한 확보하여 범죄발각 위험을 증가시키는 원리를 의미한다.		1644
67	범죄두려움에 대한 개념은 다양하나 일반적으로 특정 범죄의 피해자가 될 가능성의 추정이나 범죄 등에 대한 막연한 두려움의 추정으로 정의된다.		1694
68	범죄두려움의 이웃통합모델(Neighborhood Integration Model)은 지역사회의 무질서 수준이 범죄두려움에 영향을 준다는 설명방식이다.		1695
69	랩(Lab)은 범죄예방의 개념을 실제의 범죄발생 및 시민의 범죄에 대해서 가지는 두려움을 제거하는 활동이라고 하였다.		1745
70	브랜팅햄 부부(P. Brantingham & P. Brantingham)의 범죄패턴이론에 의하면 개인은 의사결정을 통해 일련의 행동을 하게 되는데, 활동들이 반복되는 경우 의사결정과정은 규칙화된다.		1746
71	수사단계에서의 소년사건에 대한 범죄예측은 수사 종료 시 비행소년 처우 결정의 기초 자료가 된다.		1796
72	경찰의 범죄예측은 크게 범죄사건예측, 범죄자예측, 범죄자신원(동일성)예측, 피해자예측 등 4가지 영역으로 구분된다.		1797
73	양형이론 중 유일점 형벌이론(Punktstrafentheorie)에 의하면 책임은 언제나 하나의 고정된 크기를 가지므로 정당한 형벌은 언제나 하나일 수밖에 없다.		1847
74	베카리아(C. Beccaria)는 사형을 폐지하고 종신 노역형으로 대체할 것을 주장하였다.		1848
75	소년법은 부정기형을 선고할 수 있도록 규정하고 있다.		1898
76	「형법」상 절대적 법정형으로서 사형을 과할 수 있는 죄는 적국을 위하여 모병한 모병이적죄뿐이다.		1899
77	벌금 또는 과료를 선고받은 소년형사범이 이를 납부하지 않으면 노역장에 유치된다.		1949
78	소년분류심사원 위탁처분도 소년에 대한 전환제도(diversion)의 일종으로 볼 수 있다.		1950
79	「범죄피해자 보호법」상 정당방위에 해당하여 처벌되지 않는 행위 및 과실에 의한 행위로 인한 피해자는 범죄피해 구조대상에서 제외된다.		2000
80	범죄피해자학 또는 범죄피해자에 대한 설명으로 마약 복용, 성매매 등 행위는 피해자 없는 범죄에 해당한다.		2001

제32회 범죄학·형사정책이론 OX기출훈련

◉ 답안확인방법: 답안번호를 찾아 정오를 확인하세요.

연번	문제	O×	답안번호
1	법률이 없으면 범죄도 없고 형벌도 없다는 주장에서 제시된 범죄와 관련되어 있는 개념은 실질적 의미의 범죄 개념이다.		30
2	범죄학이나 사회학에서 말하는 일탈행위의 개념은 형법에서 말하는 범죄개념보다 더 넓다.		81
3	범죄통계는 범죄의 일반적인 경향과 특징을 파악할 수 있게 한다.		132
4	수사기관의 낮은 검거율과 채증력, 법집행기관의 자의적 판단은 상대적 암수범죄의 발생원인이다.		183
5	합리적 선택이론(Rational Choice Theory)은 범죄는 잠재적인 범죄자가 불법 행위에 대한 비용과 편익을 분석하는 의사결정 과정의 결과라는 입장이다.		234
6	합리적 선택이론(Rational Choice Theory)은 사람들이 이윤을 극대화하고 손실을 최소화하기 위한 결정을 한다는 경제학의 기대효용원리에 기초하고 있다.		285
7	벤담(Bentham)은 파놉티콘(Panopticon)이라는 감옥형태를 구상하였다.		336
8	퀴니(R. Quinney)는 범죄를 정치적으로 조직화된 사회에서 권위가 부여된 공식기관들에 의해 만들어진 인간의 행동으로 정의하였다.		387
9	라까사뉴(A. Lacassagne) – 사회환경은 범죄의 배양기이며, 범죄자는 미생물에 불과하므로 범죄자가 아닌 사회를 벌해야 한다.		438
10	이용 가능한(available)은 클라크(Clarke)가 주장한 자주 도난당하는 제품(취약물품)의 특징에 해당한다.		489
11	피해자를 자신의 통제 하에 놓고 싶어하는 강간으로, 여성을 성적으로 지배하기 위한 목적으로 행하는 강간의 유형은 그로스(Groth)의 강간유형 중 권력형(지배형)강간에 속한다.		540
12	쌍둥이 연구는 일란성과 이란성의 분류 방법의 문제, 표본의 대표성, 공식적인 범죄기록에 의한 일치율 조사 등에 문제가 있다는 비판이 있다.		591
13	슈나이더(Schneider)의 정신병질에 대한 10가지 분류 중 의지박약성 – 모든 환경에 저항을 상실하여 우왕좌왕하고, 지능이 낮은 성격적 특징을 가지고 있으며, 인내심과 저항력이 빈약하다. 상습범, 누범에서 이러한 정신병질이 많이 발견된다.		642
14	인지이론은 미디어가 어떻게 범죄와 폭력에 영향을 미치는지 보여준다.		693
15	버제스(Burgess)는 특정 도시의 성장은 도시 주변부에서 중심부로 동심원을 그리며 진행되는데, 그러한 과정에서 침입·지배·계승이 이루어진다고 하였다.		744
16	에그뉴(Agnew)의 일반긴장이론(General Strain Theory)은 모든 사회인구학적 집단의 범죄행위와 비행행위를 설명하는 일반이론 중 하나이다.		795
17	코헨(Cohen)의 비행하위문화이론은 중산층 또는 상류계층 청소년의 비행이나 범죄를 잘 설명하지 못한다.		846
18	글레이저(Glaser)의 차별적 동일시이론은 차별적 접촉이론의 "범죄행동 학습의 중요한 부분은 친밀한 집단 내에서 일어난다."라는 명제를 수정한 것이다.		897
19	라이스(Reiss)와 나이(Nye)의 내적·외적 통제이론에 따르면, 애정·인정·안건감 및 새로운 경험에 대한 청소년의 욕구가 가족 내에서 충족될수록 범죄를 저지를 확률이 낮아진다.		948

20	사이크스(Sykes)와 맛차(Matza)의 중화이론(theory of Neutralization)에서 법 위반자는 때로는 위반행위가 단순히 자신의 잘못 때문만이 아니라 자신의 통제에서 벗어난 어쩔 수 없는 힘에 의한 결과였다고 생각한다.		999
21	허쉬(Hirschi)의 사회유대이론에서 참여(involvement)는 관습적 활동 또는 일상적 활동에 열중하는 것으로, 참여가 높을수록 범죄에 빠질 기회와 시간이 적어져 범죄를 저지를 가능성이 감소되는 것을 말한다.		1050
22	낙인이론은 형사사법기관의 역할에 대해 회의적이며, 공식적 낙인은 사회적 약자에게 차별적으로 부여될 가능성이 높다고 본다.		1101
23	낙인이론(Labeling Theory)은 다이버전(Diversion)에 대해서는 사회적 통제망의 확대를 이유로 반대하였다.		1152
24	통제이론은 모든 인간이 범죄를 저지를 수 있는 동기를 가지고 있다고 가정한다.		1203
25	허쉬(Hirschi)는 사회통제이론을 통해 법집행기관의 통제가 범죄를 야기하는 과정을 설명하였다.		1254
26	볼드(Vold)는 입법정책 영역에서 집단갈등이 가장 격렬하게 나타난다고 주장하였다.		1305
27	패터슨(Patterson)에 의하면 비행청소년이 되어가는 경로를 조기개시형(early starters)과 만기개시형(late starters)으로 구분하였다.		1356

28	학자	범죄이론	범죄예방대책	1407
	허쉬(Hirschi)	사회유대이론 (Social Bond Theory)	개인과 사회 간의 연결 강화	

29	급진적 페미니즘에 의하면 가부장제에서 비롯된 남성우월주의에 대한 믿음과 남성지배 – 여성종속의 위계구조가 사회 전반으로 확대되면서 여성에 대한 남성의 폭력이 정당화되었다.		1458
30	마약 복용, 성매매 등의 행위는 '피해자 없는 범죄(Victimless Crimes)'에 해당한다.		1509
31	비범죄화는 피해자 없는 범죄와 주로 사회적 법익을 침해하는 범죄에 적용 가능하다.		1560
32	다이버전(diversion)은 형사사법기관이 통상의 형사절차를 중단하고 이를 대체하는 새로운 절차로 이행하는 것으로, 성인형사사법보다 소년형사사법에서 그 필요성이 더욱 강조된다.		1611
33	브랜팅햄과 파우스트의 범죄예방모델은 질병예방의 보건의료모형을 차용하였다.		1662
34	환경범죄학의 다양한 범죄분석 기법은 정보주도 경찰활동(Intelligence-Led Policing : ILP)에 활용되고 있다.		1713
35	CCTV의 범죄예방 효과는 잠재적 범죄자에 대한 심리적 억제력이 작용하여 범죄의 기회를 줄이는 것이다.		1764
36	글룩(Glueck) 부부는 아버지의 훈육, 어머니의 감독, 아버지의 애정, 어머니의 애정, 가족의 결집력 등 다섯 가지 요인으로 구분하여 범죄예측표를 작성하였다.		1815
37	판결 전 조사제도는 판결 전 피고인의 성향과 환경을 과학적으로 조사하여 이를 양형의 기초자료로 이용하는 제도이다.		1866
38	치료감호와 형이 병과된 경우에는 치료감호를 먼저 집행한다.		1917
39	집단적으로 몰려다니며 주위 사람들에게 불안감을 조성하는 성벽이 있는 소년을 「소년법」의 규율대상으로 하는 것은 소년보호의 예방주의 원칙에서 나온 것이다.		1968
40	「치료감호 등에 관한 법률」상 피치료감호자 등의 텔레비전 시청, 라디오 청취, 신문·도서의 열람은 일과시간이나 취침시간 등을 제외하고는 자유롭게 보장된다.		2019
41	사이크스와 맛차의 중화기술이론은 사회구조원인론 중에서도 사회학습이론에 해당하는 것으로 인간에게 내면화되어 있는 합법적 규범이나 가치관을 중화시킴으로써 범죄에 이르게 된다는 이론을 말한다.		2054

42	사이크스와 맛짜의 중화기술이론에서 친구에게 돈을 빌려주었는데 돈을 갚지 않자 벌을 받아야 하는 사람이라고 정당화하며 폭력을 행사한 경우 '피해자 부정'에 해당한다.		2055
43	사이크스와 맛짜의 중화기술이론에서 돈을 훔친 자신의 행위에 대해 '그들은 돈이 많으니 괜찮아'라고 합리화하는 것은 '피해의 부정'에 해당한다.		2056
44	사이크스와 맛짜의 중화기술이론은 비행청소년이 범행 전후를 기준으로 언제 중화를 하는지 설명이 어렵고, 설령 비행행위 이전에 중화를 한다고 주장하여도 이후 비행으로 나아가는 청소년과 그렇지 않은 청소년 간의 개인적 차이를 설명하지 못한다는 비판이 제기되고 있다.		2057
45	합의론적 관점에 따르면, 범죄를 규정하기 위해서는 대다수 구성원의 동의가 있어야 한다고 본다.		2058
46	갈등론적 관점에 따르면, 범죄는 지배계층의 이익을 보호하도록 설계된 정치적 개념으로 본다.		2059
47	상호작용론적 관점에 따르면, 범죄의 정의는 지배적인 도덕적 가치를 반영한다고 본다.		2060
48	상호작용론적 관점과 합의론적 관점 모두에 따르면, 법은 모든 시민에게 동등하게 적용된다고 본다.		2061
49	실험연구는 실험 지역의 모든 변수를 통제하기 때문에, 일상적 환경에서도 완벽한 인과관계 검증이 가능하다.		2062
50	참여관찰연구는 연구자가 연구 대상 집단에 직접 참여하여 관찰하기 때문에, 연구 대상의 상호작용을 심층적으로 파악하기에 용이하다.		2063
51	설문조사는 조사 대상자의 태도·인식의 변화를 관찰할 수 없다.		2064
52	추적조사는 인위적으로 설정된 실험 환경에서 범죄 기회를 제공하고, 참가자의 반응을 기록하는 방법이다.		2065
53	랑게(Lange)는 생물학적 부모의 유전적 영향과 입양 부모의 환경적 영향이 상호작용할 때 범죄에 가장 큰 영향을 주는 것을 확인하였다.		2066
54	후튼(Hooton)은 범죄자는 일반인보다 신체적 열등성을 가진다고 주장하였고, 신체적 특징에 따라 범죄유형을 제시하였다.		2067
55	크레취머(Kretschmer)는 체형과 성격유형, 범죄 잠재성은 높은 상관관계가 있다고 주장하였다.		2068
56	제이콥스(Jacobs)와 동료들은 수용자 집단의 XYY 염색체 비율이 정상집단의 비율보다 높은 것을 확인하였다.		2069
57	손베리(Thornberry)의 상호작용이론(interactional theory)은 사회통제이론과 사회학습이론을 결합한 통합이론이다.		2070
58	손베리(Thornberry)의 상호작용이론(interactional theory)은 청소년의 비행경로를 조기 개시형(early starters)과 만기 개시형(late starters)으로 구분한다.		2071
59	손베리(Thornberry)의 상호작용이론(interactional theory)은 사회적 반응이 일탈의 특성과 강도를 규정하는 원인이다.		2072
60	손베리(Thornberry)의 상호작용이론(interactional theory)은 사회학습 요소로 차별접촉, 차별강화, 애착, 모방을 제시한다.		2073
61	억제이론은 인간은 자유의지를 가지고 합리적인 판단에 따라 행동한다고 가정한다.		2074
62	억제이론은 처벌의 엄중성은 처벌받을 가능성을 의미한다.		2075
63	억제이론은 처벌의 확실성은 강한 처벌을 통한 범죄억제를 의미한다.		2076
64	억제이론은 처벌의 신속성은 초기 고전주의 범죄학자들이 범죄억제에 있어 가장 강조한 핵심 요소이다.		2077

65	전환제도(diversion)는 경미한 범죄자가 형사사법의 대상이 됨으로써 형사사법망이 확대된다는 장점이 있다.		2078
66	전환제도(diversion)는 범죄자에게 범죄를 중단할 수 있는 변화의 기회를 제공한다.		2079
67	전환제도(diversion)는 형사사법제도의 운영이 최적 수준이 되도록 자원을 배치한다.		2080
68	전환제도(diversion)는 범죄자에 대한 보다 인도적인 처우방법이다.		2081
69	'소년보호사건의 경우 판사가 소년의 품행을 교정하고 피해자를 보호하는 데 필요하다고 인정하면 소년에게 피해 변상 등 피해자와의 화해를 권고할 수 있고, 화해가 잘 이루어진 경우에는 이를 보호처분 결정에 고려할 수 있다.' 이는 공식적인 형사사법 체계가 가해자에게 부여하는 낙인효과를 줄일 수 있다.		2082
70	'소년보호사건의 경우 판사가 소년의 품행을 교정하고 피해자를 보호하는 데 필요하다고 인정하면 소년에게 피해 변상 등 피해자와의 화해를 권고할 수 있고, 화해가 잘 이루어진 경우에는 이를 보호처분 결정에 고려할 수 있다.' 이는 범죄의 정황, 가해자와 피해자 등 사건과 관련된 사안에 대해 개별적으로 고려할 수 있다.		2083
71	'소년보호사건의 경우 판사가 소년의 품행을 교정하고 피해자를 보호하는 데 필요하다고 인정하면 소년에게 피해 변상 등 피해자와의 화해를 권고할 수 있고, 화해가 잘 이루어진 경우에는 이를 보호처분 결정에 고려할 수 있다.' 이는 강력범죄자보다는 소년 범죄자에게 적합하기 때문에 사회적 무질서를 바로잡는 것과는 무관하다.		2084
72	'소년보호사건의 경우 판사가 소년의 품행을 교정하고 피해자를 보호하는 데 필요하다고 인정하면 소년에게 피해 변상 등 피해자와의 화해를 권고할 수 있고, 화해가 잘 이루어진 경우에는 이를 보호처분 결정에 고려할 수 있다.' 이는 가해자로 하여금 자신의 행동에 대한 원인과 결과를 직시하게 하고 행위에 대한 진정한 책임을 갖게 한다.		2085
73	클로워드(Cloward)와 올린(Ohlin)의 차별기회이론(differential opportunity theory)은 불법적 수단에 접근할 수 있는 기회가 각 사회계층·지역별로 상이하게 분포한다고 보았다.		2086
74	클로워드(Cloward)와 올린(Ohlin)의 차별기회이론(differential opportunity theory)은 머튼(Merton)의 아노미이론(긴장이론)과 서덜랜드(Sutherland)의 차별접촉이론으로 하위문화 형성을 설명하였다.		2087
75	클로워드(Cloward)와 올린(Ohlin)의 차별기회이론(differential opportunity theory)에 의하면 범죄하위문화(criminal subculture)는 주거가 불안정하고 물리적으로 쇠퇴한 해체지역에서 주로 생겨나며, 폭력과 같은 즉흥적인 범죄가 두드러지는 특징이 있다.		2088
76	클로워드(Cloward)와 올린(Ohlin)의 차별기회이론(differential opportunity theory)에 의하면 도피하위문화(retreatist subculture)의 구성원을 '이중 실패자'로 묘사하기도 하며, 마약 중독 등의 도피적 행동에 집중하는 경향이 있다.		2089
77	사이크스(Sykes)와 맛차(Matza)의 중화기술 중 자신의 행동으로 인해 타인이 직접적인 피해를 입지 않았다고 주장하는 것은 '비난자의 비난'에 해당한다.		2090
78	사이크스(Sykes)와 맛차(Matza)의 중화기술 중 사회지도층 역시 부패하거나 범죄를 저지르기 때문에, 자신의 범죄 행위가 특별히 비난받을 이유가 없다고 주장하는 것은 '비난자의 비난'에 해당한다.		2091
79	사이크스(Sykes)와 맛차(Matza)의 중화기술 중 자신의 행위로 인해 피해자가 발생할 가능성을 인정하면서도, 그 피해자는 마땅히 그런 대우를 받을 만한 사람이라고 주장하는 것은 '비난자의 비난'에 해당한다.		2092
80	사이크스(Sykes)와 맛차(Matza)의 중화기술 중 범죄자는 자신의 행동이 본인의 책임이 아니라 외부 요인에 의해 발생했다고 주장하는 것은 '비난자의 비난'에 해당한다.		2093

◉ 답안확인방법: 답안번호를 찾아 정오를 확인하세요.

연번	문제	O×	답안번호
1	샘슨(Sampson)과 라웁(Laub)의 생애과정이론(연령-단계이론)에 의하면 범죄 행위의 지속성과 가변성은 인생의 중요한 전환기에 발생하는 사건과 그 결과에 영향을 받는다고 본다.		2094
2	샘슨(Sampson)과 라웁(Laub)의 생애과정이론(연령-단계이론)은 허쉬(Hirschi)의 사회유대이론의 영향을 받아, 사회유대의 약화를 범죄 행위의 원인으로 본다.		2095
3	샘슨(Sampson)과 라웁(Laub)의 생애과정이론(연령-단계이론)에 의하면 성실한 직장생활, 활발한 대인관계 등의 사회적 자본을 발전시키는 것을 범죄 중단의 중요한 요인으로 본다.		2096
4	샘슨(Sampson)과 라웁(Laub)의 생애과정이론(연령-단계이론)에 의하면 범죄를 중단하는 데 있어 결정적인 전환점(turning point)은 체포 혹은 수감(收監) 경험이다.		2097
5	모피트(Moffitt)는 반사회적 범죄자를 청소년기한정형(adolescence-limited)과 생애지속형(life-course-persistent)으로 구분하였다.		2098
6	모피트(Moffitt)는 청소년기한정형 범죄자에 비하여 생애지속형 범죄자가 또래 집단과의 유대관계에 더욱 강한 영향을 받는다고 보았다.		2099
7	모피트(Moffitt)는 개인의 신경심리학적 취약성과 범죄 유발적 환경이 상호작용하여 생애지속형 반사회적 행위가 발생하는 것으로 보았다.		2100
8	모피트(Moffitt)는 생물학적 능력과 사회적 역할의 격차, 즉 성장격차(maturity gap)를 청소년기한정형 범죄자가 반사회적 행위에 가담하는 주요 원인으로 보았다.		2101
9	균형·회복적 사법(balanced and restorative justice)은 비행 청소년의 책임, 역량 개발, 지역사회 안전이라는 목표에 초점을 둔다.		2102
10	소년범에 대한 형사법원 이송은 전통적인 소년사법 이념인 국친사상에 부합한다.		2103
11	바톨라스(Bartollas)와 밀러(Miller)의 의료모형에서는 비행 청소년은 자유의지로 비행을 저지른다고 가정한다.		2104
12	소년사법에 있어서 비시설수용(deinstitutionalization)은 구금으로 인한 폐해를 막고자 성인 교도소가 아닌 소년 전담 시설에 별도로 수용하는 것을 말한다.		2105
13	「형법」은 양형의 조건으로서 '범행 후의 정황과 범죄 전력'을 규정하고 있다.		2106
14	「형법」은 양형 원칙으로 양형은 행위자의 불법과 책임의 정도와 비례할 것을 규정하고 있다.		2107
15	대법원 양형위원회의 양형기준은 법관이 형종을 선택하고 형량을 정함에 있어 법적 구속력을 가진다.		2108
16	「법원조직법」에 따르면 법원이 양형기준을 벗어난 판결을 하는 경우에는 판결서에 양형의 이유를 적어야 하지만, 약식절차 또는 즉결심판절차에 따라 심판하는 경우에는 그러하지 아니하다.		2109
17	범죄의 비법률적 정의 중 낙인적 접근 - 베커(Becker)는 일탈자란 일탈이라는 낙인이 성공적으로 부착된 사람이며, 일탈행위는 사회구성원이 그렇게 낙인찍은 행위라고 주장하였다.		2110
18	실험연구(Experimental Study)는 집단의 등가성 확보, 사전조사와 사후조사, 실험집단과 통제집단이라는 세 가지 전제조건을 특징으로 하며, 연구의 외적 타당성에 영향을 미치는 요인들을 통제하는데 유리한 연구방법이다.		2111

2026 해커스 이언담 범죄학 · 형사정책 핵심 기출 ○×

19	샘슨과 라웁(Sampson & Laub)의 비공식적 사회통제에 따른 연령단계이론에 의하면 부정적 경험이 반복되어 '누적된 불이익(Cumulative Disadvantage)'을 받게 된 사람들은 범죄행위를 계속해서 저지르고 스스로 범죄 피해자가 될 가능성이 높다.	2112
20	호체와 호프만(Hoche&Hoffmann) - 연령-범죄 곡선(Age-Crime Curve)을 분석하여 시간의 경과에 따라 범죄의 종단적 분석을 통해 그 변화를 규명하고자 하였다.	2113
21	롬브로조(Lombroso)는 범죄인류학적 관점에서 범죄인을 생래적 범죄인, 정신병 범죄인, 격정 범죄인 등으로 구분하였으며, 생래적 범죄인의 초범은 무기형을, 누범은 사형에 처해야 한다고 주장하였다.	2114

22	학자	범죄이론	범죄예방대책	2115
	퀴니 (Quinney)	급진적 갈등론	자본주의 사회의 붕괴와 사회주의 건설	

23	베카리아(Beccaria)는 무차별적인 고문과 사형 등 당시의 형사사법 관행을 비판하고 이에 대한 폐지를 주장하였다.	2116
24	고전주의 학파에 의하면 범죄는 자유의지를 가진 인간이 합리적으로 선택한 결과이다.	2117
25	셀던(Sheldon)은 인간의 체형을 내배엽형, 중배엽형, 외배엽형으로 구분하고, 이 중 중배엽형은 활동적이고, 공격적이며, 폭력적 면모를 가진다고 주장하였다.	2118
26	심리부검(Psychological Autopsy)은 사망의 원인을 자연과학적으로 밝히기 위한 것이다.	2119
27	정신질환 범죄자 중 조현병 환자는 일반적으로 위험성 면에서 일반인보다 빈도는 낮으나, 치명도는 더 높은 편이다.	2120
28	범죄의 비법률적 정의 중 사회 · 법률적 접근 - 서덜랜드(Sutherland)는 법률적 정의의 범주를 넓혀서 다양한 반사회적 행위에 관심을 기울일 것을 주장하였다.	2121
29	사례연구(Case Study)는 범죄자 개개인의 인격과 환경 등 여러 요소를 종합적으로 분석하고 상호 연결관계를 규명하여 범죄의 원인을 해명하는 미시적인 연구방법으로서 대표적으로 서덜랜드(Sutherland)의 '직업절도범' 연구가 있다.	2122
30	우리나라는 국제사면위원회에서 실질적 사형폐지국으로 분류할 예정이다.	2123
31	레페토(Reppetto)의 범죄전이 유형 중 전술적 전이(Tactical Displacement) - 범죄자가 어떤 유형의 범죄를 멈추고 다른 유형의 범죄로 전환하는 것을 말한다.	2124
32	소년보호의 원칙 중 개별주의 - 인간은 각자 개성을 가지고 있고, 각자 다른 환경 속에서 범죄를 범한다는 것을 전제로 소년 개개인의 범죄를 한 건의 독립된 사건으로 다루는 것을 의미한다.	2125
33	그린버그(Greenberg) - 10대 후반의 범죄증가는 긴장이론으로, 20대 이후 범죄감소현상에 대해서는 통제이론으로 설명하였다.	2126
34	경찰 단계에서의 전환처우에는 훈방, 통고처분, 약식명령청구 등이 있다.	2127
35	범죄의 비법률적 정의 중 통계적 접근 - 셀린(Sellin)은 특정 사회에서 일어나는 다양한 행위의 발생빈도에 관심을 두고 발생빈도가 높은 것은 정상이며, 발생빈도가 낮은 것은 일탈이라고 주장하였다.	2128
36	회복적 사법에 의하면 가해자와 피해자의 합의를 통해 화해 또는 피해자 회복이 이루어져도 형사책임이 면제 · 완화되지는 않는다.	2129
37	세로토닌(Serotonin)은 사람의 충동성이나 욕구를 조절 · 억제하는 역할을 담당하기 때문에 자동차의 제동장치에 비유되며, 수치가 낮아질 경우 범죄와 관련된 폭력성을 강화하거나 우울증, 불안, 불면증, 강박증과 같은 다른 정신질환을 유발할 수 있다.	2130
38	베카리아(Beccaria)는 「범죄와 형벌」이라는 저서를 통해 공리주의적 형벌관을 제시하였다.	2131

39	소년보호의 원칙 중 인격주의 – 소년보호를 위해 개별 소년의 행위의 배경이 되는 개성과 환경을 중시해야 한다는 것을 의미한다.		2132
40	레페토(Reppetto)의 범죄전이 유형 중 목표의 전이(Target Displacement) – 범죄자가 동종의 범죄를 저지르기 위해 새로운 수단을 활용하는 것을 말한다.		2133
41	달가드와 크링그렌(Dalgard & Kringlen)은 쌍생아연구에서 환경적 영향이 고려될 때는 유전적 영향의 중요성이 약화된다고 주장하였다.		2134
42	페리(Ferri)는 범죄 발생의 사회적 요인을 강조하면서 범죄인을 5가지로 분류하였으며, 롬브로조와 달리 생래적 범죄인의 존재를 부정하였다.		2135
43	제프리(Jeffery)의 범죄예방모델: 사회복귀모델은 주로 형집행 단계에서의 특별예방의 관점을 강조한다.		2136
44	보석 또는 구속적부심사제도는 통상의 형사사법절차에 해당하고 전환제도에 해당하지 않는다.		2137
45	범죄의 비법률적 정의 중 인권적 접근 – 슈벤딩거(Schwendinger) 부부는 인간의 기본적 권리, 인권을 침해하는 행위는 범죄로 간주되어야 한다고 주장하였다.		2138
46	슈나이더(Schneider)의 정신병질에 대한 10가지 분류 – 자기 자신의 운명과 능력에 대해 과도하게 낙관적인 성격을 갖고 있다. – 무정성 정신병질		2139
47	심리부검(Psychological Autopsy)은 범죄에 대한 증거를 수집하기 위한 것이다.		2140
48	형법상 절대적 법정형으로 사형만이 규정된 범죄에는 여적죄와 모병이적죄가 있다.		2141
49	펜로즈 가설(Penrose Hypothesis)에 따르면, 정신병원 입원 환자 수가 줄어들면 교도소 수감자 수가 증가하는 경향이 있다.		2142
50	샘슨과 라웁(Sampson & Laub)의 비공식적 사회통제에 따른 연령단계이론에 의하면 범죄의 지속성과 가변성이 어린 시절의 특성이나 경험에 의해 결정된다기보다는 인생에서 발생하는 중요한 사건들과 그 결과에 의해 영향을 받는다.		2143
51	고전주의 학파에 의하면 효과적인 범죄예방은 형벌을 신속·확실·엄중하게 집행하여 사람들이 범죄를 선택하지 못하게 하는 것이다.		2144
52	소년보호의 원칙 중 교육주의 – 보호소년을 개선하여 사회생활에 적응시키고 건전하게 육성하기 위해서는 보호소년을 가능한 한 노출시키지 않아야 한다는 것을 의미한다.		2145
53	전환제도(Diversion)는 범죄자에게 형사절차와 유죄판결을 피할 수 있는 기회를 제공하여 낙인효과를 억제할 수 있다.		2146
54	스피처(Spitzer)의 갈등이론은 미시이론에 해당한다.		2147
55	추행조사(Follow-up Study)는 일정한 시간적 연속성 속에서 대상자를 추적·조사함으로써 연령, 환경 등의 변동에 따라 조사대상자의 변화를 관찰할 수 있는 수평적 연구방법이다.		2148
56	레페토(Reppetto)의 범죄전이 유형 중 기능적 전이(Functional Displacement) – 범죄자가 한 지역에서 다른 지역으로 이동하여 범죄를 저지르는 것을 말한다.		2149
57	허쉬와 갓프레드슨(Hirschi&Gottfredson) – 연령과 범죄발생과의 관계는 상황의 변화보다는 연령이라는 생물학적 특성에 기인한다.		2150
58	슈나이더(Schneider)의 정신병질에 대한 10가지 분류-다혈질적이고 활동적이며, 실현 가능성이 없는 약속을 남발한다. – 발양성 정신병질		2151
59	도파민(Dopamine)은 보상 및 쾌락과 관련이 있으며, 특정행위나 자극으로 수치가 높아지면 즉각적인 만족과 쾌감을 느끼기 위해 범죄와 같은 위험한 행동을 시도할 가능성이 크나 수치가 감소하면 우울증, 운동 기능 저하, 불안 등의 증상이 나타날 수 있다.		2152

60	회복적 사법에 의하면 성인 대상 형사사법보다는 소년사법 영역에서 먼저 시작되어, 소년사법에서의 성과를 바탕으로 성인 대상 형사사법 영역으로 확대되어 가고 있다.	2153
61	서덜랜드(Sutherland)는 에드워드(Edward) 가계연구를 통해 선조의 살인 성향이 후대에 이어지지 않았다는 점을 근거로 범죄의 유전성을 부정하였다.	2154
62	전자감시제도는 특정범죄를 효과적으로 예방하기 위한 일종의 보안처분에 해당한다.	2155
63	제프리(Jeffery)의 범죄예방모델: 사회환경개선을 통한 범죄예방모델로 환경설계를 통한 범죄예방(CPTED)을 제시하였다.	2156
64	가로팔로(Garofalo)는 생물학적 요인에 사회심리학적 요인을 추가하여 범죄인을 자연범과 법정범으로 구분하고, 과실범은 처벌 대상에서 제외할 것을 주장하였다.	2157
65	사회해체이론은 사회해체(Social Disorganization)에 대한 학자들의 개념적 정의는 일치한다.	2158
66	검사는 사형의 집행에 참여하여야 한다.	2159
67	허쉬(Hirschi)의 사회유대이론은 미시이론에 해당한다.	2160
68	맥데빗과 레빈(McDevitt & Levin)이 제시한 증오범죄의 유형 중 복수형 – 자신들의 피해에 대하여 복수하기 위해 상대 집단이나 개인을 공격하는 행위	2161
69	레페토(Reppetto)의 범죄전이 유형 중 영역적 전이(Territorial Displacement) – 범죄자가 동일 지역에서 다른 범행 대상을 선택하는 것을 말한다.	2162
70	소년보호의 원칙 중 밀행주의 – 반사회성이 있는 소년의 건전한 육성을 위한 환경 조성과 품행 교정을 위한 보호처분을 행하고, 형사처분을 할 때에도 처벌을 위주로 할 것이 아니라 치료 및 개선을 우선해야 한다는 것을 의미한다.	2163
71	전환제도(Diversion)는 형벌의 고통을 감소시켜 재범의 위험성을 증가시킬 우려가 있다.	2164
72	차별적 접촉이론은 범죄에 자주 노출되어도 범죄에 가담하지 않는 사람을 설명하지 못한다.	2165

73	학자	범죄이론	범죄예방대책	2166
	윌슨과 켈링 (Wilson & Kelling)	깨어진 창 이론	무관용 경찰활동	

74	심리부검(Psychological Autopsy)은 범인을 신속하게 검거하기 위한 것이다.	2167
75	애그뉴(Agnew)의 일반긴장이론은 긴장을 경험하고 부정적 감정을 갖는 모든 사람이 동일하게 범죄를 저지르는 것은 아니라고 하였다.	2168
76	회복적 사법에 의하면 피해자의 역할은 고소인 및 기소를 위한 증인으로 한정되고 직접 참여는 제한된다.	2169
77	베카리아(Beccaria)는 형벌은 지나치게 강력하기보다는 초래된 해악에 비례하는 정도일 때 정당화될 수 있다고 주장하였다.	2170
78	샘슨과 라웁(Sampson & Laub)의 비공식적 사회통제에 따른 연령단계이론에 의하면 범죄경력연구를 생애과정이론, 잠재특성이론, 궤적이론 등 세 가지 관점으로 볼 때, 비공식적 사회통제에 따른 연령단계이론은 궤적이론으로 분류할 수 있다.	2171
79	낙인이론의 정책적 대안으로는 비범죄화(Decriminalization), 탈시설화(Deinstitutionalization), 전환제도(Diversion), 공정한 절차(Due Process) 등이 있다.	2172
80	리스트(Liszt)는 형벌의 목적에 따라 세 집단으로 분류하고, 개선이 가능한 범죄자는 개선을, 일시적인 기회로 범죄를 저지른 자는 위하를, 개선이 불가능한 범죄자는 무해화 조치를 해야 한다고 주장하였다.	2173

◉ 답안확인방법: 답안번호를 찾아 정오를 확인하세요.

연번	문제	O×	답안번호
1	법무부장관이 사형의 집행을 명령한 때에는 7일 이내에 집행하여야 한다.		2174
2	사회해체이론에서 쇼와 맥케이(Shaw & McKay)의 연구는 시카고 지역의 범죄율 분석을 위해 법원의 통계자료를 활용하였기 때문에 공식통계의 한계성을 동일하게 지닌다.		2175
3	메타분석(Meta Analysis)은 동일한 가설을 검증한 기존의 연구 결과를 광범위하게 수집·분석하는 연구방법이다.		2176
4	우리나라 공식통계에 따르면, 2010년부터 2021년까지 최근 10여 년간 정신질환 범죄 발생 건수는 전반적으로 감소하고 있는 추세이다.		2177
5	코헨(Cohen)의 비행하위문화이론은 미시이론에 해당한다.		2178
6	차별적 접촉이론은 최초의 범죄자는 어떠한 경로로 범죄를 시작하였는지 설명하지 못한다는 비판을 받는다.		2179
7	사형집행의 명령은 판결이 확정된 날로부터 6개월 이내에 하여야 한다.		2180
8	고전주의 학파에 의하면 형벌은 개인의 특성에 따라 차별적으로 결정되어야 한다.		2181
9	서덜랜드와 크레시(Sutherland&Cressey) – 범죄성이 최고인 시기는 사춘기 또는 그 직전의 시기이며, 이를 정점으로 꾸준히 감소한다.		2182
10	대인적 보안처분에는 자유 박탈 보안처분과 자유 제한 보안처분이 있는데, 자유를 박탈하는 보안처분에는 치료감호, 보호감호, 보호관찰 등이 있다.		2183
11	제프리(Jeffery)의 범죄예방모델: 질병예방에 관한 보건의료모형을 차용하여 범죄예방모델을 세 가지로 분류하였으며, 세 가지 모델은 상호보완관계에 있다.		2184
12	설문조사(Survey)는 대규모 표본을 조사하는데 적합한 양적 연구로서 연구결과를 일반화하기 쉽고, 두 변수 사이의 관계를 넘어서는 다변량 관계를 살펴볼 수 있는 연구방법이다.		2185
13	브레이스웨이트(Braithwaite)의 재통합적 수치심 이론에 의하면 수치심은 비공식적 사회통제의 강력한 수단이다.		2186
14	사형의 집행 방법은 반드시 교정시설 안에서 교수형으로 집행한다.		2187

15	학자	범죄이론	범죄예방대책		2188
	메스너와 로젠펠드 (Messner & Rosenfeld)	제도적 아노미이론	탈상업화(탈상품화)		

16	후튼(Hooton)은 체중, 청력, 미간, 눈색깔 등과 같은 특징을 측정함에 있어서 범죄자와 비범죄자 사이에 아무런 차이가 없음을 기초로 롬브로조(Lombroso)의 생물학적 결정론을 부정하였다.		2189
17	슈나이더(Schneider)의 정신병질에 대한 10가지 분류 – 반성할 줄 모르고 순간적인 충동에 의해 행동하며, 범죄의 유혹에 쉽게 빠진다. – 기분이변성 정신병질		2190
18	사회해체이론에 의하면 범죄의 원인을 사회해체에 기인한 것으로 보아 범죄자의 개별처우를 강조한다.		2191
19	차별적 접촉이론은 이미 범죄를 저지른 다음에 비슷한 친구를 사귀는 것도 가능하다는 비판을 받는다.		2192

20	낙인이론은 범죄의 원인보다 범죄에 대한 사회의 반응에 관심을 가진다.		2193
21	슈어(Schur)는 「급진적 무간섭」(Radical Nonintervention)이라는 저서에서 법률을 위반한 소년에 대해서 아무런 개입도 하지 말아야 한다고 주장하였다.		2194
22	레머트(Lemert)는 개인의 심리학적 구조와 사회적 역할 수행에 영향을 미치는 이차적 일탈에 주된 관심을 두었으며, 사회구성원에 의한 비공식적 낙인이 가장 권위 있고 광범위한 영향력을 행사한다고 주장하였다.		2195
23	낙인이론에서 범죄의 발생과 형태에 대한 사회통제체계의 효과를 강조한 최초의 체계적 분석은 베커(Becker)에 의해 이루어졌다.		2196
24	회복적 사법은 엄격한 증거 규칙에 따른 유죄 입증을 통한 사법적 처벌에 목표를 둔다.		2197
25	클라크(Clarke)는 절도범죄의 취약물품(Hot Products)에 대한 특성을 설명하기 위해 CRAVED 모델을 제시하였다.		2198
26	애그뉴(Agnew)의 일반긴장이론은 머튼(Merton)의 긴장이론을 수정·계승한 이론이라는 점에서 거시적 범죄이론으로 분류된다.		2199
27	서덜랜드(Sutherland)의 차별접촉이론은 사회해체가 급속하게 진행된 지역에서는 차별적 사회조직이 존재하며, 이들은 차별접촉을 통해 범죄에 대한 우호적 정의를 학습한다고 설명한 점에서 사회해체이론에 영향을 주었다.		2200
28	브레이스웨이트(Braithwaite)의 재통합적 수치심 이론에 의하면 상호의존적이고 공동체 지향적인 사회일수록 해체적 수치심의 효과가 더 크게 나타난다.		2201
29	갓프레드슨과 허쉬(Gottfredson & Hirschi)의 자기통제이론은 허쉬(Hirschi)가 초기에 제안한 사회통제이론을 계승·발전시킨 일반이론이다.		2202
30	버제스와 에이커스 (Burgess & Akers) 범죄이론 : 차별적 강화이론 / 범죄예방대책 : 개인과 사회 간의 연결 강화		2203
31	레클리스(Reckless)의 봉쇄이론은 미시이론에 해당한다.		2204
32	차별적 접촉이론은 화이트칼라 범죄를 설명하지 못한다는 한계가 있다.		2205
33	페리(Ferri)는 범죄의 사회적 원인을 중시하여, 범죄에 대한 사회방위는 범죄자 개인에게 부과되는 형벌보다는 사회정책을 통해서 행해져야 한다고 주장하였다.		2206
34	아바딘스키(Abadinsky)가 제시한 조직범죄의 특성 – 조직활동이나 구성원의 참여가 거의 영구적일 정도로 영속적이다.		2207
35	심리부검(Psychological Autopsy)은 사망자의 심리 상태와 사회적 환경을 분석하여 사망의 원인을 찾기 위한 것이다.		2208
36	슈나이더(Schneider)의 정신병질에 대한 10가지 분류 – 상습 사기범이나 상습 누범자가 되는 경우가 많다. – 과장성정신병질		2209
37	볼드(Vold)의 집단갈등이론은 터크(Turk)의 권력갈등이론을 계승한 것으로서 사회적 상호작용이론과 집합행동이론에 근원을 두고 있다.		2210
38	셀린(Sellin)은 문화갈등의 유형을 일차적 문화갈등과 이차적 문화갈등으로 구분하고, 이 중 이차적 문화갈등은 하나의 단일문화가 각기 독특한 행위규범을 갖는 여러 개의 상이한 하위문화로 분화될 때 나타난다고 주장하였다.		2211
39	비판적·급진적 갈등이론은 범죄발생에 영향을 미치는 구조적 요인을 분석한 거시이론으로서 어떤 행위가 범죄로 규정되는지 그 과정을 규명하는데 주된 관심이 있다.		2212
40	봉거(Bonger)는 범죄 발생의 원인이 계급갈등과 경제적 불평등이기 때문에 범죄의 해결을 위해서는 자본주의 경제체제를 타파하고 사회주의 사회를 건설해야 한다고 주장하였다.		2213

41	톤리와 패링턴(Tonry & Farrington)의 범죄예방모델 중 발달적 예방은 아동기와 청소년기에 조기 개입을 통해 위험요인과 보호요인을 조작하여 범죄가능성을 차단하는 정책이다.		2214
42	범죄예측은 객관성, 타당성, 단순성, 경제성과 같은 전제조건이 있어야 한다.		2215
43	하더웨이와 맥킨리(Hathaway & Mckinly)가 고안한 미네소타식 다면적 인성검사법(MMPI)이 가장 표준화된 범죄자 인성조사방법으로 사용되고 있다.		2216
44	글룩(Glueck) 부부는 '가중실점방식'에 의한 조기예측법을 소개하였다.		2217
45	직관적 예측방법은 판단자의 주관적 평가가 개입될 가능성이 있으며, 판단자의 경험부족으로 자료해석의 오류가능성이 있다.		2218
46	글레이저(Glaser)의 차별동일시이론은 미시이론에 해당한다.		2219
47	「치료감호 등에 관한 법률」상 치료감호대상자에는 정신질환이 있는 범죄자뿐만 아니라 약물중독자와 정신성적 장애가 있는 범죄자들도 포함된다.		2220
48	갓프레드슨과 허쉬(Gottfredson & Hirschi)의 자기통제이론에서 낮은 자기통제력의 주요원인은 아동기 사회화 과정에서 자녀의 잘못된 행동에 대한 부모의 적절한 감독과 훈육의 실패이다.		2221
49	형벌과 보안처분의 병존을 허용하는 이원주의는 이중 처벌의 위험성이 있다는 비판이 있다.		2222
50	베카리아(Beccaria)는 교도소 개선운동의 선구자로 이탈리아 각 지역의 교도소를 시찰한 결과 여러 가지 폐해를 발견하고 이에 대한 개선을 요구하였다.		2223
51	애그뉴(Agnew)의 일반긴장이론은 하류계층의 범죄에 국한하지 않고, 사회 모든 계층의 범죄행위에 대한 일반적인 설명을 제공하고자 하였다.		2224
52	피해자 없는 범죄는 경찰에 신고되지 않는 경우가 많아 암수범죄가 많으며, 처벌의 필요성에 대한 의문으로 비범죄화에 대한 논의가 이루어지는 경우가 많다.		2225
53	맥데빗과 레빈(McDevitt & Levin)이 제시한 증오범죄의 유형 중 방어형 – 자기 자신의 무의식 속 불안을 해소하기 위해 공격하는 정신방어적 행위		2226
54	살인과 같은 강력범죄는 가해자의 일방적인 공격에 의해 발생하기보다는 많은 경우에 피해자가 가해행위를 유발함으로써 발생한다는 피해자–가해자 상호작용이론과 관련 있다.		2227
55	「범죄피해자보호법」상 범죄피해의 방지 및 범죄피해자 구조활동으로 피해를 당한 사람도 범죄피해자로 본다.		2228
56	엘렌베르거(Ellenberger)는 범죄 피해자의 특성을 기준으로 일반적인 피해자와 심리학적 피해자로 분류하였다.		2229
57	샘슨과 라웁(Sampson & Laub)의 비공식적 사회통제에 따른 연령단계이론에 의하면 사회적 자본(Social Capital)이 범죄경력에 미치는 영향을 강조하였다.		2230
58	샘슨(Sampson)의 집합효율성 이론은 지역사회 구성원 간의 신뢰와 상호작용, 그리고 범죄문제 해결을 위한 적극적 참여가 효과적인 범죄예방의 핵심이라고 본다.		2231
59	브레이스웨이트(Braithwaite)의 재통합적 수치심 이론에 의하면 해체적 수치심은 일반예방 효과를 기대할 수 있지만, 재통합적 수치심은 특별예방 효과도 함께 기대할 수 있다.		2232
60	회복적 사법에 의하면 가해자는 배상과 교화의 대상으로서 책임을 수용하기보다는 비난을 수용해야 한다.		2233
61	고전주의 학파는 범죄의 연구에 있어서 경험적이고 과학적인 접근을 강조한다.		2234
62	제프리(Jeffery)의 범죄예방모델: 범죄억제모델은 형벌을 수단으로 범죄를 예방하려는 모델로서 처벌의 신속성, 확실성, 엄격성을 요구한다.		2235
63	칼멘(Karmen)은 현대사회의 규범과 피해자의 책임을 연계하여 비행적 피해자, 유인 피해자, 조심성이 없는 피해자, 보호가치가 없는 피해자로 분류하였다.		2236

64	바톨라스와 밀러(Bartollas & Miller)의 소년교정모형 중 의료모형(MedicalModel): 국친사상의 입장에서 소년보호를 주장하고, 정신의학이나 심리학 등 인간관계 학문을 교정에 도입하고자 하는 실증주의적 입장이다. 비행소년은 소질·환경 등과 같이 스스로 통제할 수 없는 요인에 의하여 범죄를 저지르게 된다. 심리극, 감수성 훈련 등 심리적 측면을 중시한다.	2237
65	갓프레드슨과 허쉬(Gottfredson & Hirschi)의 자기통제이론에 의하면 가정뿐만 아니라 학교라는 사회화 장소도 자기통제력 형성을 위해 중요한 역할을 담당할 수 있다.	2238
66	애그뉴(Agnew)의 일반긴장이론은 범죄발생의 원인으로 목표달성의 실패, 기대와 성취 사이의 괴리, 긍정적 자극의 소멸, 부정적 자극의 발생을 제시하였다.	2239
67	환경설계를 통한 범죄예방(CPTED) 영역에서 최근 발전하고 있는 3세대 CPTED의 범죄예방 방안으로는 ㉠ CCTV 설치 확대, ㉡ 시민순찰 등 자율 방범 활동, ㉢ 공공장소에 인터랙티브 공공미술 설치, ㉣ 벽화 그리기 등 물리적 환경개선, ㉤ 사회적 유대 강화, ㉥ 다용도 친환경 공공시설물 설치, ㉦ 출입 관리 강화를 들 수 있다.	2240
68	브레이스웨이트(Braithwaite)의 재통합적 수치심 이론에 의하면 범죄자는 수치스러움의 고통을 회피하기 위해 자신의 행동에 대한 비난을 타인이나 피해자에게 돌리기도 하는데, 이러한 심리적 과정을 '부적절한 수치심 관리'라고 한다.	2241
69	갓프레드슨과 허쉬(Gottfredson & Hirschi)의 자기통제이론에서 자기통제력은 인생의 초기 단계에 형성되어 생애에 걸쳐 안정적으로 유지된다.	2242
70	브랜팅햄(Brantingham) 부부의 범죄패턴이론은 범죄에는 일정한 시간적 패턴이 있으므로 일정 시간대의 집중 순찰을 통해 효율적으로 범죄를 예방할 수 있다고 보았다.	2243
71	우리나라의 디지털 성범죄에 대한 법적 대응으로 딥페이크 등 허위영상물과 불법촬영물을 배포하거나 이를 이용하여 협박하는 등의 범죄행위로 얻은 범죄수익과 범죄수익에서 유래한 재산은 몰수·추징할 수 있다.	2244
72	범죄자 A는 "경찰, 검사, 판사들은 부패한 공무원들이기 때문에 내가 한 불법행위보다 더 나쁜 짓을 했을 것"이라고 자신의 범죄행위를 합리화하였다. – 사이크스와 맛짜(Sykes & Matza)의 중화기술 중 비난자에 대한 비난에 속한다.	2245
73	롬브로조(Lombroso)의 '생래적 범죄자론'이 고전주의 학파의 대표적 이론이다.	2246
74	클로워드와 올린(Cloward & Ohlin)의 차별기회이론은 듀르켐(Durkheim)과 머튼(Merton)의 아노미이론과 범죄를 학습의 결과로 파악하는 서덜랜드(Sutherland)의 차별적 접촉이론을 하나로 통합하였다.	2247
75	화이트칼라 범죄는 경제적·사회적 제도에 대한 불신감을 조성하고, 일반 시민의 도덕심을 감소시키고, 기업과 행정부에 대한 신뢰를 훼손시킨다.	2248
76	우리나라의 디지털 성범죄에 대한 법적 대응으로 사법경찰관리는 방송통신심의위원회와 정보통신서비스 제공자 또는 게시판의 관리·운영자에게 허위영상물 등에 대한 삭제 또는 접속차단을 요청하여야 한다.	2249
77	맥데빗과 레빈(McDevitt & Levin)이 제시한 증오범죄의 유형 중 스릴추구형 – 개인의 즐거움을 추구할 목적으로 다수가 소수집단의 사람들을 괴롭히거나 재산을 손괴하는 행위	2250
78	고전주의 학파는 죄형법정주의에 기초한 형사사법제도를 정립하고 발전하는데 공헌하였다.	2251
79	코헨(Cohen)의 비행하위문화이론은 중산층 또는 상류계층의 범죄나 청소년비행을 설명하지 못한다는 비판을 받고 있다.	2252
80	아바딘스키(Abadinsky)가 제시한 조직범죄의 특성 – 합법적 조직과 마찬가지로 조직의 규칙과 규정에 의해 통제된다.	2253

◉ 답안확인방법: 답안번호를 찾아 정오를 확인하세요.

연번	문제	O×	답안번호
1	아바딘스키(Abadinsky)가 제시한 조직범죄의 특성 – 전문성 또는 조직 내 위치에 따라 임무와 역할이 철저하게 분업화·전문화되어 있다.		2254
2	롬브로조(Lombroso) – 여성 범죄자는 신체적 외형뿐만 아니라 정서적인 면에서도 다른 여성보다 남성에 가까워 보인다는 남성설 가설(Masculinity Hypothesis)을 제시하였다.		2255
3	우리나라의 디지털 성범죄에 대한 법적 대응으로 아동·청소년 대상 디지털 성범죄에 대해서는 신분비공개수사 및 신분위장수사의 특례가 허용되고 있으나, 성인 대상 디지털 성범죄에 대해서는 이러한 특례 근거 규정이 없어 적극적인 수사에 한계가 있다.		2256
4	화이트칼라 범죄는 일반적으로 피해 규모가 큰 반면에 법률상 허점을 이용하거나 권력자와 결탁하여 은밀히 이루어지기 때문에 적발하기 어렵고 암수범죄가 많다.		2257
5	우리나라의 디지털 성범죄에 대한 법적 대응으로 허위영상물의 편집·반포 등의 법정형은 불법촬영물의 반포 등의 법정형과 동일하다.		2258
6	울프강과 페라쿠티(Wolfgang & Ferracuti)의 폭력하위문화이론은 폭력이 적절한 행동으로 평가받는 문화가 지배적인 지역은 폭력발생률이 높다고 하였다.		2259
7	애들러(Adler) – 여성의 사회적 역할이 변하고 생활양식이 남성과 유사해지면서 여성의 범죄활동도 남성과 닮아간다는 신여성범죄자(New Female Criminal)에 주목하였다.		2260
8	헤이건(Hagan) – 균형 잡힌 가정구조는 비행에 있어서 남자 아이와 여자 아이의 차이를 줄이지만, 가부장제(Patriarchy)와 같은 불균형적 가정구조는 그 차이를 증가시킨다고 하였다.		2261
9	맥데빗과 레빈(McDevitt & Levin)이 제시한 증오범죄의 유형 중 사명형 – 악마로 여기는 개인이나 집단에 무력을 행사하는 행위		2262
10	화이트칼라 범죄는 피해자뿐만 아니라 일반인도 화이트칼라 범죄를 중대한 범죄로 인식하고 있으며 높은 피해의식을 가지고 있다.		2263
11	밀러(Miller)의 하류계층 문화이론은 하류계층의 문화 유형을 범죄적 하위문화, 갈등적 하위문화, 도피적 하위문화로 분류하였으며, 이 중 도피적 하위문화에 있는 사람은 약물과 알코올 중독에 빠지게 된다고 보았다.		2264
12	폴락(Pollack) – 여성범죄자가 남성범죄자보다 더 엄격하게 처벌받으며, 특히 성(性)과 관련된 범죄에서는 더 엄격하다고 하였다.		2265
13	화이트칼라 범죄에 대한 현대의 개념은 초기보다 확대되어 '존경받고 합법적인 직업활동 과정에서 개인이나 집단에 의해 저질러진 법률위반행위'라고 정의한다.		2266
14	아바딘스키(Abadinsky)가 제시한 조직범죄의 특성 – 정치적 목적이나 이해관계가 개입되는 등 이념적인 특성을 가지고 있다.		2267
15	브랜팅햄(Brantingham)과 파우스트(Faust)의 2차적 범죄예방은 범죄자들이 더 이상 범죄를 저지르지 못하도록 상습범 대책 및 재범억제를 지향하는 범죄예방 전략을 말하며, 교화·개선·전환제도에 중점을 둔다.		2268
16	뉴먼(Newman)이 주장한 방어공간이론은 영역성, 감시, 이미지, 입지조건(환경)을 구성요소로 하고 있다.		2269

17	샘슨 등(Sampson et al.)이 주장한 집합효율성이론은 공식적 사회통제, 즉 경찰 등 법집행기관의 중요성을 간과하고 있다는 한계가 있다.		2270
18	코헨(Cohen)과 펠슨(Felson)의 일상활동이론에서는 동기가 부여된 잠재적 범죄자, 범행의 기술, 보호자(감시자)의 부재를 범행발생의 3요소로 하고 있다.		2271
19	지역사회 경찰활동은 범죄 및 무질서에 대한 문제를 해결함에 있어서 경찰과 지역사회 양자를 참여시키는 협력관계를 중요하게 여긴다.		2272
20	지역사회 경찰활동은 지역사회와의 협력, 경찰조직의 분권화 등을 중요하게 여긴다.		2273
21	지역사회 경찰활동 프로그램에는 경찰과 주민 사이에 의사소통을 강화하는 이웃지향적 경찰활동이 있다.		2274
22	지역사회 경찰활동의 효과성은 신고에 대한 경찰의 출동시간으로 결정하며, 능률성은 체포율과 적발건수로 결정한다.		2275
23	「범죄피해자 보호법」상 "범죄피해자"란 타인의 범죄행위로 피해를 당한 사람과 그 배우자(사실상의 혼인관계를 포함한다), 직계친족 및 형제자매를 말한다.		2276
24	「범죄피해자 보호법」상 구조금은 유족구조금·장해구조금 및 중상해구조금으로 구분한다.		2277
25	「범죄피해자 보호법」상 범죄행위 당시 구조피해자와 가해자 사이가 4촌 이내의 친족인 경우에는 구조금을 지급하지 아니한다.		2278
26	「범죄피해자 보호법」상 구조피해자가 과도한 폭행·협박 또는 중대한 모욕 등 해당 범죄행위를 유발하는 행위를 한 때에는 구조금의 일부를 지급하지 아니한다.		2279
27	레페토(Reppetto)의 범죄 전이 유형: 전국구 폭력조직인 甲파는 과거 불법 도박장을 운영하여 수익을 올렸으나, 최근 해외 마약범죄조직인 乙파와 손을 잡고 마약밀거래로 그 범죄유형을 변경하였다. – 기능적 전이		2280
28	레페토(Reppetto)의 범죄 전이 유형: 전과 5범 丙은 초등학생을 납치하기 위해 범행 시간대를 오후 7시에서 하교 시간인 오후 1시로 변경하였다.		2281
29	죄형법정주의가 적용되는 형사법령 위반행위는 형식적 의미의 범죄에 해당한다.		2282
30	상대적 의미의 범죄는 시대적·사회적 상황을 초월하여 보편적으로 금지되는 행위로서 살인·강간이 대표적인 예이다.		2283
31	범죄학에서는 형식적 의미의 범죄만을 연구대상으로 하고, 실질적 의미의 범죄는 포섭하지 아니한다.		2284
32	집단현상으로서의 범죄는 특정 사회의 경향성과 병리현상을 반영하므로 교정정책 및 보안처분의 주요 대상이 된다.		2285
33	암수범죄는 수사기관이 인지는 하였으나 해결하지 못한 범죄도 포함한다.		2286
34	범죄신고에 따른 불편과 범죄자에 의한 보복의 두려움은 암수범죄의 발생 원인이 될 수 있다.		2287
35	범죄가 발생하였으나 고소·고발 등 신고가 이루어지지 않아 수사기관이 인지하지 못한 범죄는 상대적 암수범죄이다.		2288
36	암수범죄는 공식범죄통계보다는 자기보고조사, 피해자조사 또는 정보제공자조사를 통하여 더욱 정확한 규모를 파악할 수 있다.		2289
37	고전주의 범죄학 이론이 본격적으로 등장하기 이전 중세시대에는 범죄를 사탄, 미신의 영향으로 발생하는 초자연적 현상으로 이해하기도 하였다.		2290
38	베카리아(Beccaria)는 형벌이 범죄자에 대한 처벌에 그칠 것이 아니라 범죄를 예방하거나 억제할 수 있어야 한다고 주장하였다.		2291

39	사람은 자유의지(free will)를 바탕으로 범죄를 통해 얻을 수 있는 이익과 범죄를 저질렀을 때 치러야 하는 비용을 합리적으로 계산한다고 전제하였다.		2292
40	베카리아 등 초기 고전주의 범죄학자들은 처벌의 확실성을 강조하였으나, 이후 수행된 깁스(Gibbs), 포스트(Forst), 파셀(Passell)의 억제이론 연구 결과, 처벌의 확실성을 높이더라도 범죄를 예방하는 효과는 전혀 없는 것으로 나타났다.		2293
41	생물학적 범죄원인 연구의 개척자인 롬브로조(Lombroso)는 관찰, 검증 등 당시 자연과학계에서 활용되던 연구방법을 도입하여 범죄의 원인을 규명하고자 하였다.		2294
42	덕데일(Dugdale)의 쥬크가(家) 연구, 고다드(Goddard)의 칼리카크가(家) 연구, 서덜랜드(Sutherland) 연구에 따르면 부모와 자녀의 범죄성은 상관관계가 없다.		2295
43	뒤르껭(Durkheim)에 따르면 아노미적 자살은 개인이 사회에 통합되지 못해 사회로부터 격리되고 지지를 잃거나 집단의 가치나 목표에 대한 몰입이 약화되었을 때 발생한다.		2296
44	가로팔로(Garofalo)는 도덕·연민의 결핍이 범죄의 원인이라고 주장하였다.		2297
45	콜버그(Kohlberg)의 도덕발달이론에 의하면 도덕수준과 추론능력은 상관관계가 없다.		2298
46	콜버그(Kohlberg)의 도덕발달이론에 의하면 관습적 수준 중 4단계에서는 타인의 권리를 존중하고 보편적 윤리원칙을 인정한다.		2299
47	콜버그(Kohlberg)의 도덕발달이론에 의하면 대부분의 비범죄자들은 도덕발달 6단계 중 3단계 또는 4단계에 속한다.		2300
48	콜버그(Kohlberg)의 도덕발달이론에 의하면 개인의 도덕수준은 항상 발달하는 것이 아니라 퇴보될 수도 있다는 비판이 제기된다.		2301
49	서덜랜드(Sutherland)의 차별접촉이론(Differential Association Theory)에 따르면 범죄행동은 일반적 욕구와 가치관의 표현이지만 그것만으로 범죄행동을 설명하기에는 한계가 있다.		2302
50	서덜랜드(Sutherland)의 차별접촉이론(Differential Association Theory)에 따르면 친밀한 사적 집단을 통한 범죄행동 학습의 효과는 미디어를 통한 범죄행동 학습의 효과에 훨씬 미치지 못한다.		2303
51	서덜랜드(Sutherland)의 차별접촉이론(Differential Association Theory)에 따르면 범죄행동의 학습은 범죄를 저지르는 데 필요한 기술뿐만 아니라 범행동기, 충동, 합리화, 태도에 대한 학습을 포함한다.		2304
52	서덜랜드(Sutherland)의 차별접촉이론(Differential Association Theory)에 따르면 차별접촉은 빈도, 기간, 우선성, 강도에 따라 달라진다.		2305
53	머튼(Merton)의 긴장이론 적응 방식 중 동조형은 안정된 사회 구성원의 가장 보편적인 적응 방식으로 문화적 목표와 제도화된 수단을 전면적으로 모두 수용할 때 나타난다.		2306
54	머튼(Merton)의 긴장이론 적응 방식 중 개혁형은 수단과 기회가 제한된 이욕적 범죄자나 하위계층의 범죄를 가장 잘 반영한다.		2307
55	머튼(Merton)의 긴장이론 적응 방식 중 의례형은 무사안일하게 주어진 규범·규칙만을 준수하려는 일부 하위직 공무원에게서 발견되며, 성공의 가능성은 제한적이지만 사회의 도덕적 의무와 관습을 강하게 사회화한다.		2308
56	머튼(Merton)의 긴장이론 적응 방식 중 도피형(retreatism)은 문화적 목표와 사회적으로 승인된 수단 모두를 거부하고, 혁신형(innovation)은 기존 사회를 다른 사회질서로 대체할 것을 요구한다.		2309
57	나이(Nye)는 청소년비행의 주된 원인으로 사회통제의 부족을 지목하면서 청소년 스스로 양심이나 죄의식 때문에 비행을 자제하도록 하는 '간접통제' 또는 '동일화에 의한 통제'이 중요성도 강조하였다.		2310

58	학교 등 교육기관에 의한 청소년비행 통제는 라이스(Reiss)의 사회통제력과 레클리스 (Reckless)의 외적 통제에 각각 해당할 수 있다.		2311
59	레클리스의 봉쇄이론에 따르면 청소년의 자기통제력, 자아의식, 책임감 등 내적 통제요인이 강한 경우 비행이나 범죄로부터 차단될 수 있다.		2312
60	통제이론에 따르면 부모, 교사, 친구 등과 형성된 강한 애착은 비행을 예방하는 중요한 요소 가 될 수 있다.		2313
61	베커(Becker)는 최초의 일탈에 따른 사회적 낙인이 이후의 일탈을 촉발하는 새로운 환경을 낳고, 이것이 다음 단계 일탈의 원인이 되는 동시적 모델을 주장하였다.		2314
62	레머트(Lemert)는 일차적 일탈에 대한 사회통제의 부작용으로 이차적 일탈이 생성되며, 일탈 을 통제하기 위한 형사사법기관의 노력이 오히려 일탈적 행위와 생활유형을 양산한다고 주장 하였다.		2315
63	브레이스웨이트(Braithwaite)는 범죄자에게 공동체의 구성원으로 받아들이지 않겠다는 낙인 을 부여하면 범죄율이 증가할 수 있다고 주장하였다.		2316
64	낙인이론은 일탈의 주요 원인을 일탈자에 대한 사회의 부정적인 반응에 둠으로써 일탈자의 개별적 특성을 간과하는 문제가 지적된다.		2317
65	허쉬(Hirschi)의 사회유대이론은 인간은 무한한 욕망을 추구하는 이기적 존재라는 뒤르껨 (Durkheim)의 사상을 반영한다.		2318
66	허쉬(Hirschi)의 사회유대이론은 사소한 비행만을 연구대상으로 하여 강력범죄의 경우 이론 의 설명력이 떨어지는 한계가 있다.		2319
67	허쉬(Hirschi)의 자기통제이론에 따르면 약한 자기통제력의 근본 원인은 부모의 잘못된 양육 방식이다.		2320
68	허쉬(Hirschi)와 갓프레드슨에 의한 약한 자기통제력이 범죄의 주된 원인이라는 자기통제이 론은 사회유대의 약화가 범죄 유발 근본 원인이라던 종전의 사회유대이론을 부정한다는 비판 을 받는다.		2321
69	퀴니(Quinney)의 경제계급론에 의하면 범죄는 자본주의 상황에 의해 불가피하게 유발된다.		2322
70	퀴니(Quinney)의 경제계급론에 의하면 '저항(대항)범죄'는 자본주의에 의해 곤경에 빠진 노동 자 계급이 저지르는 살인·강도를 말한다.		2323
71	퀴니(Quinney)의 경제계급론에 의하면 자본주의 체제에서 자본가 계급이 자신의 이익을 보 호하기 위해 저지르는 범죄는 '지배와 억압의 범죄'에 해당한다.		2324
72	퀴니(Quinney)의 경제계급론에 의하면 형사사법기관이 자본가 계급과 노동자 계급에 대하여 불공평하게 법을 적용하는 것은 '통제범죄'에 해당한다.		2325
73	발달범죄학은 인생의 전반에 걸쳐 발생하는 범죄의 시작, 지속, 중단 등의 과정을 종단적으로 탐구한다.		2326
74	지오다노 등(Giordano et al.)은 범죄중단을 위해서는 변화의 수용, 긍정적 상황의 인식, 대 체자아의 구체화, 범죄와 무관한 삶 등 네 가지 인지적 전환요소가 필요하다고 주장하였다.		2327
75	패터슨 등(Patterson et al.)은 비행청소년이 되어가는 두 가지 경로 중에서 조기 개시형의 경우 성인이 되어서도 만성적 범죄자가 될 가능성이 크다고 설명하였다.		2328
76	모핏(Moffitt)은 아동기까지 반사회적 행동을 하지 않다가 사춘기에 접어들면서부터 비행 친 구에게 노출되어 일시적으로 경미한 수준의 일탈만을 저지른 청소년은 생애(인생)지속형 범 죄자가 될 가능성이 상대적으로 더 크다고 주장하였다.		2329

77	멀렌(Mullen)의 범행동기에 따른 스토킹 가해자의 유형: 애인·친구·직장동료 등과의 관계가 끝난 뒤 화해와 복수라는 이중적 감정을 갖고 쫓아다니는 유형으로 폭력에 의존하는 경향이 두드러지며, 단순집착형 스토커와 유사하다. - 친밀형, 거부형, 약탈형, 무능형 분노형 중에 거부형에 해당한다.		2330
78	윤석: 요즘 마약범죄가 심각해져서 큰일이야. 도준: 그러게. 무색, 무취인 'A약물'은 유럽 등에서 '데이트 강간약물'로 불리고, 우리나라 클럽에서도 성범죄에 악용한대. 윤주: 아! 그 'A약물' 말이지? 음료수나 술에 섞어 마시기도 하고, 무엇보다 24시간 이내에 몸에서 빠져나가 추적이 어렵대. - 해당하는 약물은 ① GHB ② LSD ③ 메스칼린 ④ 크랙 코카인 중에 LSD이다.		2331
79	규칙의 명확화, 양심에 호소, 약물·알콜 통제, 준법행동 보조, 지침의 게시는 클락(Clarke)과 코니쉬Cornish)의 상황적 범죄예방의 목표 ① 노력의 증가 ② 위험의 증가 ③ 보상의 감소 ④ 변명의 제거중 변명의 제거에 속한다.		2332
80	범죄두려움은 지역주민들 사이의 상호신뢰, 유대, 결속은 범죄두려움의 감소로 이어질 수 있다.		2333

제36회 범죄학·형사정책이론 OX기출훈련

◉ 답안확인방법: 답안번호를 찾아 정오를 확인하세요.

연번	문제	O×	답안번호
1	일반적으로 신체적·사회적 약자가 느끼는 범죄두려움의 수준은 해당 지역주민들의 평균적인 범죄두려움의 수준보다 높은 것으로 알려져 있다.		2334
2	범죄두려움 설명모형 중 깨진 유리창 이론에 바탕을 둔 사회통제모형에 따르면 지역사회의 무질서한 환경·행위는 범죄두려움을 증가시킬 수 있다.		2335
3	범죄두려움 설명모형 중 범죄피해모형에 따르면 직·간접적인 범죄피해의 경험은 범죄두려움의 증가로 이어질 수 있다.		2336
4	아동기와 청소년기에 조기 개입하여 범죄 관련 위험요인과 보호요인을 적절히 조작함으로써 범죄가능성을 차단한다. - 톤리(Tonry)와 파링턴(Farrington)의 범죄예방모형 ① 발달적 예방모 ② 상황적 예방모형 ③ 사회적 예방모형 ④ 법집행 예방모형 중 발달적 예방모형에 대한 설명이다.		2337
5	환경설계를 통한 범죄예방(CPTED)은 범죄에 대하여 적절한 건축설계나 도시계획 등 방어적 환경 디자인으로 범죄 발생기회와 범죄두려움을 줄이고자 하는 범죄예방전략이다.		2338
6	골드스타인(Goldstein)이 제안한 문제지향적 경찰활동은 경찰이 사건 하나하나에 개별적·산별적으로 대응하는 방식에서 벗어나 지역사회가 당면한 근본적 문제를 해결하는 경찰활동을 말한다.		2339
7	에크(Eck)와 스펠만(Spelman)의 SARA모델 중 조사·탐색단계(scanning)에서는 지역사회 내에서 발견된 문제의 원인, 범위, 효과 등을 파악한다.		2340
8	그룹워크(group work)는 반사회적 성향이 있는 사람을 별도로 분류하여 교육하거나 다양한 방법으로 치료함으로써 사회에 긍정적인 태도를 갖도록 하는 범죄예방기법을 말한다.		2341
9	에크(Eck)는 동기화된 범죄자, 적절한 대상, 감시의 부재라는 3요소에 통제인을 추가하여 네 가지 요소를 기초로 한 수정모델을 제시하였다.		2342
10	코헨(Cohen)과 펠슨(Felson)은 일상활동이론에서 적절한 대상의 특징을 가시성, 접근성 등이 포함된 CRAVED 모델을 통해 설명하였다.		2343
11	브랜팅햄(Brantingham) 부부의 범죄패턴이론에 기초한 지리적 프로파일링은 범죄자의 일상 이동경로, 이동수단의 분석과 다음 범행지역 예측을 가능하게 함으로써 연쇄 범죄 해결에 기여할 수 있다.		2344
12	제프리(Jeffery)의 범죄대책모델 중 사회복귀모델은 범죄자의 재범방지에 중점을 두고 있으며, 이를 위해 개개인의 특성에 알맞은 처우를 선택, 제공할 필요가 있다.		2345
13	다이버전은 형사사법의 탈제도화라는 의미에서 낙인이론의 산물이라고 할 수 있다.		2346
14	비범죄화는 기존에 형사처벌의 대상이었던 행위를 형사처벌의 대상에서 제외하여 국가형벌권 행사의 범위를 축소하는 시도를 말한다.		2347
15	다이버전의 단점으로는 형벌의 고통을 감소시켜 오히려 재범의 위험성을 증가시킬 수 있다는 점이 지적된다.		2348
16	헌법재판소의 위헌결정을 통해서 형벌법규를 무효로 만드는 것은 사실상의 비범죄화에 포함된다.		2349

17	리스트(F. v. Liszt)는 범죄를 범죄자의 타고난 특성과 범행 당시 그를 둘러싼 사회적 관계, 특히 경제적 관계에서 비롯되는 필연적 산물로 보았다.		2350
18	리스트(F. v. Liszt)는 형벌은 개선이 가능하고 필요한 범죄자에 대해서는 개선을, 개선을 필요로 하지 않은 범죄자에 대해서는 위하를, 개선이 불가능한 범죄자에 대해서는 무해화 조치를 목적으로 하여야 한다고 주장하였다.		2351
19	리스트(F. v. Liszt)는 부정기형의 도입, 단기자유형의 폐지, 강제노역의 인정, 소년범죄에 대한 특별한 처우 등을 주장하였다.		2352
20	리스트(F. v. Liszt)는 형사정책은 형벌권이 자의적으로 확대되지 않도록 제한하는 역할을 담당해야 한다는 점을 강조하였다.		2353
21	A 지역에서 주로 침입절도범으로 활동하던 甲이 경찰의 침입절도 집중단속기간 동안 주로 강도범죄를 저지르게 된 경우는 전술적 전이에 속한다.		2354
22	샘슨과 라웁(R. Sampson&J. Laub)의 생애과정이론에 대한 설명에 의하면 비행과 이로 인한 학업 실패와 구금 경험은 범죄를 지속하게 만든다.		2355
23	샘슨과 라웁(R. Sampson&J. Laub)의 생애과정이론에 대한 설명에 의하면 생애과정지속 비행자와 청소년기한정 비행자로 구분하여 성장 격차가 비행의 잠재적인 동기가 된다고 주장하였다.		2356
24	샘슨과 라웁(R. Sampson&J. Laub)의 생애과정이론에 대한 설명에 의하면 결혼, 취업, 군복무 등은 범죄 궤적을 변화시키는 전환점이 될 수 있다.		2357
25	샘슨과 라웁(R. Sampson&J. Laub)의 생애과정이론에 대한 설명에 의하면 성인의 경우 사회적 유대가 앞으로 범죄행위에 가담할지 여부에 영향을 미친다고 주장하였다.		2358
26	실증주의는 인간 행위를 연구하는 데 있어서 구체적인 증거와 논의에 대한 검증을 요구하는 과학적 연구방법론을 강조한다.		2359
27	롬브로소(C. Lombroso)는 여성범죄자들은 여성의 특징인 모성·순종·온순함이 부족하다고 주장하였다.		2360
28	페리(E. Ferri)는 범죄예방을 위해서는 형벌보다는 범죄의 충동을 간접적으로 방지할 수 있는 사회정책이 필요하다고 하였다.		2361
29	가로팔로(R. Garofalo)는 "죄는 범죄인을 제외한 모든 사람에게 있다"라고 주장하여 범죄의 사회적 원인을 강조하였다.		2362
30	보수적 갈등이론은 마르크스의 계급갈등론을 바탕으로 사회에는 두 가지 계급이 존재하며 양자가 서로 사회를 지배하고자 경쟁하고 있다고 본다.		2363
31	셀린(T. Sellin)은 문화갈등을 하나의 단일 문화가 여러 개의 상이한 하위문화로 분화될 때 발생하는 1차적 문화갈등, 이질적인 문화 사이에서 발생하는 2차적 문화갈등으로 구분하였다.		2364
32	볼드(G. Vold)는 범죄는 입법과정에서 소외된 집단의 구성원이 일상생활 속에서 법률을 위반하여 자기 이익을 추구하는 행위라고 주장하였다.		2365
33	터크(A. Turk)는 법 집행자의 문화규범과 사회규범이 공식적인 법규범과 일치할수록, 피지배집단의 권력이 강할수록, 피지배자의 행동이 비현실적일수록 법집행이 강화된다고 주장하였다.		2366
34	구류는 자유형이라는 점에서 형사절차의 진행과 증거를 확보하기 위한 강제처분인 구금과 구별된다.		2367
35	구류는 1일 이상 30일 미만으로 하고, 「형의 집행 및 수용자의 처우에 관한 법률」에 따르면 교정시설의 장은 구류형의 집행 중에 있는 사람에 대하여는 신청이 있더라도 작업을 부과할 수 없다.		2368

36	금고는 과실범이나 정치범과 같이 다소 명예를 존중할 필요가 있는 자에게 부과한다는 점에서 '명예적 구금'이라고 할 수 있다.		2369
37	징역 및 금고의 기간은 유기형의 경우 1개월 이상 30년 이하로 하고 이를 가중할 때에는 50년까지로 한다.		2370
38	상황적 범죄예방이론에 대한 설명으로 이익의 확산 효과(diffusion of benefit)는 어떤 지역의 범죄예방 프로그램의 효과가 확산되어 다른 지역의 범죄예방에도 긍정적인 영향을 미치는 것을 의미한다.		2371
39	상황적 범죄예방이론은 브랜팅햄(P. J. Brantingham)과 파우스트(F. L. Faust)가 주장한 3차적 범죄예방에 해당한다.		2372
40	상황적 범죄예방이론은 치료와 갱생을 통한 사회복귀와 특별예방의 중요성을 강조하는 범죄예방 이론이다.		2373
41	상황적 범죄예방이론에서 클라크(R. Clarke)는 '소유자 표시(identifying property)'를 상황적 범죄예방의 방법 중 '위험의 증가(increasing the risk)'의 하위기법으로 제시했다.		2374
42	「국제형사사법 공조법」상 조약에 다른 규정이 없다면 공조의 대상이 되어 있는 범죄가 대한민국의 법률에 의하여는 범죄를 구성하지 아니하거나 공소를 제기할 수 없는 범죄인 경우에는 공조를 하지 아니할 수 있다.		2375
43	「국제형사재판소 관할 범죄의 처벌 등에 관한 법률」상 집단살해죄 등의 피고사건에 관하여 이미 국제형사재판소에서 유죄 또는 무죄의 확정판결이 있은 경우에는 판결로써 면소를 선고하여야 한다.		2376
44	「범죄인 인도법」상 조약에 다른 규정이 없다면 범죄인 인도를 청구할 때 그 대상이 되는 범죄가 대한민국 또는 청구국의 법률에 따라 공소시효 또는 형의 시효가 완성된 경우에는 범죄인을 인도하여서는 아니 된다.		2377
45	「국제수형자이송법」상 조약에 다른 규정이 없다면 본인이 동의하지 않아도 대한민국의 법률에 의하여 범죄를 구성하는 범죄사실로 외국에서 자유형을 선고받아 그 형이 확정되어 형 집행 중인 대한민국 국민을 국내이송할 수 있다.		2378
46	체스니-린드(M. Chesney-Lind)는 전통적인 성역할을 저버린 여성에게 형사사법체계가 더 가혹하게 처벌한다고 주장했다.		2379
47	헌니컷(G. Hunnicutt)과 브로이디(L. M. Broidy)는 여성이 남성에게 경제적으로 의존하게 만든 구조가 경제적으로 열악한 지위에 놓인 여성의 범죄요인이 된다고 주장했다.		2380
48	밀레트(K. Millett)는 남성 폭력이 유전자와 환경의 복합적 요소에서 비롯되고, 테스토스테론이 남성을 여성보다 더 폭력적으로 만든다고 주장했다.		2381
49	메서슈미트(J. W. Messerschmidt)는 남자의 사내다움이 의심되거나 의문시되는 상황에서 이를 과시할 특별한 방법이 없는 사람이 남자다움을 표현하는 방법으로 범죄를 선택한다고 주장했다.		2382
50	프로이드(S. Freud)는 성격의 세 가지 측면을 자아(ego), 원본능(id), 초자아(superego)로 구분하였다.		2383
51	에이크혼(A. Aichhorn)은 비행소년의 경우 원본능(id)이 제대로 통제되지 않았기 때문에 양심의 가책 없이 비행을 저지르게 되는 것으로 보았다.		2384
52	반두라(A. Bandura)는 사람들로 하여금 특정한 행동을 하도록 하는 동기화를 외부강화, 내부강화, 자기강화로 구분하였다.		2385
53	피아제(J. Piaget)는 사람의 인지발달 단계를 감각운동기 - 전조작기 - 구체적 조작기 - 형식적 조작기로 구분하였다.		2386

2026 해커스 이언담 범죄학·형사정책 핵심 기출 OX

02

범죄학·형사정책법령_OX기출훈련
(제1회~제7회)

◉ 답안확인방법: 답안번호를 찾아 정오를 확인하세요.

연번	문제	O×	답안번호
1	소년이 소년분류심사원에 위탁되지 아니하였을 때에도 소년에게 신체적·정신적 장애가 의심되는 경우 법원은 직권에 의하거나 소년 또는 보호자의 신청에 따라 보조인을 선정할 수 있다.		1
2	소년부 판사는 보조인이 심리절차를 고의로 지연시키는 등 심리진행을 방해하거나 소년의 이익에 반하는 행위를 할 우려가 있다고 판단하는 경우에는 보조인 선임의 허가를 취소하여야 한다.		2
3	소년부 판사는 사안이 가볍다는 이유로 심리를 개시하지 아니한다는 결정을 할 때에는 소년에게 훈계하거나 보호자에게 소년을 엄격히 관리하거나 교육하도록 고지할 수 있다.		3
4	소년부 판사는 심리 기일을 지정하고 본인과 보호자를 소환하여야 한다. 다만, 필요가 없다고 인정한 경우에는 보호자는 소환하지 아니할 수 있다.		4
5	소년부 판사는 조사관에게 사건 본인, 보호자 또는 참고인의 심문이나 그 밖에 필요한 사항을 조사하도록 명할 수 있다.		5
6	소년이 소년분류심사원에 위탁된 경우 보조인이 없을 때에는 법원은 변호사 등 적정한 자를 보조인으로 선정하여야 한다.		6
7	소년부 판사는 소년부 법원서기관·법원사무관·법원주사·법원주사보나 보호관찰관 또는 사법경찰관리에게 동행영장을 집행하게 할 수 있다.		7
8	소년부는 조사 또는 심리를 할 때에 정신건강의학과 의사·심리학자·사회사업가·교육자나 그 밖의 전문가의 진단, 소년 분류심사원의 분류심사 결과와 의견, 소년교도소의 조사결과와 의견을 고려하여야 한다.		8
9	소년부 또는 조사관이 범죄 사실에 관하여 소년을 조사할 때에는 미리 소년에게 불리한 진술을 거부할 수 있음을 알려야 한다.		9
10	소년부는 조사 또는 심리를 할 때에 정신건강의학과 의사 등 전문가의 진단, 소년분류심사원의 분류심사 결과와 의견, 보호관찰소의 조사결과와 의견 등을 고려하여야 한다.		10
11	소년부 판사는 조사 또는 심리에 필요하다고 인정하여 기일을 지정해서 소환한 사건 본인의 보호자가 정당한 이유 없이 소환에 응하지 아니하면 동행영장을 발부할 수 있다.		11
12	소년부 판사가 사건을 조사 또는 심리하는 데에 필요하다고 인정하여 소년의 감호에 관한 결정으로써 병원이나 그 밖의 요양소에 위탁하는 조치를 하는 경우 그 위탁의 최장기간은 2개월이다.		12
13	「소년법」상 소년은 19세 미만인 자를 말한다.		13
14	형벌 법령에 저촉되는 행위를 한 10세 이상 14세 미만인 소년이 있을 때에는 경찰서장은 직접 관할 소년부에 송치하여야 한다.		14
15	소년부는 송치받은 보호사건이 그 관할에 속하지 아니한다고 인정하더라도 보호의 적정을 기하기 위하여 필요하다고 인정하면 그 사건을 관할 소년부에 이송하지 않을 수 있다.		15
16	정당한 이유 없이 가출하고 그의 성격이나 환경에 비추어 앞으로 형벌 법령에 저촉되는 행위를 할 우려가 있는 10세의 소년을 발견한 보호자는 이를 관할 소년부에 통고할 수 있다.		16

17	소년이 소년분류심사원에 위탁되지 아니하였을 때에도 소년에게 신체적·정신적 장애가 의심되는 경우에는 법원은 직권으로 보조인을 선정하여야 한다.		17
18	소년이 보호자나 변호사를 보조인으로 선임하는 경우에 소년부 판사의 허가 없이 보조인을 선임할 수 있다.		18
19	보조인의 선임은 심급마다 하여야 한다.		19
20	형벌법령에 저촉되는 행위를 한 10세 이상 14세 미만의 소년에 대하여 경찰서장은 직접 관할 소년부에 송치할 수 없다.		20
21	보호사건을 송치받은 소년부는 보호의 적정을 기하기 위하여 필요하다고 인정하면 결정으로써 사건을 다른 관할 소년부에 이송할 수 있다.		21
22	소년부 판사는 사건의 조사 또는 심리에 필요하다고 인정하면 기일을 지정하여 사건 본인이나 보호자 또는 참고인을 소환할 수 있다.		22
23	소년부 판사는 심리 결과 보호처분을 할 수 없거나 할 필요가 없다고 인정하면 그 취지의 결정을 하고, 이를 사건 본인과 보호자에게 알려야 한다.		23
24	소년보호사건에 있어서 보호자는 소년부 판사의 허가 없이 변호사를 보조인으로 선임할 수 있다.		24
25	보호자는 형벌 법령에 저촉되는 행위를 한 10세 이상 14세 미만인 소년을 발견한 경우 이를 관할 소년부에 통고할 수 있다.		25
26	「소년법」상 피해자의 조부모는 피해자에게 법정대리인이나 변호인이 없는 경우에 한하여 의견진술의 기회를 가질 수 있다.		26
27	「소년법」상 피해자의 변호인이 의견진술을 신청하였으나 신청인이 이미 심리절차에서 충분히 진술하여 다시 진술할 필요가 없다고 인정되는 경우에는 의견진술의 기회가 주어지지 않을 수 있다.		27
28	「소년법」상 소년부 판사는 피해자를 보호하고 소년의 품행을 교정하기 위하여 필요한 경우 피해자와의 화해를 권고할 수 있다.		28
29	「소년법」상 소년부 판사의 화해권고에 따라 소년이 피해자와 화해하였을 경우에 소년부 판사는 그 소년에 대한 보호처분의 결정에 이를 고려할 수 있다.		29
30	「소년법」상 조사관은 소년부 판사의 명을 받아 사건 본인이나 보호자를 심문할 수 있지만, 참고인에 대한 심문은 허용되지 않는다.		30
31	「소년법」상 소년부 판사는 사건의 조사에 필요한 경우 기일을 정하여 보호자 또는 참고인을 소환할 수 있고, 보호자가 정당한 이유 없이 이에 응하지 아니하면 동행영장을 발부할 수 있다.		31
32	「소년법」상 조사관이 범죄 사실에 관하여 소년을 조사할 때에는 미리 소년에게 불리한 진술을 거부할 수 있음을 알려야 한다.		32
33	「소년법」상 소년부 판사가 소년을 소년분류심사원에 위탁하는 조치를 하는 경우 위탁기간은 1개월을 초과하지 못지만, 특별히 필요한 경우에는 결정으로 1회 연장할 수 있다.		33
34	「소년법」상 사건 본인이나 보호자가 변호사를 보조인으로 선임하려면 소년부 판사의 허가를 받아야 한다.		34
35	「소년법」상 소년이 소년분류심사원에 위탁되지 아니하였을 때에도 빈곤이나 그 밖의 사유로 보조인을 선임할 수 없는 경우에는 법원은 직권에 의하거나 소년 또는 보호자의 신청에 따라 보조인을 선정할 수 있다.		35
36	「소년법」상 소년부 판사는 보호자인 보조인이 소년의 이익에 반하는 행위를 할 우려가 있다고 판단되는 경우 보조인 선임의 허가를 취소할 수 있다.		36

37	「소년법」상 소년이 소년분류심사원에 위탁된 경우 보조인이 없을 때에는 법원은 변호사 등 적정한 자를 보조인으로 선정하여야 한다.		37
38	1개월 이내의 소년원 송치 처분을 하는 경우 이 처분과 장기보호관찰을 병합할 수 없다.		38
39	단기보호관찰을 받은 보호관찰 대상자가 준수사항을 위반하는 경우, 1년의 범위에서 보호관찰 기간을 연장할 수 있다.		39
40	장기보호관찰의 기간은 2년 이내로 한다.		40
41	보호관찰 처분을 할 때는 1년 이내의 기간을 정하여 야간 등 특정 시간대의 외출을 제한하는 명령을 보호관찰 대상자의 준수사항으로 부과할 수 있다.		41
42	보호처분이 계속 중일 때에 당해 보호사건 본인에 대하여 새로운 보호처분이 있었을 때에는 그 처분을 한 소년부 판사는 이전의 보호처분을 한 소년부에 조회하여 이전의 보호처분을 취소하여야 한다.		42
43	보호처분이 계속 중일 때에 당해 보호사건 본인이 처분 당시 19세 이상인 것으로 밝혀진 경우, 법원이 소년에 대한 피고사건을 심리한 결과 보호처분에 해당할 사유가 있다고 인정하여 결정으로써 관할 소년부에 송치한 사건에 대해서는 소년부 판사는 결정으로써 그 보호처분을 취소하고 송치한 법원에 이송한다.		43
44	보호처분이 계속 중일 때에 당해 보호사건 본인에 대하여 유죄판결이 확정된 경우에 보호처분을 한 소년부 판사는 그 처분을 존속할 필요가 없다고 인정하면 결정으로써 보호처분을 취소할 수 있다.		44
45	보호처분이 계속 중일 때에 당해 보호사건 본인이 처분 당시 19세 이상인 것으로 밝혀진 경우, 검사·경찰서장의 송치에 의한 사건에 대해서는 소년부 판사는 결정으로써 그 보호처분을 취소하고 관할 지방법원에 대응하는 검찰청 검사에게 송치한다.		45
46	수강명령 및 장기 소년원 송치의 처분은 12세 이상의 소년에게만 할 수 있다.		46
47	소년부 판사는 보호관찰관의 장기 보호관찰의 처분을 할 때에 1년 이내의 기간을 정하여 야간 등 특정 시간대의 외출을 제한하는 명령을 보호관찰대상자의 준수 사항으로 부과할 수 있다.		47
48	소년부 판사는 보호관찰관의 단기 보호관찰의 처분을 할 때에 3개월 이내의 기간을 정하여 「보호소년 등의 처우에 관한 법률」에 따른 대안교육을 받을 것을 동시에 명할 수 있다.		48
49	보호처분을 집행하는 자의 신청이 없더라도 소년부 판사는 직권으로 1개월 이내의 소년원 송치의 처분을 변경할 수 있다.		49
50	제1호 처분은 보호자 또는 보호자를 대신하여 소년을 보호할 수 있는 자에게 감호 위탁하는 것이다.		50
51	제6호 처분은 「아동복지법」에 따른 아동복지시설이나 그 밖의 소년보호시설에 감호 위탁하는 것이다.		51
52	제4호 처분을 할 때 6개월의 기간을 정하여 야간 등 특정 시간대의 외출을 제한하는 명령을 보호관찰대상자의 준수 사항으로 부과할 수 있다.		52
53	제5호 처분을 할 때 6개월의 기간을 정하여 「보호소년 등의 처우에 관한 법률」에 따른 대안교육 또는 소년의 상담·선도·교화와 관련된 단체나 시설에서의 상담·교육을 받을 것을 동시에 명할 수 있다.		53
54	사회봉사명령은 14세 이상의 소년에게만 할 수 있다.		54
55	수강명령과 장기 소년원 송치는 14세 이상의 소년에게만 할 수 있다.		55
56	보호관찰관의 단기 보호관찰과 장기 보호관찰 처분 시에는 2년 이내의 기간을 정하여 야간 등 특정 시간대의 외출을 제한하는 명령을 보호관찰대상자의 준수 사항으로 부과할 수 있다.		56

57	수강명령은 200시간을, 사회봉사명령은 100시간을 초과할 수 없으며, 보호관찰관이 그 명령을 집행할 때에는 사건 본인의 정상적인 생활을 방해하지 아니하도록 하여야 한다.		57
58	보호관찰관의 단기 보호관찰 처분은 소년부 판사가 결정으로 그 기간을 연장할 수 있다.		58
59	병원, 요양소 또는 의료재활소년원에 위탁 처분은 소년부 판사가 결정으로 그 기간을 연장할 수 있다.		59
60	장기 소년원 송치 처분은 소년부 판사가 결정으로 그 기간을 연장할 수 있다.		60
61	보호자 또는 보호자를 대신하여 소년을 보호할 수 있는 자에게 감호 위탁 처분은 소년부 판사가 결정으로 그 기간을 연장할 수 있다.		61
62	항고를 제기할 수 있는 기간은 7일이며, 항고장은 원심 소년부에 제출하여야 한다.		62
63	항고는 보호처분의 결정의 집행을 정지시키는 효력이 있다.		63
64	보호처분의 결정에 영향을 미칠 법령위반이 있거나 중대한 사실오인이 있는 경우뿐 아니라 처분이 현저히 부당한 경우에도 항고할 수 있다.		64
65	사건 본인, 보호자 및 보조인 또는 그 법정대리인은 항고할 수 있다.		65
66	소년부 판사는 소년의 품행을 교정하고 피해자를 보호하기 위하여 필요하다고 인정하면 소년에게 피해 변상 등 피해자와의 화해를 권고할 수 있다.		66
67	소년부 판사는 피해자와의 화해를 위하여 필요하다고 인정하면 기일을 지정하여 소년, 보호자 또는 참고인을 소환할 수 있다.		67
68	소년부 판사는 소년이 화해권고에 따라 피해자와 화해하였을 경우에는 보호처분을 결정할 때 이를 고려할 수 있다.		68
69	보호관찰관의 단기 보호관찰기간은 1년으로 한다.		69
70	보호관찰관의 장기 보호관찰기간은 2년으로 한다. 다만, 소년부 판사는 보호관찰관의 신청에 따라 결정으로써 1년의 범위에서 한 번에 한하여 그 기간을 연장할 수 있다.		70
71	보호자 또는 보호자를 대신하여 소년을 보호할 수 있는 자에게 감호 위탁하는 기간은 3개월로 하되, 소년부 판사는 결정으로써 3개월의 범위에서 한 번에 한하여 그 기간을 연장할 수 있다. 다만, 소년부 판사는 필요한 경우에는 언제든지 결정으로써 그 위탁을 종료시킬 수 있다.		71
72	단기로 소년원에 송치된 소년의 보호기간은 3개월을 초과할 수 없다.		72
73	장기로 소년원에 송치된 소년의 보호기간은 2년을 초과할 수 없다.		73
74	수강명령과 사회봉사명령은 14세 이상의 소년에게만 할 수 있다.		74
75	최대 200시간을 초과하지 않는 범위 내에서 수강명령처분을 결정할 수 있다.		75
76	「아동복지법」에 따른 아동복지시설이나 그 밖의 소년보호시설에 감호 위탁 기간은 6개월로 하되, 그 기간을 연장할 수 없다.		76
77	소년부 판사는 가정상황 등을 고려하여 필요하다고 판단되면 보호자에게 보호관찰소 등에서 실시하는 소년의 보호를 위한 특별교육을 받을 것을 명할 수 있다.		77
78	항고를 제기할 수 있는 기간은 10일로 한다.		78
79	보호처분이 현저히 부당한 경우에는 사건 본인이나 보호자는 고등법원에 항고할 수 있다.		79
80	항고를 기각하는 결정에 대하여는 그 결정이 법령에 위반되는 경우에만 대법원에 재항고를 할 수 있다.		80

◉ 답안확인방법: 답안번호를 찾아 정오를 확인하세요.

연번	문제	O×	답안번호
1	항고법원은 항고가 이유가 있다고 인정한 경우에는 원결정을 파기하고 직접 불처분 또는 보호처분의 결정을 하는 것이 원칙이다.		81
2	보호관찰관의 장기보호관찰과 1개월 이내의 소년원 송치는 병합할 수 있다.		82
3	보호관찰관의 단기보호관찰과 단기 소년원 송치는 병합할 수 있다.		83
4	사회봉사명령과 장기 소년원 송치는 병합할 수 없다.		84
5	수강명령과 소년보호시설에 감호 위탁은 병합할 수 있다.		85
6	보호자에게 감호 위탁과 의료재활소년원에 위탁은 병합할 수 있다.		86
7	보호자 위탁감호처분 기간은 6개월로 하되, 6개월의 범위에서 한 번에 한하여 그 기간을 연장할 수 있다.		87
8	사회봉사명령은 14세 이상의 소년을 대상으로 하며, 100시간을 초과할 수 없다.		88
9	수강명령 및 사회봉사명령은 단기 보호관찰처분 또는 장기 보호관찰처분과 병합할 수 있다.		89
10	「아동복지법」에 따른 아동복지시설이나 그 밖의 소년보호시설 위탁감호처분 기간은 6개월로 하되, 6개월의 범위에서 한 번에 한하여 그 기간을 연장할 수 있다.		90
11	소년에 대한 부정기형을 집행하는 기관의 장은 형의 단기가 지난 소년범의 행형 성적이 양호하고 교정의 목적을 달성하였다고 인정되는 경우에는 관할 지방법원 판사의 명령에 따라 그 형의 집행을 종료시킬 수 있다.		91
12	15년 유기징역형을 선고받은 15세 소년이 3년이 지나 가석방된 경우, 가석방된 후 그 처분이 취소되지 아니하고 3년이 경과한 때에 형의 집행을 종료한 것으로 한다.		92
13	무기징역을 선고받은 소년에 대하여는 5년의 기간이 지나면 가석방을 허가할 수 있다.		93
14	징역 또는 금고를 선고받은 소년에 대하여는 특별히 설치된 교도소 또는 일반 교도소 안에 특별히 분리된 장소에서 그 형을 집행한다. 다만, 소년이 형의 집행 중에 23세가 되면 일반 교도소에서 집행할 수 있다.		94
15	죄를 범할 당시 18세 미만인 소년에 대하여 사형 또는 무기형으로 처할 경우에는 15년의 유기징역으로 한다.		95
16	법원이 소년에 대한 피고사건을 심리한 결과 보호처분에 해당할 사유가 있다고 인정하여 결정으로써 사건을 관할 소년부에 송치한 경우, 해당 소년부는 조사 또는 심리한 결과 사건의 본인이 19세 이상인 것으로 밝혀지면 결정으로써 송치한 법원에 사건을 다시 이송하여야 한다.		96
17	소년에 대한 구속영장은 부득이한 경우가 아니면 발부하지 못한다.		97
18	부정기형을 선고받은 소년에 대하여는 단기의 3분의 1이 지나면 가석방을 허가할 수 있다.		98
19	소년이 법정형으로 장기 2년 이상의 유기형에 해당하는 죄를 범한 경우에는 그 형의 범위에서 장기와 단기를 정하여 선고한다.		99
20	검사가 소년부에 송치한 사건을 소년부는 다시 해당 검찰청 검사에게 송치할 수 없다.		100
21	징역 또는 금고를 선고받은 소년에 대하여는 무기형의 경우에는 5년, 15년 유기형의 경우에는 3년, 부정기형의 경우에는 단기의 3분의 1의 기간이 각각 지나면 가석방을 허가할 수 있다.		101

22	소년에 대한 형사사건의 심리는 다른 피의사건과 관련된 경우 심리에 지장이 없으면 그 절차를 병합하여야 한다.		102
23	보호처분 당시 19세 이상인 것으로 밝혀진 경우를 제외하고는 「소년법」 제32조의 보호처분을 받은 소년에 대하여는 그 심리가 결정된 사건은 다시 공소를 제기하거나 소년부에 송치할 수 없다.		103
24	15년 유기징역형을 선고받은 소년이 6년이 지나 가석방된 경우, 가석방된 후 그 처분이 취소되지 아니하고 9년이 경과한 때에 형의 집행을 종료한 것으로 한다.		104
25	법원은 판결만을 선고하는 경우라도 피고인인 소년에 대하여 변호인이 없거나 출석하지 아니한 때에는 국선변호인을 선정하여야 한다.		105
26	소년에 대해 형의 선고유예 시에는 부정기형을 선고하지 못하나, 집행유예 시에는 부정기형을 선고할 수 있다.		106
27	소년에 대한 부정기형을 집행하는 기관의 장은 교정 목적이 달성되었다고 인정되는 경우에는 법원의 결정에 따라 그 형의 집행을 종료할 수 있다.		107
28	「소년법」 제49조의2에 따른 검사의 결정 전 조사는 검사가 소년 피의사건에 대하여 소년부 송치, 공소제기, 기소유예 등의 처분을 결정하기 위하여 필요하다고 인정되는 경우에 조사를 요구할 수 있는 것을 말한다.		108
29	소년이 법정형으로 장기 2년 이상의 유기형에 해당하는 죄를 범한 경우에는 그 형의 범위에서 장기와 단기를 정하여 선고한다. 다만, 장기는 5년, 단기는 3년을 초과하지 못한다.		109
30	존속살해죄를 범한 당시 16세인 소년 甲에 대하여 무기형에 처하여야 할 때에는 15년의 유기징역으로 한다.		110
31	17세인 소년 乙에게 벌금형이 선고된 경우 노역장유치 선고로 환형처분할 수 없다.		111
32	소년교도소에서 형 집행 중이던 소년 丙이 23세가 되면 일반 교도소에서 형을 집행할 수 있다.		112
33	15년의 유기징역을 선고받은 소년 丁의 경우 성인범죄자의 경우와 같이 5년이 지나야 가석방을 허가할 수 있다.		113
34	소년범죄의 형사처분에 대한 설명이다. 검사가 보호처분에 해당한다고 인정하여 소년부에 송치하였으나 소년부가 금고 이상의 형사처분을 할 필요가 있다고 인정하여 담당 검사에게 다시 송치한 사건은 검사가 이를 다시 소년부에 송치할 수는 없다.		114
35	소년범죄의 형사처분에 대한 설명이다. 소년형사사건에 있어 소년에 대한 구속영장은 부득이한 경우가 아니면 발부할 수 없고, 모든 사건은 필요적 변호 사건에 해당한다.		115
36	소년범죄의 형사처분에 대한 설명이다. 소년이 법정형으로 장기 2년 이상 유기형에 해당하는 죄를 범한 경우에 그 소년에게 선고할 수 있는 장기형의 상한은 10년이지만, 소년에 대하여 무기형으로 처할 경우에는 장기형의 상한이 15년이 된다.		116
37	소년범죄의 형사처분에 대한 설명이다. 판결선고 전에 소년분류심사원에 위탁되었을 때에는 그 위탁기간 전부를 유기징역, 유기금고, 벌금이나 과료에 관한 유치 또는 구류에 산입한다.		117
38	「소년법」상 단기 보호관찰처분을 받은 자의 보호관찰 기간은 1년이다.		118
39	보호소년법상 보호장비는 필요한 최소한의 범위에서 사용하여야 하며, 보호장비를 사용할 필요가 없게 되었을 때에는 지체 없이 사용을 중지하여야 한다.		119
40	보호소년법상 원장은 보호소년 등이 위력으로 소속 공무원의 정당한 직무집행을 방해하는 경우에는 소속 공무원으로 하여금 가스총을 사용하게 할 수 있다. 이 경우 사전에 상대방에게 이를 경고하여야 하나, 상황이 급박하여 경고할 시간적인 여유가 없는 때에는 그러하지 아니하다.		120
41	보호소년법상 원장은 보호소년 등이 자해할 우려가 큰 경우에는 소속 공무원으로 하여금 보호소년 등에게 머리보호장비를 사용하게 할 수 있다.		121

42	보호소년법상 원장은 법원 또는 검찰의 조사·심리, 이송, 그 밖의 사유로 호송하는 경우에는 소속 공무원으로 하여금 보호소년 등에 대하여 수갑, 포승 또는 보호대 외에 가스총이나 전자충격기를 사용하게 할 수 있다.		122
43	보호소년법상 소년원장은 분류수용, 교정교육상의 필요, 그 밖의 이유로 보호소년을 다른 소년원으로 이송하는 것이 적당하다고 인정하면 법무부장관의 허가를 받아 이송할 수 있다.		123
44	보호소년법상 소년원장은 14세 미만의 보호소년에게는 20일 이내의 기간 동안 지정된 실 안에서 근신하게 하는 징계를 할 수 없다.		124
45	보호소년법상 소년원장은 미성년자인 보호소년이 친권자나 후견인이 없거나 있어도 그 권리를 행사할 수 없을 때에는 법무부장관의 허가를 받아 그 보호소년을 위하여 친권자나 후견인의 직무를 행사할 수 있다.		125
46	보호소년법상 소년원장은 품행이 타인의 모범이 되는 보호소년에게 포상을 할 수 있고, 이에 따른 포상을 받은 보호소년에게는 특별한 처우를 할 수 있다.		126
47	보호소년법상 보호소년 등은 남성과 여성, 보호소년과 위탁소년 및 유치소년, 16세 미만인 자와 16세 이상인 자 등의 기준에 따라 분리 수용한다.		127
48	보호소년법상 보호소년 등이 규율 위반행위를 하여 20일 이내의 기간 동안 지정된 실 안에서 근신하는 징계를 받은 경우에는 그 기간 중 원내 봉사활동, 텔레비전 시청 제한, 단체 체육활동 정지, 공동행사 참가 정지가 함께 부과된다.		128
49	보호소년법상 보호장비는 징벌의 수단으로 사용되어서는 아니 된다.		129
50	보호소년법상 소년원 또는 소년분류심사원에서 보호소년 등이 사용하는 목욕탕, 세면실 및 화장실에는 전자영상장비를 설치하여서는 아니 된다.		130
51	보호소년법상 신설하는 소년원 및 소년분류심사원은 수용정원이 150명 이상의 규모가 되도록 하여야 한다. 다만, 소년원 및 소년분류심사원의 기능·위치나 그 밖의 사정을 고려하여 그 규모를 축소할 수 있다.		131
52	보호소년법상 소년분류심사원장은 유치소년이 시설의 안전과 수용질서를 현저히 문란하게 하는 보호소년에 대한 교정교육을 위하여 유치기간을 연장할 필요가 있는 경우에는 유치 허가를 한 지방법원 판사 또는 소년분류심사원 소재지를 관할하는 법원소년부에 유치 허가의 취소에 관한 의견을 제시할 수 있다.		132
53	보호소년법상 보호장비의 종류에는 수갑, 포승, 가스총, 전자충격기, 머리보호장비, 보호대가 있다.		133
54	보호소년법상 보호소년 등은 그 처우에 대하여 불복할 때에는 법무부장관에게 문서로 청원할 수 있다.		134
55	보호소년법상 보호소년 등이 사용하는 목욕탕, 세면실 및 화장실에 전자영상장비를 설치하여 운영하는 것은 자해 등의 우려가 큰 때에만 할 수 있다.		135
56	보호소년법상 소년원장이 필요하다고 판단하는 경우 수갑, 포승 등 보호장비를 징벌의 수단으로 사용할 수 있다.		136
57	보호소년법상 보호소년 등을 소년원이나 소년분류심사원에 수용할 때에는 검사의 수용지휘서에 의하여야 한다.		137
58	보호소년법상 20일 이내의 기간 동안 지정된 실 안에서 근신하게 하는 징계처분은 14세 미만의 보호소년 등에게는 부과하지 못한다.		138
59	보호소년법상 소년원장 또는 소년분류심사원장은 보호소년 등이 위력으로 소속 공무원의 정당한 직무집행을 방해하는 때에는 소속 공무원으로 하여금 보호소년 등에 대하여 수갑, 포승 또는 보호대 외에 가스총이나 전자충격기를 사용하게 할 수 있다.		139

60	보호소년법상 위탁소년 또는 유치소년의 소년분류심사원 퇴원은 법원소년부의 결정서에 의하여야 한다.	140
61	「소년법」 제32조 제1항 제8호의 보호처분을 받은 보호소년의 경우에 소년원장은 해당 보호소년이 교정성적이 양호하고 교정 목적을 이루었다고 인정되면 보호관찰심사위원회에 퇴원을 신청하여야 한다.	141
62	보호소년법상 퇴원 또는 임시퇴원이 허가된 보호소년이 질병에 걸리거나 본인의 편익을 위하여 필요하면 본인의 신청에 의하여 계속 수용할 수 있다.	142
63	보호소년법상 출원하는 보호소년에 대한 사회정착지원의 기간은 6개월 이내로 하되, 6개월 이내의 범위에서 한 번에 한하여 그 기간을 연장할 수 있다.	143
64	소년분류심사원이 설치되지 아니한 지역에서는 소년분류심사원이 설치될 때까지 소년분류심사원의 임무는 소년을 분리 유치한 구치소에서 수행한다.	144
65	보호소년법상 소년원장은 보호소년이 19세가 되면 퇴원시켜야 한다.	145
66	「보호소년 등의 처우에 관한 법률」상 소년원장은 비행집단과 교제하고 있다고 의심할 만한 상당한 이유가 있는 경우 보호소년의 면회를 허가하지 않을 수 있다.	146
67	「보호소년 등의 처우에 관한 법률」상 소년원에 근무하는 간호사는 야간 또는 공휴일 등 의사가 진료할 수 없는 경우 대통령령으로 정하는 경미한 의료행위를 할 수 있다.	147
68	「보호소년 등의 처우에 관한 법률」상 소년원장은 보호소년의 보호 및 교정교육에 지장이 있다고 인정되는 경우 보호소년의 편지(단, 변호인 등과 주고받는 편지는 제외함) 왕래를 제한할 수 있으며, 내용을 검사할 수 있다.	148
69	「보호소년 등의 처우에 관한 법률」상 지정된 실(室) 안에서 근신하는 처분을 받은 보호소년도 매주 1회 이상 실외운동을 할 수 있도록 하여야 한다.	149
70	「보호소년 등의 처우에 관한 법률」상 소년원장 또는 소년분류심사원장은 보호소년 등에게 징계를 한 경우에는 지체 없이 그 사실을 보호자에게 통지하여야 한다.	150
71	「보호소년 등의 처우에 관한 법률」상 소년원 및 소년분류심사원에 보호소년 등 처우·징계위원회를 구성함에 있어 해당 심의·의결 사안에 대한 비밀유지를 위하여 민간위원의 참여는 제한된다.	151
72	「보호소년 등의 처우에 관한 법률」상 지정된 실 안에서 근신하는 징계를 받은 보호소년에 대한 면회는 그 상대방이 변호인이나 보조인 또는 보호자인 경우에 한정하여 허가할 수 있다.	152
73	형법상 유기징역 또는 유기금고에 자격정지를 병과한 때에는 징역 또는 금고의 집행을 종료하거나 면제된 날로부터 정지기간을 기산한다.	153
74	벌금을 감경하는 경우에는 5만 원 미만으로 할 수 있다.	154
75	「형법」상 형사미성년자는 14세가 되지 아니한 자이다.	155
76	유기징역 또는 유기금고는 1개월 이상 25년 이하로 하되, 형을 가중하는 때에는 50년까지로 한다.	156
77	유기징역 또는 유기금고에 자격정지를 병과한 때에는 징역 또는 금고의 집행을 종료하거나 면제된 날로부터 정지기간을 기산한다.	157
78	벌금과 과료는 판결확정일로부터 30일 내에 납입하여야 한다. 다만, 벌금을 선고할 때에는 동시에 그 금액을 완납할 때까지 노역장에 유치할 것을 명하여야 한다.	158
79	징역은 교정시설에 수용하여 집행하며, 정해진 노역에 복무하게 한다.	159
80	벌금이나 과료의 선고를 받은 사람이 그 금액의 일부를 납입한 경우에는 벌금 또는 과료액과 노역장 유치기간의 일수에 비례하여 납입금액에 해당하는 일수를 노역장 유치일수에서 뺀다.	160

● 답안확인방법: 답안번호를 찾아 정오를 확인하세요.

연번	문제	O×	답안번호
1	60억 원의 벌금을 선고하면서 이를 납입하지 아니하는 경우의 노역장 유치기간을 700일로 정할 수 있다.		161
2	형의 선고를 유예하는 경우에 재범방지를 위하여 지도 및 원호가 필요한 때에는 보호관찰을 받을 것을 명할 수 있는데, 이에 따른 보호관찰의 기간은 1년으로 한다.		162
3	「형법」에 의하면 피해의 정도뿐만 아니라 가해자와 피해자의 관계도 양형에 고려된다.		163
4	벌금을 납입하지 아니한 자는 1일 이상 3년 이하, 과료를 납입하지 아니한 자는 1일 이상 30일 미만의 기간 노역장에 유치하여 작업에 복무하게 한다.		164
5	벌금에 대한 노역장 유치기간을 정하는 경우, 선고하는 벌금이 1억원 이상 5억원 미만인 경우에는 300일 이상, 5억원 이상 50억원 미만인 경우에는 500일 이상, 50억원 이상인 경우에는 1천일 이상의 유치기간을 정하여야 한다.		165
6	형의 선고유예를 받은 날로부터 2년을 경과한 때에는 기소유예된 것으로 간주한다.		166
7	형의 선고를 유예하거나 형의 집행을 유예하는 경우 보호관찰의 기간은 1년으로 한다.		167
8	형의 집행유예 시 부과되는 수강명령은 집행유예기간이 완료된 이후에 이를 집행한다.		168
9	형을 병과할 경우에는 그 형의 일부에 대하여 집행을 유예할 수 있다.		169
10	1천만 원 이하의 벌금의 형을 선고할 경우에 「형법」 제51조의 사항을 참작하여 그 정상에 참작할 만한 사유가 있는 때에는 1년 이상 5년 이하의 기간 형의 집행을 유예할 수 있다.		170
11	형의 집행을 유예하는 경우에는 보호관찰을 받을 것을 명하거나 사회봉사 또는 수강을 명할 수 있고, 사회봉사 또는 수강명령은 집행유예기간 내에 이를 집행한다.		171
12	자격정지의 선고를 받은 자가 피해자의 손해를 보상하고 자격정지 이상의 형을 받음이 없이 정지기간의 2분의 1을 경과한 때에는 본인 또는 검사의 신청에 의하여 법원은 자격의 회복을 선고할 수 있다.		172
13	징역 5년 형의 집행을 종료한 사람이 형의 실효를 받기 위해서는 피해자의 손해를 보상하고 자격정지 이상의 형을 받음이 없이 7년을 경과한 후 해당 사건에 관한 기록이 보관되어 있는 검찰청에 형의 실효를 신청하여야 한다.		173
14	벌금을 선고하는 재판이 확정된 후 그 집행을 받지 아니하고 5년이 지나면 형의 시효가 완성된다.		174
15	형기에 산입된 판결선고 전 구금일수는 가석방을 하는 경우 집행한 기간에 산입한다.		175
16	형기에 산입된 판결선고 전 구금일수는 가석방을 하는 경우 집행한 기간에 산입하지 아니한다.		176
17	가석방의 기간은 무기형에 있어서는 20년으로 하고, 유기형에 있어서는 남은 형기로 하되, 그 기간은 10년을 초과할 수 없다.		177
18	징역이나 금고의 집행 중에 있는 사람이 행상이 양호하여 뉘우침이 뚜렷한 때에는 무기형은 10년, 유기형은 형기의 3분의 1이 지난 후 행정처분으로 가석방을 할 수 있다.		178
19	가석방의 처분을 받은 자가 감시에 관한 규칙을 위배하거나, 보호관찰의 준수사항을 위반하고 그 정도가 무거운 때에는 가석방처분을 취소할 수 있다.		179

20	형의 시효는 벌금형을 선고하는 재판이 확정된 후 그 집행을 받지 아니하고 3년이 지나면 완성된다.	180
21	「형법」상 가석방은 가석방심사위원회의 허가신청에 의해 법무부장관이 결정하는 행정처분이다.	181
22	「형법」상 형기에 산입된 판결선고 전 구금일수는 가석방을 하는 경우 집행한 기간에 산입한다.	182
23	사형이 무기징역으로 특별감형된 경우 사형집행 대기기간을 가석방에 필요한 형의 집행기간에 산입할 수 있다.	183
24	「형법」상 가석방의 처분을 받은 후 그 처분이 실효 또는 취소되지 아니하고 가석방기간을 경과한 때에는 형의 집행을 종료한 것으로 본다.	184
25	형의 실효등에 관한 법률상 벌금형을 받은 사람이 자격정지 이상의 형을 받지 아니하고 그 형의 집행을 종료한 날부터 2년이 경과한 때에 그 형은 실효된다.	185
26	「형법」 제81조(형의 실효)에 따라 형이 실효되었을 때에는 수형인명부의 해당란을 삭제하고 수형인명표를 폐기한다.	186
27	사면법상 특별사면은 형을 선고받은 자를 대상으로 한다.	187
28	사면법상 일반사면이 있으면 특별한 규정이 없는 한 형을 선고받지 아니한 자에 대하여는 공소권이 상실된다.	188
29	사면법상 형의 집행유예를 선고받은 자에 대하여는 형 선고의 효력을 상실하게 하는 특별사면을 할 수 없다.	189
30	일반사면은 죄의 종류를 정하여 대통령령으로 한다.	190
31	「형법」상 보호관찰을 조건으로 형의 선고유예를 받은 자의 보호관찰 기간은 1년이다.	191
32	「가정폭력범죄의 처벌 등에 관한 특례법」상 보호관찰처분을 받은 자의 보호관찰 기간은 1년이다.	192
33	「형법」상 실형 5년을 선고받고 3년을 복역한 후 가석방된 자의 보호관찰 기간(허가행정관청이 필요가 없다고 인정한 경우 제외)은 2년이다.	193
34	보호관찰법상 보호관찰을 조건으로 한 형의 선고유예의 실효는 보호관찰 심사위원회가 심사·결정한다.	194
35	보호관찰법상 보호관찰의 임시해제와 그 취소에 관한 사항은 보호관찰 심사위원회가 심사·결정한다.	195
36	보호관찰법상 징역 또는 금고의 집행 중에 있는 성인수형자에 대한 가석방 적격 심사는 보호관찰 심사위원회의 관장사무에 해당한다.	196
37	보호관찰법상 보호관찰 심사위원회는 위원장을 포함하여 5명 이상 9명 이하의 위원으로 구성한다.	197
38	보호관찰법상 보호관찰을 조건으로 형의 선고유예를 받은 사람의 경우, 보호관찰 기간은 1년이다.	198
39	보호관찰법상 보호관찰을 조건으로 형의 집행유예를 선고받은 사람의 경우, 집행유예 기간이 보호관찰 기간이 되지만, 법원이 보호관찰 기간을 따로 정한 때에는 그 기간이 보호관찰 기간이 된다.	199
40	소년 가석방자의 경우, 6개월 이상 2년 이하의 범위에서 가석방심사위원회가 정한 기간이 보호관찰 기간이 된다.	200
41	소년원 임시퇴원자의 경우, 퇴원일로부터 6개월 이상 2년 이하의 범위에서 보호관찰 심사위원회가 정한 기간이 보호관찰 기간이 된다.	201

42	보호관찰관은, 보호관찰 대상자가 준수사항을 위반하였다고 의심할 상당한 이유가 있고 조사에 따른 소환에 불응하는 경우, 관할 지방검찰청의 검사에게 구인장을 신청할 수 있다.		202
43	유치된 보호관찰 대상자에 대하여 보호관찰을 조건으로 한 형의 선고유예가 실효된 경우에 그 유치기간은 형기에 산입되지 않는다.		203
44	구인한 대상자를 유치하기 위한 신청이 있는 경우, 검사는 보호관찰 대상자가 구인된 때부터 48시간 이내에 관할 지방법원 판사에게 유치 허가를 청구하여야 한다.		204
45	보호관찰부 집행유예의 취소 청구를 하려는 경우, 보호관찰소의 장은 유치 허가를 받은 때부터 48시간 이내에 관할 지방검찰청의 검사에게 그 신청을 하여야 한다.		205
46	보호관찰은 법원의 판결이나 결정이 확정된 때 또는 가석방·임시퇴원된 때부터 시작된다.		206
47	보호관찰 대상자는 주거를 이전하거나 10일 이상 국내외 여행을 할 때에는 미리 보호관찰관에게 신고하여야 한다.		207
48	법원은 판결 전 조사 요구를 받은 보호관찰소의 장에게 조사진행상황에 관한 보고를 요구할 수 있다.		208
49	판결 전 조사 요구를 받은 보호관찰소의 장은 지체 없이 이를 조사하여 서면 또는 구두로 해당 법원에 알려야 한다.		209
50	법원은 피고인에 대하여 「형법」 제59조의2 및 제62조의2에 따른 보호관찰을 명하기 위하여 필요하다고 인정하면 그 법원의 소재지 또는 피고인의 주거지를 관할하는 보호관찰소의 장에게 피고인에 관한 사항의 조사를 요구할 수 있다.		210
51	법원은 「소년법」 제12조에 따라 소년 보호사건에 대한 조사 또는 심리를 위하여 필요하다고 인정하면 그 법원의 소재지 또는 소년의 주거지를 관할하는 보호관찰소의 장에게 소년의 품행, 경력, 가정상황, 그 밖의 환경 등 필요한 사항에 관한 조사를 의뢰할 수 있다.		211
52	보호관찰 등에 관한 법령상 보호관찰대상자의 특별준수사항으로 사행행위에 빠지지 아니할 것, 피해자 등 재범의 대상이 될 우려가 있는 특정인에 대한 접근금지, 주거를 이전할 때에는 미리 보호관찰관의 허가를 받을 것, 일정량 이상의 음주를 하지 말 것 등이 있다.		212
53	보호관찰을 조건으로 한 형의 선고유예가 실효되더라도 보호관찰은 종료되지 않는다.		213
54	보호관찰의 임시해제 결정이 취소된 경우 그 임시해제 기간을 보호관찰 기간에 포함한다.		214
55	보호관찰 대상자는 보호관찰이 임시해제된 기간 중에는 그 준수사항을 계속하여 지키지 않아도 된다.		215
56	임시퇴원된 보호소년이 보호관찰이 정지된 상태에서 21세가 된 때에는 보호관찰이 종료된다.		216
57	「보호관찰 등에 관한 법률」 제19조에 따른 판결 전 조사는 법원이 「형법」 제59조의2 및 제62조의2에 따른 보호관찰, 사회봉사 또는 수강을 명하기 위하여 필요하다고 인정되는 경우에 조사를 요구할 수 있는 것을 말한다.		217
58	「보호관찰 등에 관한 법률」 제19조의2에 따른 결정 전 조사는 법원이 「소년법」 제12조에 따라 소년 보호사건뿐만 아니라 소년 형사사건에 대한 조사 또는 심리를 위하여 필요하다고 인정되는 경우에 조사를 의뢰하는 것을 말한다.		218
59	소년수형자에 대한 가석방과 그 취소는 보호관찰 심사위원회의 심사·결정 사항이다.		219
60	성충동 약물치료의 치료명령을 받아 보호관찰 중인 자의 보호관찰 준수사항 위반 정도와 치료기간 연장은 보호관찰 심사위원회의 심사·결정 사항이다.		220
61	가석방되는 성인수형자에 대한 보호관찰의 필요성과 보호관찰이 부과된 가석방의 취소는 보호관찰 심사위원회의 심사·결정 사항이다.		221
62	가석방 또는 임시퇴원된 사람이 있는 곳을 알 수 없어 보호관찰을 계속할 수 없는 때의 보호관찰 정지 및 그 해제는 보호관찰 심사위원회의 심사·결정 사항이다.		222

63	형의 선고를 유예하면서 보호관찰을 명받은 자는 보호관찰이 가능한 기간은 1년이다.		223
64	소년부 판사로부터 장기 보호관찰을 명받은 소년으로 보호관찰관의 신청에 따른 결정으로 그 기간이 연장된 자는 보호관찰이 가능한 기간은 최대 4년이다.		224
65	「가정폭력범죄의 처벌 등에 관한 특례법」상 보호처분으로 보호관찰을 명받은 후 법원의 결정으로 보호처분의 기간이 변경된 자는 보호관찰이 가능한 기간은 종전의 처분기간을 합산하여 최대 1년이다.		225
66	「성매매알선 등 행위의 처벌에 관한 법률」상 보호처분으로 보호관찰을 명받은 후 법원의 결정으로 보호처분의 기간이 변경된 자는 보호관찰이 가능한 기간은 종전의 처분기간을 합산하여 최대 1년이다.		226
67	보호관찰 등에 관한 법령상 갱생보호의 방법 중 숙식 제공은 연장 기간을 포함하여 18개월을 초과할 수 없다.		227
68	보호관찰 등에 관한 법령상 갱생보호 신청은 갱생보호사업 허가를 받은 자 또는 한국법무보호복지공단 외에 보호관찰소의 장에게도 할 수 있다.		228
69	보호관찰 등에 관한 법령상 갱생보호사업 허가를 받은 자가 정당한 이유 없이 허가를 받은 후 6개월 이내에 갱생보호사업을 시작하지 아니하거나 1년 이상 그 실적이 없는 경우, 법무부장관은 그 허가를 취소하여야 한다.		229
70	보호관찰 등에 관한 법령상 갱생보호는 그 대상자가 자신의 친족 또는 연고자 등으로부터 도움을 받을 수 없거나 그 도움만으로는 충분하지 아니한 경우에 한하여 행한다.		230
71	보호관찰 등에 관한 법령상 보호관찰관이 사회봉사명령 또는 수강명령 집행을 국공립기관이나 그 밖의 단체에 위탁한 때에는 이를 법원 또는 법원의 장에게 서면으로 통보하여야 한다.		231
72	보호관찰 등에 관한 법령상 법원은 사회봉사명령 또는 수강명령 대상자가 지켜야 할 준수사항을 서면으로 고지하여야 한다.		232
73	보호관찰 등에 관한 법령상 「소년법」상 사회봉사명령은 200시간, 수강명령은 100시간을 초과할 수 없다.		233
74	보호관찰 등에 관한 법령상 사회봉사명령 또는 수강명령 대상자가 주거를 이전하거나 7일 이상 국내외여행을 할 때에는 미리 보호관찰소의 장에게 신고하여야 한다.		234
75	「보호관찰 등에 관한 법률」상 보호관찰 심사위원회는 「보호관찰 등에 관한 법률」에 따른 가석방과 그 취소에 관한 사항을 심사·결정한다.		235
76	「보호관찰 등에 관한 법률」상 보호관찰 심사위원회는 검사가 보호관찰관의 선도를 조건으로 공소제기를 유예하고 위탁한 선도 업무를 관장한다.		236
77	「보호관찰 등에 관한 법률」상 보호관찰 심사위원회 위원은 판사, 검사, 변호사, 교도소장, 소년원장, 경찰서장 및 보호관찰에 관한 지식과 경험이 풍부한 사람 중에서 보호관찰소장이 임명하거나 위촉한다.		237
78	「보호관찰 등에 관한 법률」상 보호관찰 심사위원회는 위원 중 공무원이 아닌 사람은 「형법」 제127조(공무상 비밀의 누설) 및 제129조(수뢰, 사전수뢰)부터 제132조(알선수뢰)까지의 규정을 적용할 때 공무원으로 본다.		238
79	사회봉사명령 대상자가 사회봉사명령 집행 중 금고 이상의 형의 집행을 받게 된 때에는 해당 형의 집행이 종료·면제되거나 사회봉사명령 대상자가 가석방된 경우 잔여 사회봉사명령을 집행한다.		239
80	사회봉사명령 대상자가 그 집행 중 금고 이상의 형의 집행을 받게 된 때에는 해당 형의 집행이 종료·면제되거나 가석방된 경우 잔여 사회봉사명령을 집행하지 않는다.		240

◉ 답안확인방법: 답안번호를 찾아 정오를 확인하세요.

연번	문제	O×	답안번호
1	보호관찰관은 사회봉사명령 집행의 전부 또는 일부를 국공립기관이나 그 밖의 단체에 위탁할 수 있다.		241
2	법원은 형의 집행을 유예하는 경우, 500시간의 범위에서 기간을 정하여 사회봉사를 명할 수 있다.		242
3	형의 집행유예 기간이 지난 때에는 사회봉사는 잔여 집행기간에도 불구하고 종료한다.		243
4	보호관찰관은 사회봉사명령의 집행을 국공립기관이나 그 밖의 단체에 위탁한 때에는 이를 법원 또는 법원의 장에게 통보하여야 한다.		244
5	법원은 「형법」 제62조의2에 따른 사회봉사를 명할 때에는 500시간, 수강을 명할 때에는 200시간의 범위에서 그 기간을 정하여야 한다. 다만, 다른 법률에 특별한 규정이 있는 경우에는 그 법률에서 정하는 바에 따른다.		245
6	법원은 「형법」 제62조의2에 따른 사회봉사 또는 수강을 명하는 판결이 확정된 때부터 3일 이내에 판결문 등본 및 준수사항을 적은 서면을 피고인의 주거지를 관할하는 보호관찰소의 장에게 보내야 한다.		246
7	사회봉사·수강명령 대상자는 주거를 이전하거나 10일 이상의 국외여행을 할 때에는 미리 보호관찰관에게 신고하여야 한다.		247
8	사회봉사·수강명령 대상자가 사회봉사·수강명령 집행 중 금고 이상의 형의 집행을 받게 된 때에는 해당 형의 집행이 종료·면제되거나 사회봉사·수강명령 대상자가 가석방된 경우 잔여 사회봉사·수강명령을 집행한다.		248
9	숙식제공은 6월을 초과할 수 없으나, 필요하다고 인정하는 때에는 매회 6월의 범위 내에서 3회에 한하여 그 기간을 연장할 수 있다.		249
10	주거 지원은 갱생보호 대상자에게 주택의 임차에 필요한 지원을 하는 것이다.		250
11	갱생보호는 갱생보호 대상자가 친족 또는 연고자 등으로부터 도움을 받을 수 없는 경우에 한정하여 행한다.		251
12	취업 지원은 갱생보호 대상자에게 직장을 알선하고 필요한 경우 신원을 보증하는 것이다.		252
13	법무부장관은 갱생보호사업의 허가를 취소하거나 정지하려는 경우에는 청문을 하여야 한다.		253
14	법무부장관은 갱생보호사업자가 정당한 이유 없이 갱생보호사업의 허가를 받은 후 6개월 이내에 갱생보호사업을 시작하지 아니하거나 1년 이상 갱생보호사업의 실적이 없는 경우, 그 허가를 취소하여야 한다.		254
15	갱생보호는 갱생보호 대상자의 신청에 의한 갱생보호와 법원의 직권에 의한 갱생보호로 규정되어 있다.		255
16	갱생보호사업을 효율적으로 추진하기 위하여 한국법무보호복지공단을 설립한다.		256
17	치료감호 대상자는 의사무능력이나 심신미약으로 인하여 형을 감경할 수 있는 심신장애인으로서 징역형 이상의 형에 해당하는 죄를 지은 자이다.		257
18	피치료감호자를 치료감호시설에 수용하는 기간은 치료감호대상자에 해당하는 심신장애인과 정신성적 장애인의 경우 15년을 초과할 수 없다.		258

19	검사는 심신장애인으로 금고 이상의 형에 해당하는 죄를 지은 자에 대하여 정신건강의학과 등의 전문의의 진단이나 감정을 받은 후, 치료감호를 청구하여야 한다.		259
20	구속영장에 의하여 구속된 피의자에 대하여 검사가 공소를 제기하지 아니하는 결정을 하고 치료감호 청구만을 하는 때에는 구속영장은 치료감호영장으로 보며 그 효력을 잃지 아니한다.		260
21	약식명령이 청구된 후 치료감호가 청구되었을 때에는 약식명령청구는 그 치료감호가 청구되었을 때부터 공판절차에 따라 심판하여야 한다.		261
22	마약 · 향정신성의약품 · 대마, 그 밖에 남용되거나 해독을 끼칠 우려가 있는 물질이나 알코올을 식음 · 섭취 · 흡입 · 흡연 또는 주입받는 습벽이 있거나 그에 중독된 자가 금고 이상의 형에 해당하는 죄를 범하여 치료감호의 선고를 받은 경우 치료감호시설 수용 기간은 1년을 초과할 수 없다.		262
23	구속영장에 의하여 구속된 피의자에 대하여 검사가 공소를 제기하지 아니하는 결정을 하고 치료감호 청구만을 하는 때에는 그 구속영장의 효력이 당연히 소멸하므로 검사는 법원으로부터 치료감호영장을 새로이 발부받아야 한다.		263
24	치료감호와 형이 병과된 경우에는 치료감호를 먼저 집행하며, 이 경우 치료감호의 집행기간은 형 집행기간에 포함되지 않는다.		264
25	피의자가 심신장애로 의사결정능력이 없기 때문에 벌할 수 없는 경우 검사는 공소제기 없이 치료감호만을 청구할 수 있다.		265
26	소아성기호증 등 성적 성벽이 있는 장애인으로서 금고 이상의 형에 해당하는 성폭력범죄를 지은 자에 대한 치료감호의 기간은 2년을 초과할 수 없다.		266
27	피치료감호자에 대한 치료감호가 가종료되면 보호관찰이 시작된다.		267
28	피치료감호자가 치료감호시설 외에서 치료받도록 법정대리인 등에게 위탁되었을 때 보호관찰이 시작된다.		268
29	보호관찰의 기간은 3년으로 한다.		269
30	피보호관찰자가 새로운 범죄로 금고 이상의 형의 집행을 받게 되었을지라도 보호관찰은 종료되지 아니하고 해당 형의 집행기간 동안 보호관찰기간은 정지된다.		270
31	피치료감호자의 치료감호가 가종료되었을 때 시작되는 보호관찰의 기간은 2년으로 한다.		271
32	보호관찰 기간이 끝나더라도 재범의 위험성이 없다고 판단될 때까지 치료감호가 종료되지 않는다.		272
33	피치료감호자 등의 텔레비전 시청, 라디오 청취, 신문 · 도서의 열람은 일과시간이나 취침시간 등을 제외하고는 자유롭게 보장된다.		273
34	법원은 치료명령대상자에 대하여 형의 선고를 유예하는 경우 치료기간을 정하여 치료를 받을 것을 명할 수 있으며, 이때 보호관찰을 병과할 수 있다.		274
35	「치료감호 등에 관한 법률」상 금고 이상의 형에 해당하는 죄를 저지른 마약중독자라도 재범 위험성이 없는 경우라면 치료감호대상자에 해당하지 않는다.		275
36	「치료감호 등에 관한 법률」상 검사는 성적가학증(性的加虐症) 등 성적 성벽이 있는 정신성적 장애인에 대해 정신건강의학과 등의 전문의의 진단이나 감정 결과에 따라 치료감호를 청구하여야 한다.		276
37	「치료감호 등에 관한 법률」상 치료감호와 형이 병과된 경우 치료감호를 먼저 집행하고, 이 경우 치료감호의 집행기간은 형 집행기간에 포함된다.		277
38	「치료감호 등에 관한 법률」상 피치료감호자에 대한 치료감호가 가종료되면 그 기간이 3년인 「보호관찰 등에 관한 법률」에 따른 보호관찰이 시작된다.		278
39	「치료감호 등에 관한 법률」상 치료감호 가종료자의 보호관찰 기간은 3년이다.		279

40	「치료감호 등에 관한 법률」상 피치료감호자에 대한 치료감호가 가종료된 자의 보호관찰 기간은 3년이다.		280
41	검사는, 19세 미만의 사람에 대하여 성폭력범죄를 저지른 때에 성폭력범죄를 다시 범할 위험성이 있다고 인정되는 사람에 대하여 전자장치를 부착하도록 하는 명령을 법원에 청구할 수 있다.		281
42	검사는, 스토킹범죄를 2회 이상 범하여(유죄의 확정판결을 받은 경우를 제외한다) 그 습벽이 인정된 때에 스토킹범죄를 다시 범할 위험성이 있다고 인정되는 사람에 대하여 전자장치를 부착하도록 하는 명령을 법원에 청구할 수 있다.		282
43	검사는, 미성년자 대상 유괴범죄를 저지른 사람으로서 미성년자 대상 유괴범죄를 다시 범할 위험성이 있다고 인정되는 사람에 대하여 전자장치를 부착하도록 하는 명령을 법원에 청구할 수 있다. 다만, 유괴범죄로 징역형의 실형 이상의 형을 선고받아 그 집행이 종료 또는 면제된 후 다시 유괴범죄를 저지른 경우에는 전자장치를 부착하도록 하는 명령을 청구하여야 한다.		283
44	검사는, 강도범죄로 「전자장치 부착 등에 관한 법률」에 따른 전자장치를 부착하였던 전력이 있는 사람이 다시 강도범죄를 저지른 때에 강도범죄를 다시 범할 위험성이 있다고 인정되는 경우 전자장치를 부착하도록 하는 명령을 법원에 청구할 수 있다.		284
45	19세 미만의 사람에 대하여 성폭력범죄를 저지른 경우에는 부착기간 상한을 법이 정한 부착기간 상한의 2배로 한다.		285
46	19세 미만의 사람에 대하여 성폭력범죄를 저지른 사람에게 부착명령을 선고하는 경우, 법원은 어린이 보호구역 등 특정지역·장소에의 출입금지 및 접근금지를 준수사항으로 부과하여야 한다.		286
47	피부착자는 주거를 이전하거나 7일 이상 국내여행을 하거나 출국할 때에는 미리 보호관찰관에게 신고하여야 한다.		287
48	살인범죄로 징역형의 실형 이상의 형을 선고받아 그 집행이 면제된 후 다시 살인범죄를 저지른 사람에 대해서 검사는 부착명령을 청구하여야 한다.		288
49	신체적 또는 정신적 장애가 있는 사람이 성폭력범죄를 저지르고, 성폭력범죄를 다시 범할 위험성이 있다고 인정되어 검사는 전자장치를 부착하도록 하는 명령(부착명령)을 법원에 청구하였다.		289
50	법원이 19세 미만의 사람을 대상으로 성폭력범죄를 저지른 사람에 대해서 전자장치 부착명령을 선고하는 경우, '피해자 등 특정인에의 접근금지' 준수사항은 반드시 부과하여야 한다.		290
51	만 19세 미만의 자에 대하여 부착명령을 선고한 때에는 19세에 이르기까지 전자장치를 부착할 수 없다.		291
52	검사는 미성년자 대상 모든 유괴범죄자에 대하여 전자장치 부착명령을 법원에 청구하여야 한다.		292
53	전자장치 부착명령은 검사의 지휘를 받아 보호관찰관이 집행한다.		293
54	전자장치 부착명령의 임시해제 신청은 부착명령의 집행이 개시된 날로부터 3개월이 경과한 후에 하여야 한다.		294
55	검사는 미성년자 대상 유괴범죄를 저지른 사람이 징역형의 실형 이상의 형을 선고받아 그 집행이 종료 또는 면제된 후 다시 미성년자 대상 유괴범죄를 저지른 경우에는 위치추적 전자장치 부착명령을 법원에 반드시 청구하여야 한다.		295
56	만 18세 미만의 자에 대하여 부착명령을 선고한 때에는 18세에 이르기까지 이 법에 따른 전자장치를 부착할 수 없다.		296
57	전자장치 부착명령의 청구는 공소제기와 동시에 하여야 한다.		297
58	「전자장치 부착 등에 관한 법률」제6조에 따른 청구 전 조사는 검사가 전자장치 부착명령을 청구하기 위하여 필요하다고 인정하는 경우에 조사를 요청할 수 있는 것을 말한다.		298

59	19세 미만의 자에 대하여 전자장치 부착명령을 선고한 때에는 19세에 이르기 전이라도 전자장치를 부착할 수 있다.		299
60	전자장치가 부착된 자는 주거를 이전하거나 7일 이상의 국내여행을 하거나 출국할 때에는 미리 보호관찰관의 허가를 받아야 한다.		300
61	성폭력범죄, 미성년자 대상 유괴범죄, 살인범죄, 강도·절도범죄 및 방화범죄가 전자장치 부착 대상범죄이다.		301
62	전자장치 부착명령의 집행 중 다른 죄를 범하여 벌금 이상의 형이 확정된 때에는 전자장치 부착명령의 집행이 정지된다.		302
63	살인범죄를 저지른 사람으로서 살인범죄를 다시 범할 위험성이 있다고 인정되는 사람은 형기종료 후 보호관찰명령의 대상자이다.		303
64	스토킹범죄를 저지른 사람으로서 스토킹범죄를 다시 범할 위험성이 있다고 인정되는 사람은 형기종료 후 보호관찰명령의 대상자이다.		304
65	법원이 특정범죄를 범한 자에 대하여 형의 집행을 유예하고 보호관찰을 받을 것을 명하면서 전자장치를 부착할 것을 명한 경우 이 부착명령은 집행유예가 실효되면 그 집행이 종료된다.		305
66	전자장치 부착기간은 이를 집행한 날부터 기산하되, 초일은 산입하지 아니한다.		306
67	「전자장치 부착 등에 관한 법률」상 부착명령의 집행 중 다른 죄를 범하여 구속영장의 집행을 받아 구금되거나 금고 이상의 형의 집행을 받게 된 때에는 부착명령의 집행이 정지된다.		307
68	「전자장치 부착 등에 관한 법률」상 법원은 스토킹범죄를 저지른 사람에 대해서 부착명령을 선고하는 경우에는 피해자 등 특정인에의 접근금지를 준수사항으로 반드시 부과하여야 한다.		308
69	「전자장치 부착 등에 관한 법률」상 법원은 특정범죄사건에 대하여 벌금형을 선고하는 때에는 특정범죄사건의 판결과 동시에 부착명령을 선고하여야 한다.		309
70	「전자장치 부착 등에 관한 법률」상 법원은 「형사소송법」에 따른 보석조건으로 전자장치 부착을 명하기 위하여 필요하다고 인정하면 그 법원의 소재지 또는 피고인의 주거지를 관할하는 보호관찰소의 장에게 피고인의 직업, 경제력, 가족상황, 주거상태, 생활환경 및 피해회복 여부 등 피고인에 관한 사항의 조사를 의뢰할 수 있다.		310
71	치료명령은 범죄예방정책국장의 지휘를 받아 보호관찰관이 집행한다.		311
72	치료명령을 받은 사람은 주거 이전 또는 7일 이상 국내여행을 하거나 출국할 때에는 미리 보호관찰관의 허가를 받아야 한다.		312
73	치료명령을 받은 사람이 형의 집행이 종료되거나 면제·가석방 또는 치료감호의 집행이 종료·가종료 또는 치료위탁으로 석방되는 경우, 보호관찰관은 석방되기 전 2개월 이내에 치료명령을 받은 사람에게 치료명령을 집행하여야 한다.		313
74	치료명령의 집행 중 구속영장의 집행을 받아 구금된 때에는 치료명령의 집행이 정지되며, 이 경우 구금이 해제되거나 금고 이상의 형의 집행을 받지 아니하는 것으로 확정된 때부터 그 잔여기간을 집행한다.		314
75	법원은 성충동 약물치료명령 청구가 이유 있다고 인정하는 때에는 15년의 범위에서 치료기간을 정하여 판결로 치료명령을 선고하여야 한다.		315
76	성충동 약물치료명령의 대상은 사람에 대하여 성폭력범죄를 저지른 성도착증 환자로서, 성폭력범죄를 다시 범할 위험성이 있다고 인정되는 19세 이상의 사람이다.		316
77	성충동 약물치료명령 청구는 검사가 하며, 성충동 약물치료명령 청구대상자에 대하여 정신건강의학과 전문의의 진단이나 감정을 받은 후 치료명령을 청구하여야 한다.		317

78	징역형과 함께 성충동 약물치료명령을 받은 사람이 치료감호의 집행 중인 경우, 치료명령 대상자 및 그 법정대리인은 치료명령이 집행될 필요가 없을 정도로 개선되어 성폭력범죄를 다시 범할 위험성이 없음을 이유로, 주거지 또는 현재지를 관할하는 지방법원에 치료명령의 집행 면제를 신청할 수 있다.	318
79	치료명령은 검사의 지휘를 받아 보호관찰관이 집행한다.	319
80	치료명령을 받은 사람은 형의 집행이 종료되거나 면제 · 가석방 또는 치료감호의 집행이 종료 · 가종료 또는 치료위탁되는 날부터 7일 이내에 주거지를 관할하는 보호관찰소에 출석하여 서면으로 신고하여야 한다.	320

제5회 범죄학·형사정책법령 OX기출훈련

◉ 답안확인방법: 답안번호를 찾아 정오를 확인하세요.

연번	문제	○×	답안번호
1	치료명령의 집행 중 구속영장의 집행을 받아 구금된 때에는 치료명령의 집행이 정지된다.		321
2	치료기간은 연장될 수 있지만, 종전의 치료기간을 합산하여 15년을 초과할 수 없다.		322
3	교도소·구치소의 장은 가석방 요건을 갖춘 성폭력 수형자에 대하여 약물치료의 내용, 방법, 절차, 효과, 부작용, 비용부담 등에 관하여 충분히 설명하고 동의 여부를 확인하여야 한다.		323
4	가석방 요건을 갖춘 성폭력 수형자가 약물치료에 동의한 경우 수용시설의 장은 지체 없이 수용시설의 소재지를 관할하는 지방검찰청의 검사에게 인적사항과 교정성적 등 필요한 사항을 통보하여야 한다.		324
5	수용시설의 장은 법원의 치료명령 결정이 확정된 성폭력 수형자에 대하여 가석방심사위원회에 가석방 적격심사를 신청하여야 한다.		325
6	검사는 성폭력 수형자의 주거지 또는 소속 검찰청 소재지를 관할하는 교도소·구치소의 장에게 범죄의 동기 등 성폭력 수형자에 관하여 필요한 사항의 조사를 요청할 수 있다.		326
7	「성폭력범죄자의 성충동 약물치료에 관한 법률」상 치료감호심의위원회는 징역형과 함께 치료명령을 받은 자로 형기가 남아 있지 아니하거나 12개월 미만인 피치료감호자에 대하여 치료감호의 종료, 가종료, 치료위탁 결정을 하는 경우, 치료명령의 집행이 필요하지 아니하다고 인정되면 치료명령의 집행 면제를 결정할 수 있다.		327
8	「성폭력범죄자의 성충동 약물치료에 관한 법률」상 교도소, 소년교도소, 구치소 및 치료감호시설의 장은 치료명령을 받은 사람이 석방되기 2개월 전까지 치료명령을 받은 사람의 주거지를 관할하는 보호관찰소의 장에게 그 사실을 통보하여야 한다.		328
9	「성폭력범죄자의 성충동 약물치료에 관한 법률」상 법원은 피고사건에 대하여 선고를 유예하거나 집행유예를 선고하는 때라도 치료명령을 선고할 수 있다.		329
10	「성폭력범죄자의 성충동 약물치료에 관한 법률」상 성폭력 수형자에게 고지된 법원의 치료명령 결정에 대한 항고와 그 항고법원의 결정에 대한 재항고는 치료명령 결정의 집행을 정지하는 효력이 없다.		330
11	스토킹행위가 지속적 또는 반복적으로 이루어진 경우가 아니라면 스토킹범죄에 해당하지 않는다.		331
12	상대방의 의사에 반하여 정당한 이유 없이 상대방 또는 그의 동거인, 가족을 따라다님으로써 상대방에게 불안감을 일으켰다면 스토킹행위에 해당한다.		332
13	사법경찰관리는 진행 중인 스토킹행위에 대하여 신고를 받은 경우, 즉시 현장에 나가 '스토킹행위자와 스토킹행위의 상대방의 분리 및 범죄수사' 조치를 하여야 한다.		333
14	사법경찰관은, 스토킹행위 신고와 관련하여 스토킹행위가 지속적 또는 반복적으로 행하여질 우려가 있고 스토킹범죄의 예방을 위하여 긴급을 요하는 경우, 직권으로 스토킹행위자에게 '스토킹행위의 상대방으로부터 100미터 이내의 접근 금지' 조치를 할 수 있다.		334
15	법원은 스토킹범죄의 피해자 보호를 위하여 필요하다고 인정하는 경우, 결정으로 스토킹행위자에게 '피해자의 주거로부터 100미터 이내의 접근 금지' 조치를 할 수 있다.		335

16	사법경찰관은 스토킹범죄의 원활한 조사·심리를 위하여 필요하다고 인정하는 경우, 직권으로 스토킹행위자에게 '국가경찰관서의 유치장 또는 구치소에의 유치' 조치를 할 수 있다.		336
17	법원이 스토킹범죄를 저지른 사람에 대하여 형의 선고를 유예하는 경우에는 200시간의 범위에서 재범 예방에 필요한 수강명령을 병과할 수 있다.		337
18	법원이 스토킹범죄를 저지른 사람에 대하여 벌금형의 선고와 함께 120시간의 스토킹 치료프로그램의 이수를 명한 경우 그 이수명령은 형 확정일부터 6개월 이내에 집행한다.		338
19	「스토킹범죄의 처벌 등에 관한 법률」상 검사는 기간이 만료된 접근금지 잠정조치를 청구했을 때와 동일한 스토킹범죄사실과 스토킹범죄 재발 우려를 이유로 다시 새로운 잠정조치를 청구할 수 있다.		339
20	「스토킹범죄의 처벌 등에 관한 법률」상 법원이 기존에 내려진 잠정조치 결정 당시 스토킹범죄사실과 동일한 스토킹범죄사실만을 이유로 한 새로운 접근금지 잠정조치 결정을 하는 경우 각 2개월의 범위에서 두 차례에 한정해서만 추가로 가능하다.		340
21	「스토킹범죄의 처벌 등에 관한 법률」상 행위자가 전화를 걸어 피해자의 휴대전화에 벨소리가 울리게 하거나 부재중 전화 문구 등이 표시되도록 하여 피해자에게 불안감이나 공포심을 일으키는 행위는 스토킹행위에 해당한다.		341
22	「스토킹범죄의 처벌 등에 관한 법률」상 상대방을 따라다니는 행위가 객관적·일반적으로 볼 때 이를 인식한 상대방에게 불안감 또는 공포심을 일으키기에 충분한 정도라고 평가되더라도 현실적으로 상대방이 불안감 내지 공포심을 갖게 되지 않는 경우에는 스토킹행위에 해당하지 않는다.		342
23	벌금 미납자의 사회봉사 집행에 관한 특례법령상 500만원 이하의 벌금형이 확정된 벌금 미납자는 검사의 납부명령일로부터 30일 이내에 주거지를 관할하는 보호관찰관에게 사회봉사를 신청할 수 있다.		343
24	벌금 미납자의 사회봉사 집행에 관한 특례법령상 500만 원 이하의 벌금형이 확정된 벌금 미납자는 검사의 납부명령일부터 30일 이내(검사로부터 벌금의 일부납부 또는 납부연기를 허가받은 자는 그 허가기한 내)에 사회봉사를 신청할 수 있지만, 징역 또는 금고와 동시에 벌금을 선고받은 경우에는 사회봉사를 신청할 수 없다.		344
25	벌금 미납자의 사회봉사 집행에 관한 특례법령상 사회봉사 집행 중에 벌금을 내려는 사회봉사 대상자는 보호관찰소의 장으로부터 사회봉사집행확인서를 발급받아 주거지를 관할하는 지방검찰청의 검사에게 제출하여야 한다.		345
26	벌금 미납자의 사회봉사 집행에 관한 특례법령상 500만원의 벌금 선고와 동시에 벌금을 완납할 때까지 노역장에 유치할 것을 명받은 벌금 미납자는 검사에게 사회봉사를 신청할 수 없다.		346
27	벌금 미납자의 사회봉사 집행에 관한 특례법령상 사회봉사 신청인이 정당한 이유 없이 검사의 출석 요구나 자료제출 요구를 거부한 경우 검사는 신청을 기각할 수 있다.		347
28	벌금 미납자의 사회봉사 집행에 관한 특례법령상 법원은 사회봉사를 허가하는 경우 벌금 미납자의 경제적 능력, 사회봉사 이행에 필요한 신체적 능력, 주거의 안정성 등을 고려하여 사회봉사시간을 산정하여야 한다.		348
29	벌금 미납자의 사회봉사 집행에 관한 특례법령상 사회봉사 대상자가 미납벌금의 일부를 낸 경우 검사는 법원이 결정한 사회봉사시간에서 이미 납입한 벌금에 상응하는 사회봉사시간을 공제하는 방법으로 남은 사회봉사시간을 다시 산정하여 사회봉사 대상자와 사회봉사를 집행 중인 보호관찰소의 장에게 통보해야 한다.		349
30	「범죄피해보호법」상 범죄피해자란 타인의 범죄행위로 피해를 당한 사람과 그 법률상·사실상 배우자, 직계친족 및 형제자매를 말한다.		350

31	「범죄피해보호법」상 범죄피해 구조금을 받을 권리는 그 구조결정이 해당 신청인에게 송달된 날부터 2년간 행사하지 아니하면 시효로 인하여 소멸된다.		351
32	「범죄피해보호법」상 구조대상 범죄피해를 받은 사람이 해당 범죄피해의 발생 또는 증대에 가공한 부적절한 행위를 한 때에는 범죄피해 구조금의 일부를 지급하지 아니한다.		352
33	「범죄피해보호법」상 범죄피해구조심의회에서 범죄피해 구조금 지급신청을 일부기각하면 신청인은 결정의 정본이 송달된 날부터 2주일 이내에 그 범죄피해구조심의회를 거쳐 범죄피해구조본부심의회에 재심을 신청할 수 있다.		353
34	「범죄피해보호법」상 범죄피해 구조금을 받은 사람이 거짓이나 그 밖의 부정한 방법으로 범죄피해 구조금을 받은 경우, 국가는 범죄피해구조심의회 또는 범죄피해구조본부심의회의 결정을 거쳐 그가 받은 범죄피해 구조금의 전부를 환수해야 한다.		354
35	「범죄피해보호법」상 사실혼 관계에 있는 배우자는 구조금을 받을 수 있는 유족에 포함되지 않는다.		355
36	「범죄피해보호법」상 국가 간 상호보증과 무관하게 구조피해자나 유족이 외국인이라도 구조금 지급대상이 된다.		356
37	「범죄피해보호법」상 검사는 피의자와 범죄피해자 사이에 형사분쟁을 공정하고 원만하게 해결하여 범죄피해자가 입은 피해를 실질적으로 회복하는 데 필요하다고 인정하면 직권으로 수사 중인 형사사건을 형사조정에 회부할 수 있다.		357
38	「범죄피해보호법」상 형사조정위원회는 필요하다고 인정하면 직권으로 형사조정의 결과에 이해관계가 있는 사람을 형사조정에 참여하게 할 수 있다.		358
39	「범죄피해보호법」상 검사는 형사사건을 수사하고 처리할 때 형사조정이 성립되지 아니하였다는 사정을 피의자에게 불리하게 고려하여서는 아니 된다.		359
40	「범죄피해보호법」상 검사는 기소유예처분 사유에 해당함이 명백한 형사사건을 형사조정에 회부하여서는 아니 된다.		360
41	「범죄피해보호법」상 검사는 기소유예처분의 사유에 해당하는 형사사건을 형사조정에 회부할 수 있다.		361
42	「범죄피해보호법」상 피의자가 도주하거나 증거를 인멸할 염려가 있는 경우에는 형사조정에 회부하여서는 아니 된다.		362
43	「범죄피해보호법」상 각 형사조정사건에 대한 형사조정위원회(개별 조정위원회)는 3명 이내의 조정위원으로 구성한다.		363
44	범죄피해보호법령상 형사조정에 회부하는 것이 분쟁해결에 적합하다고 판단되는 경우에는 당사자의 동의가 없어도 조정절차를 개시할 수 있다.		364
45	「범죄피해보호법」상 형사조정을 담당하기 위하여 각급 지방검찰청 및 지청에 형사조정위원회를 둔다.		365
46	「범죄피해보호법」상 형사조정위원회는 2명 이상의 형사조정위원으로 구성한다.		366
47	「범죄피해보호법」상 형사조정위원은 형사조정에 필요한 법적 지식 등 전문성과 덕망을 갖춘 사람 중에서 관할 지방검찰청 또는 지청의 장이 미리 위촉한다.		367
48	「범죄피해보호법」상 형사조정위원회의 위원장은 관할 지방검찰청 또는 지청의 장이 형사조정위원 중에서 위촉한다.		368
49	「범죄피해보호법」상 형사조정위원의 임기는 3년으로 하며, 연임할 수 있다.		369
50	피해자는 제2심 공판절차에서는 사건이 계속된 법원에 「소송촉진 등에 관한 특례법」에 따른 피해배상을 신청할 수 없다.		370
51	「아동·청소년의 성보호에 관한 법률」상 아동·청소년은 19세 미만의 사람을 말한다.		371

52	「청소년 기본법」상 청소년은 9세 이상 24세 이하인 사람을 말한다. 다만, 다른 법률에서 청소년에 대한 적용을 다르게 할 필요가 있는 경우에는 따로 정할 수 있다.		372
53	신상정보 등록의 원인이 된 성범죄로 형의 선고를 유예받은 사람이 선고유예를 받은 날부터 2년이 경과하여 면소된 것으로 간주되면 신상정보 등록을 면제한다.		373
54	신상정보의 등록은 여성가족부장관이 집행하고, 신상정보의 공개 · 고지는 법무부장관이 집행한다.		374
55	「특정중대범죄 피의자 등 신상정보 공개에 관한 법률」상 수사 및 재판 단계에서 신상정보의 공개에 대하여는 다른 법률의 규정에도 불구하고 「특정중대범죄 피의자 등 신상정보 공개에 관한 법률」을 우선 적용한다.		375
56	「특정중대범죄 피의자 등 신상정보 공개에 관한 법률」상 특정중대범죄사건의 피의자가 미성년자인 경우에는 신상정보를 공개하지 아니한다.		376
57	「특정중대범죄 피의자 등 신상정보 공개에 관한 법률」상 검사와 사법경찰관은 피의자의 얼굴을 공개하기 위하여 필요한 경우 피의자를 식별할 수 있도록 피의자의 얼굴을 촬영할 수 있고, 이 경우 피의자는 이에 따라야 한다.		377
58	「특정중대범죄 피의자 등 신상정보 공개에 관한 법률」상 검찰총장 및 경찰청장은 신상정보 공개 여부에 관한 사항을 심의하기 위하여 신상정보공개심의위원회를 두어야 한다.		378
59	보안관찰법상 보안관찰처분심의위원회는 위원장 1인과 6인의 위원으로 구성한다.		379
60	「벌금 미납자의 사회봉사 집행에 관한 특례법」상 사회봉사는 1일 9시간을 넘겨 집행할 수 없다. 다만, 사회봉사의 내용상 연속집행의 필요성이 있어 보호관찰관이 승낙하거나 사회봉사 대상자가 분명히 동의한 경우에만 연장하여 집행할 수 있다.		380
61	「벌금 미납자의 사회봉사 집행에 관한 특례법」상 사회봉사의 집행은 사회봉사가 허가된 날부터 6개월 이내에 마쳐야 한다. 다만, 보호관찰관은 특별한 사정이 있으면 검사의 허가를 받아 6개월의 범위에서 한 번 그 기간을 연장하여 집행할 수 있다.		381
62	「벌금 미납자의 사회봉사 집행에 관한 특례법」상 법원은 사회봉사를 허가하는 경우 그 확정일부터 3일 이내에 사회봉사 대상자의 주거지를 관할하는 보호관찰소의 장에게 사회봉사 허가서, 판결문 등본, 약식명령 등본 등 사회봉사 집행에 필요한 서류를 송부하여야 한다.		382
63	「벌금 미납자의 사회봉사 집행에 관한 특례법」상 보호관찰관은 사회봉사 집행의 전부 또는 일부를 국공립기관이나 그 밖의 단체 또는 시설의 협력을 받아 집행할 수 있다.		383
64	보호관찰 등에 관한 법령상 보호관찰소는 갱생보호 사무를 관장한다.		384
65	보호관찰 등에 관한 법령상 갱생보호 대상자는 형사처분 또는 보호처분을 받은 사람으로서 자립갱생을 위한 숙식 제공, 주거 지원, 직업훈련 및 취업 지원 등 보호의 필요성이 인정되는 사람이다.		385
66	보호관찰 등에 관한 법령상 법무부장관은 한국법무보호복지공단을 지휘 · 감독하고, 감독상 필요한 경우에는 그 업무에 관한 사항을 보고하게 하거나 자료의 제출이나 그 밖에 필요한 명령을 할 수 있다.		386
67	보호관찰 등에 관한 법령상 한국법무보호복지공단은 갱생보호 대상자의 적절한 보호를 위하여 필요한 경우 수용기관의 장에게 수용기간, 가족 관계 및 보호자 관계 등의 사항을 통보하여 줄 것을 요청할 수 있고, 이 경우 갱생보호 대상자의 동의는 필요하지 아니하다.		387
68	「보호관찰 등에 관한 법률」상 보호관찰은 법원의 판결이나 결정이 확정된 때 또는 가석방 · 임시퇴원된 때부터 시작된다.		388
69	「보호관찰 등에 관한 법률」 제42조에 따라 유치된 사람에 대하여 보호관찰을 조건으로 한 형의 선고유예가 실효된 경우에는 그 유치기간을 형기에 산입한다.		389

70	「근로기준법」을 위반한 피고인에 대하여 형의 집행을 유예함과 동시에 집행유예기간 동안 보호관찰을 받을 것을 명하면서 "보호관찰기간 중 노조지부장 선거에 후보로 출마하는 등 선거에 개입하지 말 것"이라는 내용의 특별준수사항을 부과한 것은 피고인의 자유를 부당하게 제한한 것으로 위법하다.	390
71	보호관찰소의 장은 「보호관찰 등에 관한 법률」 제39조(구인) 또는 제40조(긴급구인)에 따라 보호관찰 대상자를 구인하였을 때에는 제42조에 따라 유치 허가를 청구한 경우를 제외하고는 구인한 때부터 48시간 이내에 석방하여야 한다.	391
72	「보호관찰 등에 관한 법률」상 검사가 보호관찰관이 선도함을 조건으로 공소제기를 유예하고 위탁한 선도 업무는 보호관찰소의 관장 사무에 해당한다.	392
73	「보호관찰 등에 관한 법률」상 보호관찰을 조건으로 형의 집행유예를 선고받은 사람의 보호관찰 기간을 법원이 따로 정한 경우 보호관찰 기간은 그 유예기간이 아니라 법원이 정한 기간으로 한다.	393
74	「보호관찰 등에 관한 법률」상 보호관찰소 소속 공무원은 구인 또는 긴급구인한 보호관찰 대상자를 보호관찰소에 인치하는 정당한 직무집행 과정에서 필요하다고 인정되는 상당한 이유가 있으면 보호장구 중 전자충격기를 사용할 수 있다.	394
75	「보호관찰 등에 관한 법률」상 보호관찰 대상자가 보호관찰 기간 중 금고 이상의 형의 집행을 받게 된 때에는 해당 형의 집행기간 동안 보호관찰 대상자에 대한 보호관찰 기간은 계속 진행되고, 해당 형의 집행이 종료 · 면제되거나 보호관찰 대상자가 가석방된 경우 보호관찰 기간이 남아있는 때에는 그 잔여기간 동안 보호관찰을 집행한다.	395
76	「치료감호 등에 관한 법률」상 마약류 중독으로 금고 이상의 형에 해당하는 죄를 지어, 치료감호시설에서 치료를 받을 필요가 있고 재범의 위험성이 있는 자의 치료감호 기간은 2년을 초과할 수 없다.	396
77	「치료감호 등에 관한 법률」상 피치료감호자에 대한 치료감호가 가종료되었을 때 보호관찰기간은 3년으로 한다.	397
78	「치료감호 등에 관한 법률」상 치료감호와 형(刑)이 병과(倂科)된 경우에는 치료감호를 먼저 집행하며, 이 경우 치료감호의 집행기간은 형 집행기간에서 제외한다.	398
79	「치료감호 등에 관한 법률」상 법무부장관은 연 2회 이상 치료감호시설의 운영실태 및 피치료감호자 등에 대한 처우상태를 점검하여야 한다.	399
80	치료감호법상 「형법」 제10조 제2항의 심신미약의 피치료감호자를 치료감호시설에 수용하는 때 그 수용기간은 2년을 초과할 수 없다.	400

● 답안확인방법: 답안번호를 찾아 정오를 확인하세요.

연번	문제	O×	답안번호
1	치료감호와 형이 병과된 경우에는 형을 먼저 집행하며, 이 경우 형의 집행기간은 치료감호 집행기간에 포함한다.		401
2	검사는 친고죄에서 고소가 취소된 경우 또는 「형사소송법」 제247조(기소편의주의)에 따라 공소를 제기하지 아니하는 결정을 한 경우 공소제기 없이 치료감호만을 청구할 수 있다.		402
3	성폭력범죄를 저지른 정신성적 장애인은 「성충동약물치료법」에 의한 약물치료명령의 대상자가 아니고, 치료감호와 약물치료명령이 함께 청구될 수 없으므로 이에 대하여 치료감호와 함께 약물치료명령을 선고하는 것은 부적법하다.		403
4	「전자장치 부착 등에 관한 법률」상 만 19세 미만의 자에 대해서는 전자장치 부착명령을 선고할 수 없다.		404
5	「전자장치 부착 등에 관한 법률」상 검사의 전자장치 부착명령 청구는 공소가 제기된 특정범죄사건의 제1심 판결 선고 시까지 하여야 한다.		405
6	「전자장치 부착 등에 관한 법률」상 성폭력범죄, 미성년자 대상 유괴범죄, 살인범죄, 강·절도범죄 및 스토킹범죄가 전자장치 부착대상 특정범죄이다.		406
7	「전자장치 부착 등에 관한 법률」상 보호관찰이 부과된 사람의 전자장치 부착기간은 보호관찰기간을 초과할 수 없으며, 보호관찰이 임시해제된 경우에는 전자장치 부착이 임시해제된 것으로 본다.		407
8	「전자장치 부착 등에 관한 법률」상 보호관찰소의 장은 잠정조치 집행을 종료한 날부터 5년이 경과한 때에는 스토킹행위자 수신자료를 폐기하여야 한다.		408
9	「전자장치 부착 등에 관한 법률」상 전자장치 부착 결정을 받은 스토킹행위자는 결정일부터 30일 이내에 보호관찰소에 출석하여 보호관찰관의 지시에 따라 전자장치를 부착하여야 한다.		409
10	「전자장치 부착 등에 관한 법률」상 스토킹행위자에 대한 전자장치 부착은 잠정조치의 기간이 경과하거나 그 효력을 상실한 때 그 집행이 종료되며, 잠정조치가 변경 또는 취소된 때에는 그 집행이 종료되지 않는다.		410
11	「전자장치 부착 등에 관한 법률」상 법원은 「스토킹범죄의 처벌 등에 관한 법률」상 긴급응급조치 또는 잠정조치로 전자장치의 부착을 결정한 경우 그 결정문의 등본을 스토킹행위자의 주거지를 관할하는 보호관찰소의 장에게 지체 없이 송부하여야 한다.		411
12	「성폭력범죄의 처벌 등에 관한 특례법」에 따라 공개되는 등록정보 중 성범죄 전과사실은 죄명과 횟수가 포함된다.		412
13	「특정중대범죄 피의자 등 신상정보 공개에 관한 법률」상 신상정보공개심의위원회는 신상정보 공개 여부에 관한 사항을 심의할 때 피의자에게 의견을 진술할 기회를 주어야 한다.		413
14	「성폭력범죄의 처벌 등에 관한 특례법」에 따른 범죄자의 신상 공개는 보안처분으로 평가될 수 있다.		414
15	검사는 공소제기 시까지 특정중대범죄사건이 아니었으나 재판 과정에서 특정중대범죄사건으로 공소사실이 변경된 사건의 성인인 피고인에 대하여 신상정보의 공개를 청구할 수 없다.		415
16	「소년법」상 '소년'인지의 여부는 사실심 판결 선고 시를 기준으로 판단한다.		416

17	「소년법」상 죄를 범할 당시 18세 미만인 소년에 대하여 사형 또는 무기형으로 처할 경우에는 15년의 유기징역으로 한다.		417
18	「소년법」상 소년이 법정형으로 장기 3년 이상의 유기형에 해당하는 죄를 범한 경우에는 그 형의 범위에서 장기와 단기를 정하여 선고한다. 다만, 장기는 10년, 단기는 3년을 초과하지 못한다.		418
19	「소년법」상 소년에 대한 부정기형을 집행하는 기관의 장은 형의 단기가 지난 소년범의 행형성적이 양호하고 교정의 목적을 달성하였다고 인정되는 경우에는 관할 검찰청 검사의 지휘에 따라 그 형의 집행을 종료시킬 수 있다.		419
20	「소년법」상 사건 본인이 보호자나 변호사를 보조인으로 선임하는 경우에는 소년부 판사의 허가를 받지 아니하여도 된다.		420
21	「소년법」상 소년부 판사는 사건의 조사 또는 심리에 필요하다고 인정하면 기일을 지정하여 사건 본인이나 보호자 또는 참고인을 소환할 수 있다.		421
22	「소년법」상 소년부 판사는 사안이 가볍다는 이유로 심리를 개시하지 아니한다는 결정을 할 때에는 소년에게 훈계하거나 조사관에게 소년을 엄격히 관리하거나 교육하도록 고지할 수 있다.		422
23	「소년법」상 소년부 또는 조사관이 범죄 사실에 관하여 소년을 조사할 때에는 미리 소년에게 불리한 진술을 거부할 수 있음을 알려야 한다.		423
24	「소년법」상 장기로 소년원에 송치된 소년의 보호기간은 2년으로 하되, 보호관찰관의 신청에 따라 결정으로써 1년의 범위에서 한 번에 한하여 그 기간을 연장할 수 있다.		424
25	소년보호사건의 보조인에 대한 심리기일의 통지를 하지 아니하여 보조인이 출석하지 아니한 채 심리를 종결하고 보호처분의 결정을 한 경우 그 보호처분결정은 취소되어야 한다.		425
26	「소년법」상 소년보호시설에 감호위탁(제6호) 처분을 받은 소년이 시설 위탁 후 그 시설을 이탈하였을 때 그 처분기간은 진행이 정지되고 재위탁된 때로부터 다시 진행한다.		426
27	「소년법」상 보호관찰관의 단기 보호관찰(제4호) 처분을 할 때에 3개월 이내의 기간을 정하여 「보호소년 등의 처우에 관한 법률」에 따른 대안교육을 받을 것을 동시에 명할 수 있다.		427
28	「보호소년 등의 처우에 관한 법률」상 보호장비에는 수갑, 포승, 가스총, 전자충격기, 머리 및 발목보호장비, 보호복이 있다.		428
29	「보호소년 등의 처우에 관한 법률」상 소년원장이 필요하다고 판단하는 경우 수갑, 포승 등 보호장비를 필요한 최소한의 범위에서 징벌의 수단으로 사용할 수 있다.		429
30	「보호소년 등의 처우에 관한 법률」상 소년원장은 미성년자인 보호소년이 친권자나 후견인이 없거나 있어도 그 권리를 행사할 수 없을 때에는 법원의 허가를 받아 적당한 자를 지정하여 친권자나 후견인의 직무를 행사하게 하여야 한다.		430
31	「보호소년 등의 처우에 관한 법률」상 20일 이내의 기간 동안 지정된 실(室) 안에서 근신하는 징계처분을 받은 보호소년에게 매주 1회 이상 실외운동을 할 수 있도록 개별적인 체육활동 시간을 보장하여야 한다.		431
32	소년법상 보호처분 중 수강명령 - 보호관찰관의 장기 보호관찰은 병합할 수 있다.		432
33	소년법상 보호처분 중 보호관찰관의 단기 보호관찰 - 「아동복지법」에 따른 아동복지시설이나 그 밖의 소년보호시설에 감호 위탁은 병합할 수 있다.		433
34	소년법상 보호처분 중 보호관찰관의 장기 보호관찰 - 단기 소년원 송치는 병합할 수 있다.		434
35	소년법상 보호처분 중 보호자 또는 보호자를 대신하여 소년을 보호할 수 있는 자에게 감호 위탁 - 보호관찰관의 단기 보호관찰은 병합할 수 있다.		435
36	「소년법」상 소년 보호사건 또는 소년 형사사건과 관계있는 기관은 그 사건 내용에 관하여 재판, 수사 또는 군사상 필요한 경우 외의 어떠한 조회에도 응하여서는 아니 된다.		436

37	「소년법」상 성인이 고의로 나이를 거짓으로 진술하여 보호처분이나 소년 형사처분을 받은 경우에는 형사처벌 대상이 된다.		437
38	「소년법」상 사건의 조사 또는 심리에 필요하다고 인정하여 소년부 판사가 지정한 기일의 소환에 정당한 이유 없이 응하지 아니한 참고인에게는 과태료를 부과할 수 없다.		438
39	「소년법」상 조사 또는 심리 중인 보호사건이나 형사사건에 대하여는 성명·연령·직업·용모 등으로 비추어 볼 때 그 자가 당해 사건의 당사자 또는 기타 관계있는 자로 미루어 짐작할 수 있는 정도의 사실이나 사진을 신문이나 그 밖의 출판물에 싣거나 방송할 수 없다.		439
40	소년법상 경찰서장은 형벌 법령에 저촉되는 행위를 한 12세 소년이 있을 때에는 직접 관할 소년부에 송치할 수 있다.		440
41	소년법상 죄를 범한 소년을 발견한 학교의 장은 구술로 관할 소년부에 통고할 수 없다.		441
42	소년법상 검사가 죄를 범한 소년에 해당하는 소년 보호사건을 관할 소년부에 송치하는 경우에는 송치서에 범죄사실과 적용법조를 명시하여야 한다.		442
43	소년법상 검사는 소년에 대한 피의사건을 수사한 결과 보호처분에 해당하는 사유가 있다고 인정한 경우에도 사건을 관할 소년부에 송치하지 않을 수 있다.		443
44	소년법상 소년부 판사는 조사관에게 사건 본인, 보호자 또는 참고인의 심문이나 그 밖에 필요한 사항의 조사를 명할 수 있고 조사관은 조사의 결과를 의견을 붙인 서면으로 보고하여야 한다.		444
45	소년법상 소년부 판사는 사건의 조사 또는 심리에 필요하다고 인정하면 기일을 지정하여 사건 본인이나 보호자 또는 참고인을 소환할 수 있다.		445
46	소년법상 소년부 판사는 피해자를 보호하기 위하여 긴급조치가 필요하다고 인정하면 소환 없이 사건 본인, 보호자에 대하여 동행영장을 발부할 수 있다.		446
47	소년법상 동행영장은 소년부 판사의 지휘에 의하여 집행하되 그 지휘는 조사관, 소년부 법원서기관·법원사무관·법원주사·법원주사보나 보호관찰관 또는 사법경찰관리에게 이를 교부함으로써 한다.		447
48	소년법상 항고법원으로부터 사건을 환송 또는 이송받은 소년부 판사는 환송 또는 이송받은 사건에 관하여 다시 심리하여야 하고 이 경우 원결정을 한 소년부 판사는 심리에 관여할 수 없다.		448
49	소년법상 항고장을 제출받은 소년원 또는 소년분류심사원의 장 또는 그 대리자는 항고장에 접수연월일을 기재하여 즉시 보호처분 결정을 한 소년부에 보내야 한다.		449
50	소년법상 항고가 이유가 있다고 인정되어 보호관찰관의 장기 보호관찰을 명하는 보호처분의 결정을 다시 하는 경우에 원결정에 따른 보호처분의 집행 기간은 그 전부를 항고에 따른 보호처분의 집행 기간에 산입한다.		450
51	소년법상 항고를 기각하는 결정에 대하여는 그 결정이 법령에 위반되는 경우에만 대법원에 재항고를 할 수 있다.		451
52	「아동학대범죄의 처벌 등에 관한 특례법」상 판사는 심리의 결과 보호처분이 필요하다고 인정하는 경우에는 결정으로 아동학대행위자에게 「보호관찰 등에 관한 법률」에 따른 사회봉사·수강명령과 보호관찰을 병과할 수 있다.		452
53	「아동학대범죄의 처벌 등에 관한 특례법」상 검사가 송치한 아동보호사건에 대하여 보호처분이 확정된 경우에는 그 보호처분이 취소되지 아니하는 한 당해 아동학대행위자에 대하여 같은 범죄사실로 다시 공소제기할 수 없다.		453
54	「아동학대범죄의 처벌 등에 관한 특례법」상 판사는 심리의 결과 보호처분이 필요하다고 인정하는 경우에는 아동학대행위자에 대하여 1년을 초과하지 않는 기간으로 의료기관에의 치료위탁을 보호처분으로 결정할 수 있다.		454

55	「아동학대범죄의 처벌 등에 관한 특례법」상 법원은 보호처분이 진행되는 동안 필요하다고 인정하는 경우에는 직권 또는 검사, 시·도지사, 시장·군수·구청장, 보호관찰관, 사법경찰관 또는 수탁기관의 장의 청구에 의하여 결정으로 보호처분의 종류와 기간을 변경할 수 있다.	455
56	「소년법」상의 보호처분으로서 수강명령은 100시간을 초과할 수 없다.	456
57	보호관찰소의 장은 사회봉사·수강명령 대상자가 준수사항을 위반하거나 위반할 위험이 있다고 인정할 상당한 이유가 있는 경우에도 준수사항의 이행을 촉구하고 불리한 처분을 받을 수 있음을 경고할 수 없다.	457
58	사회봉사·수강명령 대상자가 사회봉사·수강명령 집행 중 금고 이상의 형을 집행받게 된 때에는 해당 형의 집행이 종료·면제되거나 가석방된 경우 잔여 사회봉사·수강명령을 집행한다.	458
59	법원은 「형법」제62조의2에 따른 사회봉사·수강명령을 명하는 때에 사회봉사·수강명령 대상자가 사회봉사를 하거나 수강할 분야와 장소 등을 지정할 수 있다.	459
60	보호관찰 등에 관한 법령상 보호관찰 대상자에 대한 유치기간은 관할 지방법원 판사로부터 유치허가를 받은 날로부터 20일로 한다.	460
61	보호관찰 등에 관한 법령상 보호관찰소의 장은 보호관찰 대상자를 긴급구인한 때에는 긴급구인서를 작성하여 구인한 때로부터 12시간 이내에 관할 지방검찰청 검사에게 긴급구인 승인신청을 하여야 한다.	461
62	보호관찰 등에 관한 법령상 유치된 보호관찰 대상자에 대하여 보호관찰을 조건으로 한 형의 선고유예가 실효되거나 집행유예가 취소된 경우 또는 가석방이 취소된 경우에는 그 유치기간을 형기에 산입한다.	462
63	보호관찰 등에 관한 법령상 보호관찰소의 장은 유치를 허가받지 못하면 구인한 보호관찰 대상자를 즉시 석방하여야 한다.	463
64	「성폭력범죄의 처벌 등에 관한 특례법」상 성폭력범죄의 피해자 및 그 법정대리인은 형사절차상 입을 수 있는 피해를 방어하고 법률적 조력을 보장하기 위하여 변호사를 선임할 수 있고 피해자 등에게 변호사가 없는 경우에 법원은 국선변호사를 선정할 수 있다.	464
65	「범죄피해자 보호법」상 지구심의회에서 범죄피해 구조금 지급신청을 전부 또는 일부 기각하거나 각하하면 그 신청인은 구조결정의 정본이 송달된 날로부터 2주일 이내에 그 지구심의회를 거쳐 본부심의회에 재심을 신청할 수 있다.	465
66	「범죄피해자보호기금법」상 정부는 「형사소송법」제477조 제1항에 따라 집행된 벌금에 100분의 6 이상의 범위에서 대통령령으로 정한 비율을 곱한 금액을 범죄피해자보호기금에 납입하여야 한다.	466
67	「범죄피해자 보호법」상 검사는 형사조정 대상 사건으로 범죄피해자가 입은 피해를 실질적으로 회복하는 데 필요하다고 인정하면 명백히 기소유예처분 사유에 해당하는 경우에도 피의자와 범죄피해자의 신청 또는 직권으로 수사 중인 형사사건을 형사조정에 회부할 수 있다.	467
68	법원은 가정폭력행위자에 대하여 징역형의 실형 또는 벌금형을 선고하는 경우에 가정폭력 치료프로그램의 이수명령을 병과할 수 있지만 약식명령을 고지할 경우에는 이를 병과할 수 없다.	468
69	임시퇴원된 보호소년이 있는 곳을 알 수 없어 보호관찰을 계속할 수 없는 때라도 보호관찰심사위원회에 의한 보호관찰을 정지하는 결정이 없다면 보호관찰기간은 계속 진행된다.	469
70	전자장치 부착이 종료된 자가 자격정지 이상의 형 또는 「전자장치 부착 등에 관한 법률」에 따른 전자장치 부착을 받음이 없이 부착을 종료한 날부터 5년이 경과하면 보호관찰소의 장은 피부착자의 전자장치로부터 발신된 전자파를 수신한 자료를 폐기하여야 한다.	470
71	치료감호가 가종료되어 보호관찰 중인 자가 그 보호관찰기간 중에 새로운 범죄로 금고 이상의 형의 집행을 받게 된 때에는 보호관찰은 종료되지 아니하며 해당 형의 집행기간 동안 피보호관찰자에 대한 보호관찰기간은 계속 진행된다.	471

72	보호관찰을 조건으로 형의 선고유예를 받은 사람은 1년을 초과하지 않는 범위에서 법원이 정한 기간 동안 보호관찰을 받는다.		472
73	「소년법」상의 보호처분으로서 보호관찰관의 단기 보호관찰의 기간은 1년으로 하고 소년부 판사는 보호관찰관의 신청에 따른 결정으로 그 기간을 연장할 수 없다.		473
74	피치료감호자가 치료감호시설 외에서 치료받도록 법정대리인 등에게 위탁되었을 때 보호관찰이 시작되고 다시 치료감호 집행을 받게 되어 재수용되거나 피보호관찰자의 관찰성적 및 치료경과가 양호하여 치료감호심의위원회가 보호관찰의 종료를 결정하지 않는 한 그 기간은 3년으로 한다.		474
75	법원은 피고인이 미성년자 대상 유괴범죄를 저지른 자로 다시 동일한 범죄를 저지를 위험성이 있고 금고 이상의 선고형에 해당하여 검사의 보호관찰명령의 청구가 이유 있다고 인정하는 때에는 2년 이상 5년 이하의 범위에서 기간을 정하여 보호관찰명령을 선고하여야 한다.		475
76	치료감호에 대한 설명으로 단독판사 관할 피고사건의 항소사건이 지방법원 합의부나 지방법원지원 합의부에 계속 중일 때 그 변론종결 시까지 청구된 치료감호사건의 관할법원은 고등법원이고, 피고사건의 관할법원도 치료감호사건의 관할을 따라 고등법원이 된다.		476
77	치료감호에 대한 설명으로 하급심법원의 재판이 피치료감호청구인에게 불이익하지 아니하면 이에 대하여 피치료감호청구인은 상소권을 가질 수 없다.		477
78	「치료감호법」 제4조 제7항은 법원은 공소제기된 사건의 심리결과 치료감호에 처함이 상당하다고 인정할 때에는 검사에게 치료감호청구를 요구할 수 있다고 규정하지만, 이를 법원에 대하여 치료감호청구 요구에 관한 의무를 부과한 것으로 볼 수 없다.		478
79	치료감호에 대한 설명으로 피고인이 피고사건과 치료감호사건 모두에 대하여 항소하였다가 치료감호사건에 대하여만 항소를 취하하였더라도 법원은 피고사건만이 아닌 치료감호사건에 대하여도 판결을 하여야 한다.		479
80	「성폭력범죄의 처벌 등에 관한 특례법」상 법원은 성폭력범죄를 범한 19세 미만의 자에 대하여 형의 선고를 유예하는 경우에는 반드시 보호관찰을 명하여야 한다.		480

제7회 범죄학·형사정책법령 OX기출훈련

● 답안확인방법: 답안번호를 찾아 정오를 확인하세요.

연번	문제	OX	답안번호
1	「성폭력범죄의 처벌 등에 관한 특례법」상 법원은 성폭력범죄를 범한 자에 대하여 형의 집행을 유예하는 경우라도 그가 「아동·청소년의 성보호에 관한 법률」 제21조에 따른 수강명령 또는 이수명령을 부과받았다면 수강명령을 병과할 수 없다.	○	481
2	「성폭력범죄의 처벌 등에 관한 특례법」상 벌금형의 선고나 약식명령을 고지받은 성폭력범죄를 범한 사람에 대한 법원의 이수명령은 형 확정일로부터 6개월 이내에 집행한다.	○	482
3	「성폭력범죄의 처벌 등에 관한 특례법」상 성폭력범죄를 범한 사람으로서 형의 집행 중에 가석방된 사람은 가석방기간 동안 반드시 보호관찰을 받는다.	×	483
4	범죄피해자 보호법령상 지구심의회는 구조피해자나 그 유족에게 구조금을 지급하기로 결정함과 동시에 구조금을 받은 사람이 구조대상 범죄피해를 원인으로 하여 가지고 있는 손해배상청구권을 대위하여 가해자에게 행사할 것인지를 결정하여야 한다.	○	484
5	범죄피해자 보호법령상 범죄행위 당시 구조피해자와 가해자가 4촌 이내의 친족관계로 구조금의 실질적 수혜자가 가해자로 귀착될 우려가 없는 등 특별한 사정이 있는 경우가 아니라면 구조금의 일부를 지급하지 아니한다.	×	485
6	범죄피해자 보호법령상 국가는 구조금을 받은 사람이 거짓이나 그 밖의 부정한 방법으로 구조금을 받은 경우에 지구심의회 또는 본부심의회의 결정을 거쳐 그가 받은 구조금의 전부 또는 일부를 환수하여야 한다.	×	486
7	범죄피해자 보호법령상 범죄피해 구조금을 받을 권리는 그 구조금을 지급하는 결정이 있는 날부터 2년간 행사하지 아니하면 시효로 인하여 소멸된다.	×	487
8	벌금 미납자의 사회봉사 집행에 관한 특례법령상 500만원 내의 벌금형이 확정된 벌금미납자는 판결이 확정된 날로부터 30일 이내에 신청할 수 있다.	×	488
9	벌금 미납자의 사회봉사 집행에 관한 특례법령상 다른 사건으로 형 또는 구속영장이 집행되거나 노역장에 유치되어 구금 중인 사람도 신청할 수 있다.	×	489
10	벌금 미납자의 사회봉사 집행에 관한 특례법령상 신청에 필요한 서류 및 제출방법에 관한 사항은 법무부령으로 정한다.	×	490
11	벌금 미납자의 사회봉사 집행에 관한 특례법령상 신청인이 정당한 이유 없이 검사의 자료제출 요구를 거부한 경우 검사는 신청을 기각할 수 있다.	○	491
12	「보호소년 등의 처우에 관한 법률」상 소년원장은 보호소년이 22세가 되면 퇴원시켜야 한다.	○	492
13	「보호소년 등의 처우에 관한 법률」상 소년원장은 보호소년을 법무부장관의 퇴원·임시퇴원 허가서에 기재된 출원예정일부터 10일 이내에 보호자 등이 인수하지 아니하면 사회복지단체에 인도할 수 있다.	○	493
14	「보호소년 등의 처우에 관한 법률」상 원장은 출원하는 보호소년 등의 사회정착지원 기간을 최대 18개월까지 정할 수 있다.	×	494
15	「보호소년 등의 처우에 관한 법률」상 원장은 소년보호협회 및 소년보호위원에게 사회정착지원에 관한 협조를 요청할 수 있다.	○	495

2026 해커스 이언담 범죄학·형사정책 핵심 기출 OX

03

부록

부록 1 범죄학·형사정책이론_OX훈련 정답

부록 2 범죄학·형사정책법령_OX훈련 정답

부록 3 범죄학·형사정책 인명부 암기장

번호	정답	번호	정답	번호	정답	번호	정답	번호	정답	번호	정답	번호	정답	번호	정답
1	○	41	○	81	○	121	×	161	○	201	×	241	×	281	○
2	○	42	○	82	○	122	×	162	×	202	○	242	○	282	○
3	○	43	○	83	○	123	×	163	○	203	×	243	×	283	○
4	×	44	○	84	○	124	○	164	×	204	×	244	○	284	×
5	○	45	○	85	×	125	○	165	○	205	×	245	○	285	○
6	×	46	○	86	○	126	○	166	○	206	×	246	×	286	○
7	×	47	○	87	○	127	○	167	○	207	○	247	○	287	×
8	×	48	○	88	○	128	○	168	○	208	×	248	○	288	○
9	○	49	○	89	○	129	×	169	○	209	×	249	○	289	×
10	○	50	○	90	×	130	○	170	○	210	×	250	○	290	○
11	×	51	○	91	○	131	○	171	×	211	×	251	○	291	○
12	○	52	×	92	○	132	○	172	○	212	○	252	×	292	○
13	○	53	○	93	×	133	○	173	○	213	×	253	○	293	○
14	○	54	○	94	○	134	×	174	×	214	×	254	○	294	○
15	○	55	○	95	○	135	○	175	○	215	×	255	○	295	○
16	○	56	○	96	×	136	○	176	○	216	△	256	○	296	×
17	○	57	○	97	○	137	○	177	○	217	○	257	○	297	○
18	×	58	○	98	○	138	○	178	○	218	○	258	○	298	○
19	○	59	○	99	○	139	×	179	○	219	○	259	×	299	×
20	×	60	○	100	○	140	○	180	○	220	×	260	○	300	×
21	×	61	○	101	○	141	○	181	○	221	○	261	×	301	×
22	○	62	×	102	○	142	○	182	○	222	○	262	○	302	○
23	○	63	○	103	○	143	○	183	○	223	○	263	○	303	○
24	○	64	×	104	○	144	×	184	○	224	×	264	○	304	×
25	○	65	○	105	○	145	○	185	○	225	○	265	○	305	×
26	○	66	○	106	×	146	×	186	○	226	○	266	×	306	○
27	○	67	○	107	○	147	○	187	×	227	×	267	○	307	○
28	○	68	○	108	○	148	×	188	○	228	○	268	○	308	○
29	×	69	×	109	×	149	○	189	×	229	○	269	○	309	○
30	×	70	×	110	○	150	○	190	×	230	○	270	○	310	×
31	×	71	×	111	○	151	×	191	×	231	×	271	○	311	○
32	○	72	×	112	○	152	○	192	○	232	○	272	×	312	○
33	×	73	○	113	○	153	○	193	×	233	○	273	○	313	○
34	×	74	×	114	○	154	○	194	×	234	○	274	○	314	○
35	○	75	×	115	○	155	○	195	○	235	○	275	○	315	○
36	○	76	○	116	×	156	×	196	×	236	×	276	○	316	○
37	○	77	×	117	×	157	○	197	×	237	○	277	○	317	○
38	○	78	○	118	○	158	○	198	○	238	○	278	○	318	○
39	○	79	○	119	○	159	○	199	○	239	○	279	×	319	×
40	○	80	×	120	○	160	○	200	○	240	○	280	○	320	×

321	×	361	○	401	×	441	○	481	○	521	×	561	○	601	○
322	×	362	×	402	○	442	○	482	○	522	×	562	○	602	○
323	○	363	○	403	○	443	○	483	○	523	×	563	○	603	○
324	×	364	○	404	○	444	○	484	○	524	×	564	×	604	○
325	○	365	×	405	○	445	○	485	×	525	○	565	○	605	×
326	○	366	○	406	○	446	○	486	○	526	○	566	○	606	○
327	×	367	○	407	○	447	○	487	○	527	○	567	○	607	○
328	○	368	○	408	○	448	×	488	○	528	○	568	○	608	○
329	×	369	○	409	○	449	×	489	○	529	×	569	○	609	×
330	○	370	○	410	○	450	×	490	×	530	○	570	×	610	○
331	○	371	○	411	×	451	×	491	○	531	○	571	○	611	○
332	○	372	×	412	×	452	×	492	○	532	○	572	○	612	○
333	○	373	○	413	○	453	×	493	○	533	○	573	○	613	○
334	○	374	○	414	○	454	×	494	×	534	○	574	○	614	○
335	○	375	○	415	×	455	×	495	○	535	×	575	○	615	○
336	○	376	○	416	○	456	×	496	○	536	○	576	○	616	×
337	○	377	○	417	○	457	×	497	×	537	×	577	○	617	×
338	○	378	○	418	○	458	×	498	○	538	○	578	○	618	○
339	○	379	×	419	○	459	×	499	○	539	○	579	○	619	×
340	○	380	×	420	○	460	×	500	×	540	○	580	×	620	○
341	○	381	×	421	○	461	×	501	○	541	×	581	○	621	○
342	○	382	○	422	○	462	×	502	○	542	○	582	○	622	×
343	○	383	×	423	○	463	○	503	○	543	○	583	○	623	○
344	○	384	×	424	○	464	×	504	○	544	○	584	×	624	○
345	○	385	×	425	×	465	○	505	×	545	○	585	×	625	×
346	○	386	×	426	○	466	×	506	○	546	○	586	×	626	○
347	○	387	○	427	○	467	×	507	×	547	○	587	×	627	○
348	×	388	○	428	○	468	×	508	○	548	○	588	○	628	○
349	×	389	○	429	×	469	×	509	○	549	○	589	○	629	×
350	×	390	○	430	○	470	○	510	○	550	○	590	○	630	○
351	×	391	○	431	○	471	○	511	×	551	×	591	○	631	×
352	×	392	○	432	×	472	○	512	○	552	×	592	○	632	○
353	×	393	○	433	×	473	○	513	○	553	○	593	○	633	○
354	○	394	○	434	×	474	○	514	○	554	○	594	×	634	○
355	×	395	○	435	○	475	×	515	○	555	○	595	○	635	○
356	○	396	○	436	○	476	×	516	○	556	○	596	×	636	○
357	○	397	○	437	○	477	×	517	×	557	○	597	○	637	×
358	×	398	○	438	○	478	×	518	○	558	○	598	○	638	○
359	×	399	○	439	○	479	○	519	○	559	×	599	×	639	○
360	○	400	○	440	○	480	○	520	○	560	×	600	×	640	×

641	○	681	○	721	○	761	×	801	○	841	○	881	×	921	○
642	○	682	×	722	×	762	○	802	○	842	×	882	○	922	×
643	○	683	×	723	○	763	○	803	×	843	○	883	○	923	×
644	×	684	×	724	○	764	×	804	○	844	○	884	×	924	○
645	○	685	×	725	○	765	○	805	○	845	○	885	○	925	○
646	○	686	×	726	○	766	×	806	○	846	○	886	○	926	○
647	○	687	×	727	×	767	○	807	○	847	○	887	○	927	×
648	○	688	○	728	○	768	○	808	×	848	×	888	○	928	×
649	×	689	○	729	×	769	○	809	○	849	×	889	○	929	×
650	○	690	○	730	○	770	○	810	×	850	○	890	○	930	○
651	○	691	○	731	○	771	○	811	○	851	○	891	○	931	○
652	○	692	×	732	×	772	○	812	○	852	○	892	×	932	○
653	○	693	×	733	○	773	○	813	○	853	×	893	○	933	×
654	×	694	×	734	○	774	○	814	○	854	○	894	○	934	○
655	○	695	○	735	○	775	×	815	×	855	○	895	○	935	○
656	○	696	○	736	×	776	○	816	○	856	○	896	○	936	○
657	○	697	○	737	○	777	○	817	×	857	○	897	○	937	○
658	○	698	×	738	○	778	×	818	○	858	○	898	×	938	○
659	×	699	×	739	○	779	×	819	○	859	×	899	×	939	○
660	○	700	○	740	○	780	×	820	○	860	○	900	×	940	×
661	○	701	○	741	○	781	×	821	○	861	○	901	×	941	×
662	○	702	○	742	○	782	○	822	○	862	○	902	○	942	○
663	○	703	○	743	○	783	○	823	○	863	○	903	○	943	×
664	○	704	○	744	×	784	○	824	×	864	○	904	○	944	×
665	○	705	×	745	○	785	○	825	×	865	○	905	○	945	○
666	×	706	○	746	○	786	×	826	○	866	×	906	○	946	○
667	○	707	○	747	×	787	○	827	○	867	○	907	○	947	○
668	○	708	×	748	○	788	○	828	○	868	○	908	○	948	○
669	○	709	×	749	○	789	○	829	×	869	○	909	○	949	○
670	×	710	×	750	○	790	○	830	○	870	○	910	○	950	○
671	×	711	×	751	×	791	×	831	○	871	○	911	×	951	×
672	○	712	×	752	×	792	×	832	×	872	×	912	×	952	○
673	○	713	○	753	○	793	×	833	○	873	×	913	○	953	○
674	○	714	○	754	×	794	○	834	○	874	×	914	○	954	○
675	×	715	○	755	○	795	○	835	○	875	○	915	×	955	×
676	○	716	○	756	○	796	○	836	○	876	×	916	○	956	○
677	○	717	○	757	○	797	×	837	×	877	×	917	○	957	×
678	○	718	○	758	○	798	×	838	×	878	×	918	○	958	×
679	○	719	×	759	○	799	○	839	×	879	×	919	×	959	○
680	○	720	×	760	○	800	○	840	×	880	○	920	○	960	○

961	×	1001	○	1041	×	1081	○	1121	○	1161	×	1201	×	1241	○
962	×	1002	×	1042	○	1082	×	1122	○	1162	○	1202	×	1242	○
963	○	1003	○	1043	×	1083	×	1123	×	1163	○	1203	○	1243	○
964	○	1004	○	1044	○	1084	×	1124	×	1164	○	1204	○	1244	×
965	○	1005	○	1045	○	1085	○	1125	○	1165	○	1205	○	1245	×
966	×	1006	○	1046	×	1086	○	1126	○	1166	○	1206	○	1246	×
967	×	1007	○	1047	○	1087	×	1127	○	1167	○	1207	○	1247	×
968	×	1008	○	1048	×	1088	○	1128	○	1168	○	1208	○	1248	×
969	○	1009	○	1049	×	1089	○	1129	×	1169	○	1209	×	1249	×
970	○	1010	○	1050	○	1090	○	1130	×	1170	○	1210	○	1250	×
971	○	1011	○	1051	○	1091	○	1131	×	1171	○	1211	○	1251	×
972	○	1012	○	1052	○	1092	○	1132	○	1172	○	1212	○	1252	×
973	×	1013	×	1053	○	1093	○	1133	×	1173	○	1213	○	1253	○
974	○	1014	○	1054	○	1094	×	1134	○	1174	○	1214	○	1254	×
975	×	1015	×	1055	○	1095	○	1135	○	1175	○	1215	○	1255	×
976	×	1016	○	1056	○	1096	×	1136	○	1176	○	1216	○	1256	×
977	○	1017	○	1057	○	1097	×	1137	○	1177	○	1217	○	1257	×
978	○	1018	○	1058	○	1098	○	1138	○	1178	○	1218	○	1258	○
979	○	1019	○	1059	○	1099	○	1139	○	1179	○	1219	○	1259	×
980	○	1020	×	1060	○	1100	○	1140	○	1180	×	1220	○	1260	×
981	○	1021	○	1061	○	1101	○	1141	×	1181	×	1221	○	1261	○
982	×	1022	○	1062	○	1102	×	1142	×	1182	×	1222	×	1262	○
983	○	1023	○	1063	○	1103	○	1143	○	1183	○	1223	○	1263	○
984	×	1024	○	1064	○	1104	○	1144	×	1184	○	1224	○	1264	○
985	×	1025	○	1065	○	1105	×	1145	○	1185	○	1225	○	1265	×
986	×	1026	×	1066	○	1106	○	1146	○	1186	×	1226	○	1266	×
987	○	1027	×	1067	×	1107	×	1147	○	1187	×	1227	○	1267	○
988	○	1028	○	1068	○	1108	○	1148	○	1188	×	1228	○	1268	○
989	○	1029	○	1069	×	1109	○	1149	○	1189	○	1229	○	1269	○
990	○	1030	○	1070	○	1110	○	1150	○	1190	○	1230	○	1270	×
991	○	1031	○	1071	○	1111	○	1151	○	1191	○	1231	○	1271	○
992	○	1032	×	1072	○	1112	○	1152	×	1192	○	1232	×	1272	×
993	○	1033	○	1073	×	1113	○	1153	×	1193	○	1233	○	1273	○
994	○	1034	○	1074	○	1114	○	1154	×	1194	○	1234	○	1274	○
995	○	1035	○	1075	○	1115	○	1155	×	1195	○	1235	○	1275	○
996	○	1036	○	1076	○	1116	○	1156	×	1196	○	1236	○	1276	○
997	○	1037	○	1077	○	1117	○	1157	○	1197	○	1237	○	1277	×
998	○	1038	○	1078	○	1118	○	1158	○	1198	○	1238	○	1278	○
999	○	1039	×	1079	○	1119	○	1159	○	1199	○	1239	○	1279	×
1000	○	1040	×	1080	×	1120	×	1160	○	1200	○	1240	○	1280	○

1281	O	1321	O	1361	×	1401	×	1441	O	1481	O	1521	×	1561	O
1282	×	1322	×	1362	O	1402	O	1442	O	1482	O	1522	O	1562	×
1283	×	1323	×	1363	O	1403	O	1443	O	1483	O	1523	×	1563	O
1284	×	1324	O	1364	O	1404	O	1444	×	1484	×	1524	O	1564	O
1285	×	1325	O	1365	×	1405	O	1445	O	1485	×	1525	O	1565	O
1286	O	1326	O	1366	O	1406	O	1446	O	1486	O	1526	×	1566	O
1287	O	1327	×	1367	×	1407	O	1447	O	1487	O	1527	×	1567	×
1288	O	1328	O	1368	×	1408	×	1448	O	1488	×	1528	O	1568	O
1289	O	1329	×	1369	×	1409	O	1449	O	1489	×	1529	O	1569	×
1290	×	1330	O	1370	O	1410	O	1450	O	1490	×	1530	O	1570	O
1291	×	1331	×	1371	O	1411	O	1451	O	1491	O	1531	O	1571	×
1292	O	1332	×	1372	O	1412	O	1452	O	1492	×	1532	×	1572	×
1293	O	1333	×	1373	O	1413	O	1453	O	1493	×	1533	O	1573	×
1294	O	1334	O	1374	×	1414	O	1454	×	1494	×	1534	O	1574	O
1295	×	1335	O	1375	O	1415	O	1455	O	1495	O	1535	O	1575	O
1296	O	1336	O	1376	O	1416	O	1456	O	1496	O	1536	O	1576	O
1297	O	1337	O	1377	O	1417	O	1457	×	1497	O	1537	×	1577	O
1298	O	1338	O	1378	O	1418	O	1458	O	1498	O	1538	O	1578	O
1299	×	1339	O	1379	O	1419	O	1459	×	1499	O	1539	O	1579	O
1300	O	1340	O	1380	×	1420	O	1460	×	1500	O	1540	×	1580	O
1301	×	1341	O	1381	O	1421	×	1461	O	1501	O	1541	×	1581	×
1302	O	1342	O	1382	O	1422	×	1462	O	1502	×	1542	×	1582	O
1303	O	1343	O	1383	O	1423	O	1463	O	1503	O	1543	×	1583	O
1304	O	1344	O	1384	O	1424	×	1464	×	1504	O	1544	O	1584	O
1305	O	1345	O	1385	O	1425	×	1465	×	1505	O	1545	O	1585	O
1306	O	1346	×	1386	O	1426	O	1466	×	1506	O	1546	O	1586	O
1307	×	1347	×	1387	O	1427	O	1467	O	1507	O	1547	O	1587	O
1308	O	1348	×	1388	×	1428	O	1468	×	1508	×	1548	O	1588	O
1309	×	1349	×	1389	×	1429	O	1469	O	1509	O	1549	O	1589	O
1310	×	1350	O	1390	×	1430	O	1470	O	1510	O	1550	×	1590	O
1311	O	1351	O	1391	×	1431	O	1471	O	1511	O	1551	O	1591	O
1312	O	1352	O	1392	×	1432	O	1472	O	1512	O	1552	O	1592	O
1313	×	1353	O	1393	×	1433	O	1473	O	1513	O	1553	×	1593	O
1314	O	1354	O	1394	×	1434	O	1474	×	1514	×	1554	O	1594	O
1315	O	1355	O	1395	O	1435	×	1475	O	1515	O	1555	×	1595	O
1316	O	1356	O	1396	×	1436	×	1476	×	1516	×	1556	O	1596	O
1317	O	1357	O	1397	×	1437	O	1477	×	1517	O	1557	×	1597	×
1318	×	1358	×	1398	×	1438	O	1478	O	1518	O	1558	O	1598	×
1319	O	1359	×	1399	×	1439	O	1479	×	1519	O	1559	O	1599	×
1320	O	1360	O	1400	O	1440	O	1480	O	1520	O	1560	O	1600	O

1601	×	1641	○	1681	×	1721	○	1761	○	1801	○	1841	○	1881	×
1602	○	1642	×	1682	○	1722	×	1762	○	1802	×	1842	○	1882	○
1603	○	1643	○	1683	×	1723	○	1763	○	1803	○	1843	○	1883	○
1604	×	1644	×	1684	○	1724	○	1764	○	1804	○	1844	○	1884	○
1605	○	1645	×	1685	○	1725	○	1765	○	1805	○	1845	○	1885	○
1606	×	1646	○	1686	○	1726	×	1766	○	1806	○	1846	○	1886	○
1607	○	1647	○	1687	○	1727	○	1767	×	1807	○	1847	○	1887	○
1608	×	1648	○	1688	×	1728	×	1768	×	1808	○	1848	○	1888	×
1609	×	1649	×	1689	○	1729	○	1769	○	1809	○	1849	○	1889	○
1610	○	1650	○	1690	○	1730	○	1770	○	1810	○	1850	○	1890	○
1611	○	1651	○	1691	○	1731	×	1771	○	1811	○	1851	×	1891	○
1612	○	1652	×	1692	○	1732	○	1772	×	1812	×	1852	○	1892	○
1613	○	1653	○	1693	○	1733	○	1773	○	1813	○	1853	○	1893	○
1614	○	1654	×	1694	○	1734	×	1774	○	1814	○	1854	○	1894	○
1615	○	1655	○	1695	×	1735	○	1775	×	1815	○	1855	○	1895	○
1616	×	1656	○	1696	○	1736	×	1776	○	1816	×	1856	○	1896	○
1617	×	1657	○	1697	○	1737	○	1777	○	1817	○	1857	○	1897	×
1618	×	1658	○	1698	○	1738	○	1778	×	1818	○	1858	○	1898	○
1619	×	1659	○	1699	×	1739	○	1779	×	1819	○	1859	○	1899	×
1620	×	1660	○	1700	×	1740	×	1780	○	1820	○	1860	○	1900	×
1621	×	1661	×	1701	×	1741	×	1781	×	1821	○	1861	○	1901	×
1622	×	1662	○	1702	×	1742	○	1782	×	1822	×	1862	×	1902	×
1623	×	1663	○	1703	○	1743	○	1783	×	1823	○	1863	○	1903	×
1624	○	1664	○	1704	×	1744	×	1784	○	1824	×	1864	○	1904	○
1625	○	1665	○	1705	○	1745	○	1785	×	1825	×	1865	○	1905	×
1626	○	1666	×	1706	×	1746	○	1786	○	1826	○	1866	○	1906	○
1627	○	1667	○	1707	○	1747	×	1787	○	1827	○	1867	○	1907	○
1628	○	1668	○	1708	○	1748	○	1788	○	1828	○	1868	○	1908	○
1629	×	1669	○	1709	○	1749	○	1789	○	1829	×	1869	○	1909	○
1630	○	1670	○	1710	○	1750	○	1790	○	1830	○	1870	○	1910	○
1631	○	1671	○	1711	×	1751	○	1791	×	1831	○	1871	○	1911	○
1632	○	1672	×	1712	○	1752	○	1792	○	1832	×	1872	×	1912	○
1633	×	1673	○	1713	○	1753	○	1793	×	1833	×	1873	○	1913	○
1634	×	1674	○	1714	○	1754	×	1794	×	1834	○	1874	○	1914	○
1635	○	1675	○	1715	○	1755	○	1795	×	1835	×	1875	×	1915	×
1636	○	1676	○	1716	○	1756	○	1796	×	1836	×	1876	○	1916	○
1637	×	1677	○	1717	○	1757	○	1797	○	1837	○	1877	×	1917	○
1638	×	1678	×	1718	○	1758	○	1798	○	1838	×	1878	×	1918	○
1639	×	1679	×	1719	○	1759	○	1799	×	1839	○	1879	○	1919	○
1640	○	1680	×	1720	○	1760	○	1800	○	1840	○	1880	×	1920	×

1921	×	1961	○	2001	○	2041	×	2081	○	2121	○	2161	○	2201	×
1922	○	1962	×	2002	×	2042	○	2082	○	2122	○	2162	○	2202	×
1923	○	1963	×	2003	○	2043	○	2083	○	2123	×	2163	○	2203	×
1924	×	1964	×	2004	○	2044	×	2084	×	2124	×	2164	○	2204	○
1925	○	1965	○	2005	○	2045	○	2085	○	2125	○	2165	○	2205	×
1926	○	1966	○	2006	×	2046	×	2086	○	2126	○	2166	○	2206	○
1927	○	1967	○	2007	○	2047	×	2087	○	2127	×	2167	×	2207	○
1928	○	1968	○	2008	○	2048	×	2088	×	2128	×	2168	○	2208	○
1929	○	1969	○	2009	○	2049	○	2089	○	2129	×	2169	×	2209	×
1930	○	1970	○	2010	×	2050	○	2090	×	2130	○	2170	○	2210	×
1931	○	1971	○	2011	○	2051	×	2091	○	2131	○	2171	×	2211	○
1932	○	1972	○	2012	○	2052	○	2092	×	2132	○	2172	○	2212	○
1933	○	1973	○	2013	○	2053	○	2093	×	2133	○	2173	○	2213	○
1934	○	1974	○	2014	○	2054	×	2094	○	2134	○	2174	×	2214	○
1935	○	1975	○	2015	×	2055	○	2095	○	2135	×	2175	○	2215	○
1936	○	1976	×	2016	○	2056	○	2096	○	2136	○	2176	○	2216	○
1937	○	1977	○	2017	×	2057	○	2097	×	2137	○	2177	×	2217	○
1938	○	1978	×	2018	○	2058	○	2098	○	2138	○	2178	×	2218	×
1939	○	1979	○	2019	○	2059	×	2099	×	2139	×	2179	○	2219	○
1940	○	1980	○	2020	×	2060	○	2100	○	2140	×	2180	○	2220	○
1941	○	1981	○	2021	×	2061	×	2101	○	2141	×	2181	×	2221	○
1942	○	1982	○	2022	○	2062	×	2102	○	2142	○	2182	○	2222	○
1943	○	1983	○	2023	○	2063	○	2103	×	2143	○	2183	×	2223	×
1944	○	1984	○	2024	○	2064	×	2104	×	2144	×	2184	×	2224	○
1945	○	1985	○	2025	×	2065	×	2105	×	2145	×	2185	○	2225	○
1946	○	1986	○	2026	○	2066	×	2106	×	2146	○	2186	○	2226	×
1947	×	1987	×	2027	○	2067	○	2107	×	2147	×	2187	×	2227	○
1948	×	1988	×	2028	○	2068	○	2108	×	2148	×	2188	○	2228	○
1949	×	1989	×	2029	○	2069	○	2109	○	2149	×	2189	×	2229	×
1950	×	1990	○	2030	○	2070	○	2110	○	2150	○	2190	×	2230	○
1951	×	1991	×	2031	○	2071	×	2111	×	2151	○	2191	×	2231	○
1952	×	1992	×	2032	○	2072	×	2112	○	2152	○	2192	○	2232	○
1953	×	1993	○	2033	○	2073	×	2113	×	2153	○	2193	○	2233	×
1954	×	1994	×	2034	×	2074	○	2114	○	2154	○	2194	○	2234	×
1955	○	1995	○	2035	×	2075	×	2115	○	2155	○	2195	×	2235	○
1956	×	1996	○	2036	×	2076	×	2116	○	2156	○	2196	×	2236	○
1957	○	1997	○	2037	○	2077	×	2117	○	2157	○	2197	×	2237	○
1958	○	1998	○	2038	○	2078	×	2118	○	2158	×	2198	○	2238	○
1959	○	1999	×	2039	○	2079	○	2119	×	2159	○	2199	×	2239	○
1960	○	2000	○	2040	○	2080	○	2120	○	2160	○	2200	×	2240	×

2241	○	2281	○	2321	○	2361	○
2242	○	2282	○	2322	○	2362	×
2243	×	2283	×	2323	×	2363	×
2244	○	2284	×	2324	○	2364	×
2245	○	2285	×	2325	○	2365	○
2246	×	2286	○	2326	○	2366	×
2247	○	2287	○	2327	○	2367	○
2248	○	2288	×	2328	○	2368	×
2249	○	2289	○	2329	×	2369	○
2250	○	2290	○	2330	○	2370	○
2251	○	2291	○	2331	×	2371	○
2252	○	2292	○	2332	○	2372	×
2253	○	2293	×	2333	○	2373	×
2254	○	2294	○	2334	○	2374	×
2255	○	2295	×	2335	×	2375	○
2256	×	2296	×	2336	○	2376	○
2257	○	2297	○	2337	○	2377	○
2258	○	2298	×	2338	○	2378	×
2259	○	2299	×	2339	○	2379	○
2260	○	2300	○	2340	×	2380	○
2261	○	2301	○	2341	○	2381	×
2262	○	2302	○	2342	○	2382	○
2263	×	2303	×	2343	×	2383	○
2264	×	2304	○	2344	○	2384	○
2265	×	2305	○	2345	○	2385	×
2266	○	2306	○	2346	○	2386	○
2267	×	2307	○	2347	○		
2268	×	2308	○	2348	○		
2269	○	2309	×	2349	×		
2270	○	2310	×	2350	○		
2271	×	2311	○	2351	○		
2272	○	2312	○	2352	○		
2273	○	2313	○	2353	×		
2274	○	2314	×	2354	×		
2275	×	2315	○	2355	○		
2276	○	2316	○	2356	×		
2277	○	2317	○	2357	○		
2278	○	2318	○	2358	○		
2279	×	2319	○	2359	○		
2280	○	2320	○	2360	○		

1	○	41	○	81	×	121	○	161	×	201	○	241	○
2	×	42	×	82	○	122	×	162	○	202	×	242	○
3	○	43	○	83	×	123	○	163	○	203	×	243	○
4	○	44	○	84	○	124	○	164	○	204	○	244	○
5	○	45	○	85	×	125	×	165	○	205	×	245	○
6	○	46	○	86	×	126	○	166	×	206	○	246	○
7	○	47	○	87	○	127	×	167	×	207	×	247	×
8	×	48	○	88	×	128	○	168	○	208	○	248	○
9	○	49	×	89	○	129	○	169	○	209	×	249	○
10	○	50	○	90	○	130	×	170	○	210	○	250	○
11	○	51	○	91	×	131	×	171	○	211	○	251	×
12	×	52	○	92	○	132	×	172	○	212	×	252	○
13	○	53	×	93	○	133	○	173	×	213	×	253	○
14	○	54	○	94	○	134	○	174	○	214	○	254	○
15	×	55	×	95	○	135	○	175	○	215	○	255	×
16	○	56	×	96	○	136	×	176	○	216	×	256	○
17	×	57	×	97	×	137	×	177	○	217	○	257	×
18	○	58	×	98	○	138	○	178	×	218	×	258	○
19	○	59	○	99	○	139	○	179	○	219	○	259	×
20	×	60	×	100	×	140	○	180	×	220	×	260	○
21	○	61	○	101	○	141	×	181	○	221	○	261	○
22	○	62	○	102	×	142	○	182	○	222	○	262	×
23	○	63	×	103	○	143	○	183	×	223	○	263	×
24	○	64	○	104	×	144	×	184	○	224	×	264	×
25	○	65	×	105	×	145	×	185	○	225	○	265	○
26	×	66	○	106	○	146	○	186	○	226	○	266	×
27	○	67	○	107	×	147	○	187	○	227	×	267	○
28	○	68	○	108	○	148	○	188	○	228	○	268	○
29	○	69	○	109	×	149	○	189	×	229	○	269	○
30	×	70	○	110	×	150	○	190	○	230	○	270	×
31	○	71	×	111	○	151	×	191	○	231	○	271	×
32	○	72	×	112	○	152	○	192	○	232	○	272	×
33	○	73	○	113	○	153	○	193	○	233	○	273	○
34	×	74	×	114	○	154	○	194	×	234	×	274	×
35	○	75	×	115	○	155	○	195	○	235	○	275	○
36	×	76	×	116	×	156	×	196	×	236	×	276	×
37	○	77	○	117	○	157	○	197	○	237	×	277	○
38	×	78	×	118	○	158	×	198	○	238	○	278	○
39	×	79	×	119	○	159	○	199	○	239	○	279	○
40	×	80	○	120	○	160	○	200	×	240	×	280	○

281	○	321	○	361	○	401	×	441	×	481	○
282	×	322	○	362	○	402	○	442	○	482	○
283	○	323	○	363	○	403	×	443	×	483	×
284	○	324	○	364	×	404	×	444	○	484	○
285	×	325	○	365	○	405	×	445	○	485	×
286	×	326	×	366	○	406	×	446	×	486	×
287	×	327	×	367	○	407	○	447	○	487	×
288	○	328	○	368	○	408	○	448	○	488	×
289	×	329	×	369	×	409	×	449	○	489	×
290	○	330	○	370	×	410	×	450	×	490	×
291	○	331	○	371	○	411	○	451	○	491	○
292	×	332	○	372	○	412	○	452	○	492	○
293	○	333	○	373	○	413	○	453	○	493	○
294	○	334	○	374	×	414	○	454	○	494	×
295	○	335	○	375	○	415	×	455	×	495	○
296	×	336	×	376	○	416	○	456	○		
297	×	337	×	377	○	417	○	457	×		
298	○	338	○	378	×	418	×	458	○		
299	×	339	○	379	○	419	○	459	○		
300	○	340	○	380	×	420	○	460	×		
301	×	341	○	381	○	421	○	461	○		
302	×	342	×	382	○	422	×	462	○		
303	○	343	×	383	○	423	○	463	○		
304	○	344	○	384	○	424	×	464	×		
305	○	345	○	385	○	425	○	465	○		
306	×	346	○	386	○	426	○	466	○		
307	○	347	○	387	×	427	○	467	○		
308	○	348	×	388	○	428	×	468	×		
309	○	349	○	389	○	429	○	469	○		
310	○	350	○	390	×	430	×	470	○		
311	×	351	○	391	○	431	○	471	○		
312	○	352	○	392	○	432	○	472	×		
313	○	353	○	393	○	433	○	473	○		
314	○	354	×	394	×	434	×	474	○		
315	○	355	×	395	○	435	○	475	○		
316	○	356	×	396	○	436	×	476	○		
317	○	357	○	397	○	437	○	477	○		
318	×	358	○	398	×	438	×	478	○		
319	○	359	○	399	○	439	×	479	×		
320	×	360	×	400	×	440	×	480	○		

연번	인명	암기서사	이론	도판
1	아바딘스키(Abadinsky)	**아!받은스키/ 조직범죄특성** 비이념적/위계적/제한적, 배타적/영속성/불법적 폭력과 뇌물/분업화 ·전문화/독점/조직규칙	조직범죄8가지 특성	20
2	아들러(Adler)**	**아들러**(아들원하는 사람)의 **권력의지**; 무의식속 열등감컴플렉스-비행은 열등감 보상을 위한 행동	개인심리학	9
3	아들러(Adler)**	여성의 사회활동 증가-여성범죄증가	신여성범죄론	15
4	에그뉴(Agnew)****	**에그, 뉴**(새로운) **스트레스(긴장)야!!** 일반사람 누구나 겪는 긴장이 원인이야 (목표실패/긍소/부발)	일반긴장이론	13
5	에이커스(Akers)**	차별적강화이론+반두라 모방개념 포함 cf) 에이커스와 셀러스: 논검타정	사회학습이론 이론평가기준	10
6	에이커스와 셀러스 (Akers & Sellers)*	**에이! 카**사고났어, 잘 **셀러**할려면 논검타정해야 해 논리-검증-타당-정책함의	이론평가기준 (논검타정)	1
7	아이히호른(Aichhorn)	**아이크, 혼**(수퍼에고)이 미발달 id>superego	수퍼에고 미발달 범죄원인	9
8	알바니스(Albanese)	**알바니스**칠도 조직이 들어와 하네. 불법용역과 재화/이익갈취/합법적사업 침투	조직범죄 (알바/용역/이익갈취/ 침투)	20
9	알비니(Albini)	**알비니**, 철없는 조직범죄나 하지. 사회적/약탈적/집단내부지향/전통적(신디케이트)	조직형태와 구조 (알빈/약사내전)	20
10	알렌(Allen)	범죄자는 **얼른** 알아차려서 치료해 줘야해! 인간행위는 선례적 산물-밝혀내 통제가능	의료모델 주장	28
11	앤더슨(Anderson)	자기가 **안**다고 **손** 쓰는 거리폭력배! 폭력이 용인되는 거리의 규범존재	거리의 규범	13
12	아샤펜부르그 (Aschaffenburg)	**아!샤펜** 위험해!!, 법적 위험성 7분법 (우격기예누관직)	범죄인분류: 7분법	7
13	오거스터스 (J. Augustus)	재판부에 **어거지써서** 데려다 보호관찰(1841) -매사추세츠주 공식적 보호관찰(1878)	최초보호관찰 (probation)	26
14	반두라(Bandura)*	화면을 보고도 **반사**해두고 모방학습 (대리강화, 외부강화, 자기강화)	보보인형 실험 관찰학습 사회학습이론	9
15	바톨(Bartol)	**바톤**받아 아이젠크 이론 긍정	아이젠크 이론 긍정평가	8
16	바툴라스와 밀러 (Bartollas & Miller)	**발에 털났어. 밀어버려!/ 최소한으로** 의료/적응/범죄통제/최소제한 [1]쇠소세안: 비시설수봉, 저벌 및 처우 모두부정 *밀러: 하위계층문화이론(TTESFA)	소년교정 모형	25

17	베카리아(Beccaria)*	**배깔고** 형이 준거 **베까**렸어, 형법개혁(죄형법정주의)	범죄와 형벌	4
18	베커(H. Becker)	**하워드 베커:** 낙인이론, 지위일탈, 자리**비켜**!!, 비법률적 정의: 낙인적 접근, 단계적 모델	낙인이론: 주지위일탈	10
19	베커(G. Becker)	**게리 베커:** 범죄도 은행처럼 경제적으로 해! 합리적 선택 이론	범죄경제학	4
20	벤담(Bentham)	**벤**치에 앉아 **담**배피면서 연기로 팝콘을 그렸어	파놉티콘형 교도소	4
21	번(E. Berne)	**번번**히 오가는 말을 분석해 교류분석이야! 부모-성인-아동/계약과 결정, 개방적커뮤니케이션	의사교류분석	28
22	버코위츠(Berkowitz)	**벗고있지**!/좌절하면 분노생겨서 공격해! 좌절-분노-공격	수정된 좌절공격	9
23	블랙(Black)*	**블랙**옷 입은 정보원이 법으로 행동! 법은 사회통제 일종-통치기구에 의해 그 통제가 이뤄질 때 법	법행동이론	14
24	브럼스타인(Blumstein)	과밀 교도소를 해결하겠다는 나선 **브러운 스타** 무익한전략/선별무능/정문정책/후문정책/사법절차개선/시설증설	과밀수용해소방안	28
25	봉거(Bonger)*	**봉거**타고 다니는 노동자들 경제적 조건과 범죄성(1905) 경제적 조건, 하층:경제종속과 빈곤, 지배층: 비도덕화	경제결정론	14
26	바울비(Bowlby)*	엄마와 **볼 비**비며 자라야 애착이 형성돼! 모성의 영향 중시	애착이론	9
27	브레이스웨이트 (J. Braithwaite)****	**부르스치는웨이터**가 재통합위해 남녀를 부킹시켜 재통합적수치심, 회복적사법	재통합수치심부여이론	12
28	브랜팅햄부부 (Brantingham)	**브랜딩**한 **햄**을 먹는 시공간의 **패턴**이 있어 범죄자의 시공간적 행동패턴/축, 경로,교차	범죄패턴(유형)이론	22
29	브랜팅햄과 파우스트 (Brantingham & Faust)****	**브랜딩**한 **햄**과 **파우스트**만 먹어, 건강예방되겠어? 1차(사회정책)/2차(조기발견)/3차(교정)	범죄예방모델 (보건의료모형 차용) 1사2조3교	22
30	브라이스(Brise)	눈을 **부라리**며 엄격한 통제형 보스탈 감옥을 운영해	보스탈감옥	25
31	브록웨이(Brockway)	**블록웨이**(길)이 얼마제? 상대적 부정기형도입	엘마이라제	28
32	버제스(Burgess)*	**버제스**는 벌재는걸 좋아해. 벌재서! 경험표 만들어 범죄예측 지도에 동심원을 그리고 그 안에 벌쟀어. 벌을 하나하나 쟀어. 경험표에 의한 범죄예측 *버+에이커스: 차·강이론	동심원이론 (가석방)범죄예측 버+에이커스: 차·강이론	13, 21
33	버제스와 에이커스 (Burgess & Akers)*	**에이, 차 사**고났어!. 보험금타먹는 보고 배우자 접촉-정의-보상-모방, 스키너조작적 조건형성 반영 버제스: 경험표에 의한 가석방 범죄예측	차별적강화이론 버제스: 가석방예측	10
34	버만(Burman)	**벌만**서다가 내분비선 장애가 생겼어.	내분비선 기능장애	8
35	버식(Bursik)	**버식**(벌에 대한 형식)이 약하면 비공식감시기능약화-행동지배율 결핍-직접통제부재로 이어져,	사회해체이론	13
36	버식과 웹 (Bursik & Webb)	**벌식과 웹**(그물망)이 약하면 지역사회 무능해져 구성원변화에도 범죄율 지속	지역사회무능이론	13

37	클라크와 코니쉬* (코니쉬와클락) (Cornish & Clarke)	**클락**(시계)처럼 정확히 **꼬나서** 합리적 선택! [상황적 예방](5*5=25) 위험증가: 장,공,자,익명,보호 노력증가: 출,범죄,대강,무시 변명제거: 법,규,알,지,양심지켜 보상감소: 소,교란말고,이,제,감춰 자극감소: 친구,모자,논쟁,감정,스트레스 *코 · 펠(VIVA)개념확장: 취약물품의 특성: 은폐(Concealable) /이동용이(Remobable)/사용성(Abailable)/수익성(Valuable)/오락성(Enjoyable)/처분용이성(Disposable)	합리적 선택이론 상황적 범죄예방 (위로변보자) CRAVED모델	4, 22
38	챔블리스와 사이드만 챔블리스(Chambliss & Seidman)**	**챔블리스**가 **사이드**(약자)만 때려! 사법기관(중하층계급): 약자 대상 처벌	차별적 범죄화	14
39	크리스티안센 (Christiansen)	**크리스챤**은 다 쌍둥이 같애! 유전중하지만-사회적 변수도 중요	유전중요-사회영향	8
40	체스니-린드)*** (Chesney-Lind)***	**체스 리드**하는 여자는 더 엄한 처벌	페미니즘 비판범죄학	15
41	클라크와 와이즈버드 (Clarke & Weisburd)*	**클락**(시계)을 **와!이즈**(크게)벌려, 범죄억제! 억제효과, 단념효과	이익효과	22
42	클래머(Clemmer)	**클래식을 사랑**하는 사람 클래머가 1940년 「교도소사회」 연구 수용기간의 장기화에 따라 교도소화 강화	교도소사회 기간에 따른 교도소화	28
43	클리나드(Clinard)*	도시에서는 범죄가 **끌리나 더**!? 도시화단계에 4단계 범죄, 5차원 9유형 범죄유형화! 부족문화/근대화/교육 · 경제서비스개선/미래복지 5차원-9유형화: 공/조/직/개/정/기/비/전/통	도시화단계와 범죄 (부근교복) 다차원범죄9유형화	18
44	클라워드와 올린)** (Cloward & Ohlin)**	**끌어오르는** 차별적 기회구조/범죄도 배워야! 문화: 범죄-갈등-도피 *올린의 보호관찰모형: 처벌/보호/복지/수동	차별적 기회구조이론 올린: 보호관찰모형	13
45	코헨(Cohen)****	**코비**: 비행적 하위문화 지위좌절-저항(과정), 비실리/악의/부정	비행적 하위문화이론	13
46	코헨과 펠슨 (Cohen & Felson)***	**코펠**들고 일상활동하다 삼거리에서 피해를 봐 범죄자, 적절한대상/피해자, 감시의 부재 적절한대상특징: 가치(Value)/이동용이성(Inertia)/가시성(Visibility)/접근성(Acess) *코헨: 비행적하위문화이론	일상활동이론 범죄삼각형 VIVA모델 → 클라크와 코니쉬의 CRAVED	5
47	콜만(Coleman)	**콜만**하면, 취직도, 결혼도 할 수 있는 사회야! 사회자본 강조	사회자본	13
48	콜빈(Colvin)	**골빈**사람 강압하면, 그 자체가 자기통제력 약화(충동적 성격때문 아냐) 1. 강압: 강압적 가족훈육, 긴장원인(일반긴장이론), 경제적 불균형(아노미이론), 억압(통제균형이론)이 포함되는 통합개념 2. 강압적 악순환: 강압-낮은통제력-더욱강압환경-폭력이나 약탈범죄로 반응-형사사법기관의 강압대응	차별적강압이론	16
49	콜빈과 폴리 (Colvin & Pauly)	**콜빈+폴리스**가 마+통을 뚫었어 자본주의 불평등 · 계급화-교육기회에 영향-개인범죄성향 형성 노동계급-강압적양육-유대약화-범죄	자본주의 문제지적 막스+사회통제이론 통합	14, 16
50	코르테(Cortes)	**꼬레테**(뒤태)가 떡 벌어졌잖아, 중배엽 강조	체(격)형	8

51	커즌즈와 네그폴 (Cousins & Nagpaul)	개인주의, 문화적 이질성, 자유인간, 인구이동	도시사회범죄유발요인	18
52	크로프톤(W. Crofton)	**크로스에 중간교도소제를 두어 가석방하는 아일랜드제** 독거구금/혼거작업/중간교도소/가석방	아일랜드제	28
53	크로우(Crowe)	**끌어안아 양자 삼았어!** 모친범죄자 입양-정상입양 비교	양자연구	8
54	달가드와 크랭크린 (Dalgard & Kriglen)	**달이가도 그렇고 그래** 환경요인 감안-유전 중요성 부인	유전중요성 부인	8
55	달톤(Dalton)	**달마다 터지는 월경**	월경과 범죄	8
56	디츠(Dietz)	**디졌어! 대량살인 3종** 가족/무기도착자/설치-도주형	대량살인 (가/무/설)	20
57	둘레샬과 클랍뭇 (Doleschal & Klapmuts)	**둘러싸고 클랍문에서 세력간 갈등싸움해** 범죄는 실제 위해여부×, 사회세력	사회세력	14
58	달라드(Dollard)	좌절하면 **달라들어 공격**	좌절공격, 자극전달	9
59	덕대일(Dugdale)***	**덕대일**인 조카	쥬크가 연구	8
60	뒤르깽(Durkheim)**	**뒤를 캐고 다니는 놈이 정상기능이래** 분(기-유)/자(아기타운)/아(노미)/범(기능,정상) ⇨사회해체론, 아노미이론, 사회통제이론에 영향	분업론, 자살론, 아노미, 범죄정/기	7
61	에크(Eck)*	**에크! 이거 틀렸다. 범죄삼각형 수정모형** 통제인, 감시인, 관리인	범죄삼각형 수정	5
62	에크와 스펠만 (Eck & Spelman)*	**에크! 스펠만**으로 사라:경찰문제해결(SARA) 조사탐색-분석-대응-평가	SARA모델	21
63	에덜허츠(Edelhertz)	**애들이했지! 화이트칼라범죄를?** 범행수법,목적 등 가해자 중심분류 특별위반/신뢰남용/방계적 기업/사기수법	가해자 중심 분류 (특신방사)	20
64	이글래시(A. Eglash)	**이글**거리는 열정으로 회복적사법을 주장해 1970년대 후반 회복적 사법 처음 사용	회복적사법	12
65	엘렌베르거 (Ellenberger)*	**얼른 버거**먹고 **일단 잠**자고 싶은 심리 잠재적(피해자가능성)-일반적	심리기준	5
66	엘리엇과 동료들 (Elliott)**	**얼려서 통·학하는 아이** 사회연대↑-기회차단(긴장)-불법 사회연대↓-비행집단접촉-범죄 사회연대↑-기회제약(긴장)-사회연대↓-비행집단유대↑-범죄학습	긴장이론과 사회통제이론 결합	16
67	엘리스(A. Ellis) 벡(A. Beck)	**엘리트다운 인지를 가진 인지행동가** A-B-C이론	인지행동이론	9
68	엑스너(Exner)	버제스 예측법 도입하여 예측필요성 강조 **엑스친 너! 전쟁뿐이야!!** 감격/의무이행/피폐/붕괴/전후기 *통계기초 인플레이션은 범죄에 영향	범죄예측 필요성 강조 전쟁과 범죄 범죄예측강조 인플레이션과 범죄	18, 21
69	아이젠크(Eyesenck)**	**아이(눈)이 커져(젠크): 자율신경조직** 외향,신경,정신	자율신경조직의 장애 인성이론(성격과 범죄)	8, 9

70	페리(Ferri)*	**프리**한 사회주의자!, **프리**한 롬브로조 제자 사회적 원인, 범죄포화, 형벌대체사상 형벌대신 '제재': 상대적 or 절대적 부정기형=제재	초기사회학 형벌대용물사상	7, 26
71	포이에르바하 (Feuerbach)	**포위를 봐아!** 무섭지!!심리를 강제해	심리강제설	4
72	포겔(Fogel)	교화정책 **포기**하고 사법정의 세워야! '롤스의 형사사법의 최우선은 정의실현' 영향	사법정의모델 강조	28
73	폭스(Fox)와 레빈(Levin)	**폭삭! 래빈**을 모두 살해한 대량살인 복수형/사랑형/이익형/테러형	대량살인 (복/사/이/테)	20
74	프로이드(Freud)***	정신분석에는 1등 **프로**이다. 성격구조, 성심리발달단계, 컴플렉스	정신분석	9
75	가보(Gabor)	**가보자!** 거긴 범죄가 없는 안전지대야! 특정지역 보안수준차이, 범죄대체, 무임승차	범죄대체, 무임승차이론	5
76	갈톤(Galton)	표본조사방법에 의한 대표적 연구	일란성 우세	8
77	가로팔로(Garofalo)*	**가로팔로** 저어! **과/자/법** 자연범/사형 · 유형, 법정법/정기, 과실/불처벌	초기심리학	7
78	조지(W. George)	삼권분립 힘의 **조정**하는 **지**혜로 소년공화국 운영 권력분립모방한 자치제 실시(사설소년원)	조지 소년공화국	25
79	글래저(D. Glaser)**	**다니엘 그래저: 그랬어!** 그랬어! 고개 끄덕이며 배워!, 동일시 cf) 윌리엄그래저: 현실치료(선택이론) 창시자	차별적동일화이론	10
80	글래저(W. Glasser)	**윌리엄 그래저: 글렀어!** 현실을 도피하면 안돼!, 선택을 똑바로 해야지 관계형성/욕구탐색/행동평가/책임있는 행동계획 cf: 다니엘 글래저(D. Glaser): 차별적 동일시이론	현실요법, 선택이론	28
81	글룩부부(Glueck)*	**글**을 쓰는 **부부**는 늘 아이들 연구만 해 중배엽(운동형)-간접적 비행원인 절대적 가정빈곤은 범죄에 큰 영향 결손가정은 범죄원인 비행조기예측: 다섯가지요인 가중실점방식 부모의 유전적 결함 범죄소년에 영향	체형, 표본집단(횡적), 생애과정(종적), 조기예측, 로르샤하심리검사, 지능, 교육, 가정환경 등	8, 9, 16, 21, 25
82	깁스(Gibbs)	**깁스**를 하고, 살인자 확실히 처형했어 살인의 경우 확실성, 엄격성	고전주의 검증	4
83	지오다노와 동료들 (Giordano)	**지옳다고 노할** 줄 아는 인지능력이 필요해! 인지변화: 변화수용/긍정상황인식/대체자아구체화/범죄와무관한 삶	인지적 전환이론	16
84	고다드(Goddard)	**고칼리로리로** 덕데일조카 정신박약이 범죄이 50%	가계연구(칼리카크가) 지능과 범죄	8, 9
85	고프만(Goffman)	배가 **고프기**만 하면 전체가 말을 잘들어! 전체주의 기관으로서의 교도소	전체주의기관	28
86	골드스타인(Goldstein)	문제지향적 경찰활동	문제지향적 경찰활동	21
87	구드(Goode)	**굳!** 약물효과 끝내주네. 정체성/복용량/효능과순도/혼용/복용방법/습관성/상황 구누신은 성/상/순/양/방/혼/습	약물효과 주요변수 (정정순정방혼습판)	20

88	고링(Goring)**	롬브로조에 **고리**를 걸어 반대했어 신체적 변이 아닌 유전학적 열등성	영국의 수형자 (롬브로조에 반대)	8
89	고링과 피어슨 (Goring)(Pearson)	**고리**를 걸어 꽃이 **피었어** 부모의 구금횟수, 기간(범죄성 유전)/통계법 활용	유전부인(결함)	8
90	갓프레드슨과 허쉬 (Gottfredson & Hirschi)*****	**갓프렌드**가 **허쉬**를 찾아와서, 자기통제가 안된대! 낮은자기통제력–사회연대약화–범행기회 범죄와 연령(생물학적)은 불가분적이야! cf)하인드랑+갓프레드슨: 생활양식노출이론	범죄일반이론 (자기통제이론) 범죄–연령은 불가분	10 16
91	고프(Gough)	배**고프**면 성격이 날카로워져, 캘리포니아 **골프**광	성격검사(CPI)	9
92	그린버그(Greenberg)	푸른벌레(**그린버그**: 청소년)는 노동을 못해서 범죄, 시간가면 해결 연령–범죄곡선, 청소년범죄의 구조적 원인: 자본주의 경제구조가 원인	연령–범죄곡선 계급 기초 비행이론	14, 17
93	그로스(Gross)	**그로스**(안경)끼고 과학수사해	과학수사	7
94	그로스와 홉슨(Groth & Hobson)*	**그로스**(성장)하지 못해서 지가분노해 성폭력 지배(권력재확인, 권력독단)/분노(보복,가학적) 성폭력	성폭력범죄 분류	20
95	게리(Guerry)	게리=**지리**학파	지도,지리학파	7
96	헤이건(Hagan)**	**헤이!, 건**(총)가져와! 딸은 집밖에도 못가!! 사회적계급구조, 전통적 가부장적 가정 비판범죄학(페미니즘)+사회통제이론	권력통제이론	16
97	하스켈과 야블론스키 (Haskell, Yablonsky)	**하스킬**로 **야불**대는 **스키**들!, 정치, 조직범죄 계층구조/무력/철저한 계획/면책/ 정치사회제도변화/정치권력유지/공직이용	조직범죄특성 정치범죄 분류	20
98	해어(R. Hare)**	**헤어**져봐야 사이코인줄 알아 20문항 사이코패스 진단도구	사이코패스(PCL–R)	9
99	하서웨이와 매킨리 (Hathyway & Mckinley)	**하서웨이**가 막혔니? MMPI 검사해봐	MMPI	9
100	힐리(Healy)	경제상태는 범죄와 매우 작은 영향		18
101	힐리와 브론너 (Healy & Bronner)	돈 없어도 **힐링**되고 **부러운**녀! 학업태만은 문제야!! 학업태만은 범죄의 유치원	학업태만과 범죄	18
102	헨티히(Hentig)*	**헌티**입고 **히**히!! 나다니는 심리는 뭘까 일반(심리장애인)–심리적–활동적	심리기준	5
103	하인드랑, 갓프레드슨 (Hindelang, Gottfredson)	**하인들**이랑 **갓프렌드**해서 맨날 놀러다니다, 피해입어 생활양식노출 *갓프레드슨+허쉬: 범죄일반이론(자기통제론)	생활양식노출이론	5
104	허쉬(Hirschi)******	**허쉬**크래커 줄게, 우리 연대하자! 사회연대–IABC 특정연령까지 범죄증가하다가, 이후 감소 *갓프레드슨+허쉬: 자기통제이론	사회연대이론 청소년 범죄 범죄일반이론	10, 17
105	호체와 호프만 (Hoche, Hoffmann)	**호체**(호감가는 체형)가 **호프만** 마시는 것을 끝까지 관찰해 봤어!! 범죄발생과 소멸까지 종단연구	범죄생활곡선	17
106	홈즈(Holmes)와 홈즈(Holmes)	**홈즈**와 **홈즈**, 형사와 형사 디츠의 분류+추종자/불만 많은 피고용자/불만 많은 시민/미친 대량살인 자	대량살인 (디/추/피/시/미)	20

107	홈즈와 드버거 (Holmes & DeBurger)*	**홈즈와 드버거** 형사 연쇄살인범 검거 사명/망상/쾌락/권력	연쇄살인범 분류 (사/망/권/쾌락)	20
108	후튼(Hooton)*	**후에 틀**어서 롬브로조 다시 인정(하버드) 생물학적(신체적)열등성 강조	골상학(롬브로조인정)	8
109	휴(Hough)	**휴~!** 선택잘했네 생활양식+일상생활	선정모형	5
110	하워드(J. Howard)	유럽 지하세계(**하월드**) 지하감옥을 돌아다녔어	감옥상태론	4
111	허칭스와 매드닉 (Hutchings & Mednick)**	양자**호칭**을 부르며 **매드**니? 유전+환경 모두 중요	생·양)생)양)모두비	8
112	헌니컷과 브로이디 (Hunnicutt & Broidy)	경제적 의존에 따른 경제적 열악한 지위가 범죄원인	페미니즘 남성에 대한 경제의존	15
113	어윈과 크레세이 (Irwin & Cressey)	얼굴이 **여윈 크레세이**가 교도소에 들어어! 유입모형	수형자 부문화 유입모형	28
114	제이콥스와 뉴만 (Jakobs & Newman)*	**너만의 방어공간이 필요해** 방어공간: 영역,감시,이미지,주변지역보전	방어공간이론 (영감이주)	22
115	제이콥스와 스트롱 (Jakobs & Strong)*	XYY-범죄영향 ▶ 위트킨 등 다른 연구가: 성염색체에 따른 범죄성향 부정	성염색체 범죄성 인정	8
116	제프리 (C.R. Jeffery)****	**제**는 **프리**하게 CPTED로 범죄예방하제. 모델: 사(사회복귀)/억(억제)/환(환경개선) CPTED: 영역강화/자연감시/접근통제/유지관리/활용증대	범죄예방모델(사억환) CPTED(영감관활통)	22
117	칼멘(Karmen)	**칼**을 **멘** 사람은 규범과 책임의식 투철해 비행적/유인/조심성없는/보호가치없는	규범과 책임 (유비보조)	5
118	카사다(Karsarda) 재노위쯔(Janowitz)	**칼(처럼)사다** 엄격하게 **재**서 <u>시스템(체계)</u>을 갖췄어! 체계이론	체계이론	13
119	캇츠(Katz), 버코위츠(Berkowitz), 윌슨(Wilson)	**캇!** 벗고있는 것은 **위아**들(Wilson)이 직접배워!!: 직접효과, 단기효과	단기효과이론, 직접효과	18
120	키플과 람넥 (Kielf & Lamnek)	**커플**이 **남** 넥타이잡고 3차 피해 1차(직접)-2차(처리과정)-3차(법불신)	피해자화 3단계	5
121	클라인(Klein)	**클라인**(아이)를 형벌아닌 보안처분으로 보호해야해! 특별예방 형법이론, 이원주의 이론적 기초제공	보안처분 최초이론정립	26
122	콜버그(Kohlberg)***	**콜라버거**만 먹는 초딩1,2 관습이전단계가 문제야, 3,4는 관습, 5,6은 관습 이후단계 1,2(타율,이익)단계 도덕수준이 문제	3수준(관전,관습,관후) 6단계	9
123	콘하우저 (Kornhauser)*	**큰하우스**를 **진** 바람에 사회가 해체되었어. 사회해체-하위문화 구분, 범죄는 사회해체시	사회해체와 하위문화 분 리관점 제시	13
124	크래펠린(Kraepelin)	**그래패린**이야. 정신병질이 7개야. 흥분/의지부정/욕동/기교/허언/반사회/호쟁	정신병질 분류	9
125	크레취머 (Kretschmer)*	**그렇지뭐**, 체격(덩치)대로 놀아 비만-운동-세장	신체구조와 성격	8
126	랩(Lab)	**랩**으로 두려움을 싸는게 범죄예방 실제범죄발생 및 시민이 범죄에 대해 가지는 두려움 제거활동	범죄예방개념 범죄전이 정의	22

127	라까샤뉴 (Lacassagne)	**라**(디오)에서 **까**대는 것 듣고 **사**는 것이 모두 사회책임이라고 강조 곡물가격과 범죄, 배미라	사회적 책임강조	7
128	랑게(Lange)*	**쌍둥이 계란** 일란성이 이란성보다 높아	일란성 우세	8
129	레머트(Lemert)****	1차는 몰라, 2차는 **내멋대로** 할래 1차적−2차적일탈, 낙인(사적〈공식)	사회적 낙인(공식적 낙인)	10
130	렌츠(Lenz)	**렌즈**끼고 연구(범죄인류학+범죄심리학 통합시도)	범죄생물학원론 (신롬브로조학파)	7
131	레빈과 맥드빗 (Levin & McDevitt)	증오에 차, **레빈**을 향해 **막드**빌어 보스방사 보복/사명/방어/스릴추구	증오범죄유형 (복사방스릴)	20
132	루이스(Lewis)	**누이**(여동생)들을 학대해서 중추신경장애가 왔어. 부적절한 양육, 피학대−반사회성	중추신경장애	8
133	린드스미스와 던햄 (Lindesmith & Dunham)*	**린드스미스와 던햄**의 사회적 범죄유형화 개인적범죄자, 사회적 범죄자	사회적 범죄유형화 (개인적 사회적)	18
134	리스트(Liszt)	**리스타**가 신파형법(특별예방주의)을 이끌었어 (심리+사회)범죄학+형법학=전형법학 응보에서 특별예방, 진압에서 방위, 형벌과 보안처분 일원화 주장 단기자유형에 맞서 싸우는 십자군	신파, 형벌의 개별화 목적형주의 단기자유형 폐지	7, 24, 26
135	뢰버(Loeber)	**뢰버**로 3단 범죄경로 잘 잡아! 1. 권위갈등경로: 고집불통−어른권위무시 2. 은밀경로: 거짓말, 사소한 비밀행동−절도, 날치기 등 3. 가시적경로: 놀리고 괴롭힘−폭력, 강도	범죄경로 관점	16
136	롬브로조 (Lombroso)***	**놈부**끄럽소 생/격/정/기/상잠을 못이뤄 범죄여성은 괴물이야! 성매매여성이 너무많아	생래적 범죄인 여성범죄론	7, 15
137	로렌쯔(Lorenz)	**노란렌즈**만 보면 생존위한 공격본능이 나와 *cf) 프로이드: 파괴적 · 폭력적 본능	공격본능	9
138	러켄빌(Luckenbill)	캘리포니아 **러켄빌** 피해자 유발 살인 63%	피해자유발살인	20
139	룬덴(Lunden)	**눈덴**체 있어야해! 도시는 범죄가 많아.	지역사회와 범죄발생	18
140	린즈(E. Lynds)	혼거제는 자칫 **린치**를 맞을 수 있어! 새로운 혼거제(주혼야독, 침묵제) 외창없는 2열의 사방이 잔등을 맞댄 내방식 구조	오번제 오번형 교도소	28
141	마코노키 (A. Machonochie)	날마다 **마크(점수)**놓아서 평가하는 잉글랜드 점수제 독거구금/혼거작업/가석방	잉글랜드제 (독−혼−가)	28
142	마르크스(Marx)	경제, 계급	계급갈등	
143	메이어/마이어(Mayer)	쌀값에 **메이어** 범죄가 연동돼! 최초로 곡물가격과 절도 상관관계(정비례)	최초곡물가격과 범죄	18
144	마틴슨(Martinson) 베일리(Bailey) 워드(Ward)	**마친손**으로 **워드**쳤어, **베일리**, Nothing Works 교정처우 효과성 부정	교화개선모델 실패론	28
145	마루나(Maruna)	**말루**는 나한테 맡겨, 내가 구원투수야!! 구원대본, 정체성	구원대본이론	16
146	메이휴(Mayhew)	범죄는 **메이유**가 있어. 사회적 범죄유형화지. 전문적(생계수단)/우연적	사회적 범죄유형화 (5월의 휴일 전우)	18

147	맥아내니(McAnany) 쿨렌과 길버트 (Cullen & Gilbert)	**처벌위주 사법모델을 쿨렌과 길벗이 막아내니?** 범죄의 정치적 속성 강조 공정, 인본주의적 보장 ×	정의모형 비판	28
148	메드닉(Mednick)	**메드니, 아이가 놀라 머리가 멈춰, 뇌파가 낮아져!** 낮은 사람 범죄비율 높음	뇌파검사	8
149	멘델존(Mendelsohn)**	**멘들멘들**한 손에서 피해 책임을 찾아/ 면책 책임×/책임△/책임=/책임〉/책임〉〉	유책성 기준 피해자 중심 피해유형화	5, 18
150	머튼(Merton)***	**아무튼** 목수한테도 기회가 필요해! 목표와 수단의 괴리(동/혁/의/도/전) *케틀레,스토우퍼,머튼,토비: 상대적빈곤과 범죄 자기완성적 예언(self-fulfilling prophecy)	아노미이론 상대적 빈곤과 범죄	13
151	매스너와 로젠펠드 (Messner & Rosenfeld)****	**매스든의사가 로젠펠드**(장미들판)으로 달려가: 아메리칸 드림 돈(경제)이 최고야! 문화도 교육도 필요없어!!	제도적 아노미이론	13
152	메서슈미트 (Messerschmidt)	**남자다움을 과시하기 위해 범죄, 가부장제가 만들어낸 이상적 남성**	페미니즘	15
153	미테와 메이어(Miethe & Meier)	**밑에 메인 구조에서 대상 선택** 범행기회(구조)+대상선택(상황)	구조적 선택모형	5
154	밀러(Miller)***	**밀려난 애들이 모여서 만드는 문제거리** 독자적 문화(떼써파!(TTESFA!), 갈등 빈민유형: 안정/긴장/노력/불안정 *버거스, 버어트, 쇼엔메케이, 밀러: 절대적 빈곤 *바톨라스+밀러: 소년교정모형(의/적/통/최소제한)	하위계층문화이론 빈민유형 절대적빈곤과 범죄 소년교정모형	13
155	밀레트(Millett)	**가부장이 문제야!! 급진적 페미니스트**	급진적 페미니즘	15
156	모핏(Moffitt)***	**모피를 입고 싶은마음은, 미성숙, 모방이야** 뇌신경손상, 언어·인지장애는 평생 지속돼! 성숙차이,모방은 청소년때 한정하고 말어	인생지속-청소년한정형	16
157	몰리취와 폴리아코프 (Molitch & Poliakoff)	**몰레취**해서 **폴리아코프**라에 물렸지만 내분비 장애하고 범죄는 무관해	내분비선 장애 부인	8
158	무어(Moore)	**무어? 화이트칼라 수법이 7가지나 돼??** 신용/사취/조직내/횡령/고객사기/정보판매/기업범죄	화이트칼라범죄 수법 7가지 (신사사기내기횡)	20
159	모라쉬(Morash)	(숨을) **몰아쉬**면서 기업에 침투하는 조직범죄 합법사업이나 기업에 침투/약탈적 착취	합법적 사업이나 기업에 침투하는 조직 (몰아쉬면서/침착)	20
160	모이어(Moyer)	**모여서 폭력을 휘둘러 범죄!!** 정서적/도구적/무작위/집단적/테러리즘	폭력범죄 분류 (정도무집테)	20
161	뮬렌(Mullen)	**물렝이 너무 맛있다고 따라다녀, 스토킹** 거부/분개/강간/연인갈구/무능	스토킹유형 (무거분강연)	20
162	뉴만(Newman)	제이콥스와 뉴만: 너만 영감이조 cf) 제프리(CPTED): 영감통제지원	방어공간이론	22
163	뉴만(Newmann)	**너만의 쌍둥이**	쌍생아연구	8
164	나이(Nye)**	**나이들때까지는 가정이 중요해(욕구미충족)** 가정의 중요성, 간접-비공식통제가 효과적	욕구미충족이 원인 초기통제이론	10

165	오그번(Ogburn)	**오,그 번**돈 잃어버렸어. 이젠 너무 늦었어. ㅠ 물질문화발전에 따르지 못한 부수문화	문화지체이론	13
166	올린(Ohlin)	**올인했어! 보호관찰연구!!** 처/보/복/수 *클라워드와 올린: 차별적기회구조 이론	보호관찰 유형	26
167	오스본(Osborne)	서로 **옷을 본**, 그 사람이 오!오!! 칭찬하며 자치생활을 해, 조지소년공화국 오번감옥에 도입	최초 수형자자치제 오번감옥	28
168	팔머(Palmer) 겐드류와 로스 (Gendreau & Ross)	교화실패론의 효과측정 방법 문제 제기 다시 연구해보니, 대상 86% 성공적	교정교화 성공론	28
169	파크(Park)	**파크**(공원)는 인간생태계야! 침입-지배-계승해	인간생태학(도시연구)	13
170	패링턴(Parrington)	**패던링을 턴**해서 더 이상 범죄않고, 범죄예방 ▶ 톤리+패링턴(Farrinton)의 범죄예방모델과 구별	일탈행동발달이론	16
171	패싱햄(Passingham)	**햄을 패싱**하면, 자율신경에 문제 안생겨! 아이젠크, 시들 주장 반대	자율신경범죄관련 부정	8
172	패터노스터와 이오반니 (Paternoster & lovanni)*	낙인이론: 갈등주의와 상징적 상호작용론을 패터노스타와 이어받니?	낙인이론의 발생	10
173	패터슨(Patterson)***	아이를 키우는 **패턴손**이 조-만범죄에 관련있어. 조기개시형-만기개시형	조기-만기개시형	16
174	폴링(Pauling)	배고파 허리가 **폴**더가 됐어. 지적장애-과활동반응 두가지 범죄원인	영양결핍과 범죄	8
175	파블로프(Pavlov)	행동원인을 **파볼로프**를 준비해 자극과 반응학습원리 처음 제시	고전적 조건형성	9
176	윌리엄 펜(W. Pen) 프랭크린(B. Franklin)	독방에서 **펜**으로 참회의 글을 쓰고, 혼자 **프랭크** 운동을 하도록 하자	참회사상 펜실바니아제도	28
177	펄스(F. Perls)	**뻘**을 배경으로 여기가 바다임을 자각하게 해 지금-여기, 전경과 배경	게슈탈트	28
178	피터슨(Peterson)	**피터지지** 않게 소그룹 보스탈제도 운영 15명 소그룹 생활단위 개선, 심리변화 목적	보스탈제도 개선	25
179	피아제(Piaget)*	**피아**를 구분하는 단계로 인지발달 감각운동기-전조작기-구체적 조작기-형식적 조작기(감전구형)	인지발달 선구자	9
180	폴락(Pollak)**	**폴락**, 폴락 여성의 범죄성	기사도 정신가설	15
181	뽀레스타(Poresta)	**뿔에 스타**(별)가 박혀!! 아무리 단기로 교도소 가더라도, 수형자 개선을 위해서는 짧은기간, 부패시키는데는 충분한 기간	단기자유형 폐해	24
182	케틀레(Quetelet)	통계학파, 통계로 **꿰뚫어**봐, 예도캐!!	통계와암수 정비례	7
183	케틀레와 게리 (Quetelet & Guerry)	인신범죄는 따뜻한 지방, 재산범죄는 추운지방	범죄의 기온법칙	18
184	퀴니(Quinney)**	방구 **뀌는**데 적응(화해)하거나 대항(저항) 사회적 현실을 조작하는 능력 지배와 억압(자본가): 경제, 정부, 통제 적응과 저항(노동자): 적응(약탈,대인)-저항(시위) 사회적유형화(지배계층-피지배계층) *드플로어(DeFleur)와 퀴니: 기호이론(set theory) *퀴니와 페핀스키: 평화구축 범죄학	경제계급론 사회적유형화 기호이론(집합론) 평화구축범죄학	14, 18

185	퀴니와 페핀스키 (Quinney & Pepinsky)	끼니(**퀴니**)를 잘 참고, **페핀**(퍼준)**스키**!! 평화주의 평화 · 정의, 경험적 연구보다 종교 · 철학적 접근 관심, 배려, 중재, 갈등해결, 화해=공동체 재통합	평화구축 범죄학	12
186	레크리스(Reckless)***	**렉!!**걸렸어!!, 범죄하기는 틀려먹었네! 유발요인(3P)-억제요인(내부-외부) 자기관념(좋은 관념은 비행절연체) 렉걸리자 도발해! 피-가-피를 불러 범죄인에 대한 사회적 유형화(일반-전문)	봉쇄(통제)이론 도발기준 피해자분류 (피가피) 사회적 유형화	5, 10, 18
187	레들과 와인맨 (Redl & Wineman)	**니들, 와인만** 마시니? 에고가 술먹고 싶다는 이드말만 듣고 살아.	비행적 자아	9
188	렝거(Renger)	범죄는 실질임금에 걸려(**렝거**)있어 실질임금에 대한 범죄의존성 지적 실질임금이 일정수준 넘어서면 범죄율은 큰 영향 받지 않음	실질임금과 범죄	18
189	라이스(리스)(Reiss)*	**나이스~**. 엄빠 여행갔다, 나 혼자네!! 개인통제미비-사회통제부족	초기통제이론 (개인적, 사회적통제)	10
190	레페토(Reppetto)**	**레빼**서 **또** 범죄해!. 전기목공이 시간도 안됐는데!! 공간,시간,전술(방법),목표,기능(유형: 강-절)	전이효과 (전기목공시)	22
191	로빈슨(Robinson)	사회해체론을 로비로 **빈손**만들어버렸어, 개인특성파악하면서 왜 지역이나 집단연구 결과를 적용시키는거야?	사회해체론 비판	13
192	로벅과 베버 (Roebuck & Weber)	**로빽**있다고 **비벼**대는 정치군!! 정부에 대한/정부에 의한 범죄	정치범죄	20
193	로저스(C. Rogers)	인간을 중심에 두고 마음의 **로를 저어**가는 사람 진솔성, 무조건적 긍정적 존중과 수용, 공감	인간중심	28
194	로르샤하(Rorschach)	잉크방울 접치카드 10장	투사적 검사기법	9
195	로스(Ross)	길을 **로스**(잃었어)했어, 음주법 시행해야 음주법 전후 차이 인정	시계열분석	4
196	로스맨(Rothman)	교도소가 처벌이 아니라 범죄행위를 더 증진시키는 곳으로 길을 잃어버렸대! 나는 **길잃은 로스맨**! 교도소는 처벌아닌 행위를 증진시키는 곳!	수용소의 발견	28
197	살레이유(R. Saleilles)	범죄도 이유가 있어요, 나도 **살래유**!! 법률의 개별화-재판의 개별화-행형의 개별화	형벌의 개별화(1898)	28
198	샘슨(Sampson)	**삼손**! 세 개 손, 집합이 필요해 시민이 모두 집합해야 안전해져.	집합효율성이론	13
199	샘슨과 라웁 (Sampson & Laub)***	**삼손**이 생애과정에서 취직 등 사회자본형성으로 범죄에서 탈출 글룩부부연구 재평가, 사회자본, 집합효율성	생애과정이론 샘슨의 집합효율성	16
200	슈어(Schur)	한숨**쉬며** 탄식하는 것은 각자가 달라 자아낙인, 급진적 불개입주의, 비범죄화	자기관념일탈	10
201	스캇(Scott)	**술로 캇**되는 범죄가 70%야. 범죄의 70%는 알코올의 영향	알코올과 범죄	20
202	쉐이퍼(Schafer)*	**쉐이퍼**(안전지킴이)가 기능을 못해 피해책임이 있어. 무관/유발/촉진/생물연약/사회적연약/자기/정치	기능적 책임 피해자분류 (정자생사유무촉)	5
203	쉬이트(Schiedt)	**시이트**에 범죄인자 담아 재범예측 교도소 석방자 15개 인자로 예측(가능,의문,불능)	재범예측표	21

204	슈벤딩거 (Schwendinger)	**비법률적 정의: 인권적 접근**	인권적 접근	3
205	슈랍과 스미스 (Schlapp & Smith)	**서랍**이 **스므스**하지 않아 호르몬에 미스가 생겼어.	호르몬 불균형	8
206	슈멜레거(F. Schmalleger)	**냄새(스멜내는거)**에 따른 수형자 역할유형 구분 현(실주의자)/종(교인)왈 /과(격주의)/식(민자)/은(운자)/신(사)/기(회주의)하게 /쾌(락주의)/변(호인)으로 이어져!	수형자 역할유형	28
207	슈나이더 (K.Schnerider)***	**컷 슈나이더: 슈-나이**가 **더** 드니, 성격이상한 정신병질자 무우발기과자의무광폭	정신병질10분법	9
208	슈나이더 (H.Schnerider)*	**한스 슈나이더: 세계피해자학회 설립**	피해자학 독립성	5
209	슈랙(Schrag)	**수레끌고** 다니며 수형자 역할유형을 연구했어! 친(고)-반(정의)-가(정치)-비(무)	수형자 역할유형 (고정정무)	28
210	슐징거(Schulsinger)	**술친구! 아들주라!!** 정신질환 관련 양자연구	양자연구	8
211	셀린(Sellin)*	**세련**된 문화갈등, 1차횡적(이민과의 갈등), 2차종적(남녀,노소) 비법률적 정의: 비교문화적 접근	문화갈등이론 비교문화적 접근	1, 14
212	셸던(Sheldon)***	세포막까지 **세던?** 내배엽-중배엽-외배엽	체격형(중배엽)	8
213	슈메이커(Shoemaker)	**슈메이커** 사장의 통제약화가 노동자 단합을 불러 태업(비행)으로 이어졌어! 약화된 사회통제-동료집단영향력 증대-비행	문화적일탈,사회통제이론, 사회학습이론 통합	16
214	쇼와 멕케이 (Show & Mckay)***	**쇼**가 끝나면 무대앞이 **매케해져** 해체-틈새지역 범죄문화 전달, 시카고범죄지도	틈새지역 사회해체	13
215	쉬람(Shramm), 쿤칙(Kunczik)	**쉬라(쉬람)**고 **콘** 칩주었더니 영화보면서 은근히 못된거 배워	장기효과, 간접효과	18
216	시들(Siddle)	**시들**시들피부는 자율신경기능에 문제 있어	피부전도반응 회복율	8
217	스키너(Skinner)	**스키**타는 **사람**은 조작에 능해야 해 생쥐 긍정적보상-행동강화	행동주의 조작적 조건형성	9
218	스미크라(Smykla)	**스무스미끄라**, 보호관찰관 유형분류했어. 지식/전문가, 자원내/외를 기준으로 전통/프로그램/옹호/중개	보호관찰모델	26
219	스핏쩌(Spitzer)	나더러 자본주의 잉여인간이래? **삐쳤어!** 실업증가-통제방법 전환	후기자본주의 갈등	14
220	스탠리(L. Stanly), 그레이엄(J. Graham)	**스탠리더(서있는 리더)**가 **그레엄**하게 심사해! 1842년 , 기간제 심사제 식민장관 스탠리, 내무장관 그레이엄	고사제	28
221	슈토스(C.Stoss)	**서로 토스**하면서 신구학파 절충시도 신구양파 학설 절충 이원주의 주장	보안처분 형법전에 도입	26
222	스트리트(D. Street)	소년처우에는 **스트레스**가 많아! 구금적(보안)/재교육과 개선/처우(심리)	소년처우조직 모형	25

223	슈툼플(Stumpfl)	슈퍼틈새로 도둑질하는거 유전적이야. 부모의 유전적 결함이 자신의 범죄습관에 원인	유전부인(결함)	8
224	서덜랜드 (Sutherland)***	**범죄의 비법률적 정의: 사회-법률적 접근** **배울려면 백지장에 직접 써달래!** 과정아닌 접촉유형(빈도/기간/순위/강도) 유형화: 동기와 행동양식반영/범죄행동체계 고안 화이트칼라: 이욕적 동기, 직업-지위 이용 범죄 에드워드가 연구(가계연구): 유전부정 **범죄 5가지 차원을 써달래!** 유형화: 동기와 행동양식반영 5차원: 법/경/지/부/반	사회-법률적 접근 차별적접촉이론 유전부정 다차원 범죄유형화 화이트칼라범죄	3, 8, 10, 18, 20
225	서덜랜드와 크레세이 (Sutherland & Cressey)	**범죄연령: 사춘기 또는 그 직전** **서둘러 크러세, 배우는 수형자 부문화** 범죄지향/수형지향/합법지향 서덜랜드와 그 수제자 크레세이	범죄연령: 사춘기 수형자부문화	17, 28
226	사이크스(Sykes)	**사이클타고 돌아다니며 수형자 연구** *사이클탄 중(심)/고(릴라)/상(인)이 /생쥐와 /늑대를 /진짜(남자)/ 악 (당)/어(리석은 파괴자)라고 /떠벌리고 다녀!	수인의 사회 수형자 역할유형 부문화 박탈모형	28
227	사이크스와 마차 (Sykes & Matza)***	**사이클과 마차는 가끔 차도를 안지키고 이리 저리 왔다갔다해!!** 표류, 합리화(책임/가해/피해/비난/충성)	표류이론 중화기술이론	10
228	탄낸바움 (Tannenbaum)**	갈수록 **탄냄새**가 더해져, 꼬리표, 악의극화	낙인이론, 악의극화	10
229	따르뜨(Tarde)*	**따르다**=모방-학습(거리/방향/삽입) 죄는 범죄인을 제외한 모든사람에 있다.	극단적 환경결정론 모방의 법칙	7
230	테일러, 월튼, 영 <u>(Taylor, Walton, Young)</u>	테일러 형사처벌: 하위계층, 국가(자본가): 민법규제, 범죄는 정치·경제적 산물	신범죄학 무정부주의	14
231	티오(Thio)	**티오가 났어!! 화이트칼라범죄** 회사/공용원/고객/일반시민	피해자 기준분류 (공고일회)	20
232	토마스(Thomas)	**토마토** 밭이 어떤지 상황을 정의해 봐!	상황정의	13
233	쏜베리 (Thornberry)***	**손**(연대약화) **발**(일탈)이 상호작용해! 사회유대약화-일탈촉진 상호작용	생애과정이론 상호작용이론	16
234	타이렌(Thyren)	**타이렌** 먹고서라도 일수벌금 벌어야지. 스웨덴 타이렌 교수	일수벌금제	24
235	티틀(Tittle)*	**티틀,티틀** 연구결과, 살인에는 맞고, 강도는 틀려 **티틀티틀** 결핍과 과잉 사이에 균형을 맞추야! 통제결핍(약탈,무시,굴종) 통제과잉(이기적,증오,학대)	신고전주의 통제균형이론*	4, 16
236	톤리와 패링턴 (Tonry & Farrignton)	**패링턴**: 패던링을 턴해서 더 이상 범죄안해 예방모델: 사(사회적)/상(상황적)/발(발달적)/법(법집행)	범죄예방모델 (사발법상)	22
237	트레비노(Trevino)*	왜 **트러비노?** 5차원-7유형화: 공/조/직/개/정/기/기	다차원 범죄7유형화 (공조직개정기기)	18
238	터크(Turk)**	권력자는 **턱** 치켜올린놈을 처벌해! 범죄화, 범죄자신분부여, 범죄자규정 과정 문화규범(법)과 사회규범(행동양식), 조직화	권력갈등이론 (범죄화론)	14
239	볼드(Vold)***	**벌집**, 집단갈등, 입법정책의 승리자	집단갈등이론	14

240	왈도와 디니츠 (Waldo & Dinitz)	MMPI연구결과 분석/4번척도 이상	MMPI4번(반사회적) 문제	9
241	워너(Warner)	**원**하는 점수가 나오면 가석방 시켜줘! 재범가능성 최초 점수화	재범가능성 점수화 최초	21
242	워렌(Waren)여사	**워렌**여사 잦은 이사로 아이들 대인성숙도 미숙 2-4단계 대인성숙도 문제	대인성숙도(2-4단계)	9, 25
243	웨슬러(Wechsler)	**얼**마나 **슬**기로운지 지능검사	웨슬러검사지	9
244	웰즈(Wells)	소년들이 **잘(웰)**되도록 보스톤 소년감화원 실시 보스턴 소년감화원 자치제 최초 시도	보스턴 소년감화원	25
245	웨이스(Weiss)와 동료들	사회적 지위가 낮으면 **웨이스(길)**이 없어!! 저소득층, 해체지역-학교 등 제도영향력 약화-관습적 사회와의 유대약화	성별, 인종, 경제적 지위 등 사회구조적 모형	16
246	휠러(Wheeler)	U자로 **휘었어**, 교도소화 초기(친교도관)-중기(적대적)-말기(친교도관)	교도소화(U자형)	28
247	윌킨스(Wilkins)	범죄의 비법률적 정의: 통계적 접근	통계적 접근	1
248	윌슨(Wilson)	**의지의 손(Will+son)**으로 엄정한 처벌이 필요해! 빈곤 등 사회·경제·심리적 요인은 변화불가능한 사회조건이나 변수로 형사사법절차가 아무런 도움× *윌슨과 켈링: 깨진유리창이론	억제이론 처벌과 무능화 강조	28
249	윌슨(Wilson)과 켈링(Kelling)*	**의지의 손(윌슨)**으로 **깨진(켈링)** 유리창을 수리해야해!! 깨진유리창도 엄중관리	깨진유리창 이론	13
250	윌슨, 한스테인 (Wilson), (Herrnstein)	의지의 손 **윌슨**과 인간의 특성이 **한스**럽다는 타인 「범죄와 인간성」 인간성이론 개인적 특질이 사회변수보다 더 중요	잠재적 특질이론	16
251	워스(Wirth)	**워스(가치)** 있는 도시연구 조직화된 집단에서 효과적인 삶 영위	도시연구	13
252	위스터(R. Wister)	출소자를 **위**하는 **스타** (1776) '불행한 수형자를 돕기 위한 필라델피아 협회'	출소자 갱생보호 개척	26
253	울프강과 페라쿠티 (Wolfgang & Ferracuti)*	**울프(늑대) 강**에서 **페라!큐티**로 외치는 폭력하위문화 폭력이 용인되는 특정지역문화 필라델피아 코오트연구(초기발달범죄학) *울프강: 1차(개인)-2차(조직)-3차(사회질서)	폭력하위문화 상호작용론(피해자유발) 초기발달범죄 피해자화 3단계	5, 13, 16
254	WHO(세계보건기구)	유형: 신체적/정신적/성적폭력 관계: 자기주도/집단적/개인대인폭력	폭력범죄 분류	20
255	야쿠비안(Yacoubian)	**약구비한** 마약전과자 술꾼/판촉원/전환자/폭력적알콜/조력자	전과기준 마약범죄분류 (약구비한/조폭술판전)	20
256	영 브루엘(Young-Bruehl)	**영~부러워**서 못참겠어 다 죽이고 말거야! 반유대주의/인종차별/성차별/동성애차별	증오범죄 (인성반동)	20
257	찔만(Zillmann)	**찌르기만(자극전달)** 해봐, 나 화 나있어. 화풀이	자극전달이론 화풀이이론	9
258	짐바르도(Zimbardo), 하니(Haney), 뱅스(Banks)	교도관과 수형자의 **짐**을 **바른도**로로 가는지 실험 1972년 스탠포드대 모의교도소 실험	모의교도소	9

259	조보(Zorbaugh)	**저봐!** 저 동네 슬럼지역, <u>자연적</u>으로 만들어졌어 차이나타운, 코리아타운	자연지역	13
260	웨스트 버지니아 케네디 센터	소년원생 유형을 분류해 **캐네디?** 미성숙/신경과민 · 갈등적/비사회공격적 · 정신병적/사회화 · 부문화적	소년원생 비행유형분류	25
261	카타르시스가설	클래퍼(Klapper), 레윈(Lewin), 힘멜바이트(Himmelweit), 트래셔(Thrasher) **클레퍼**신고 비오는(**레윈**)날 **힘멜바이**크타고 **드레스**가 흠뻑 젖어 마음은 정화됐네.	카타르시스가설	18
262	결손가정과 범죄	글룩부부, 버어트, 쇼와멕케이, 결손가정에서 비행소년 많음	결손가정과 범죄	18
263	절대빈곤과 범죄	버어스(Verce), 버트(Burt), 쇼와 맥케이, 밀러, 봉거(Bonger), 글룩부부 **밀려서, 버스, 봉거**타는 **벗**들은 절대빈곤 범죄 *힐리와 브론너: 절대빈곤과 범죄상관성 부정	절대적 빈곤 문제	18
264	상대적 빈곤과 범죄	케틀레(Quetelet), 스토우퍼(Stouffer), 머튼(Merton), 토비(Toby)*	상대적 빈곤 문제	18
265	경기변동과 범죄무관	서덜랜드, 라이네만(Reinemann), 태판(Tappan)	경기변동과 범죄무관	18
266	법률적 유형화	법적 정의 및 특성 중심 유형화 법정형, 보호법익, 위반법규		18
267	가해자중심 분류	롬브로조,페리,가로팔로 **룸,카,페** 가해자 중심	가해자 중심 범죄유형화	18
268	미국자문위	조직범죄 특징: 음모적/경제적이득/약탈적/훈육과 통제즉각적	조직범죄특성	20
269	미국 전국범죄피해자센터 (NCVC)	미스에 순정집착/허연망상 단순집착/애정집착/연애망상/허위피해망상	스토킹유형	20
270	사형존치론자	칸트(Kant)(정의실현수단), 비르크메이어(Birkmeyer), 로크(Locke), 헤겔(Hegel), 루소(Rousseau)	사형존치론	24
271	사형폐지론자	베카리아(Beccaria, 사회계약설), 존 하워드(Howard, 감옥상태론), 페스탈로치(Pestalozzi, 교육적 기능), 셀린(Sellin, 범죄억제력부정), 캘버트(Calvert), 서덜랜드(Sutherland), 라드브르흐(Radbruch), 리프만(Lipman)	사형폐지론	24
272	부정기형 운동자	드와이트(Dwight), 와인즈(Wines), 브록웨이(Brockway) 더와이트가 와인한잔하고, 블록웨이를 걸어 부정기형제도 운동을 벌여 아메리카 감옥협회, 엘마이라제	부정기형 운동	24

2026 대비 최신판

해커스
이언담
범죄학·형사정책
핵심 기출 OX

초판 1쇄 발행 2025년 11월 5일

지은이	이언담 편저
펴낸곳	해커스패스
펴낸이	해커스경찰 출판팀
주소	서울특별시 강남구 강남대로 428 해커스경찰
고객센터	1588-4055
교재 관련 문의	gosi@hackerspass.com
	해커스경찰 사이트(police.Hackers.com) 교재 Q&A 게시판
	해커스공무원 사이트(gosi.Hackers.com) 교재 Q&A 게시판
	카카오톡 채널 [해커스 경찰공무원]
	카카오톡 채널 [해커스공무원 노량진캠퍼스]
학원 강의 및 동영상강의	해커스경찰 police.Hackers.com
	해커스공무원 gosi.Hackers.com
ISBN	979-11-7404-619-2 (13350)
Serial Number	01-01-01

경찰공무원 1위,
해커스경찰 police.Hackers.com

[T] 해커스 경찰

· 해커스 스타강사의 **경찰 범죄학 무료 특강**
· **해커스경찰 학원 및 인강**(교재 내 인강 할인쿠폰 수록)
· 정확한 성적 분석으로 약점 극복이 가능한 **경위공채 합격예측 온라인 모의고사**(교재 내 응시권 및 해설강의 수강권 수록)

공무원 교육 1위,
해커스공무원 gosi.Hackers.com

[T] 해커스공무원

· 해커스 스타강사의 **공무원 형사정책 무료 특강**
· **해커스공무원 학원 및 인강**(교재 내 인강 할인쿠폰 수록)
· 정확한 성적 분석으로 약점 극복이 가능한 **합격예측 온라인 모의고사**(교재 내 응시권 및 해설강의 수강권 수록)

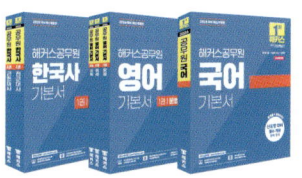

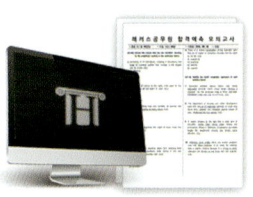

5천 개가 넘는
해커스토익 무료 자료!

대한민국에서 공짜로 토익 공부하고 싶으면 | 해커스토익 Hackers.co.kr ▼ | 검색

RC 정수진 / **RC 이상길**

토익 강의

베스트셀러 1위 토익 강의 150강 무료 서비스,
누적 시청 1,900만 돌파!

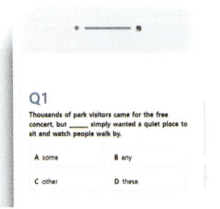

토익 실전 문제

토익 RC/LC 풀기, 모의토익 등
실전토익 대비 문제 제공!

LC 한승태 / **RC 김동영**

최신 특강

2,400만뷰 스타강사의
압도적 적중예상특강 매달 업데이트!

고득점 달성 비법 무료

토익 고득점 달성팁, 파트별 비법,
점수대별 공부법 무료 확인

전원 무료
*미션 달성 시

가장 빠른 정답까지!

615만이 선택한 해커스 토익 정답!
시험 직후 가장 빠른 정답 확인

더 많은
토익무료자료 보기 ▶